MW01479397

Magier der Musik wurde er genannt, Genie und Hexenmeister, Cagliostro der Oper: Richard Wagner hat mit seiner Musik die Menschen verzaubert und die Oper revolutioniert. Er ist, so Thomas Mann, »als künstlerische Potenz genommen, etwas nahezu Beispielloses, wahrscheinlich das größte Talent der Kunstgeschichte«. Sein Leben war ein Kampf um Anerkennung und Erfolg, die einen verehrten ihn abgöttisch, den anderen erschien er als Scharlatan.

Briefe, Selbstzeugnisse, Aussagen von Zeitgenossen und viele andere Dokumente hat Walter Hansen nun zu einer spannenden und amüsant zu lesenden Biografie verwoben. Er macht anschaulich, wie Richard Wagner seine Leitmotivtechnik entwickelte und die Rolle des Dirigenten völlig neu bewertete, wie er schließlich das Musikleben des 19. Jahrhunderts dominierte und die Idee der antiken Festspiele nach zwei Jahrtausenden wieder aufleben ließ: mit der Gründung der Bayreuther Festspiele.

»Hansen kann gut, farbig, spannend und kenntnisreich erzählen... eine genussvolle, ergiebige Lektüre.«
Opernwelt

Walter Hansen lebt als freier Schriftsteller in München. Seine Jugendbücher und kulturhistorischen Sachbücher wurden mehrfach übersetzt und ausgezeichnet. Bei <u>dtv</u> ist von ihm u. a. erschienen: ›Richard Wagner. Sein Leben in Bildern‹.

Walter Hansen

Richard Wagner

Biographie

Lieber Thomas,
alles Gute
für 2013
0020 [signature]

Deutscher Taschenbuch Verlag

Von Walter Hansen
ist im Deutschen Taschenbuch Verlag u. a. erschienen:
Richard Wagner. Sein Leben in Bildern (dtv 34457)

Ausführliche Informationen über
unsere Autoren und Bücher
finden Sie auf unserer Website
www.dtv.de

Ungekürzte Ausgabe 2013
Deutscher Taschenbuch Verlag GmbH & Co. KG,
München
© 2006 Deutscher Taschenbuch Verlag GmbH & Co. KG, München
Umschlagkonzept: Balk & Brumshagen
Umschlagfoto: akg-images
Satz: Fotosatz Amann, Aichstetten
Druck und Bindung: Druckerei C. H. Beck, Nördlingen
Gedruckt auf säurefreiem, chlorfrei gebleichtem Papier
Printed in Germany
ISBN 978-3-423-34751-8

Inhaltsverzeichnis

Statt des Vorworts: eine Geschichte

Beginnen wir mit einer Geschichte, die unglaublich ist – und deshalb typisch für Wagners Biographie:

Ende März 1864 reiste der Königlich-Bayerische Kabinettssekretär Franz Seraph von Pfistermeister per Dampfbahn in die Kaiserstadt Wien. Seine Mission war nobel, sein Auftrag von höchster Priorität: Auf Befehl des vor wenigen Tagen erst inthronisierten Bayernkönigs Ludwig II. sollte er Richard Wagner an den Königshof in München berufen.

Richard Wagner, damals 50 Jahre alt, lebte seit kurzem in Wien. Er sah seine größten Aufgaben noch vor sich, galt aber schon als berühmter Komponist, als Cagliostro der Oper, als Magier der Musik. Seine Opern ›Rienzi‹, ›Der fliegende Holländer‹, ›Tannhäuser‹ und ›Lohengrin‹ wurden am Wiener k.k. Hofoperntheater und weltweit auf den bedeutendsten Bühnen inszeniert.

Wagner hatte nicht nur Anhänger. Er revolutionierte die Oper traditioneller Art, und das passte nicht jedem. Seine Leitmotivtechnik und die äußerste Ausreizung der orchestralen Koloristik erschlossen der Musik ungeahnte Extreme, und die wollte nicht jeder hören. Das Publikum war polarisiert. Die einen vergötterten ihn als Genie, als verträumten Ekstatiker, als kühnen Erneuerer der Musik, die anderen verteufelten ihn als Scharlatan, Rattenfänger, Weltzerstörer und verglichen ihn mit der Cholera. Wagner, so hieß es allenthalben, habe die Posaunen von Jericho wieder entdeckt.

Zudem hatte Wagner eine neue Art zu dirigieren entwickelt, mitreißend für die einen, verwirrend für die anderen, bahnbrechend und exzessiv. Keiner konnte ein Orchester so befeuern wie Wagner, keiner so den Rhythmus dynamisieren, keiner solche Nuancen und expressiven Effekte aus der Musik hervorzaubern wie er. »Man wundert sich nur noch, dass man beim letzten Taktstrich nicht samt dem Komponisten und dem ganzen Theater in die Luft fliegt.« So schrieb der Dramatiker Friedrich Hebbel in einer Rezension. Der Nimbus des rebellischen Genies machte Wagner zur gesellschaftlichen Attraktion. Honoratioren rissen sich um seine Freundschaft, die ersten Familien fühlten sich geehrt, wenn er ihre Einladungen annahm. Und Richard Wagner liebte es, in den Salons der Highsociety zu verkehren, wo er, bestaunt wie ein Fabelwesen, von Bewunderern und Gegnern gleichermaßen umringt, stundenlang über seine Werke und Ideen monologisierte, sächselnd, hastig und leise, als rede er mit sich selbst. Seine Worte wirbelten »wie ein Schneegestöber«, erinnerte sich der Maler Friedrich Pecht.

Wagner war auffallend klein, schmächtig, mit mächtigem Kopf, Adlernase und weit vorspringendem Kinn. In seiner Mimik mischten sich, wie der Politiker Émile Ollivier schrieb, die Physiognomien von »Troubadour, Poet, Prophet und Possenreißer«. Er kam daher, als sei er einem Gemälde der Dürer-Zeit entsprungen: Stiefeletten aus feinem Ziegenleder, Beinkleider und Gehrock aus Samt und Atlas, in vielen Farben changierend, Hemden aus gerüschter Seide, die berühmte Samtmütze auf dem Kopf, häufig umhüllt von einem pelzverbrämten Radmantel, der seinen Namen dem radförmigen Schnitt verdankt und sich beim Anziehen oder Ablegen nach Mantel-und-Degen-Manier um die Schultern wirbeln lässt.

Seinen Wohnsitz hatte Richard Wagner am Schlosspark in Wien-Penzing gewählt, dem feinen Viertel der Aristokraten und Großbürger. Umgeben von livrierten Dienern residierte er in einer gemieteten Villa, die er wie einen orientalischen Palast hatte ausstatten lassen.

Vor dieser Villa stieg Ende März 1864 der Königlich-Bayerische Kabinettssekretär Franz Seraph von Pfistermeister aus einem Fiaker, um Wagner die Berufung an den Hof des Bayernkönigs Ludwig II. zu überbringen. Doch Wagner war verschwunden! Geflüchtet mit unbekanntem Ziel. In Frauenkleidern, damit ihn keiner erkennen konnte.

Der Grund: Geldprobleme – wieder einmal. Ein unendliches Thema in Richard Wagners Leben. Sein Luxusbedürfnis war nicht bezahlbar, sein Geschäftssinn unterentwickelt, sein Talent als Pump-

genie imponierend – und das brachte ihn permanent in die Bredouille. Er musste immer wieder vor seinen Gläubigern flüchten, so
auch in Wien, wo er Schulden aufgetürmt hatte wie nie zuvor und in
Schuldhaft genommen werden sollte.

Eine aparte Situation für Herrn von Pfistermeister. Um Richard
Wagner an den Königshof zu berufen, musste er ihn erst einmal verfolgen und dingfest machen – und zwar schneller als die Gläubiger,
die ebenfalls hinter Wagner her waren.

Wo aber war Wagner? Des Königs Kabinettssekretär entwickelte
detektivische Fähigkeiten, führte konspirative Gespräche in Wagners Freundeskreis und stieß auf zwei Fluchthelfer der gesellschaftlichen Luxusklasse: Dr. Eduard Liszt, Direktor am Landgericht, und
Dr. Joseph Standhartner, Chefarzt im Allgemeinen Krankenhaus,
Leibarzt von Kaiserin Elisabeth, genannt Sissi. Landgerichtsdirektor
Liszt hatte Wagner den drohenden Haftbefehl signalisiert, Chefarzt
Standhartner die Frauenkleider besorgt für den unauffälligen Abgang des Meisters.

Die honorigen Herren nannten Franz Seraph von Pfistermeister
das geheime Fluchtziel Richard Wagners: die palastartig auf einem
Hügel über dem Zürichsee gelegene Villa des betuchten Seidenhändlers Otto Wesendonck, eines hochherzigen Gönners aus Wagners schweizerischer Exilantenzeit. (Wagner hatte im Exil gelebt,
weil er seit seiner Beteiligung am Dresdner Aufstand von 1849 bis
zur Amnestie 12 Jahre lang von der Todesstrafe bedroht war.)

Herr von Pfistermeister eilte nach Zürich und ließ sich zur
Wesendonck-Villa hinaufkutschieren. Doch von Wagner keine
Spur. Otto und Mathilde Wesendonck hatten ihm das Asyl verweigert, was Richard Wagner eigentlich hätte vorausahnen können.
Denn unvergessen und viel beredet in Zürich war immer noch sein
legendäres Liebesverhältnis mit Mathilde Wesendonck, der bildschönen Gattin seines Gönners. Diese ausweglose Liebe hatte Wagner zu einem seiner wichtigsten Werke inspiriert – ›Tristan und
Isolde‹ –, aber auch einen Skandal entfacht, der seine fluchtartige
Abreise aus Zürich im August 1858 sinnvoll machte. Kein Wunder
also, dass Otto und Mathilde Wesendonck, inzwischen versöhnt,
Wagners überstürzte Anreise nicht als Heimkehr des verlorenen
Sohnes empfinden mochten und abweisend reagierten. Sie wuss

ten aber, wo er zu finden war: auf dem Gut Mariafeld von Eliza und
François Wille unweit von Zürich.

Kabinettssekretär von Pfistermeister hetzte nach Mariafeld und
erlebte dieselbe Situation wie in der Wesendonck-Villa: Wagner war
weg, in Unfrieden geschieden! Diesmal aus einem vergleichsweise
prosaischen Grund: Er hatte während seines dreiwöchigen Aufenthaltes bei Eliza Wille die erlesenen Zigarren des verreisten Ehe-
manns weggeraucht. Als François Wille heimkehrte, gab's Ärger.
Wagner reagierte indigniert, lieh sich von Wille das Reisegeld und
flüchtete weiter. Willes wussten, wohin. Und so konnte sich denn
der Kabinettssekretär des bayerischen Königs hinter dem Flüchtling
von Fluchtstation zu Fluchtstation gleichsam weiterhangeln, bis er
ihn im Stuttgarter Hotel Marquardt aufstöberte – gerade noch im
letzten Augenblick. Denn Richard Wagner wollte am 3. Mai auf die
Rauhe Alb und dort in einer leer stehenden Jägerhütte die Orches-
trierung des zweiten Aktes der ›Meistersinger von Nürnberg‹ vollenden. An diesem Tag, in aller Herrgottsfrüh, trat ihm Franz Seraph
von Pfistermeister entgegen. Wagner befürchtete eine Verhaftung
und war angenehm überrascht, als der Kabinettssekretär ihm ein
Medaillon mit dem Bildnis des jungen Königs überreichte und folgende Botschaft für ihn hatte: Dass Ludwig II., seit kurzem König der
Bayern, ihn, Richard Wagner, nach München an den Hof zu berufen
geruhe und ihn »fürderhin aller Belästigungen des gewöhnlichen
Gelderwerbes entheben werde«.

Am selben Tag reiste Richard Wagner unter dem Schutz des bayerischen Kabinettssekretärs in einem Erste-Klasse-Coupé nach München, wo ihn König Ludwig anderntags in der Residenz empfing und
umarmte.

So also begann die Freundschaft von Richard Wagner und König
Ludwig II., eine von Neid, Intrigen und Feindseligkeit bedrohte
»Freundschaft zweier Könige«, die bedeutenden Anteil daran hatte,
dass Richard Wagner sich zur stärksten musikdramatischen Persönlichkeit des 19. Jahrhunderts entfalten konnte.

Diese Geschichte mag als erstaunlich empfunden werden, denn sie
vereint Tragik und Würde mit Groteskem und Komödienhaftem,
und solche Kombination ist selten zu lesen in Wagner-Biogra-

phien. Die meisten Biographen übergingen die menschliche und
allzumenschliche Seite von Wagners Leben, obwohl es genügend
Überlieferungen darüber von Freunden Wagners, Weggefährten und
Zeitzeugen gibt.»Das Leben Wagners«, so beispielsweise Friedrich
Nietzsche,»hat ... sehr viel von einer Komödie an sich, und zwar
von einer merkwürdig grotesken.«

Martin Gregor-Dellin, einer der wenigen objektiven Biographen,
sieht in der einseitigen Berichterstattung »ein Problem der Wagner-
Geschichtsschreibung«. Und weiter:»Um das Komödienhafte zu
verdecken, nehmen die meisten Biographen mit zitternder Stimme
Zuflucht zu einer salbungsvollen Pietät und Feierlichkeit, wie sie un-
erträglicher bei keiner bedeutenden Gestalt der Vergangenheit sich
einstellte. Die Gegner Wagners, ideologische Dogmatiker voran,
zeichneten dagegen nur eine unwahre Karikatur.«

Diese hier unrühmlich zitierten Biographen demolieren mit der
einseitigen Darstellung die Dramatik, die sich aus Wagners doppel-
bödigem Wesen ergibt. Wagner war diabolisch, arrogant, rücksichtslos – aber auch weichherzig, fair, verletzlich und wesentlich lustiger, als uns viele Biographen weismachen wollen. Zwischen diesen
extrem polarisierten Wesenszügen schwirrt die Hochspannung, die
bestimmend ist für Richard Wagners Dämonie und Naivität, für seinen Charme und seine Schlitzohrigkeit, für Verzeihliches und Unver-
zeihliches, für Begreifliches und Unbegreifliches, für seine unberechenbaren Beziehungen zu Frauen, Freunden und Feinden, für die
Entfaltung seiner Schöpferkraft und die Hemmungslosigkeit beim
Ringen um sein Werk.

Wer Richard Wagner als doppelbödig bezeichnet, kann Zustimmung erwarten – von Richard Wagner selbst! Der hat die eigene Dop-
pelbödigkeit in seiner Autobiographie ›Mein Leben‹ beschrieben,
mit einer gewissen Koketterie, augenzwinkernd und selbstironisch –
und so schonungslos offen, dass einige seiner Beweihräucherer
glaubten, der zunächst für einen begrenzten Personenkreis heraus-
gegebene Privatdruck von 18 Exemplaren sei die Fälschung eines
Halunken, der Richard Wagner verunglimpfen wollte. Wagner, wie er
sich selbst darstellte, passte nicht in das kandierte Bild, das sie von
ihrem Abgott bewahren wollten. Schwarmgeister dieser Art gibt es
noch heute, sie haben nichts gemein mit den Bewunderern, die sich

bei aller Begeisterung für Wagners Werk die Kritikfähigkeit behalten haben. Gerade die Bewunderer von Rang sind es, die Wagners Widersprüchlichkeit erkennen und teils recht drastisch formulieren: Für Thomas Mann beispielsweise ist Richard Wagner »mein Meister«, der »Mächtigste«, »wahrscheinlich das größte Talent aller Kunstgeschichte« – aber auch »dieser schnupfende Gnom mit dem Bombentalent und dem schäbigen Charakter«.

Der schweizerische Schriftsteller Gottfried Keller hatte engen Kontakt mit Richard Wagner und befand: Er sei ein »genialer und auch guter Mensch«, aber auch »ein wenig Friseur und Scharlatan«.

Für Fritz Martini ist Richard Wagner »Genie und Schauspieler, Doktrinär und Lyriker, revolutionär und konservativ, modern-raffiniert und altertümelnd, Romantiker und Intellektueller, Mythenschöpfer, Psychologe und Ästhet«. Er fügte hinzu: »Solche Gegensätze können gehäuft werden.«

Richard Wagner also: ein Genie voller Widersprüche, das mich seit langem fasziniert. So habe ich eine »erzählende Ausstellung« über Wagners Leben und Werk konzipiert, die bei den Bayreuther Festspielen gezeigt wurde, im Gewandhaus zu Leipzig, in der Opéra National du Rhin von Straßburg und vielen Theater-Foyers. Bei den Vernissagen ermunterten mich Wagner-Fans und Einsteiger, eine Biographie zu schreiben – und zwar im Stil der Ausstellung: spannend, sachlich und vor allem leicht verständlich. Ich begann dafür zu recherchieren und entdeckte auch spektakuläre, bisher wenig bekannte Fakten, informative Highlights und verblüffende Geschichten, die ein farbiges, facettenreiches Bild von Richard Wagner ergeben.

Walter Hansen

Die ungewisse Herkunft

»Dann frag ich, wie hieß mein Vater?«

Geheimnisvoll ist die Herkunft Richard Wagners – geheimnisvoll wie die Herkunft seiner mythischen Helden Siegfried, Siegmund, Tannhäuser, Lohengrin, Tristan, Parsifal. Zusammenhänge sind erkennbar:

Richards amtlich ausgewiesener Vater Friedrich Wagner, Polizei-Aktuarius in Leipzig, Schriftführer im Polizeipräsidium, war ein geistreicher Hallodri mit Hang zur Schauspielerei und zu Schauspielerinnen. Gelegentlich stand er geschminkt und kostümiert in kleineren Rollen auf der Bühne des Seconda'schen Wandertheaters, und regelmäßig war er im Künstlerlokal ›Grüne Linde‹ zu sehen, wo er zum Gaudium der Gäste berühmte Schauspieler parodierte.

Friedrich Wagners bester Freund war Ludwig Geyer, rotblond und gutmütig, ein vielseitig begabter Schauspieler, der edle Helden, romantische Liebhaber und komische Figuren ebenso spielte wie Schurken aus Schauerstücken. Er reiste mit der Seconda'schen Truppe durchs Land und wohnte während der wochenlangen Gastspiele in Leipzig bei der Familie Wagner. Die Mutter hat Richard später davon erzählt, und der schrieb in seiner Autobiographie ›Mein Leben‹ mit unüberhörbarem Doppelsinn:»Während der Polizei Aktuar seine Abende im Theater verbrachte, vertrat der treffliche Schauspieler meist seine Stelle im Schoß seiner Familie und es scheint, dass er oft die mit Recht oder Unrecht über Flatterhaftigkeit ihres Gatten klagende Hausmutter zu beschwichtigen hatte.«*

Richard war sechs Monate alt, als sein Vater am 23. November 1813 an Typhus starb. Und später mochte sich Richard Wagner oft

---

* Alle Zitate Wagners ohne gesonderte Quellenhinweise beziehen sich auf die Autobiographie ›Mein Leben‹.

die Frage gestellt haben, die er seinem Helden Siegfried in die Kehle gelegt hat:»Wie sah wohl mein Vater aus?« Denn es gibt, merkwürdig genug, kein Bild von Friedrich Wagner, obwohl sein bester Freund Ludwig Geyer ein begabter Porträtist war und Wagners Mutter gemalt hat.

Kurze Zeit nach dem Tod des Vaters übersiedelte die Witwe mit ihrer Kinderschar zu Ludwig Geyer nach Dresden, der dort am Theater inzwischen ein festes Engagement hatte und nebenbei auch noch Dramen zu schreiben begann. Die beiden heirateten an Goethes Geburtstag, am 28. August 1814. Die Braut war im dritten Monat schwanger mit ihrem zehnten Kind, und am 26. Februar 1815 kam die gemeinsame Tochter Cäcilie zur Welt. Auf Wunsch des Stiefvaters trug fortan auch Richard den Familiennamen Geyer, als einziges Kind aus der ersten Ehe seiner Mutter. (Erst mit 15 Jahren nannte er sich wieder Wagner.)

Ludwig Geyer wurde verdächtigt, der Vater von Richard zu sein. Diese so genannte Geyer-Legende erhitzt die meisten Biographen bis heute. Seitenlange Abhandlungen wurden darüber geschrieben, Argumente dafür oder dagegen ausgegraben und mitunter aus dem Zylinder gezaubert, um diese oder jene Hypothese mit der für Wagner-Extremisten typischen Unbeirrbarkeit zu verkünden.

Die Aufzählung solch akademisierter Klatschgeschichten können wir uns sparen, denn das Ergebnis ist bekannt: keine Beweise! Keiner kann wissen, wer Richard Wagners Vater war. Es ist auch nicht entscheidend. – Entscheidend ist allein, dass es Richard Wagner nicht wusste! Und dass die Frage nach dem Vater immer wieder in seinen Werken auftaucht.

»Wer ist dein Vater?«, fragt Gurnemanz den Gralskönig Parsifal, und der sagt:»Ich weiß es nicht.« Lohengrin weiß, dass Parsifal sein Vater ist – indes:»Nie sollst du mich befragen . . .« Erst als Elsa von Brabant gegen das Frageverbot verstößt, offenbart er:»Vom Gral ward ich zu euch daher gesandt: mein Vater Parsifal trägt seine Krone, sein Ritter, ich – bin Lohengrin genannt.« Siegfried fragt seinen Ziehvater Mime:»Heraus damit, räudiger Kerl, wer ist mir Vater und Mutter?« Mime weicht aus, Siegfried hakt nach:»Dann frag ich, wie hieß mein Vater?« Mime:»Den hab ich nie gesehen.« Siegfried: »Doch die Mutter nannte den Namen?« Mime:»Erschlagen sei er, sagte sie nur; dich Vaterlosen befahl sie mir da.« Und später spricht Siegfried zu sich:»Wie sah wohl mein Vater aus? – Ha – gewiss wie ich selbst!«

Das waren nur einige der Beispiele, die sich durch das ganze Werk ziehen, beginnend beim jambischen Schauerdrama ›Leubald und Adelaide‹, das Richard 15-jährig mit bluttriefender Feder schrieb, bis hin zum Bühnenweihfestspiel ›Parsifal‹. Fast alle Helden haben ihren Vater nicht erlebt – und fast alle sind von hoher, geheimnisvoller Geburt: Siegfried, der Enkel Wotans; Lohengrin, der Sohn des Gralskönigs. Die Reihe lässt sich fortsetzen.

Und Richard Wagner? Von hoher, geheimnisvoller Geburt auch er? Auch hier die Verbindung von Werk und genealogischem Zweifel?

Der wilde Prinz aus Weimar

Die Frage stellt sich in der Tat: Wagners Mutter Johanna Rosine kam am 19. September 1778 zur Welt (oder am 19. September 1774, darüber streiten die Historiker), amtlich ausgewiesen als Tochter des Bäckers Johann Gottlob Pätz aus Weißenfels und der Dorothea Erdmuthe Pätz, geborene Iglisch, Tochter eines Gerbers. Dorothea Erdmuthe war bei der Geburt von Wagners Mutter 36 Jahre alt (oder 32, wenn man 1774 gelten lassen will).

Und merkwürdig: Johanna Rosine kam nach Leipzig in ein Internat für junge Aristokratinnen, das für einen Bäcker unbezahlbar war und einer Bäckerstochter ansonsten verschlossen blieb. Die Kosten übernahm ein Anonymus, der später identifiziert werden konnte: Prinz Constantin von Sachsen-Weimar-Eisenach, geboren am 8. September 1758, ein Bruder des Erbprinzen und späteren Großherzogs Carl August, der als fürstlicher Freund Goethes in die Literaturgeschichte einging.

Die beiden Prinzen galten als erotische Draufgänger, die ihre unehelichen Kinder bestens zu versorgen pflegten. Üblicherweise wurde ein Kind gleich nach der Geburt auf Geheiß des fürstlichen Vaters unauffällig einer kinderreichen Familie übergeben. Je nach dem Stand der unehelichen Mutter oder nach Laune des Vaters erhielt das Kind eine mehr oder weniger exklusive Ausbildung.

Constantin war klein und zierlich, mit mächtigem Kopf und Zinkennase, sehr auf Eleganz bedacht und schnell in Rage zu bringen. Sein Erzieher Major von Knebel – der»Urfreund«Goethes – berichtete, dass sich der Prinz»mit Lesen, Schreiben und vorzüglich mit Musik beschäftigte . . .«

Dieser kunstsinnige und in seiner erotischen Entfaltung ziemlich ungebremste Prinz Constantin hat also das teure Internat für Wagners Mutter bezahlt, und natürlich drängen sich Fragen auf: War Johanna Rosine sein illegitimes Kind? War Richard Wagner sein Enkel – ein verleugneter Spross des Hauses Sachsen-Weimar-Eisenach? Hypothesen dafür oder dagegen müssen wir uns nicht anhören.

Denn auch hier gilt: Erwiesen ist nichts, entscheidend ist allein, dass Richard Wagner eine geheimnisvolle Verwandtschaft zum Hause Sachsen-Weimar-Eisenach vermuten konnte – und dass die geheimnisvolle, hohe Geburt ein wiederkehrendes Motiv in seinen Werken ist!

Und dass Richard Wagner sich so benahm, als würde er einem Fürstenhaus mit Schloss und Park entstammen und nicht einer kleinbürgerlichen Familie aus dem zweiten Stock eines Mietshauses in Leipzig.

Kindheit und Jugend

Freiheitslieder – Todesängste

Im wunderschönen Monat Mai
kroch Richard Wagner aus dem Ei;
ihm wünschen, die zumeist ihn lieben,
er wäre besser drin geblieben.

Mit diesem Gedicht gratulierte sich
Richard Wagner
selbst zu seinem 42. Geburtstag.

Richard Wagner kam am 22. Mai 1813 in Leipzig auf dem Brühl im zweiten Stock des Mietshauses »Roth und weißer Löwe« zur Welt. Er war das neunte Kind der Eheleute Friedrich und Johanna Rosine Wagner – ein Kriegskind!

In seinem Geburtsjahr waren die Befreiungskriege entflammt. Preußen, Österreich, Russland, Großbritannien und Schweden hatten sich gegen Napoleon Bonaparte, Kaiser der Franzosen, verbündet, mit dem Ziel, Europa von der napoleonischen Fremdherrschaft zu befreien. Die Chancen standen gut. Nach dem Fiasko seines Russlandfeldzuges im Winter 1812 hatte Napoleon den Nimbus der Unbesiegbarkeit verloren, seine Truppen waren demoralisiert und geschwächt.

Tausende von Freiwilligen aus ganz Deutschland meldeten sich zu so genannten Jägerverbänden und kämpften Seite an Seite mit den regulären Truppen. Millionen Menschen sangen Freiheitslieder, vor allem »Lützows wilde, verwegene Jagd«, eine Art Hymne der Freiheitskämpfer, gedichtet von Theodor Körner, komponiert von Carl Maria von Weber, der später als weltberühmter ›Freischütz‹-Komponist eine interessante Rolle in Wagners Leben spielen wird.

In Wagners Geburtsstadt wurde es kritisch. Napoleon, von den Alliierten gehetzt, wollte Leipzig zum Brückenkopf seiner hegemo-

nialen Ansprüche ausbauen und besetzte die Stadt am 2. Mai. Er bezog sein Quartier in den prachtvoll ausgestatteten Zimmerfluchten
des Thomé'schen Hauses am Rathausplatz. 200.000 Besatzungssoldaten drängten nach und nach in die 32.000-Einwohner-Stadt
Leipzig und in ein paar umliegende Dörfer. Fürs Volk bedeutete die
Besatzungszeit: Hunger, Übergriffe, Epidemien, Einquartierungen,
Ausgangssperren, Manöver, Schießübungen.

Leipzig sollte zur Falle für Napoleon werden. Preußen, Österreicher und Russen marschierten mit 350.000 Mann von allen Seiten
heran und begannen die Stadt zu umzingeln. König Friedrich
August I. von Sachsen eilte mit seinen Truppen dem verbündeten
Napoleon zu Hilfe und bezog am 13. Oktober ebenfalls Quartier im
Thomé'schen Haus.

Am 16. Oktober 1813 begann die Völkerschlacht von Leipzig, die
einging in die Weltgeschichte als »la bataille des géants«, als
Schlacht der Giganten, als größte Schlacht seit Menschengedenken.
Artilleriebeschuss, Granateinschläge, Feuersbrünste, Sturmangriffe,
Straßenkämpfe, Höllenszenarien. Wir können uns vorstellen, was für
Todesängste Johanna Rosine Wagner und ihre Kinder ausstanden,
drei Tage und drei Nächte lang.

Am 19. Oktober war die Schlacht geschlagen. Preußen, Österreicher und Russen hatten den Sieg errungen. Die Sachsen liefen zu
den Siegern über. Sachsens König Friedrich August I. wurde aus dem
Thomé'schen Haus in die Gefangenschaft eskortiert. Napoleon gab
im letzten Augenblick seinem Pferd die Sporen und galoppierte im
Kugelhagel aus Leipzig hinaus.

Als am 19. Oktober um 12 Uhr die Kirchenglocken den Sieg
verkündeten, lagen 125.000 Soldaten tot oder sterbend auf den
Kampfstätten: 22.605 Russen, 16.033 Preußen, 14.958 Österreicher,
72.000 Franzosen.

Ungezählt sind die Opfer der Typhus-Epidemie, die kurz darauf
ausbrach. Einer der Toten war Friedrich Wagner, Polizei-Aktuarius
von Leipzig, Richards Vater.

Zwei Monate nach dem Vater starb Richards Schwester Theresia,
gerade vier Jahre alt, an einer nach der Völkerschlacht epidemisch
ausgebrochenen Kinderkrankheit. Wenige Tage später starb Richards
Großmutter väterlicherseits.

Richard, der Säugling, erkrankte mehrmals so heftig, dass man ihn aufgab und ihm die Mutter, wie sie später erzählte, »fast den Tod gewünscht hat«.

Sie übersiedelte, wie schon erwähnt, zu Ludwig Geyer nach Dresden in die Moritzstraße, um ihn bald darauf zu heiraten. Zu dieser Zeit gab es noch weltgeschichtlichen Wirbel um Napoleon: Entmachtung am 6. April 1814 in Paris, Verbannung auf die Insel Elba, handstreichartige Rückkehr nach Frankreich am 1. März 1815, neuerlicher Kampf um die Macht, Sieg bei Ligny am 16. Juni 1815, vernichtende Niederlage auf dem Schlachtfeld von Waterloo am 18. Juni 1815, Verbannung auf die Atlantik-Insel St. Helena.

Kurz vor Waterloo ging am 9. Juni 1815 der Wiener Kongress zu Ende. Wichtigster Beschluss: Gründung des Deutschen Bundes aus 41 Einzelstaaten mit dem Bundestag in Frankfurt als oberstem Gremium.

Einer der Detailbeschlüsse betraf Sachsen: König Friedrich August I., der wegen seines Paktes mit Napoleon nach der Völkerschlacht gefangen genommen worden war, wird restituiert, allerdings mit erheblich reduziertem Territorium. Er führt das Hofzeremoniell wieder ein. Das Dresdner Staatstheater wird Königliches Hoftheater, Ludwig Geyer erhält den Titel »Königlicher Hofschauspieler«. Und Carl Maria von Weber, 31 Jahre alt, damals ziemlich unbekannt, wird als »Königlich-Sächsischer Hofkapellmeister« an die neu gegründete Dresdner Oper engagiert. Er befreundet sich mit Ludwig Geyer und verkehrt oft im Kreise der Familie, wo er auch die Kinder kennen lernt.

Richard hatte sich zu einem Knirps von ungestümem Temperament entwickelt, zu einem »Kosaken«, wie ihn sein Stiefvater Ludwig Geyer nannte, der mit Geduld und Liebe seine Erziehung übernahm. Die Mutter hingegen war von lautem Wesen, hastig und heftig.

Im Sommer 1817, als Vierjähriger, kam Richard auf die Privatschule von Carl Friedrich Schmidt.

Am 15. November 1817 hatte Richard seinen ersten Auftritt als Schauspieler am Dresdner Hoftheater. In Gegenwart von König Friedrich August I. spielte er einen still und stumm in graziöser Haltung verharrenden Engel mit angenähten Flügeln in dem Musikstück ›Der Weinberg an der Elbe‹, komponiert von Carl Maria von Weber. Sein Honorar: eine Brezel.

Damals wurde der Keim gelegt für die Theaterleidenschaft des kleinen Richard. Als Stiefsohn des prominenten »Königlichen Hofschauspielers« Ludwig Geyer durfte er oft auf nicht verkauften Plätzen sitzen, mitunter auch in freien Logen, wo er kaum über die Brüstung hinaussehen konnte.

Zu dieser Zeit startete sein 19-jähriger Bruder Albert eine Sänger-Karriere. Die Schwestern Luise, 12 Jahre alt, und Rosalie, 15 Jahre, standen erstmals als Schauspielerinnen auf der Bühne des Hoftheaters.

Am 19. September 1820 debütierte Richard mit seiner ersten Sprechrolle auf der Bühne des Hoftheaters in Schillers ›Wilhelm Tell‹. Er spielte Tells jüngsten Sohn, seine 13-jährige Schwester Klara den ältesten Sohn, sein Stiefvater den Gessler. Richard sollte nur einen Satz in mühsam eingetrichtertem Bühnendeutsch sagen: »Mutter, ich bleibe bei dir.« Doch als seine Schwester abging, packte ihn die Angst, und mit dem stark sächsisch gefärbten Notruf »Kläre, du gehst, ich will mit!« rannte er hinter ihr hinaus – entgegen Schillers Intention, aber zum Vergnügen des Publikums. Sein Honorar: einige Windbeutel.

Mit seiner um zwei Jahre jüngeren Halbschwester Cäcilie trieb Richard allerlei Schabernack. Sie hatten beispielsweise einen ausgehöhlten Kürbis von innen beleuchtet und einen Geisterspuk inszeniert, der Passanten abends gehörig in die Knochen fuhr.

Die Gespensterfurcht, die er anderen einjagen wollte, war offenbar Richards eigenes Problem: Symptom einer tief sitzenden Angst, die eine ihrer Wurzeln wohl in frühesten Kindheitstraumata aus Kriegs- und Nachkriegszeit hatte. »Die Erregung des Grauens und der Gespensterfurcht«, schreibt Richard, »bildete einen ganz besonderen Faktor der Entwicklung meines Gemütslebens. Von zartester Kindheit an übten gewisse unerklärliche und unheimliche Vorgänge auf mich einen übermäßigen Eindruck aus; ich entsinne mich, vor leblosen Gegenständen als Möbeln, wenn ich länger im Zimmer allein war und meine Aufmerksamkeit darauf heftete, plötzlich aus Fucht laut aufgeschrien zu haben, weil sie mir belebt schienen. Keine Nacht verging bis in meine spätesten Knabenjahre, ohne dass ich aus irgendeinem Gespenstertraum mit fürchterlichem Geschrei erwachte, welches nie eher endete, als bis mir eine Menschenstimme Ruhe gebot.«

Gespenster im Königshaus

Als Richard sieben Jahre alt war, musste er von zu Hause fort. Er kam im September 1820 zum Pastor Christian Ephraim Wetzel nach Possendorf bei Dresden, den sein Stiefvater als besonders guten Lehrer schätzte. Der 44-jährige Pastor betrieb ein kleines Internat und vermittelte seinen durchweg aus gehobenen Familien stammenden Schülern nicht nur das Schreiben und das Lesen, sondern auch Moral und Lebensweisheit, indem er ihnen Geschichten erzählte und dazu Kommentare gab. Ganz besonders spannend empfand Richard drei Geschichten: vom griechischen Freiheitskampf, von Wolfgang Amadeus Mozart und von dem Mann, der nie aufgab – von Robinson Crusoe.

Nach einem Jahr, am 28. September 1821, traf in Possendorf ein Bote ein. Seine Nachricht: Ludwig Geyer liegt im Sterben, Richard soll sofort kommen.

Drei Stunden lang marschierte Richard mit dem Pfarrer nach Dresden. Abends kamen sie in der elterlichen Wohnung an, wo Ludwig Geyer, an der Lunge erkrankt, umringt von weinenden Kindern, auf den Tod darniederlag. Die Mutter bat Richard, etwas auf dem Klavier zu spielen. Richard hatte noch keinen Klavierunterricht gehabt, er konnte aber nach dem Gehör ganz gut klimpern, und so spielte er: »Üb immer Treu und Redlichkeit bis an das kühle Grab und weiche keinen Finger breit von Gottes Wegen ab«.

»Sollte er etwa Talent zur Musik haben?«, fragte Ludwig Geyer. Am anderen Morgen war er tot. Die Mutter weckte Richard und sagte zu ihm: »Aus dir hat er etwas machen wollen.«

Abends wanderten Richard und Pfarrer Wetzel nach Possendorf zurück. Es war eine klare Nacht. Richard fragte nach den Sternbildern, und der Pfarrer erzählte ihm, während er zum Himmel zeigte, vom »Großen Wagen«, vom »Polarstern«, von »Andromeda« und »Kassiopeia«.

Acht Tage nach dem Tod des Stiefvaters musste Richard auch vom Pfarrer Abschied nehmen, da seine Mutter das Schulgeld nicht mehr bezahlen konnte. Und nun begann eine Odyssee von Lehrer zu Lehrer, ohne dass irgendwo Zeit genug gewesen wäre, eine Beziehung oder gar einen Vaterersatz aufzubauen. Auswirkungen auf

Richards Entwicklung waren unvermeidlich: Ohne väterliche Erziehung, so die Psychologen, kam bei dem von starkem Eigensinn geprägten Richard Wagner vor allem das so genannte »Realitätsprinzip« zu kurz, also die Fähigkeit, seine Wünsche und Ansprüche auf eine mögliche Realisierbarkeit abzustimmen. Damit wurde die Voraussetzung geschaffen für Wagners chaotische Einstellung zum Geld – aber auch die Voraussetzung dafür, dass er Visionen verwirklichte, die als unrealisierbar galten.

So war es denn schicksalsbestimmend, dass Richard Wagner den Pfarrer, der ihm Vaterersatz hätte werden können, schon nach einem Jahr verlassen musste. Er wurde weiterbugsiert zu Karl Geyer, einem Bruder des verstorbenen Stiefvaters, der als Goldschmied in Luthers Geburtsstadt Eisleben sein Brot verdiente. Die Reise dorthin unternahm Richard per Lohnkutsche, dem Verkehrsmittel für arme Leute. Lohnkutscher transportierten Fracht und ließen Passagiere aufsitzen, die in dieselbe Richtung wollten.

In Eisleben schloss sich Richard sogleich Geyers Mutter an, die, selbst unheilbar krank, vom Tod ihres Sohnes Ludwig keinesfalls erfahren durfte. Richard gewann sie lieb und erzählte ihr mit bemerkenswerter Verstellungskunst von seinem Stiefvater, als sei der noch am Leben. Sie starb nach wenigen Wochen, und wieder gab es Tränen.

Ansonsten erinnerte sich Richard an Erfreuliches: an den Unterricht in der Privatschule des Magisters Weiß etwa oder an Akrobaten, die auf einem von Turm zu Turm gespannten Seil über dem Marktplatz ihre Kunststücke zeigten. Richard, von geradezu leidenschaftlichem Nachahmungstrieb gepackt, spannte Stricke in Kopfhöhe und übte so lange, bis er mit Hilfe einer Balancierstange längere Strecken vorwärts und rückwärts schreiten konnte. »Noch bis jetzt«, schreibt er in seiner Autobiographie, »ist mir eine Neigung, meinen akrobatischen Gelüsten Genüge zu tun, verblieben.«

Diese »akrobatischen Gelüste« verblüfften später, als er ein berühmter Mann war, immer wieder Freunde, Geschäftsleute und Bewunderer, die ihn besuchten. Sie erblickten den Meister manchmal nicht am Klavier oder im Garten einherschreitend, sondern hoch droben im Astwerk von Fichten und Linden, wo er possierlich herumturnte.

Noch interessanter als die Akrobaten damals in Eisleben waren für Richard die Musiker des Husarenregiments. Sie spielten auf dem Marktplatz gängige Märsche und vertraute Freiheitslieder wie Lützows unverwüstliche Jagd – aber auch ein neues Werk, das Richard Wagner entzückte: den »Jägerchor« aus dem ›Freischütz‹, einer vor kurzem erst uraufgeführten Oper des Dresdner Hofkapellmeisters Carl Maria von Weber. Noch eine zweite ›Freischütz‹-Melodie schwirrte überall herum: der »Jungfernkranz«, auf Klavieren gespielt von höheren Töchtern und in Küchen gesungen von Dienstmädchen.

Carl Maria von Webers Melodien weckten in Richard den eher unbewusst und andeutungsweise empfundenen Wunsch, selbst komponieren zu können. Gleichzeitig entwickelte er die Neigung, sich mit Gleichaltrigen zu prügeln.

Kaum hatte sich Richard in Eisleben eingelebt, nach genau einem Jahr, heiratete Karl Geyer. Seine Frau mochte Richard nicht – also wurde er am 22. September 1822 weitergereicht zu Geschwistern seines verstorbenen Vaters Friedrich Wagner in Leipzig. Der Szenenwechsel war extrem: Aus dem kleinbürgerlichen Anwesen des Goldschmieds kam er nun ins Thomé'sche Haus am Markt, wo, wie schon erwähnt, Napoleon vor der Völkerschlacht sein Quartier gehabt hatte und König Friedrich August I. verhaftet worden war.

Im Hinterhofzimmer wohnten Tante Friederike, »zur alten Jungfer geworden«, und Onkel Adolf, ein eigenbrötlerischer Bücherwurm, der nun Richards Erziehung übernehmen sollte.

Mit den nach vorne zum Markt gelegenen Zimmerfluchten hatte es eine besondere Bewandtnis. Sie dienten seit August dem Starken – seit rund 120 Jahren – allen sächsischen Königen als gemietetes Domizil für ihre Besuche in Leipzig und waren als Fürstensuiten äußerst prunkvoll ausgestattet, mit Tapeten und Vorhängen aus schwerer Seide, brokatbezogenen Rokokomöbeln und goldgerahmten Gemälden. Das Thomé'sche Haus wurde deshalb auch das »Königshaus« genannt.

Richard durfte in diesen Prunkgemächern spielen und im Fürstenbett schlafen, als ob er König wäre. »Wohl gefiel es mir sehr in diesen großen, phantastischen Räumen«, erinnert er sich. Das galt allerdings nur tagsüber. Denn nachts quälten ihn die üblichen Albträume.

Onkel Adolf war schnell genervt von dem neunjährigen Geister-
seher und lehnte die Erziehung schon nach wenigen Tagen ab. Richard war froh. Er durfte heim zu seiner Mutter und den Schwestern
nach Dresden.

Das Theater –»ein reizendes Dämonium«

Richard Wagners Gespenstervisionen werden oft belächelt und als
Spinnerei abgetan oder gänzlich verschwiegen, obwohl sie höchst
aufschlussreich sind für das Verständnis seiner weiteren Entwicklung. Sie beeinflussten, wie wir gleich sehen werden, seine Beziehung zum Theater und zur Musik.

Nach dem Willen der Mutter sollte Richard einen gutbürger-
lichen Beruf erlernen und nicht am Theater landen wie ihre anderen Kinder Albert, Luise, Klara und die inzwischen zur »Königlichen
Hofschauspielerin« ernannte Rosalie. Sie schickte ihn deshalb am
2. Dezember 1822 aufs Gymnasium der Dresdner Kreuzschule und
»drohte fast mit dem Fluche ... wenn auch ich jemals zum Theater
gehen wollte«.

Zu dieser Dresdner Winterzeit widerfuhr Richard eines seiner
wichtigsten Schlüsselerlebnisse. Er sah die Oper ›Freischütz‹ in einer
Inszenierung des Komponisten Carl Maria von Weber – und nun
entflammte seine Theaterleidenschaft!

Richard verehrte Carl Maria von Weber als Idol: »Das schmale,
feine Gesicht mit den lebhaften und doch häufig umschleierten
Augen bannte mich in Schauer fest; sein stark hinkender Gang ...
kennzeichnete meiner Imagination den großen Musiker als unge-
wöhnliches übermenschliches Wesen.« Und Carl Maria von Weber
hatte eine Schwäche für Richard, den Stiefsohn seines verstorbenen
Freundes Ludwig Geyer, er öffnete ihm Tür und Tor und Bühnentür-
chen des Theaters. Richard sah den ›Freischütz‹ und andere Werke
vom Zuschauerraum aus, aber auch hinter der Bühne, in Kulissen
verborgen. »Was mich im Zusammenhang hiermit beim Besuch des
Theaters, worunter ich auch die Bühne, die Räume hinter den Kulissen und die Garderobe verstehe, lebhaft anzog, war ... das aufrei-
zende Behagen am Umgang mit einem Element, welches den Ein-

drücken des gewöhnlichen Lebens gegenüber eine durchaus andere, rein phantastische, oft bis zum Grauenhaften anziehende Welt darstellte. So war mir eine Theaterdekoration, ja nur eine – etwa ein Gebüsch darstellende – Kulisse, oder ein Theaterkostüm und selbst nur ein charakteristisches Stück desselben, als aus einer anderen Welt stammend, in einem gewissen Sinne gespenstisch interessant, und die Berührung damit mochte mir als der Hebel gelten, auf dem ich mich aus der gleichmütigen Realität der täglichen Gewohnheit in jenes reizende Dämonium hinüberschwang.«

Gespensterhaft war für Richard auch die Musik. Das lag keineswegs nur am dämonischen Sujet des ›Freischütz‹ – Richard hörte auch am hellen Nachmittag im Dresdner »Großen Garten« geisterhafte Töne, wenn das Zillmann'sche Stadtmusikkorps mit Tschingdarassa aufmarschierte und populäre Melodien schmetterte:»Schon das Einstimmen der Instrumente setzte mich in mystische Aufregung: ich entsinne mich, dass namentlich das Anstreichen der Quinten auf der Violine mir wie Begrüßung aus der Geisterwelt dünkte – was, beiläufig erwähnt, bei mir seinen ganz buchstäblichen Sinn hatte. Schon als kleinstes Kind fiel der Klang dieser Quinten mit dem Gespensterhaften, welches mich von jeher aufregte, genau zusammen. Nun endlich als erwachsener Knabe fast alle Nachmittage um das Zillmann'sche Orchester im Großen Garten schwärmend, denke man sich das wollüstige Grauen, mit welchem ich all die verschiedenen chaotischen Klangfarben einsog, die man beim Anhören eines einstimmenden Orchesters vernimmt: das langgehaltene A der Oboe, welches die übrigen Instrumente gleichsam wie eine Geistermahnung wachruft, verfehlte nie, alle meine Nerven in fieberhafte Spannung zu bringen; und wenn nun das anschwellende C der ›Freischütz‹-Ouvertüre mir ankündigte, dass ich unmittelbar, wie mit beiden Füßen, in das Zauberreich des Grauens eingetreten sei, so hätte wohl, wer mich damals beobachtete, gewahr werden müssen, welche Bewandtnis es trotz meinem gräulichen Klavierspielen mit mir hatte.«

Dass sein Klavierspiel so gräulich war, lässt sich einleuchtend erklären: Richard wollte Klavierspielen können – aber nicht erlernen; und schon gar nicht von einem Lehrer, der ihn mit Fingerübungen kujonierte.

Das Erlebnis des ›Freischütz‹ förderte seinen Wunsch, Komponist zu werden, und damit die Einsicht, dass es mit der autodidaktischen Klimperei so nicht weiterging. Als Elfjähriger erhielt er erstmals Unterricht bei einem Klavierlehrer namens Humann, der ihm die Grundsätze des Klavierspiels beibrachte und den Grundstein dafür legte, dass aus Richard Wagner ein passabler, wenn auch nie virtuoser Klavierspieler werden sollte. Nun »wurde mein Hang zur Beschäftigung mit der Musik immer reger, und ich suchte mir auch meine Lieblingsstücke durch Abschreiben anzueignen«. Das erste Stück war natürlich eine Melodie seines Idols Carl Maria von Weber. Aber nicht die ›Freischütz‹-Ouvertüre, nicht der »Jägerchor« und nicht der »Jungfernkranz« – sondern ein Lied, das ihm gleichsam an der Wiege gesungen wurde: »Lützows wilde, verwegene Jagd« – das Lied der Freiheitskämpfer!

Dichter oder Komponist?

An der Kreuzschule wurden seine dichterischen Neigungen geweckt und gefördert von seinem Lieblingslehrer Karl Julius Sillig, der antike Literatur und Mythologie unterrichtete. Richard Wagner wusste nicht mehr, was er werden sollte: Dichter oder Komponist? Er konnte sich nicht entscheiden und dichtete unter dem Einfluss Silligs erst einmal drauflos.

Das erste dramatische Werk des damals 13-jährigen Richard Wagner war ein Ritterspiel fürs Puppentheater. Es ist leider nicht erhalten. Denn seine Schwestern entdeckten das halbfertige Manuskript und verfielen in so unmäßiges Gelächter, dass Richard die Seiten zerriss.

Nach diesem ungewollten Heiterkeitserfolg verfasste Richard ein Trauergedicht zum Tode seines Mitschülers Starke, weinerlich, schwülstig und lächerlich wegen misslungener Metaphern. Magister Sillig las es mit beleidigendem Lächeln, begann dann aber das Manuskript zu redigieren und geschickt zu entsentimentalisieren, und schließlich kam eine brauchbare Elegie heraus, die als Privatdruck der Schule sogar veröffentlicht wurde.

Richard Wagners erstes gedrucktes Werk! – allerdings kaum

noch sein eigener Text. Was ihn freilich nicht hinderte, den Ruhm zu beanspruchen:»Ganz unzweifelhaft stand es vor mir, dass ich zum Dichter bestimmt sei.«

Er begann ein Heldenepos und ein Drama nach antiken Vorbildern zu dichten – und gab nach den ersten Seiten auf. Vorsichtshalber zerriss er das Manuskript. Es sollte nicht in die Hände seiner Schwestern fallen.

Vor seinen Schwestern hatte Richard einen Heidenrespekt. In der gemeinsamen Wohnung lebten damals Rosalie (10 Jahre älter als er), Luise (8 Jahre älter), Klara (6 Jahre älter), Ottilie (3 Jahre älter), Cäcilie (2 Jahre jünger) und seine Mutter, die den kleinen Richard mit Zuwendung und Schikanen schier erdrückten.»Eine solche Kindheitsposition erschwert fast immer die ›männliche Identitätsfindung‹. Sie erzeugt schillernde Charaktere, die zeitlebens in psychischer Hinsicht ›hermaphroditisch‹ anmuten: sie weisen ein buntes Gemisch von ›Männlichkeit‹ und ›Weiblichkeit‹ auf, wobei die Erstere kompensatorisch überbetont wird, weil die Letztere in der patriarchalischen Kultur als Makel gilt«, so der Tiefenpsychologe Josef Rattner.

Tatsächlich gebärdete sich Richard Wagner später häufig als Macho, andererseits aber ließ er auch feminine Züge erkennen wie etwa seine modischen Extravaganzen, seine Neigung zu boudoirähnlichem Ambiente, zu Parfum und sogar zu Seidenwäsche, die ein zeitgenössischer Satiriker spitzkriegte und genussvoll an die große Glocke hängte.

Drei Jahre lang, vom 10. bis 13. Lebensjahr, stand er unter dem Regiment seiner Schwestern und der Mutter. Im Sommer 1826 kam es dann überraschend zur Trennung: Rosalie, die »Königliche Hofschauspielerin«, erhielt ein vorteilhaftes Engagement am Deutschen Theater in Prag. Da sie »zum ernährenden Haupte der Familie geworden« war, übersiedelten mit ihr auch die Mutter, Luise, Klara, Ottilie und Cäcilie – nicht aber Richard, der in Dresden an der Kreuzschule bleiben musste und in der Familie seines Schulfreundes Rudolf Böhme als Kostgänger geduldet wurde.

Zweimal reiste Richard nach Prag, von der Sehnsucht nach Mutter und Schwestern getrieben, einmal per Lohnkutsche im Winter 1826. Böhmen war für ihn eine Welt des »poetischen Zaubers«:»Ge-

wisse Kopftrachten der Frauen, der heimische Wein, die Harfenmäd-
chen und Musikanten, endlich die überall wahrnehmbaren Merk-
male des Katholizismus, die vielen Kapellen und Heiligenbilder,
machten mir stets einen seltsam berauschenden Eindruck.«

Die zweite Reise nach Prag unternahm Richard Wagner im April
1827 zu Fuß mit seinem Freund Rudolf Böhme. Unterwegs ergab
sich ein für Wagners Biographie fürwahr historisches Ereignis: das
erste Geldproblem und dessen Lösung. Den beiden Wanderbur-
schen ging in Losowitz das Geld aus. Sie warteten auf einen eleganten Reisewagen und:»Ich gewann es über mich, mir das Ansehen
eines reisenden Handwerksburschen zu geben und die vornehmen
Reisenden um ein Almosen anzusprechen, während mein Freund
sich furchtsam im Chausseegraben versteckte!«

Der Fußmarsch machte Richard so viel Spaß, dass er, kaum nach
Dresden zurückgekehrt, mit Schulkameraden nach Leipzig wanderte, wo er das Studentenleben als »Emanzipation von Schul- und
Familienzwang« empfand. Er entwickelte eine ideologisch umne-
belte Rebellion gegen trockene Studien und bürgerliche wie kirch-
liche Ordnung. So unterschlug er beispielsweise knapp vor seiner
Konfirmation an der Dresdner Kreuzschule einen Teil des für den
Geistlichen bestimmten Beichtgeldes. Zur Konfirmation am 8. April
1827 trug er zum letzten Mal den Namen Geyer. Danach nannte er
sich Richard Wagner. Bemerkenswert ist seine eigenwillige Deutung
des Namens Wagner: Einer, der was wagt.

Inzwischen hatte seine Schwester Luise in Leipzig ein Engagement als Schauspielerin bekommen und sich mit dem vermögenden
Verlagsbuchhändler Friedrich Brockhaus verlobt. Sie konnte den
Unterhalt für die Familie übernehmen und holte die Mutter mit Ottilie und Cäcilie im Dezember 1827 nach Leipzig. Rosalie und Klara
waren als Schauspielerinnen auf Tournee.

Richard, in Dresden verwaist und verwildert, verlangte es nach
Mutter und Schwestern, er brach den Unterricht in der Kreuzschule
ab, und »als ich zu Weihnachten . . . in Leipzig ankam . . . wähnte ich
mich wie im Himmel«.

Das Mordsdrama: ›Leubald und Adelaide‹

Am 21. Januar 1828 wurde Richard ins Leipziger Nikolai-Gymnasium aufgenommen. Er ließ die Lehrer gleich seine Verachtung fühlen und machte sie sich zu Feinden.

Sein wichtigster Lehrer wurde nun Onkel Adolf, 54 Jahre alt, den wir schon als schweigsamen Sonderling im Thomé'schen Haus kennen gelernt haben. Jetzt war der Onkel nicht mehr wiederzuerkennen. Frisch verheiratet und beständig auf Schule, Staat und Kirche schimpfend, hatte er auf Richard »die Wirkung eines eigentlichen Freigeistes«. Er übersetzte Sophokles, Benjamin Franklin und Byron, gab eine Anthologie italienischer Gedichte heraus – den ›Parnasso italiano‹ – und stellte sich gerne als hoch gebildeter Gelehrter dar, der vom Olymp herab fürs Volk allerlei Besserwissereien schreibt, Polemiken, philosophische Aufsätze und Essays. Dabei übte er die für viele Gelehrte typische und bis auf den heutigen Tag unausrottbare Kunst der unverständlichen Ausdrucksweise, von der schon Lessing gesagt hat, dass sie den Beifall der Leute findet, die »alles, was sie nicht verstehen, für erhaben halten«. Dementsprechend erinnert sich Richard, dass »dieser literarische Schwulst mir umso tiefsinniger erschien, als ich ihn nicht fassen konnte«.

Onkel Adolf erzählte ihm über Goethe, Schiller, Kleist, Dante und Shakespeare; er deklamierte mit wechselnden Stimmlagen aus ihren Werken und gab dazu nebulöse Kommentare.

Diese »die Urteilskräfte meines Alters weit überschätzende Art des Verkehrs« verwirrte den 15-Jährigen beträchtlich, und so fühlte sich Richard eines Tages berufen, die Schule zu schwänzen und eine Tragödie à la Shakespeare zu schreiben: ›Leubald und Adelaide‹. Er schuf ein Mordsdrama, voll gestopft mit allen Gräueltaten, die er in Ritter- und Räuberromanen, in Gespensterbüchern und Hexengeschichten zusammengelesen hatte, sprachlich aufgedonnert mit überwiegend jambischen Fünfhebern, die seine Bewunderung für Shakespeares Dichtkunst schmerzlich ahnen ließen.

Es begann damit, dass der ermordete Vater seinem Sohn Leubald als Geist erscheint und ihn zur Rache auffordert. Der Anfang war unverkennbar aus ›Hamlet‹ geklaut, doch dann übertraf Richard sein Vorbild Shakespeare bei weitem – allerdings nur (und das will was heißen) hinsichtlich der Rekordzahl von Erdolchten und Vergifteten. 42 Protagonisten verröchelten ihm unter der Feder, und bei solchem Massaker war es verzeihlich, dass er die Übersicht verlor und ihm für den Schlussakt die Personen ausgingen. Doch Richard war erfinderisch: Fürs fulminante Finale ließ er einige der Gemeuchelten als Gespenster einfliegen.

Vorsichtshalber las er nur einer seiner Schwestern das Drama vor, der sanftmütigen Ottilie, und der verging das Lachen. Von Angstschweiß überströmt »gab sie sich liebevoll den Peinigungen hin, welche ich ihr... durch geheimnisvolle, aber deshalb nicht affektlose Vorlesungen der einzelnen Teile meiner fortschreitenden Arbeit verursachte«.

Richard Wagner wird sich später selbst über dieses Werk lustig machen, damals aber glaubte er, der »herzlichen Anerkennung« seines Onkels sicher sein zu können. Onkel Adolf freilich brach in Schmähungen aus, als er die Tragödie las, er machte sich selbst die bittersten Vorwürfe und bezeichnete ›Leubald‹ als Unglück, das über die Familie hereingebrochen sei. Die anderen Schwestern lachten Tränen über die Tragödie.

Richard indessen blieb »ein wunderlicher, innerer Trost gegen die widerfahrene Kalamität: ich wusste, was noch niemand wissen konnte, nämlich, dass mein Werk erst richtig beurteilt werden könnte, wenn es mit der Musik versehen sein würde, welche ich dazu zu schreiben beschlossen hatte und welche ich nächstens auszuführen demnach beabsichtigte.«

Aus der Aufführung wurde nichts. Ein paar Melodien, die er dafür komponierte, sind vergessen. Das Manuskript hat er wahrscheinlich vernichtet, denn es blieben nur Bruchstücke erhalten. Und doch ist ›Leubald und Adelaide‹ von Bedeutung für Wagners Werk, für die Musikgeschichte und die Revolution der Oper. Denn: Richard Wagner wollte damals das Drama »mit der Musik versehen« – und wenn der Weg auch noch weit war zu seinen späteren thematisch und motivisch durchkomponierten Bühnenwerken, so ist doch hier die Ur-Idee dessen erkennbar, was wir heute Wagners »Musikdrama« nennen. Davon wird später noch ausführlich die Rede sein. Hier nur so viel: Im Musikdrama fügt sich die Musik den Anforderungen des Dramas. Nach Wagners Vorstellungen ist also der Dramentext wesentlicher Bestandteil des Bühnenwerkes – die Musik wird dazu komponiert, und zwar vom Dramatiker selbst.

Damals, als 15-Jähriger, hätte sich Richard Wagner also gar nicht fragen müssen, was er werden sollte: Dichter oder Komponist? Er wurde beides: Dichter und Komponist!

An dieser Stelle sollten wir lesen, was Jean Paul in seiner Vorrede zu E.T.A. Hoffmanns ›Fantasiestücken‹ geschrieben hat: »Bisher warf immer der Sonnengott die Dichtgabe mit der Rechten und die Tongabe mit der Linken zwei so weit auseinander stehenden Menschen zu, dass wir noch bis diesen Augenblick auf den Mann harren, der eine echte Oper zugleich dichtet und setzt.« Jean Paul hat diesen Satz in Bayreuth geschrieben, am 24. November 1813 – im Geburtsjahr Richard Wagners.

Die Primadonna assoluta

In einem seiner späteren Anflüge koketter Tiefstapelei hat Richard Wagner einmal zu seiner zweiten Ehefrau Cosima gesagt:»Ach, ich bin kein Komponist. Nur so viel wollte ich erlernen, um Leubald und Adelaide zu komponieren ...«

Tatsache ist: Als 15-Jähriger stürzte er sich mit einer wahren Sucht nach Perfektion in die Kompositionslehre; auf Teufel-komm-raus wollte er Komponist werden, von heut auf morgen. – Er engagierte, ohne Wissen der Familie und ohne selbst zahlen zu können, den Gewandhaus-Musiker Gottlieb Müller als Kompositionslehrer, allerdings nur für ein paar Monate. Denn »seine Lehren ... erfüllten mich bald mit großem Widerwillen. Die Musik war mir durchaus nur Dämonium, eine mystisch erhabene Ungeheuerlichkeit; alles Regelhafte schien sie mir durchaus zu entstellen.«

Seine Ambitionen als Komponist wurden noch befeuert durch das Erlebnis zweier Beethoven-Symphonien. Er hörte die Siebte, dann die Neunte – und vor allem die empfand er als Offenbarung. »Sie ward zum mystischen Anziehungspunkt meines phantastisch-musikalischen Sinnens und Trachtens ... Was mich beim Anblick der mühsam verschafften Partitur sogleich wie mit Schicksalsgewalt anzog, waren die lang andauernden Quintenklänge, mit welchen

der erste Satz beginnt: diese Klänge, die in meinen Jugendeindrü-
cken ... so eine geisterhafte Rolle spielten, traten hier wie der gespenstische Grundton meines eigenen Lebens an mich heran. Diese
Symphonie musste das Geheimnis aller Geheimnisse enthalten.«
Beethovens Musik würde ihm das Mysterium der Kompositions-
kunst erschließen, so glaubte Richard, und deshalb schrieb er die
Partitur der Neunten ab, danach auch die Partituren der Fünften und
der Egmont-Ouvertüre. Eine eigene Klavierbearbeitung der Neunten
bot er dem Verlag Schott in Mainz zum Druck an – ohne Erfolg. Erst
bekam er eine hinhaltende Antwort, schließlich eine Absage.

Im April 1829 sieht und hört er Wilhelmine Schröder-Devrient als
Leonore in Beethovens Oper ›Fidelio‹. – Wilhelmine Schröder-Devrient! Die Primadonna assoluta ihrer Zeit, 26 Jahre alt,»jugend-
lich, schön und warm wie nie seitdem auf der Bühne mir ein Weib
erscheinen sollte«. Ein Schlüsselerlebnis! Eines der wichtigsten in
seinem Leben. Außer sich vor Überschwang schreibt Richard ihr
noch in derselben Nacht einen Brief,»in welchem ich der großen
Künstlerin bündig erklärte, dass von heute ab mein Leben seine Bedeutung erhalten habe und, wenn sie je dereinst in der Kunstwelt
meinen Namen rühmlich genannt hören sollte, sie sich erinnern
möge, dass sie an diesem Abend mich zu dem gemacht habe, was ich
hiermit schwöre werden zu wollen«.

Nachts noch gibt er den Brief im Hotel der Primadonna ab, und
dann rennt er wie toll davon. Von Stund an erfüllen ihn zwei
Wunschträume: Eine Oper will er schaffen, die so populär wird wie
Carl Maria von Webers inzwischen weltweit inszenierte Oper ›Freischütz‹, und Wilhelmine Schröder-Devrient soll darin die Hauptrolle
spielen!

Vorerst bekam er Ärger mit der Mutter und den gestrengen
Schwestern, die seine Schulden bei Gottlieb Müller entdeckten und
wütend bezahlten – und außerdem dahinterkamen, dass er seit Leu-
balds Blutbad den Unterricht in der Nikolai-Schule geschwänzt
hatte.

Er musste wieder aufs Gymnasium, hörte keinem Lehrer zu und
las unter der Bank dramatische Werke, so Goethes ›Faust‹, den er sze-
nisch veredeln und zur Oper gestalten wollte. Sein Mitschüler Franz

Ludwig Siegel berichtete, was ihm Richard Wagner damals an Verbesserungsvorschlägen vorgetragen hatte:»In der Hexenküche nicht nur alte Weiber, Affen und Katzen, nein, da müsste Höllisch-Verführerisches dabei sein... Dante müsste zu Hilfe genommen werden. Schöne verdammte Frauen wandeln im mystischen Halbdunkel und singen seltsame Chöre. Plötzlich dazwischen fährt der Jammerschrei der Hölle. Kontraste!... Gretchen erscheint in einem Hain. Begegnung, Entzücken, Verheißung, herrlichste Gelegenheit zu einem Duett mit unsichtbaren Chören... Zuletzt Verklärung durch Reue und Buße... Wunderbare Chöre aus Wolken; Gretchen und Faust geläutert. Auf einem Wolkenlager schweben sie in halber Bühnenhöhe; unten steht Mephisto in Wut und Verzweiflung. Er versinkt mit Krachen. Sphärenmusik oben, Höllenskandal unten...«

Nach der Schule, zu Hause, komponierte Richard als 16-Jähriger so recht und schlecht einige Werke, die verschollen sind: eine Sonate d-Moll, ein Quartett D-Dur und den ersten Akt eines Schäferspiels.

Im Juni wechselte er von der Nikolai-Schule zur Thomas-Schule, ohne dass dies seinen Lerneifer beflügelt hätte.

Zu dieser Zeit komponierte Richard auch ein politisches Werk. Und das kam so: 1830 brach in Paris die Juli-Revolution aus. Der reaktionäre Bourbone Karl X., seit 1824 König, wurde gestürzt und Louis Philippe von Orléans bestieg als »Bürgerkönig« den Thron. Die Revolution griff wie ein Schwelbrand auf Europa über, glimmte bis nach Polen, wo sich explosionsartig ein zweiter Revolutionsherd entzündete. In Deutschland kam es zu mehr oder weniger drastischem Aufruhr gegen das monarchisch-feudale System. »Die geschichtliche Welt begann für mich von diesem Tage an«, erinnert sich Richard Wagner, »und natürlich nahm ich volle Partei für die Revolution.« Er sah darin »Kämpfe zwischen dem Alten, Überlebten und dem Neuen, Hoffnungsvollen«.

Richard Wagners aktiver Beitrag zur Juli-Revolution von 1830 beschränkte sich auf die mit Studenten gemeinsam verübte Erstürmung und Demolierung eines angeblich vom Magistrat protegierten Bordells; dabei erlebte er »mit Grauen die berauschende Einwirkung eines solchen unbegreiflichen, wütenden Vorganges« und »das rein Dämonische solcher Volkswutanfälle«. Politisch änderte sich einiges. Sachsen bekam eine konstitutionelle Verfassung. König Anton, Nachfolger des 1827 verstorbenen Friedrich August I., ursprünglich dem geistlichen Stand bestimmt und ohne politische Ambitionen, ernannte unter dem Druck der revolutionären Ereignisse seinen liberal-schwärmerischen Neffen Friedrich August II. zum Mitregenten mit allen Vollmachten.

Und diesem Friedrich August II. widmete Richard Wagner eine ›Politische Ouvertüre‹, die verschollen ist – wie denn auch alle anderen damaligen Werke von ihm nicht mehr auffindbar sind oder von ihm selbstkritisch vernichtet wurden, so zum Beispiel eine Ouvertüre C-Dur und die Ouvertüre B-Dur, auch Paukenschlag-Ouvertüre genannt. Von dieser Paukenschlag-Ouvertüre war Wagner anfangs besonders überzeugt. Selbstbewusst eine Aufführung fordernd, überreichte er die Partitur dem 30-jährigen Kapellmeister am Leipziger Hoftheater, Heinrich Dorn, einem risikofreudigen Musikus und flotten Lebemann, der später in seinen Erinnerungen darüber erzählen wird: »Abnorm war die Komposition, aber es steckte etwas darin, was mir Achtung abnötigte, und so verordnete ich denn eine Probe für das Orchester, um das ungeheuerliche Opus aufzuführen.«

Heinrich Dorn berichtet weiter, dass führende Orchestermitglieder wie etwa der Konzertmeister und Violinvirtuose August Matthäi oder der berühmte Posaunist Queißer ihn bestürmten, »die ihrer Meinung zufolge wahnsinnige Komposition nicht aufzuführen. Aber ich blieb standhaft.« Gegen den Protest bestimmte er: Uraufführung am Heiligen Abend 1830 im Leipziger Hoftheater. Ein historisches Ereignis. Die erste Aufführung eines Musikwerkes von Richard Wagner!

Nach diesen Auseinandersetzungen war Wagner von seinem Werk nicht mehr so überzeugt. Er verhinderte, dass er als Komponist genannt wurde, und erzählte seinen Schwestern Luise, Cäcilie und der inzwischen am Leipziger Hoftheater engagierten Rosalie auch nichts von dem Konzert – wohl aus Angst vor ihrem Hohngelächter. Nur die sanfte und durch gnadenlose Leubald-Vorlesungen an Schrecknisse hinreichend gewöhnte Ottilie nahm er zum Konzert am Heiligen Abend mit ins Theater. Und dann kam's Schlag auf Schlag:

Das Besondere an der Paukenschlag-Ouvertüre war naturgemäß ein Paukenschlag – aber nicht wie in Haydns ›Symphonie mit dem Paukenschlag‹, wo die Zuhörer ein einziges Mal aus ihrem (vom Komponisten augenzwinkernd unterstellten) Schlummer gedonnert werden –, sondern ein Paukenschlag auf dem zweiten Viertel eines jeden fünften Taktes! Also eine Litanei von Paukenschlägen, die der Paukist, so Richard Wagner –»mit hämischer Brutalität produzierte . . . Besonders die längere Zeit andauernde Wiederkehr dieses Effektes erregte bald die Aufmerksamkeit und endlich auch die Heiterkeit des Publikums . . . Was ich . . . hierunter litt, ist nicht zu schildern . . .«

Das Gelächter der Zuschauer schwoll im Rhythmus der Paukenschläge auf und ab. Richard Wagners Werk fiel durch mit Pauken und Gelächter.

Einige Tage nach dem Konzert wollte Richard Wagner die Scharte wieder auswetzen. Er bot dem Hoftheater eine Ouvertüre für Schillers Tragödie ›Die Braut von Messina‹ an. – Abgelehnt! »An eine Reparation war nicht zu denken, da ich für längere Zeit der Leipziger Theaterdirektion für sehr bedenklich galt.«

Als Dramatiker verlacht – als Komponist blamiert. Das war zu viel für Richard Wagner, und »so schwemmte bald das nun eintretende wüste Studentenleben auch den letzten Ernst für musikalische Arbeit in mir hinweg«.

Wilde Jahre – Reifejahre

Studiosus, Spieler, Säbelfechter

Zwei Monate nach der weihnachtlichen Paukenschlag-Bescherung, am 23. Februar 1831, immatrikulierte sich Richard Wagner als Musikstudent an der Leipziger Universität. Er nahm vorübergehend Violinunterricht bei dem Gewandhaus-Musiker Robert Sipp, 26 Jahre alt, der sich viele Jahrzehnte später an den berühmt gewordenen Richard Wagner so erinnern wird:»Er hatte eine rasche Auffassungsgabe, war aber faul und wollte nicht üben. Er war mein schlechtester Schüler.«

Den Grund seiner Resignation hat Richard Wagner erkannt:»Ich hätte mögen ein Werk schreiben, welches der Schröder-Devrient würdig gewesen wäre: da mir dies nun in keiner Weise möglich war, ließ ich in enthusiastischer Verzweiflung alles Kunststreben fahren, und da mich die Schulwissenschaft wahrlich nicht zu fesseln vermochte, überließ ich mich steuerlos dem unmittelbaren Leben, im Verkehr mit sonderbar gewählten Genossen ...«

Er suchte Kontakt mit Studenten schlagender Verbindungen und wurde Mitglied der weitaus vornehmsten Studentenverbindung »Saxonia«, die nur Abkömmlingen aristokratischer Häuser und hoch renommierter Familien des Bürgertums offen stand. Richard Wagner verschaffte sich das Entree unter Berufung auf seinen Schwager Friedrich Brockhaus, Verlagsbuchhändler in Leipzig, der inzwischen seine Schwester Luise geheiratet hatte. Stolz trug Richard die silberbestickte »Sachsenmütze«, die ihn als Mitglied der studentischen Hautevolee auswies.

Mit der Universität hatte er nichts am Hut. Eine Vorlesung bei Rektor Traugott Krug, drei Vorlesungen bei Professor Christian Hermann Weiße – das war's auch schon. Weiße fiel dadurch auf, dass er sich stoßweiser Sprechmanier und eines unverständlichen Schreibstils bediente, den er damit rechtfertigte, dass Erkenntnisse des menschlichen Geistes nicht in einer dem Pöbel zugänglichen Sprache ausgedrückt werden sollten. Wagner war, wie schon damals bei Onkel Adolf, auch diesmal von der erhabenen Unverständlichkeit stark beeindruckt. Er versuchte den Stil zu kopieren und schrieb pseudointellektuelle Schwafelbriefe an seinen Bruder Albert, der ihn deswegen für verrückt hielt.

Nach diesen flüchtigen Abstechern in die Hörsäle trieb sich Wagner fortan nur noch in Kneipen und auf so genannten Paukböden herum, wo er die Grundkenntnisse des Säbelfechtens erlernte. Er war kein begabter Haudegen. Seine Fechtkünste reichten nicht einmal dazu aus, eine Mensur zu bestehen, den ritualisierten Fechtkampf der Studenten, bei dem sich die Gegner durch Körperschutz, Bandagen, Halsbinden, Paukbrillen und Nasenbleche vor ernsten Verletzungen sichern und allenfalls die begehrten Schmisse im Gesicht davontragen.

Während der Ferien fuhren die meisten Studenten nach Hause, und nur ein Bodensatz heimatloser Rabauken blieb zurück im zweifelhaften Eldorado der Studentenkneipen, Paukböden und Spielhöhlen. Richard Wagner bezeichnete sie als Wüstlinge, Kampfhähne und liederliche Recken, fühlte sich aber »mit Grauen und Wohlgefallen« von ihnen angezogen.

Einer von ihnen war ein gewisser Degelow, jähzornig und verschlagen. Nach einem sinnlosen Streit forderte der bewährte Kampfhahn Degelow den in Fechtkünsten dilettierenden Richard Wagner während eines Zechgelages zum Duell. Gemeint war nicht die wenig gefährliche Mensur, sondern ein Duell auf Leben und Tod, das nur bei schwerer Verletzung eines Kontrahenten abgebrochen werden durfte. Duelle waren verboten, konnten aber nach studentischen Ehrbegriffen nicht abgelehnt werden und . fanden an geheimen Orten statt. Der Duelltermin mit Degelow wurde festgelegt.

Richard Wagner geriet angesichts der tödlichen Bedrohung in eine Art Duell-Rausch, so berichtete er in seiner Biographie. Er beleidigte ganz bewusst einige Kommilitonen aus nichtigen Anlässen und hatte im Nu fünf weitere Duellforderungen am Hals – allesamt mit Gegnern, die schon zahlreiche Duelle überlebt hatten und eine gefährliche Auslese bildeten.

Doch nun ereignete sich eine der schier unglaublichen und in seinem späteren Leben immer wieder dokumentierten Serien glücklicher Zufälle, die ihm halfen, den Kopf aus der Schlinge zu ziehen: Seinen sechs Gegnern erging es wie im Kinderlied den zehn kleinen Negerlein: Einer von ihnen, Degelow, hatte wenige Tage vor dem Kampftermin mit Richard Wagner ein Duell in Jena auszufechten – und wurde dabei totgeschlagen. Da waren's nur noch fünf! Der nächste Duellgegner namens Wohlfahrt, ein »bemooster Bursche« im 14. Semester, hatte ebenfalls vorher ein anderes Duell an geheimem Ort zu bestehen, im Billardsaal eines Wirtshauses an der Burgstraße. Richard Wagner war dabei und beobachtete mit wachsendem Unbehagen die mörderischen Fechtkünste seines zukünftigen Kontrahenten, der den Sieg schon fast errungen hatte. Doch unversehens landete der schwache Gegner einen Zufallstreffer, Wohlfahrt krachte auf den Boden, eine Blutfontäne schoss aus seinem rechten Arm: kampfunfähig auf unbestimmte Zeit! »Ich leugne nicht«, erinnert sich Richard Wagner, »dass dieser Vorgang mich mit einiger Wärme erfüllte.«

Ein weiterer Duellgegner Richards, der »furchtbare Stelzer«, den sie auch »Lope« nannten, war kurzentschlossen nach Algerien ausgewandert und hatte sich dem abenteuerlichen Haufen der eben erst gegründeten französischen Fremdenlegion angeschlossen.

Beim nächsten Duell mit einem besonders kleinwüchsigen, aber wegen seiner Zornesausbrüche und Fechtkünste weithin gefürchteten Studenten namens Tischer schien es kein Entkommen zu geben. Der Termin stand fest, Richard Wagner ging hin – und traf nur den gegnerischen Sekundanten, der seinen Kontrahenten geziemend entschuldigte: Tischer lag im Spital. Er hatte nachts betrunken in einem liederlichen Haus randaliert und die Damen beschimpft, die ihrerseits den Trunkenbold verprügelten und hinausfeuerten. Dem Rausschmiss aus dem Bordell folgte der Rausschmiss aus Universität und Studentenverbindung. Tischer galt nicht mehr als satisfaktionsfähig, damit erledigte sich jeder Duelltermin. Da waren's nur noch zwei!

An einen konnte sich Richard Wagner nicht mehr entsinnen, er wusste nur noch, dass der Duelltermin geplatzt war. Doch der andere Kontrahent mag ihm umso herzlicher in Erinnerung geblieben

sein: Der nämlich hatte hohe Schulden! Er war vor seinen Gläubigern geflüchtet und spurlos verschwunden.

Richard Wagner hatte damals ebenfalls Schulden aufgetürmt,
nicht zu vergleichen mit den Schuldenbergen späterer Zeiten, aber
immerhin so beträchtlich, dass die Tilgung recht mühsam gewesen
wäre. Wagner wollte es einfacher haben, alles mit einem schnellen
Geldgewinn bereinigen, und so warf das Glücksspiel »seine dämonischen Schlingen« über ihn. Vergessen waren Kneipen und Paukböden – es gab für ihn nur noch die von Tabakrauch und Bierdunst
vernebelten Spielhäuser, wo sich Nacht für Nacht die Desperados
der Leipziger Studentenschaft zusammenrotteten. Richard Wagner
spielte und verlor und »die Leidenschaft . . . war durch die Verzweiflung des Spielunglücks bis zum Wahnsinn gesteigert«. Eines Tages
holte er auf Bitte seiner Mutter deren Witwenrente ab. Er brachte das
Geld nicht nach Hause, ging in den Spielsalon »Landsknecht«, setzte
einen Taler nach dem anderen und verlor unaufhörlich bis in die
Nacht hinein.

Dann – der letzte Taler! Richard warf ihn auf den Spieltisch. Der
letzte Einsatz, das letzte Spiel, so sah es aus. Doch nun begann wieder seine unfassbare Glückssträhne, die ihn aus höchster Not rettete: Der letzte Taler brachte Gewinn. Das Spiel ging weiter! Richard
setzte den ganzen Gewinn und gewann wieder, und dann nochmals,
und immer weiter, bis er die Höhe des verspielten Witwengeldes der
Mutter zurückgewann – und weiter aufs Spiel setzte. »Mit dem Zu-
schlag meines Glückes«, erinnerte er sich, »fühlte ich deutlich Gott
oder seinen Engel wie neben mir stehen.« Schließlich gewann er sogar die Summe seiner Schulden. Er hörte auf, gab der Mutter das
Geld, zahlte seine Gläubiger aus, entsagte dem Glücksspiel und
begann das Studium mit einem »zuvor mir unbekannten Eifer für
meine musikalische Ausbildung«.

Er hatte auch schon den Mann ausgewählt, der ihm für seinen
Unterricht angemessen schien: den Thomaskantor Theodor Weinlig, einen der Nachfolger von Johann Sebastian Bach.

Der sanfte Diktator: Thomaskantor Weinlig

Theodor Weinlig, Kantor und Musikdirektor an der Thomaskirche, war der beste Musikpädagoge weit und breit, 51 Jahre alt, ein stiller, sensibler, kränkelnder Mann mit diktatorischer Strenge, wenn es um die Musik ging.

Er nahm keine Schüler mehr an, deshalb brachte Richard Wagner beim ersten Gespräch seine Mutter und eine selbst komponierte Fuge mit. Die Mutter stimmte Weinlig weich, die Fuge stimmte ihn um, und Richard erhielt ab Herbst 1831 Unterricht unter einer Bedingung: Er sollte ein halbes Jahr nichts komponieren.

Wie zu erwarten, fühlte sich Richard Wagner bald »höchlichst angewidert« von den »vierstimmigen Harmonieübungen im gebundenen, strengen Stil«. Es kam zur unvermeidlichen Auseinandersetzung, Weinlig wollte aufhören, Wagner erkannte im letzten Augenblick den Wert dieses Unterrichts und flehte um Nachsicht. Weinlig ließ sich noch einmal umstimmen, wählte aber eine schärfere Gangart. Er trieb das Studium rasant voran, und das war genau richtig für Richard Wagner, der, endlich hart gefordert, sich als brillanter Schüler erwies. So lernte er verblüffend schnell die komplizierte Kontrapunktik, also die Kunst, mehrere einander ergänzende Stimmen melodisch und rhythmisch selbstständig nebeneinander zu führen. Weinlig hob auch das quälende Kompositionsverbot auf, und Richard Wagner komponierte sogleich eine Klaviersonate B-Dur, eine Polonaise D-Dur, eine Phantasie für Pianoforte fis-Moll und sieben Kompositionen zu Goethes ›Faust‹. Das Glanzstück war eine Ouvertüre d-Moll, die Theodor Weinlig so gut gefiel, dass er sie für einen besonderen Anlass vorschlug: Sie sollte am ersten Weihnachtsfeiertag 1831 gespielt werden, im Leipziger Hoftheater – am Schauplatz der Paukenschlag-Blamage vor fast genau einem Jahr, am Heiligen Abend 1830.

Die Erinnerung an das Hohngelächter des Publikums muss wohl tief in Richard Wagner verankert gewesen sein, denn wieder sagte er nichts zu seinen Schwestern Rosalie, Klara, Luise und Cäcilie. Die sanfte Ottilie, die er wohl mitgenommen hätte, besuchte gerade eine Freundin in Kopenhagen, und so stahl er sich ganz alleine zu diesem Konzert.

Und nun gab's Applaus, nicht übertrieben, keinesfalls so exzessiv, wie er es später erleben sollte – aber es war der erste Applaus für ein Musikwerk von Richard Wagner.

Als die Ouvertüre dann auch noch gleichsam die höheren Weihen erhielt und am 23. Februar 1832 im legendären Gewandhaus aufgeführt wurde: da schwebte der vor Selbstbewusstsein strahlende Richard Wagner mit einem Kometenschweif glanzvoll herausgeputzter Schwestern in den Konzertsaal. Sie weinten vor Glück, als der Applaus für den Bruder aufrauschte.

Wenige Wochen später erschien dann das erste gedruckte Musikwerk Richard Wagners im Leipziger Musikverlag Breitkopf & Härtel. Es war die oben schon erwähnte Klaviersonate B-Dur unter dem Titel:

Sonate

für das Pianoforte

componiert und

Herrn Theodor Weinlig

Cantor und Musikdirektor an der Thomasschule in Leipzig

hochachtungsvoll gewidmet

von

Richard Wagner

Anfang des Sommers 1832 brach Theodor Weinlig den Unterricht ab mit der Begründung, die Lehre sei beendet, er könne ihm nichts mehr beibringen. »Sie stehen jetzt auf Ihren eigenen Füßen und haben das Bewusstsein, das Künstlichste zu können, wenn Sie es nötig haben.«

Richards Mutter sah nun mit Schrecken die Honorarforderungen des berühmten Musikpädagogen auf sich zukommen. Doch Theodor Weinlig ließ sie wissen: Er halte es für unbillig, wenn er für das Vergnügen, Richard Wagner unterrichtet zu haben, Bezahlung annehmen würde. Die Hoffnung auf diesen Schüler sei ihm ausreichende Belohnung.

Erste Liebe – schwarze Hochzeit

Noch während Richard Wagner beim Thomaskantor studierte, Anfang des Jahres 1832, marschierten singend und mit wehenden Fahnen polnische Freiheitskämpfer in Leipzig ein. Sie waren auf der Flucht vor zaristischen Truppen und wurden überall umjubelt und gefeiert. Richard Wagner schloss Freundschaft mit einigen von ihnen, vor allem mit dem »Leuchtstern« unter den Emigranten, Vincenz Graf Tyszkiewicz, einem champagnergewohnten Kavalier im Schnürrock mit roter Samtmütze. Das Benehmen des malerischen Grafen war königlich, sein Schicksal tragisch: Er hatte in einem seiner Schlösser um Mitternacht auf ein Gespenst geschossen – und versehentlich seine Gemahlin getötet, die einen Geisterspuk inszenieren wollte. Seine zweite Ehefrau mit dem dreijährigen Söhnchen Janusz war in Polen zurückgeblieben und ungewissen Aufenthaltes. Im Sommer tauchte sie mit dem Kind in Leipzig auf, um sogleich wieder heimzureisen auf ihre Güter in Galizien. Wenig später reiste der Graf hinter ihr her, von Sehnsucht getrieben, von Todesstrafe bedroht.

Richard Wagner hatte damals gerade das Studium bei Weinlig beendet und begleitete den Freund bis nach Brünn. Die Partituren dreier Ouvertüren und einer vor kurzem erst komponierten Symphonie C-Dur hatte er mit im Reisegepäck.

Auf Einladung des begüterten Grafen reiste Richard Wagner – wohl zum ersten Mal in seinem Leben – mit der Diligence, wie die gelbe Postkutsche nach ihrem französischen Vorbild genannt wurde. Sie war das schnellste und teuerste öffentliche Verkehrsmittel und bestimmte das Bild auf den Straßen. Über der viel besungenen Postkutschenromantik mit Postillion und Posthorn-Trara werden die Strapazen einer solchen Reise oft vergessen. Tag und Nacht ging es in Schritt, Trab und Galopp dahin, Stopps gab es nur in Poststationen und beim Pferdewechsel in den so genannten Relais. Rund 24 Stunden brauchte eine Postkutsche für 160 Kilometer, vorausgesetzt, es gab keinen Radbruch, keinen Unfall und keinen räuberischen Angriff. Demnach waren Richard Wagner und Graf Tyszkiewicz etwa zwei Tage und zwei Nächte unablässig auf Achse, bevor sie reichlich gerädert vor dem »Gasthof zur Post« in Brünn aus dem gelben Wagen taumelten.

In Brünn inszenierten polnische Exilanten ein von Champagner und Abschiedstränen überquellendes Fest, sie sangen polnische Volkslieder und Freiheitshymnen bis ins Morgengrauen. Dann reiste der Graf weiter ostwärts, einem unbestimmten Schicksal entgegen, und Richard Wagner blieb zurück – starr vor Schreck. Denn jetzt erst rückten die Exilanten mit einer Nachricht heraus, die sie wohl im Interesse der guten Stimmung zurückgehalten hatten: seit Wochen wütete in Brünn die Cholera. Im Gasthof »vergrub ich mich angekleidet in das Bett und erlebte nochmals alles, was ich je in meiner Knabenzeit an Gespensterfurcht erlitten hatte. Die Cholera stand leibhaftig vor mir; ich sah sie und konnte sie mit den Händen greifen; sie kam zu mir ins Bett; umarmte mich; meine Glieder erstarrten zu Eis, ich fühlte mich tot, bis an das Herz hinan.«

Am nächsten Tag reiste er per Lohnkutsche schleunigst ab nach Wien, wo er sich bei Theaterbesuchen von seinen hypochondrischen Ängsten allmählich wieder erholte und den »Dämon des Wiener musikalischen Volksgeistes« leibhaftig erlebte: Johann Strauß Vater.

Von Wien ging's nach sechs Wochen weiter nach Prag und von dort auf das 12 Kilometer entfernte Schlossgut Pravonin des Grafen Johann Josef Pachta, den Richard Wagner schon von seinen früheren Reisen her kannte. Auf dem Schlossgut lebten zwei uneheliche Töchter des Grafen, Jenny und Auguste Raymann, beide im heiratsfähigen Alter, beide aristokratisches Halbblut von hohem Reiz. Jenny, die Ältere, war dem Vater nachgeraten, schlank, mit feinen Gesichtszügen und schwarzem Haar. Auguste glich ihrer Mutter, die ebenfalls auf Pravonin lebte: blond, üppig, pausbäckig.

Richard gab ihnen Klavierunterricht und verliebte sich in die aristokratisch wirkende Jenny. Seine erste Liebe! – Chancenlos. Denn die beiden Mädchen waren von Kindheit an darauf eingeschworen, einen Mann von Adel zu ehelichen, um durch Standesheirat auf die gesellschaftliche Ebene des Vaters gehoben zu werden. So wimmelte es denn in den Besucherzimmern des Schlossgutes von jungen Kavalieren, die den beiden Mädchen »auf eine mich verletzend unzarte Art den Hof machten«. Richard versuchte Jenny mit Klugheit zu imponieren, erzählte sächselnd vom Geist der Französischen Revolution und den Vorzügen gutbürgerlicher Bildung, die er zu bieten hatte – und forderte damit nur Gelächter heraus, das ihn zu Wutausbrüchen und Schmähungen der Kavaliere hinriss.

Er musste machen, dass er davonkam, reiste nach Prag und ließ sich bei Dionys Weber melden, dem als Tyrannen verschrienen und wegen seiner maßlosen Qualitätsansprüche gefürchteten Direktor des Prager Konservatoriums. Ihm legte er die Partitur der Symphonie C-Dur mit der Bitte um Aufführung vor, was die Studenten als erheiterndes Beispiel von Größenwahn empfanden. Doch siehe: Dionys, dem Tyrannen, gefiel die Symphonie, er studierte sie mit seinem Studentenorchester ein und gab im November 1832 ein Konzert vor erlesenem Publikum, dem auch Graf Pachta als Vorsteher des Konservatoriums angehörte. Der Graf zeigte sich beeindruckt, Richard Wagner fühlte sich als Künstler akzeptiert und fiel in Pravonin ein, um Jenny wieder den Hof zu machen, chancenreich, wie er vermutete.

Doch nun warf sich die Mutter dazwischen, die, selbst bürgerlicher Herkunft, für Jenny unter keinen Umständen einen Ehemann bürgerlicher Herkunft wollte. Sie verweigerte Richard Wagner den Zutritt zu dem Besucherzimmer, aus dem das Gekicher von Jenny und Auguste herausdrang, die mit ihren Kavalieren flirteten. Richard Wagner fühlte sich an »gewisse satanische Buhlschaften« in E.T.A. Hoffmanns Erzählungen erinnert. Einmal konnte er das mütterliche Bollwerk überwinden und mit Jenny sprechen, doch dabei muss sie ihn rüde zurückgewiesen haben, denn er berichtete seinem Freund Theodor Apel in einem Brief: »Du wirst Dir alles, was eine glühende Liebe verwunden kann, denken können; ... Was sie aber töten kann, ist fürchterlicher als Alles! ... Sie war meine Liebe nicht wert.«

Die Zurückweisung inspirierte Wagner zur Oper ›Die Hochzeit‹. Er verarbeitete darin einige Gruseleffekte aus Büschings historisierender Schnulzensammlung ›Ritterzeit und Ritterwesen‹, die er vor Jahren gelesen hatte. Jenny ist als Vorbild für das Ritterfräulein Ada leicht zu erkennen: Ada muss einen ungeliebten Mann adliger Herkunft heiraten! Während des Hochzeitsfestes stößt sie auf dem Balkon des Turmes einen Fremden, der sie liebt, von sich – etwas zu heftig, denn der fällt in den Burghof und bleibt zerschmettert liegen. Seine Freunde schreien nach Rache. Der Bräutigam gerät unter

Mordverdacht. Das Hochzeitsfest droht in ein Blutbad zu entarten. Hysterisches Geschrei gellt durch die Gewölbe. Todesangst überall. Ada verschließt sich im Turm. Als der tote Fremde mit ungeheurer Pracht aufgebahrt wird, stürzt Ada sich über ihn, sie verfällt dem Wahnsinn und stirbt.

Dazu Richard Wagner:»Dieses Nachtstück schwärzester Farbe, in welches aus weiter Jugendferne ›Leubald und Adelaide‹ veredelt hineinklangen, führte ich mit Verschmähungen jedes Lichtscheines und namentlich jeder ungehörigen opernhaften Ausschmückung schwarz auf schwarz aus.«

Anfang Dezember 1832 kehrte Richard Wagner nach Leipzig zurück, und knapp vor Weihnachten legte er die Komposition der ersten Szene – Introduktion, Chor und Septett – dem Thomaskantor Weinlig vor, seinem verehrten Lehrer, und der war voller Lobsprüche, entzückt von Klarheit und Sangbarkeit.

Den Text zeigte er seiner Schwester Rosalie, der »Königlichen Hofschauspielerin«, die gerade als Gretchen in ›Faust‹ auf der Bühne stand. Als Hauptdarstellerin klassischer Dramen waren ihr die Texte von Shakespeare, Goethe und Schiller in Fleisch und Blut übergegangen – und nun las sie das Manuskript ihres Bruders. Das gefürchtete Gelächter blieb aus. Kühl und analytisch setzte sie ihm auseinander, was er alles falsch gemacht hatte und wie er es besser machen konnte. Das überzeugte Richard:»Ich ergriff ohne alle Leidenschaftlichkeit mein Manuskript und vernichtete es spurlos.«

(Nicht ganz! Die erste Szene mit der von Weinlig so gelobten Komposition tauchte später auf. Sie wurde erstmals am 13. Februar 1933 in Rostock aufgeführt: an Richard Wagners 50. Todestag.)

Der Jungdeutsche und die Feen

Zwischen Weihnachten 1832 und Neujahr, als Richard Wagner an der Kritik seiner Schwester zu knabbern hatte, kam ein blonder Schlesier mit sorgfältig gezwirbeltem Schnurrbart nach Leipzig: Heinrich Laube, 26 Jahre alt, prominenter Feuilletonist und Journalist, wortgewandt und respektlos, verehrt von jungen Intellektuellen und verrufen als Bürgerschreck. Er gehörte mit Heinrich Heine, Lud-

wig Börne, Georg Herwegh und Karl Gutzkow zu den Dichtern des
»Jungen Deutschland«, einer literarischen Bewegung mit zeitkri-
tischer Tendenz, die nach der Julirevolution 1830 aufgekommen
war und vor allem nach Goethes Tod am 22. März 1832 rasant an Bedeutung gewann. Die Jungdeutschen verkündeten avantgardisti-
sche Ideen: Ablehnung jeden Dogmas, Ablehnung überkommener
moralischer und gesellschaftlicher Konventionen, Ächtung von reak-
tionärer und restaurativer Politik, Bekenntnis zur Gedanken- und
Meinungsfreiheit, Adel und Kirche, zur Individualität, zum Weltbür-
gertum, zur Pressefreiheit, zur Emanzipation der Frau, zur freien
Liebe ohne eheliche Bindung und zu dem speziell von Laube geförderten »göttlichen Liebesrausch«.

Vor diesem Hintergrund ist die für damalige Moralbegriffe unerhört frivole Frage zu verstehen, die Heinrich Laube auf einem Leipziger Ball seiner Tänzerin stellte:»Sind Sie, mein Fräulein, nicht der
Meinung, dass unsere jetzigen Ehegesetze geändert werden müssen?« Er war baff, als die junge Dame sächselte:»Muss es gleich
sein?«

Diese junge Dame war, wie sich später herausstellte, eine Schwester von Richard Wagner. Welche, wissen wir nicht. Sie blieb Laube
freundschaftlich-harmlos verbunden und brachte ihn mit ihrem
Bruder Richard zusammen.

Heinrich Laube wollte nur vorübergehend in Leipzig bleiben und
bald weiterfahren nach Paris, in die damalige»Kunstmetropole Europas«, wo Heinrich Heine seit 1831 lebte. Eine Woche vor der geplanten Abreise schrieb Heinrich Laube im ›Leipziger Tagblatt‹ eine
Rezension über Ludwig Roberts Drama ›Die Macht der Verhältnisse‹,
so amüsant, elegant, rasiermesserscharf und so provozierend, dass
die Leipziger noch tagelang diskutierten. Laube wurde daraufhin die
Redaktion der ›Zeitung für die elegante Welt‹ angeboten, er blieb in
Leipzig und machte das Blatt zum literarisch hochkarätigen Organ
des Jungen Deutschland.

Die Jungdeutschen hatten einen eigenen literarischen Stil entwickelt: pointiert, polemisch, bilderreich und frivol; scheinbar lässig
aus dem Handgelenk geschüttelt, mitunter salopp – und dennoch
streng konzentriert, ohne Schwulst und verzopfte Sentimentalität.
Sie schrieben vor allem Feuilletons, Rezensionen, Reportagen und

Reisebilder, die zeitungsgeschichtliche Bedeutung gewannen: Noch
heute sind einige Formen des Journalismus vom Stil der Jungdeutschen bestimmt.

Richard Wagner bewunderte die Stilkünste Laubes – und Laube
bewunderte Richard Wagner als Komponisten, seit er am 10. Januar
1833 im Gewandhaus eine Aufführung der C-Dur-Symphonie erlebt
und rezensiert hatte:»Es ist eine kecke, dreiste Energie der Gedanken, die sich in der Symphonie die Hände reichen; es ist ein kühner,
stürmischer Schritt ... eine so jungfräuliche Naivität in der Empfängnis der Grundmotive, dass ich große Hoffnung auf die Talente
[des Komponisten] lege.«

Die beiden schlossen Freundschaft. Sie trafen sich in verschiedenen Lokalen Leipzigs, vor allem im Café Kintschy, wo Heinrich
Laube gelegentlich auch zu schreiben pflegte. Er war ein Vorläufer
der Kaffeehausliteraten (die Alfred Polgar später definieren wird als
Leute, die allein sein wollen, aber dazu unbedingt Gesellschaft brauchen). Bei Kuchen und Kaffee hatte er soeben einen Dramentext
über den polnischen Freiheitskämpfer Kosciuszko fertig gedichtet,
und nun rückte er mit einem ehrenvollen Vorschlag heraus: Richard
Wagner solle dazu eine Oper komponieren. Doch der lehnte ab.
Begründung: Er komponiere Opern nur zu seinen eigenen Texten!

Und am Text seiner nächsten Oper schrieb Richard Wagner bereits. Sie sollte eine romantische Oper werden und ›Die Feen‹ heißen.
Als Vorlage diente ihm Carlo Graf Gozzis 1762 uraufgeführte ›La
donna serpente‹ (Die Frau als Schlange), ein Märchendrama im Stil
der Commedia dell'Arte. Bei Gozzi wird eine Fee in eine Schlange
verwandelt, bei Richard Wagner in einen Stein. Gozzi ließ seine Story
zeitlos im Orient spielen, Wagner in einem Phantasieland der deutschen Ritterzeit: König Arindal, ein sterblicher Mensch, verliebt sich
in die unsterbliche Fee Ada und darf sie nur als Gemahlin heimfüh-
ren, wenn er acht Jahre lang nicht nach ihrer Herkunft fragt. Er verstößt gegen das Frageverbot und verliert Ada, die sich in einen Stein
verwandelt, gewinnt sie jedoch nach vielen Abenteuern und Bewäh-
rungsproben wieder zurück und wird an ihrer Seite unsterblicher
König im Feenreich.

Schon am Plot ist ein neuer Richard Wagner erkennbar: Da wird
keine wirre, ausfernde und unlogische Story von Mord und Schau-

erlichkeiten aller Art geboten, sondern eine in sich geschlossene
Handlung mit kausaler und zielstrebiger Verknüpfung archetypischer
Motive: Liebe zwischen Menschen und mythischen Wesen; Konflikt zwischen Konvention und Sinneslust; Frageverbot; Bewäh-
rungsproben; wahre Liebe durch Vertrauen. Wir erkennen hier erstmals einige Grundmotive, die in Richard Wagners späteren Werken
immer wiederkehren.

Neu ist auch die Diktion: Richard Wagner schrieb mit »fast ab-
sichtlicher Nachlässigkeit« – und gewann damit einen klaren, poe-
sievollen Stil.

Einen Einfluss Heinrich Laubes und der jungdeutschen Stilkünste
zu unterstellen, ist nahe liegend. Offenbar hat ihn die scheinbar so
lässige und doch stringente Diktion der Jungdeutschen hellhörig
gemacht für die Trivialität seiner bisherigen Dramentexte. Nun war
ihm nach Entrümpelung zu Mute. Er befreite Plot und Stil von
Schwulst und Schnörkeln – und zum Vorschein kam sein Talent! Und
zu diesem Operntext musste nun die Melodie komponiert werden.

Der Reiz des Rivalen

Für die Kompositionsarbeiten an den ›Feen‹ wollte Richard Wagner
erste Erfahrungen an einer Musikbühne sammeln. Er reiste deshalb
im Januar 1833 nach Würzburg, wo sein Bruder Albert, inzwischen
verheiratet und Vater dreier Töchter, als Sänger am Stadttheater
engagiert war. Albert zeigte sich erleichtert, Richard bei vollem Ver-
stande zu erleben, hatte er doch damals seine Briefe in nachgeahm-
tem Gelehrtendeutsch bekommen und ihn für verrückt gehalten.

Nach kurzer Probezeit unterzeichnete Richard den ersten Vertrag
seines Lebens, und zwar als Chordirektor. Seine Gage: 10 Süddeutsche Gulden im Monat (140 Euro) (siehe Seite 344).

Richard Wagner stürzte sich in die Theaterarbeit, begann am
20. Februar mit der Komposition der ›Feen‹ und lebte in einer »wilden, oft enthusiastischen Lustigkeit und Ausgelassenheit«. Sogleich
begann er ein Techtelmechtel mit der Chorsängerin Therese Ringel-
mann, die es verstand, »namentlich durch eine weiße Perlenschnur,
die sie sich durch das Haar wand, meine Phantasie in angenehme

Aufregung zu versetzen«. Er gab ihr Gesangsunterricht nach einer
»mir bis jetzt unklar gebliebenen Methode« und brach die Beziehung eilig ab, als Thereses Vater und Mutter eine »ernstliche Erklärung« forderten. In dezenten Andeutungen lässt er uns ahnen, dass
ihn die »bescheidenen Familienverhältnisse« zum Rückzug bewogen haben. Therese war die Tochter des Totengräbers.

Aus den Armen Thereses sank er in ein »innigeres Liebesverhältnis« mit Friederike Galvani, einer Sängerin italienischen Typs, sehr
klein, mit schwarzen Augen. Dass sie mit dem ersten Oboisten –
»einem braven Musiker« – verlobt war, focht Richard Wagner nicht
an. Im Gegenteil. Mit List, Charme und Frankenwein spannte er ihm
die Braut aus, und er empfand sogar noch Stolz dabei: »Dass der
Bräutigam beim Gewahrwerden der zärtlichen Unbefangenheit, welche Friederike mir zuwendete, sich traurig, aber nicht eigentlich verhindernd in sein Los fügte, erweckte mir zum ersten Mal in meinem
Leben ein schmeichelhaftes Selbstgefühl. Nie hatte ich nämlich Veranlassung gefunden, mich der eitlen Annahme hinzugeben, dass ich
auf ein Mädchen einen vorteilhaften Eindruck zu machen vermöge.
... An meines armen Oboisten still leidender Zurückhaltung beim
Gewahrwerden der feurigen Annäherung seiner Versprochenen gegen mich gewann ich, wie gesagt, ... die erste Empfindung davon,
dass ich ... unter Frauen für etwas gelten mochte.«

Diese Sätze verraten zum ersten Mal eine später in dieser Deutlichkeit nie wieder eingestandene Eigenart Richard Wagners: Dass es
ihm nicht nur um die Eroberung einer Frau ging, sondern auch –
und vielleicht sogar in erster Linie – um die Überwindung des
Nebenbuhlers.

Wagner-Forscher und Psychologen erblicken in solchem Verhalten aggressive und narzisstische Tendenzen. Auslöser dafür, so
argumentieren sie, sei eine unbewusste, seit der Kindheit nicht überwundene »Ödipus-Konstellation«: libidinöse Bindung an die Mutter,
Konkurrenzsituation zum (Stief-)Vater, der als Rivale empfunden
wird; damit unterliege Richard Wagner der von Sigmund Freud so
genannten »Bedingung des geschädigten Dritten«: Ihn reize nur die
gebundene Frau, die er dem Nebenbuhler wegnehmen könne. Eine
zweite, wesentlich einfachere Deutung stützt sich auf Richard Wagners hohen Anspruch: Er wollte stets das Beste – auch in der Liebe.

Die anziehendsten Frauen aber waren (und sind) meist in festen
Händen; also gab es bei seinen späteren Eroberungen und Affären
immer wieder Rivalenkämpfe, die seine Arbeit offenbar beflügelten.
Der Rivale hatte seinen Reiz!

So auch damals in Würzburg, wo Wagner »unter all diesen Le-
benserregungen« zügig mit seiner romantischen Oper ›Die Feen‹
vorankam und voller Tatendrang ein Riesenprogramm am Theater
bewältigte. Über die Verpflichtungen des Chordirektors hinaus
studierte er als Solo-Repetitor und Kapellmeister mehrere Opern
ein. Schwierigkeiten hatte er mit ›Robert der Teufel‹ von Giacomo
Meyerbeer, der neben Rossini, Spontini, Auber und Halévy zu den
führenden Komponisten der Grand Opéra zählte. Die Grand Opéra,
seit einigen Jahren unerhört populär und damals erfolgreicher als
jede andere Opernart, begeisterte Publikum und Presse mit Pomp
und Pathos, Volksszenen, Massenchören, fulminanten Balletteinlagen und phantastischen Bühneneffekten.

Wagner hielt von Meyerbeer nicht viel und war von ›Robert der
Teufel‹ enttäuscht: »Nach den Zeitungsberichten hatte ich mir ganz
wunderbare Originalitäten und exzentrische Neuheiten erwartet;
nichts davon vermochte ich in dem durchsichtigen Werke aufzufinden ... Merkwürdig ist nun die Erfahrung von ästhetischer Demoralisation, in welche ich durch fortgesetzten nahen Umgang mit dem
Werke verfiel.« Mehr Sympathien brachte Wagner dem ›Vampyr‹
Heinrich Marschners entgegen. Er fügte der Tenor-Arie des Aubry
einen neuen Allegro-Satz bei, den sein Bruder Albert viel bejubelt
sang. Wagner dirigierte auch noch seine C-Dur-Symphonie und eigene Ouvertüren.

Mit Freunden aus dem Theater, insbesondere mit dem Musiklehrer Alexander Müller, unternahm er Ausflüge – gerne in Wirtshäuser, wo es »bei bayerischem Bier und fränkischem Wein lustig
herging«. In einem auf anmutiger Höhe gelegenen Bierlokal mit
dem beziehungsreichen Namen »Der letzte Hieb« wurde Richard
Wagner jählings von Zorn befallen. Zusammen mit kunstsinnigen
Theaterleuten prügelte er einen gewissen André, »dessen maliziöse
Physiognomie auch mir nicht sonderlich gefiel«. Er bediente sich
dabei eines Stockes und »hörte einen Schlag, den ich selbst geführt,
auf Andrés Schädel schallen, wobei ich auch den Blick des Erstau-

nens auf mich gerichtet wahrnahm«. Er schwor sich, seiner Rauflust für immer zu entsagen, falls der auf Andrés Schädel schallende Schlag (ein Stabreim von makellosem Wohlklang) ohne Folgen bliebe. So war es auch, und seither prügelte sich Richard Wagner mit keinem mehr.

Die Freizeitgestaltung ging ins Geld, seine 10 Gulden pro Monat langten nicht, und so bat er seine als Königliche Hofschauspielerin gut verdienende Schwester Rosalie erfolgreich um «ausreichendes Taschengeld«.

Sie erfuhr als Erste, dass er ›Die Feen‹ fertig komponiert hatte. In einem Brief vom 11. Dezember 1833 teilte er ihr mit:»Vorgestern habe ich es [das Finale] – und somit meine ganze Oper – vollendet; es war grad Mittag um 12 Uhr, und es läuteten von allen Türmen die Glocken, als ich das ›Finis‹ darunter schrieb; – das hat mir sehr gefallen.«

Nun sollte die bei Kirchengeläut so würdig beendete romantische Oper in einem würdigen Rahmen uraufgeführt werden. Nicht im vergleichsweise provinziellen Stadttheater von Würzburg, sondern im glanzvollen Opernhaus der Weltstadt Leipzig – in seiner Geburtsstadt.

Angriff auf die deutsche Oper

Richard Wagner nahm den »zärtlichsten und tränenreichsten Abschied« von Friederike Galvani, die sich in die Arme ihres Verlobten zurückwarf, und reiste Anfang Januar bei starkem Schneetreiben per Diligence nach Leipzig.

Unverzüglich zeigte er Text und Partitur der ›Feen‹ seiner wichtigsten und einflussreichsten Kritikerin, der Schwester Rosalie – und die war entzückt. Auf ihre Empfehlung hin setzte Leipzigs Theaterdirektor Sebald Ringelhardt die Uraufführung der ›Feen‹ für August 1834 an. Zeitungen brachten bereits Ankündigungen. Doch da waren zwei, die Schwierigkeiten machten: Regisseur Franz Hauser und Kapellmeister Ferdinand Stegmayer, »dieser wunderliche kleine und dicke Mensch«. Hauser ließ an den ›Feen‹ kein gutes Haar und empfand die ganze Oper als »verfehlt«, was Richard Wagners Selbstbewusstsein nicht erschütterte.

Die beiden Theaterleute verzögerten alle Proben und provozier-
ten Streit, wo immer sie es konnten. So wollten sie beispielsweise
›Die Feen‹ als orientalisches Märchen auf die Bühne bringen, obwohl
Richard Wagner seine Oper als ein von nordischen Mythen durch-
wehtes Ritterdrama konzipiert hatte. »Mit höchster Entrüstung
kämpfte ich gegen das unausstehliche Turban- und Kaftankostüm
und reklamierte energisch die Rittertracht des allerentferntesten
Mittelalters.« Die Uraufführung wurde bis auf weiteres verschoben.
Selbst der mit Theaterintrigen (noch) nicht vertraute Richard Wagner musste erkennen, dass seinen ›Feen‹ langsam der Garaus gemacht werden sollte. Er versuchte die Uraufführung zu erflehen und
zu ertrotzen – doch plötzlich verlor er das Interesse daran, und zwar
über Nacht. Und das kam so:

An einem Abend im April 1834 hatte er die von ihm vergötterte
Primadonna assoluta Wilhelmine Schröder-Devrient bei einem Gastspiel erlebt. Sie sang in einer Hosenrolle den Romeo in Bellinis Oper
›I Capuleti e i Montecchi‹ und bot – so Wagner – eine »wunderbar
zündende und entzückende Darstellung … Die Wirkung hiervon
war aber auch mit nichts zuvor Erlebtem zu vergleichen.« Was Wagner so verblüffte, war die schauspielerische Leistung. So etwas gab es
damals nicht! Sänger und Sängerinnen wurden wie Instrumente eingesetzt. Sie hatten dazustehen und Töne von sich zu geben, allenfalls durften sie die Hände ringen und sich in grotesken Gebärden
recken. Dabei wirkten sie, so Wagner, »kalt und matt«.

Wilhelmine Schröder-Devrient war eine der ersten Sängerdarstel-
lerinnen, wie sie heute selbstverständlich sind. Und Richard Wagner
war der Erste, der – von ihrer schauspielerischen Leistung als Sängerin bezaubert – eine Erkenntnis von musikhistorischer Konsequenz
gewann: dass Text und Melodie einer Oper den Sängern und Sängerinnen die Möglichkeiten zur schauspielerischen Interpretation geben müssen und dass speziell die deutsche romantische Oper dies
nicht bot. Zu diesem Thema schrieb er im Laufe der nächsten Jahre
zahlreiche kritische, teils aggressive Artikel, den ersten in Leipzig
unter dem Titel »Die deutsche Oper«, der am 10. Juni 1834 in der
›Zeitung für die elegante Welt‹ veröffentlicht wurde. Wagner behauptet mit mokanter Lust zur Paradoxie »eine deutsche Oper haben wir
nicht« und verteufelt gleichzeitig die Komponisten eben dieser

deutschen Oper, ohne sich selbst oder sein Idol Carl Maria von Weber auszunehmen:»Wir sind zu geistig und zu gelehrt, um warme
menschliche Gestalten zu schaffen.« Und:»O, diese unselige Ge-
lehrtheit, – dieser Quell aller deutschen Übel.« Als vorbildlich emp-
findet Wagner die »muntere französische Oper«, die italienische
Oper mit ihren sinnlich-warmen Gestalten, die Opern Mozarts mit
ihrer »italienischen Gesangsschönheit«.»Nur wenn wir die Sache
freier und leichter angreifen, dürfen wir hoffen, eine langjährige
Schmach abzuschütteln, die unsere Musik und zumal unsere Opern-
musik gefangen hält.« In diesem Sinne fordert Wagner die Abkehr
von der deutschen romantischen Oper zu Gunsten neuer Formen.
Konsequenterweise ergab sich für ihn auch die Abkehr von der eigenen romantischen Oper ›Die Feen‹, und so ließ ihn das Gerangel mit
Hauser und Stegmayer um die Uraufführung kalt.»Wenn die Schei-
ßereien nicht bald aufhören, lasse ich den Leuten die Partitur vor der
Nase wegnehmen«, schrieb er seinem Freund Theodor Apel. Und so
kam es auch. Er verlor das Interesse an den ›Feen‹ gänzlich. Richard
Wagners erste Oper – sie wurde nie aufgeführt, solange er lebte!

(Die Uraufführung fand fünf Jahre nach seinem Tod statt, am
29. Juni 1888 in München, einstudiert von Richard Strauss.)

Zwei Bonvivants im Böhmerland

Einer der besten Freunde Richard Wagners war Theodor Apel, 23
Jahre alt, dichterisch begabt und ambitioniert, Sohn des Schriftstellers August Apel, der Gespenster-Apel genannt wurde, weil er viele
Schauergeschichten geschrieben hatte, unter anderem den ›Freischütz‹, das literarische Vorbild für Carl Maria von Webers Oper.

Theodors berühmter Vater war schon lange tot. Seine Mutter,
eine Frau von gesellschaftlichem Ehrgeiz, hatte in zweiter Ehe einen
schwerreichen Juristen geheiratet und gab auf dem von Eichen um-
rauschten Familiengut Ermlitz 30 Kilometer westlich von Leipzig regelmäßig Soireen für vermögende Persönlichkeiten der sächsischen
Highsociety. Ihren Sohn Theodor, der mit Frau und Kind auf Gut
Ermlitz wie in einem goldenen Käfig lebte, zwang sie zum Jurastudium, auf dass er einen anständigen Beruf ergreife und um Himmels

willen nicht Dichter werde wie sein Vater. Sie bat Richard Wagner, ihren Sohn in diesem Sinne zu beeinflussen und ihm die dichterischen Ambitionen auszureden.

Wie sich denken lässt, geriet sie an den Falschen: »Diese Zumutung reizte mich . . ., den Freund in der Wahl des Dichterberufes zu bekräftigen und somit in aufrührerischer Stimmung gegen seine Familie zu unterhalten.« Wagner schmähte in Briefen an Theodor die auf Gut Ermlitz verkehrenden Zelebritäten des sächsischen Geldadels als »unartiges Philistergeschmeiß« und warnte vor den Familienverhältnissen, »von denen ich immer denke, Du stirbst einmal plötzlich an ihnen«.

Um den Einfluss der Familienbande für eine Weile auszuschalten, schlug Richard Wagner dem Freund eine Reise nach Böhmen vor, ins Land des »poetischen Zaubers«. Apels Mutter gab ihren Segen. Die beiden reisten so vornehm wie irgend möglich: in der Nobelkarosse Theodor Apels, wahrscheinlich in einem mit zwei aufklappbaren Verdecken ausgestatteten Landauer, dem klassischen Flitzer der Bonvivants, den sie selbst kutschierten. Die Pferde wurden an den Relais-Stationen der Diligence für kurze Galoppstrecken gemietet und gewechselt.

So kamen sie am 10. Juli 1834 nach Teplitz, Böhmens ältestem Heilbad, dem Treffpunkt von Adel und Geldadel, fürstlichen Rheumatikern und noblen Nichtstuern, juwelenrasselnden Gattinnen, flotten Kokotten und der Elite internationaler Hochstapler. Auf der Kurpromenade konnte man schon mal die Zarentochter und russische Großfürstinnen flanieren sehen, die Prinzen und Prinzessinnen von Preußen, Homburg, Mecklenburg und Kurland, die Herzöge von Sachsen-Weimar-Eisenach, ordensgeschmückte Feldherren und fürstlich protegierte Künstler.

Richard Wagner und Theodor Apel logierten mehrere Wochen lang im Balkonzimmer des feinen »König von Preußen«. Geld spielte keine Rolle. Apel zahlte! Sie verkehrten in den besten Restaurants, vornehmlich in der »Wilhelmsburg«, umflattert von befrackten Kellnern, und speisten Forellen, eine Spezialität des Hauses, die sie mit Szernoseker Wein hinabspülten. Eines Morgens, während Theodor im alkalisch-salinisch-radioaktiven Heilwasser badete, wanderte Richard Wagner allein auf die Schlackenburg, und dort oben, mit

Blick auf das böhmische Mittelgebirge, flogen ihm die Ideen für eine neue Oper zu: ›Das Liebesverbot‹ im Stil der Commedia dell'Arte, angelehnt an Shakespeares ›Maß für Maß‹, dominiert von den Bekenntnissen der Jungdeutschen zur freien Liebe und zum »göttlichen Liebesrausch«. Was Wagner im Morgengrauen mit schneller Hand auf einige Blätter skizzierte, war die pointenreiche, zuweilen auch kalauernde und mit frivolen Dialogen zugespitzte Geschichte vom Sieg der Sinnlichkeit über puritanische Heuchelei. Es lag ihm daran, das »Unnatürliche der grausamen Sittenrichterei« aufzudecken. Offenbar hatte Richard Wagner seine enttäuschte Liebe zu Jenny, die einen Aristokraten ehelichen sollte, noch nicht verdrängt, denn im ›Liebesverbot‹ geht es darum, dass Claudio, ein Sizilianer edelsten Charakters, seine Geliebte nicht heiraten darf, weil deren Eltern dagegen sind. Als sie von ihm ein Kind erwartet, wird er auf Grund eines längst verstaubten und von einem deutschen Statthalter wieder hervorgesuchten Sittengesetzes zum Tode verurteilt. Mit Hilfe seiner Schwester, einer Novizin im Kloster der heiligen Elisabeth, wird er gerettet.

Die Story seiner eigenen Oper muss Richard Wagners Selbstbewusstsein gehörig gehoben haben, denn er reise mit Theodor flugs weiter – zu Jenny. »Lebendige Studien zu meinem Werke sollten ... noch angestellt werden.«

Jenny und Auguste, die Töchter des inzwischen verstorbenen Grafen Pachta, waren testamentarisch bestens bedacht worden, lebten aber nicht mehr auf Gut Pravonin, sondern mit ihrer Mutter in einer Prager Villa.

Richard Wagner und Theodor stiegen für ein Heidengeld im »Schwarzen Ross« ab, einem an der Alten Allee gelegenen Nobelhotel von hoher Reputation. Von dort aus startete Richard den neuerlichen Versuch, bei Jenny zu landen.

Die Mutter der beiden jedoch, zänkischer als je zuvor, war immer noch auf adlige Schwiegersöhne fixiert und bewachte die Unschuld ihrer Töchter gleichsam wie der feuerspeiende Drache den Nibelungenhort. »Dieses Animal, die Alte könnte ich immer prügeln, wenn ich sie ansehe«, schrieb Richard Wagner in einem Brief an Rosalie.

Seine Wut schlug schnell um in »launige Rachsucht«, er benahm sich wie ein »ausgelassener Vogel«, verübte die »lustigsten und tolls-

ten Streiche«, teils in Gegenwart der Mädchen, teils auch anderswo.
So kletterte er beispielsweise zu später Stunde, bejubelt von Nacht-
schwärmern, an der Außenwand des Hotels auf den äußersten
Mauersims des zweiten Stockes, um sich zu entkleiden.

Während dieser böhmischen Reise genoss Richard Wagner sechs
Wochen lang das Luxusleben eines Millionen schweren Bonvivants –
auf Kosten Apels, ohne selbst auch nur andeutungsweise über entsprechende Gelder zu verfügen.

Ende Juli 1834 war er wieder bei seiner Familie in Leipzig.

Verlobt und umschwärmt: Minna Planer

Zu Hause lag ein Brief für ihn. Ein Angebot! Er soll die Musikdirek-
torstelle der Magdeburger Theatergesellschaft übernehmen. Das
Ensemble gastierte gerade in Bad Lauchstädt, dem Sommersitz der
Herzöge von Sachsen-Merseburg, 55 Kilometer westlich von Leipzig. Ein Katzensprung mit der Diligence. Richard Wagner stieg in den
gelben Wagen und fuhr los, am 31. Juli 1834, Freitag in der Früh.

Das Bad Lauchstädter Theater aus Holz mit halbkreisförmigem
Zuschauerraum für 500 Personen war auf Anregung Goethes 1802
in der Rekordzeit von drei Monaten gebaut worden. Dank pietätvol-
ler Restaurierungen ist das Theater in seiner ursprünglichen Form
weitgehend erhalten.

Direktor der Theatergesellschaft war Heinrich Bethmann, 61
Jahre alt, Witwer der vor 20 Jahren verstorbenen legendären Schau-
spielerin Friederike Unzelmann, der Grande Dame des klassischen
Theaters.

Richard Wagner, von Ehrfurcht erfüllt, traf Direktor Heinrich
Bethmann auf der Straße. Bethmann sah aus, als hätte er sich für die
Rolle des »Lumpazivagabundus« verkleidet, nur leider war er nicht
maskiert, sondern in der Tat zum stoppelbärtigen Landstreichertyp
verkommen, der Blick tranig, die zerzausten Haare von einer Mütze
undefinierbarer Farbe bedeckt. Er begrüßte Wagner mit der »süß-
lichen Vornehmheit vergangener Zeit« und ließ in seinen Rede-
schwall den Wunsch nach einem Schnaps einfließen, den er wegen
einer plötzlichen Übelkeit schnellstens sich genehmigen müsse. Sie

eilten ins Theater. Bethmanns zweite Ehefrau, die »Direktorin«, als Schauspielerin gehandicapt wegen eines lahmen Beines, lag auf einem Kanapee, flankiert von ihrem Liebhaber, dem Bassisten Wilhelm Kneisel. Der Regisseur des famosen Theaters, Wilhelm Schmale, unterhielt sich, an ein Fenster gelehnt, mit dem »zahnlosen, alten Gerippe« des Theaterdieners Kröge über den Spielplan und ließ Wagner wissen: Er müsse schon übermorgen die Premiere von Mozarts ›Don Giovanni‹ dirigieren, und zwar ohne Probe; die Musiker der Merseburger Stadtkapelle hätten zum Proben keine Lust.

Das alles hätte Richard Wagner ertragen. Doch als Regisseur Schmale durchs Fenster griff, Kirschen von einem Ast pflückte, während des Redens unaufhörlich aß und die Kerne mit »ungemeinem Geräusch« ausspuckte – da war es ihm doch zu viel. Wagner sagte ab und bat einen etwa gleichaltrigen Schauspieler namens Friedrich Schmitt, der auf den Namen »Rüpel« hörte, ihm für die Nacht ein Zimmer zu besorgen.

Friedrich Schmitt verhieß ihm Superlative: Er werde ihn zur schönsten Wohnung von Bad Lauchstädt führen, wo im Haus »das hübscheste und liebenswürdigste Mädchen« zur Miete lebe: die erste Liebhaberin der Theatergesellschaft, Fräulein Minna Planer. Sie sei von Verehrern umschwärmt wie keine andere und mit einem Mann aus Adelskreisen verlobt.

Zufälligerweise kam sie gerade aus dem Haus: »Ihre Erscheinung und Haltung stand in dem auffallendsten Gegensatz zu den unangenehmen Eindrücken des Theaters, welche ich ... empfangen. Von sehr anmutigem und frischem Äußeren zeichnete sich die junge Schauspielerin durch eine große Gemessenheit und ernste Sicherheit der Bewegung und des Benehmens aus.«

Richard Wagner verliebte sich stehenden Fußes, nahm Bad Lauchstädts schönste Wohnung zur Miete und unterschrieb seinen Vertrag als Musikdirektor.

Am Sonntag, dem 2. August 1834, dirigierte Wagner ›Don Giovanni‹. Einen Tag später führte er Regie zu Nestroys Posse ›Lumpazivagabundus‹. Minna Planer spielte die Fee Amorosa, sie war die herausragende Persönlichkeit des Ensembles und erschien ihm »mitten unter dieser Staubwolke von Frivolität und Gemeinheit wirklich wie eine Fee«.

Schon in den ersten Tagen sah Richard Wagner Probleme auf sich zukommen. Sein latent schwelendes Luxusbedürfnis war nach der feudalen Böhmenreise gleichsam explodiert. Er spielte in den besten Gaststätten die Rolle des spendablen Bonvivants und wusste eine Kreditwürdigkeit vorzutäuschen, die sich rächte. Seine Schulden, bis vor kurzem noch überschaubar, schossen über jedes Ziel hinaus. Freund Apel musste her, musste ihm Geld leihen! Wagner lockte ihn am 8. August mit einem Brief:»Ich will Dir und wen Du mitbringst hier die vergnügtesten Stunden zu bereiten versuchen, – all meine Sängerinnen sollen Euch zu Diensten stehen; – Gott, was biete ich denn alles für Sinneslockungen auf, um Dich herüber zu zaubern.« Freund Apel kam nicht. Was ihm an Sinneslockungen versagt blieb, soll unser Bedauern nicht erregen und schon gar nicht unsere Phantasie. Richard Wagner nämlich wird viel später, in seiner Autobiographie, die dem Freund so hochherzig offerierten Sängerinnen von Bad Lauchstädt als»jene wohlbekannten komödiantischen Karikaturen und Grimassen« beschreiben.

Unterdessen verliebte sich Wagner, ein Mann von Geschmack, immer mehr in die attraktive Minna Planer, die sein »naiv-ungestümes Entgegenkommen ... mit einer gewissen wohlwollenden Verwunderung erwiderte«. Sie ließ ihn zappeln, und er reagierte mit einer Gesichtsrose, die ihn schon früher gelegentlich geplagt hatte und die nun in Bad Lauchstädt zum ersten Mal mit aller Macht ausbrach. Sie legte sich zwar bald, wird aber immer wieder aufflammen, vor allem in Stress-Situationen, und ihn mitunter zur Verzweiflung bringen.

Am 12. August war das Gastspiel in Bad Lauchstädt beendet, anderntags sollte es weitergehen ans Theater nach Rudolstadt 30 Kilometer südlich von Weimar. Wagners Schulden waren inzwischen derart angeschwollen, dass er sie mit seiner Gage auch dann nicht hätte bezahlen können, wenn sie ihm ausbezahlt worden wäre – was aber nicht geschah. Nur der Bassist erhielt seine Gage, aber wohl nicht für seine Künste auf der Bühne. Die anderen Künstler mussten auf unpünktliche Zahlungen von kleineren Beträgen warten, die weit unter den vereinbarten Gagen lagen. In dezenten Andeutungen wurde Richard Wagner belehrt, dass er sich die pünktliche Auszahlung seiner vollen Gage durch»Courmachen bei Madame Bethmann« erwerben könne. Doch das war mit seinem Moralkodex nicht vereinbar.

Ein Moralkodex Richard Wagners? In Sachen Geld? Das klingt nach Ironie, das widerspricht der landläufigen Meinung, die freilich nur Halbwahrheit ist und relativiert werden muss: Richard Wagner war ein Pumpgenie von hohen Gnaden und diabolischer Schlitzohrigkeit, trickreich, schamlos mitunter, und bisweilen agierte er am Rande der Legalität. Aber er hatte seine Spielregeln, und die hielt er ein. Käuflich oder bestechlich, wie immer wieder behauptet wird, war Richard Wagner nie. Wenn es um Liebe und Freundschaft ging, um seine Überzeugung oder gar um den Versuch fremder Einflussnahme auf sein Werk: dann war er für Geld nicht zu verbiegen, dann schlug er Riesensummen aus, dann ließ er Chancen sausen, die ihm Sicherheit und lebenslangen Luxus garantiert hätten.

Am letzten Tag des Gastspiels in Bad Lauchstädt hatte Wagner nicht einmal das Geld, um zum nächsten Gastspiel in Rudolstadt zu reisen. Während er noch grübelte, woher er das Geld bekommen könnte – war auf einmal der ersehnte Retter da, Theodor Apel, großzügig wie immer. Zu Ehren seines Freundes Richard Wagner gab er im feinsten Restaurant der Stadt für das gesamte Theaterensemble ein Fest, das allen Beteiligten unvergessen geblieben ist.»Bei dieser Gelegenheit nämlich«, so Wagner,»war es mir und einem der Genossen gelungen, einen ungeheuren Kachelofen von massivster Bauart, wie er sich in unserem Gastzimmer befand, vollständig zu demolieren. Wie das zustande gekommen, waren wir am anderen Morgen sämtlich unfähig zu begreifen.«

Theodor Apel war nach dem frohen Fest verstimmt und lieh Wagner nichts. Irgendwer gab ihm dann zumindest das Fahrgeld nach Leipzig zu seiner Familie,»wo ich mich zum betrübten Erstaunen meiner Mutter mit den nötigen Subsidien [Hilfsgeldern] zu versehen hatte«. Er bekam so viel geliehen, dass er nach Rudolstadt reisen und sich die ersten Tage über Wasser halten konnte.

Pech im Spiel, Glück in der Liebe

In Rudolstadt, Residenz der Fürsten Schwarzberg-Rudolstadt, schlug ihm schon bei der Kutschfahrt an den Barockschlössern vorbei der Bratwurstduft eines Rummelplatzes entgegen. Richard Wagner mischte sich in Radau und Gedränge. Zwischen Bärentreibern, Feuerschluckern, Seiltänzern und Bänkelsängern entdeckte er einige Spielmacher, die an Roulettetischen unter freiem Himmel mit marktschreierischem Getue die Roulettekugel rotieren ließen. Die überwunden geglaubte Spielsucht sprang ihn an. Er holte das entliehene Geld aus der Reisetasche, warf Taler um Taler auf volle Zahl, auf Pair und Impair, auf Rouge et Noir – und war blank im Nu. Pech im Spiel! Gleichwohl mietete er eine luxuriöse Wohnung. Eines der Zimmer war ein Festsaal mit sechs Fenstern.

Am Theater gab es Ärger. Ein fürstlicher Kapellmeister führte dilettantisch das Regiment, und Richard Wagner verlor den Spaß an der Arbeit. Er mied das Theater, wann immer er konnte, begann eine (nicht vollendete) Symphonie E-Dur zu komponieren, feilte am Entwurf zum ›Liebesverbot‹ und zog alle Register seines Charmes, um bei Minna Planer, die er immer mehr liebte, ans Ziel zu kommen. Glück in der Liebe?

Über Minna hatte Wagner inzwischen einiges in Erfahrung gebracht. Sie war vier Jahre älter als er, Tochter eines Dresdner Stabstrompeters. Als Fünfzehnjährige war sie von einem adligen Leutnant verführt, geschwängert und sitzengelassen worden. Ihre Tochter Natalie galt offiziell als ihre Schwester und lebte bei Minnas Mutter. Bis vor kurzem war Minna mit Alexander von Otterstedt verlobt gewesen, einem verarmten Freiherrn, der zum Frommen seiner Familie eine Vernunftehe eingehen musste: Er heiratete eine von seinen Eltern ausgesuchte Frau, deren Vermögen mit seinem adligen Namen aufgewogen wurde. Bevor Herr von Otterstedt seinen standesamtlichen Abgang hatte, malte er von der verlassenen Verlobten ein Ölporträt, das bis heute unsere Vorstellung von Minna Planer bestimmt: braune Augen, lächelnd emporgezogene Mundwinkel, sorgfältig frisiert, etwas puppig, eine vornehm wirkende Schönheit, die als Modell dienen könnte für eine Meißner Porzellanfigur.

Minna gab sich Richard Wagner gegenüber nach wie vor teils
kokett, teils zurückhaltend, und er, hin- und hergerissen zwischen
Versuchung und Verweigerung, suchte Trost und Entspannung bei
anderen Frauen, unter anderem bei einer gewissen Toni.

Minna wurde dann doch seine Geliebte – und zwar auf ziemlich
prosaische Weise, wenn man der Darstellung in seiner Autobiographie glauben darf. Zu bedenken ist allerdings, dass er ›Mein Leben‹
Jahrzehnte später seiner zweiten Frau Cosima in die Feder diktierte
und dabei voreheliche Liebesabenteuer wohl freudloser schilderte,
als sie wirklich waren. Was dieses Thema anlangt, sind seine Briefe
und die Überlieferungen von Zeitzeugen glaubhafter und ergiebi-
ger. Außerdem hat Richard Wagner in seiner Autobiographie den
Zeitpunkt der ersten Nacht mit Minna auf den Frühling 1835 verschoben. Laut ›Mein Leben‹ begann es so: Wagner hatte bis spät in
die Nacht mit Freunden einige Partien Whist gespielt, kam in »vollkommen berauschtem Zustand« zu Minna Planer, verscheuchte mit
pöbelhaften Reden eine Schauspielerin, die zum Tee geladen war,
und »behielt hierauf noch so viel Besinnung, das herzlich verwunderte Lachen Minnas über mein unerhörtes Benehmen wahrzunehmen«. Sein Zustand war so bedenklich, dass er nicht mehr nach
Hause gehen konnte. Er blieb über Nacht bei Minna, »sie verschaffte
mir die nötigen Erleichterungen«, und am Morgen frühstückten die
beiden »ohne leichtfertigen Scherz, ohne Übermut und irgendwel-
che lustige Launen zu zeigen«.

Richard Wagner packte nun die »Sorge der verliebten Eifersucht«,
denn er merkte bald, dass sich Minna gerne von adligen Herren um-
schwärmen ließ. Andererseits hatte er Angst vor dieser Bindung, die
ihn, wie er ahnte, in eine Art Abhängigkeit treiben würde. Sorgen be-
reiteten ihm auch seine zahlreichen Liebesverhältnisse, die er vor
kurzem begonnen hatte und die er nun im Interesse einer kompli-
kationslosen Liaison mit Minna abbauen musste: »Hier eine Rücksicht, – dort ein Verhältnis; hol's der Henker!«, klagte er in einem
Brief vom 13. September 1834 an Freund Apel. Die meisten Sorgen
machten ihm seine rasant steigenden Schulden in den Restaurants,
beim besten Schneider des Fürstentums und beim Vermieter seiner
prunkvollen Wohnung. Im selben Brief an Apel schrieb er, dass er
»gespielt und verloren habe, mithin kein Geld habe ... Gott, ich

wüsste nur ein Mittel, wie all dieser Misere ein Ende zu machen
wäre, und das wäre, wenn Du augenblicklich zu mir kämst ...«
    Zwei Tage später brachte Wagner seine Trumpfkarte ins Spiel,
Minna Planer! Er tauchte die Feder in Tinte – in rote Tinte diesmal! –
und schrieb an Apel: »Du sollst auch die Planer haben, – sie hat mich
ein paar Mal recht sinnlich verklärt. – Es war mir dabei prächtig
zu Mute ... Gegenwärtig bin ich ziemlich ohne Liebschaften; – ich
habe keine Zeit dazu. – Mit der Toni hänge ich noch etwas. Ach du
lieber Gott, das ist ja Alles ... Komm zu mir, grüße Weib und Kind,
fürchte Vater u. Mutter, und Gott gebe mir seinen Segen. Adieu! Dein
Richard.«
    Apel kam nicht. Was aber, wenn er gekommen wäre? Wagner
hatte natürlich geschwindelt, als er schrieb, »ohne Liebschaften« zu
sein. Er war nach wie vor mit Minna zusammen, verliebt und eifersüchtig dazu. Wie also ist sein Lockvogel-Angebot zu verstehen?
Wahrscheinlich so: Das Ganze war ein Bluff mit dem Ziel, Apel nach
Rudolstadt zu locken und ihn anzupumpen. Wagner hätte die
Trumpfkarte nicht ausgespielt, Minna hätte nicht mitgespielt, und
übrig geblieben wäre eine peinliche Situation, aus der sich Wagner,
wie wir ihn kennen, mit Charme und Schlitzohrigkeit glanzvoll he-
rausgeredet hätte.

Der Rebell am Dirigentenpult

Anfang Oktober 1834 kehrte die Theatertruppe heim nach Magdeburg, in eine Garnisonsstadt mit Regimentsorchester, Stadtthea-
ter, anspruchsvollem Publikum und opulentem Spielplan: Richard
Wagner inszenierte und dirigierte Mozarts ›Don Giovanni‹, Webers
›Freischütz‹ und ›Oberon‹, Rossinis ›Barbier von Sevilla‹, Beethovens
›Fidelio‹, Bellinis ›I Capuleti e i Montecchi‹, Aubers ›Fra Diavolo‹,
Cherubinis ›Wasserträger‹ und noch einige andere Opern mehr, und
das mit Künstlern, die nur sporadisch bezahlt wurden und mit knur-
renden Mägen auf der Bühne standen. Nun zeigte sich zum ersten
Mal die später von vielen Künstlern beschriebene Suggestivkraft, die
von dem Regisseur Richard Wagner ausging. Er sang und spielte die
Rollen in verschiedenen Stimmlagen vor, steuerte während der

Probe die Darsteller mit Zurufen vom Dirigentenpult aus. In kurzer Zeit formte er aus der eher mittelmäßigen und während der Tournee etwas heruntergekommenen Schmierentruppe Bethmanns ein gutes Ensemble.

Richard Wagner holte das Regimentsorchester ins Theater. Es war erstklassig, weitaus besser als das städtische Theaterorchester. Mit diesen Militärmusikern entwickelte er eine neue Art zu dirigieren, die Musikgeschichte machen sollte. Dirigenten waren damals menschliche Metronome, sie standen fast immer mit dem Rücken zum Orchester am Pult und schlugen mit dem Taktstock Takt für Takt nach formalen Zeitmaß-Vorschriften. Wagner pflegte sie als »ordinäre Taktschläger« zu bezeichnen. Selbst berühmte Komponisten dirigierten mitunter nach dieser Methode, allerdings sehr selten. Üblicherweise war der Dirigent ein Nobody, das unbedeutendste Mitglied des Orchesters, kein Plakat nannte seinen Namen, er hatte nichts zu sagen und nur exakt den Takt vorzugeben.

Und da war auf einmal Richard Wagner am Pult, der Rebell, der alles anders machte: Rücken zum Publikum, Blickkontakt zum Orchester, ekstatische Körperbewegungen, wirbelnde Gestik der Arme, Schlenker aus dem Handgelenk; er fegte die starren Zeitmaß-Vorschriften hinweg, bestimmte Dynamik, Akzente, Tempi intuitiv, zauberte ungeahnte Nuancen und expressive Effekte aus der Musik. Der Dirigent als Beherrscher des Orchesters! Eine Revolution. Nie gesehen – nie gehört! Richard Wagner dirigierte so, wie wir es heute von jedem Dirigenten kennen. Er war der Bahnbrecher, der Prototyp des heutigen Stardirigenten. Als »Flug des jungen Aars« wird später der Journalist Wilhelm Hasse die Arbeit Richard Wagners in Magdeburg bezeichnen.

Inzwischen stießen die Gläubiger auf ihn herab. Aus Bad Lauchstädt und Rudolstadt flatterten gerichtliche Vorladungen heran. Nur Apel konnte noch helfen. Er musste nach Magdeburg kommen! Wagner lud ihn per Brief für mindestens eine Woche ein: »Du kannst ja dann wieder ein ganzes Vierteljahr dazu nehmen, Dich von solchen Ausschweifungen rein zu waschen.« Apel kam nicht. Er sandte Anfang Dezember per Post sein Drama ›Columbus‹ und fragte, ob Wagner es aufführen und eventuell eine Ouvertüre dazu komponieren wolle. Richard Wagner lobte das Stück, versprach Uraufführung

und Komposition der ›Columbus‹-Ouvertüre und erbat im selben
Atemzug eine Leihgabe von 200 Talern (5.000 Euro), um sich aus
der »Schulden-Schmiere« zu befreien. Das Geld kam dann wie ein
Geschenk des Himmels just am Heiligen Abend.

Von so viel Geld gleichsam wie entrückt, beschloss Richard Wagner sogleich, in seiner luxuriösen Wohnung fürs Ensemble eine Silvesterfeier großen Stils zu geben, mit Austern, Punsch und Strömen
von Champagner. Ein formidables Fest. Es hatte seinen Preis. Von
den 200 Talern blieb kaum was übrig.

Schützenhilfe von der Primadonna

Am nächsten Morgen schon, an Neujahr 1835, begann Wagner den
›Columbus‹ zu inszenieren. Ende Januar kam Apel nach Magdeburg,
und Richard Wagner komponierte in »übermütigster Schnelligkeit«
die versprochene ›Columbus‹-Ouvertüre Es-Dur: tonmalerisches
Meeresrauschen, auf- und abtauchendes Ufer am Horizont und dann,
von Trompeten bejubelt, das Aufsteigen des entdeckten Landes. Apel
war entzückt und schenkte Wagner einen Siegelring aus Gold.

Die ›Columbus‹-Uraufführung am 16. Februar verlief glanzlos;
Wagners Ouvertüre wurde mit höflichem Beifall aufgenommen, das
Stück nie mehr gespielt.

Zwei Monate später hatte Wagner einen Erfolg, der wie ein Wunder erschien. Und das kam so: Er, der 21-jährige Nobody, schrieb
einen Brief an sein Idol, an die Primadonna assoluta, an die bestbe-
zahlte Sängerin ihrer Zeit, an Wilhelmine Schröder-Devrient. Er bot
der weltberühmten Diva eine Gastspielrolle unter seiner Leitung am
Magdeburger Provinztheater an; viel Geld, so fügte er hinzu, könne
er nicht zahlen. Und siehe da: Wilhelmine Schröder-Devrient, amüsiert von dem jungen Verehrer, fasziniert vielleicht auch von so
viel Frechheit, ließ sich wahrhaftig zu einem Provinz-Gastspiel herbei
und sang – ohne lang zu proben – den Romeo in Bellinis ›I Capuleti e
i Montecchi‹. Richard Wagner dirigierte nach seiner neuen Methode,
holte bisher ungehörte Kostbarkeiten aus Bellinis Musik heraus –
und dabei muss die Primadonna oben auf der Bühne das aufkeimende Genie des jungen Dirigenten am Pult gewittert haben. Denn

gleich nach dem Schlussapplaus vereinbarte sie mit Wagner drei weitere Gastspiele in Magdeburg. Sie sang die Desdemona in ›Otello‹ (von Rossini), die Agathe im ›Freischütz‹ und die Leonore in ›Fidelio‹.

Dieser Erfolg beflügelte Richard Wagner zu einer von Bescheidenheit nicht sonderlich belasteten Idee: Er plante ein Benefizkonzert für sich selbst, ein Wohltätigkeitsfest zur Tilgung der eigenen Schulden – mit Wilhelmine Schröder-Devrient als Gaststar! Sie ließ sich nicht lange bitten und versprach zwei Arien zu singen für sein »großes Vokal- und Instrumentalkonzert«.

Richard Wagner mietete den Saal des Gasthofes »Zur Stadt London« und engagierte das Regimentsorchester – auf Kredit, ohne einen Groschen in der Tasche, im Vertrauen auf einen Riesengewinn. Um seine Einkünfte zu optimieren, verlangte er weit überzogene Eintrittspreise – allerdings mit gegenteiligem Effekt. Der Saal war halb leer an jenem denkwürdigen Abend des 2. Mai 1835. Wilhelmine Schröder-Devrient, spürbar verstimmt, denn sie war volle Konzertsäle gewohnt, sang die zwei versprochenen Arien und setzte sich dann in die erste Reihe.

Richard Wagner trat ans Pult, begann die ›Columbus‹-Ouvertüre zu dirigieren – und sogleich zeigte sich, dass der Gastsaal durch Dimension und Täfelung wie ein Resonanzkasten wirkte, der den Orchesterklang verstärkte und klirren ließ. Das Meeresrauschen ging noch an, doch das jubelnde Land-in-Sicht-Motiv für sechs Trompeten brach über das gemarterte Publikum mit einer durch Mark und Bein schießenden Intensität herein. Als der letzte Ton verklungen war, erwarteten die Zuschauer – so können wir uns das wohl vorstellen – leicht zusammengekrümmt den nächsten Programmpunkt wie ein Bombardement. Sie wussten, was ihnen bevorstand; ›Wellingtons Sieg oder Die Schlacht bei Vittoria‹, ein musikalisches Schlachtgemälde, Beethovens weitaus populärstes Werk damals, heute fast vergessen, eine Kuriosität der Musikgeschichte. Für die realistische Darstellung der Schlacht musste das Orchester mit besonderen Donner- und Geräuschmaschinen von mörderischem Phonpegel verstärkt werden.

Richard Wagner also hob den Taktstock – und: Feuer frei! Geschützdonner aus nächster Nähe, Krachen von Gewehrsalven, Fetzen von Melodien zwischendurch, Explosionen einschlagender Grana-

ten, Trommelwirbel, Trompetensignale. Der Resonanzkasten des
Gasthofes schien zu bersten, und als die Regimentstrompeter mit pro-
fessioneller Hingabe das Attackensignal schmetterten, rannte Wilhelmine Schröder-Devrient als Erste hinaus, gefolgt von Zuschauern, die
sich schimpfend verstreuten – und am nächsten Morgen vor Wagners
Wohnung Spalier standen. Sie wollten ihr Eintrittsgeld zurück.

Liebeskummer – Schaffenskrise

Die Theatersaison war Mitte Mai 1835 beendet, und Richard Wagner
unterzeichnete einen neuen Vertrag für die kommende Spielzeit,
wohl wissend, dass es wieder Ärger mit der Gage geben würde. Aber
die Arbeit machte ihm Spaß, und das allein war entscheidend. Er verabschiedete sich von Minna und reiste zur Familie nach Leipzig, verfolgt von den Klagegesängen seiner Gläubiger, begleitet von einem
Pudel, der ihm zugelaufen war.

Seine Mutter und die Schwestern begrüßten ihn herzlich, erfreut
und stolz über seine Karriere als Musikdirektor. Ihre Mundwinkel
zogen sich allerdings nach unten, als er von seinen Schulden sprach
und dringend um Geld bat. Sein Schwager Brockhaus schwor, ihm
nie mehr Geld zu leihen – lieh ihm aber dann doch einen größeren
Betrag, mit dem Wagner eine Engagement-Reise zu bedeutenden
Opernhäusern machte. Er kam über Prag, Karlsbad und Eger am
26. Juli 1835 erstmals in das »vom Abendschein lieblich beleuchtete
Bayreuth« und reiste weiter nach Nürnberg, wo seine Schwester
Klara mit ihrem Ehemann Heinrich Wolfram am Theater engagiert
war. In einem Wirtshaus erlebte Wagner den Auftritt eines betrunkenen Sängers und auf nächtlicher Straße eine Schlägerei (zwei
Szenen, auf die wir noch zurückkommen werden: wenn er sie in
den ›Meistersingern von Nürnberg‹ verarbeiten wird). Inzwischen
war Wagner das Geld ausgegangen. Er versilberte den Goldring, den
er von Apel zum Dank für die ›Columbus‹-Ouvertüre bekommen
hatte, und fuhr dann über Würzburg, Frankfurt nach Wiesbaden
und weiter nach Magdeburg, wo pünktlich zu Saisonbeginn am
1. September 1835 die Mitglieder der Bethmann'schen Truppe eintrafen. Wagner kam mit Pudel, Minna mit Mutter.

Die Arbeit am Theater erwies sich als enttäuschend. Gerüchte um den bevorstehenden Bankrott des permanent betrunkenen Bethmann machten aus dem von Wagner mühsam motivierten Ensemble eine Horde von Intriganten. Wagner konzentrierte sich auf seine Oper ›Das Liebesverbot‹, er komponierte von 7 Uhr früh bis 1 Uhr mittags. Danach ging's im Theater mit den unerquicklichen Probenarbeiten los.

Sein Verhältnis zu Minna litt darunter, dass ihre Mutter im leiernden Tonfall einer Gebetsmühle sächselnd zur Heirat drängte und damit nur eines erreichte: dass Wagner Beziehungsängste aufbaute. Er fühlte sich zwar angezogen von Minna und versuchte sie an sich zu binden, gleichzeitig aber dachte er daran, sie zu verlassen oder zumindest zu betrügen. In einem Brief an Apel schrieb er:»Dieses . . . Geschöpf hat mir ihr grenzenloses Vertrauen geschenkt, . . . ich habe sie erwärmt bis auf das innerste Mark ihres Daseins, ich habe sie zum weichen hingebenden Weibe gemacht, – sie liebt mich bis zur Krankheit, ich bin ihr Despot geworden . . . Sie glaubt mir, während ich nur daran denke, wie ich sie am sichersten verrate . . . 's ist so eine Art von Schurkerei. – Ich genieße ihre Gunst völlig und fast ausschweifend . . . Was meinst Du? Wenn ich sie so recht absichtlich hintergangen haben werde, habe ich da nicht ein Meisterstück gemacht?«

Anfang November erhielt Minna ein vorteilhaftes Gastspielangebot ans Königstädter Theater von Berlin, das sie ohne Rücksicht auf den bestehenden Vertrag mit Bethmann annahm. Am 4. November 1835 verließ sie Magdeburg im Morgengrauen per Diligence – ohne Mutter, was Richard Wagner verdächtig stimmte. Seine Beziehungsängste schlugen um in Verlustängste. Einen Tag später sandte er einen Brief hinter ihr her:»Nein, Minna, es kann nicht sein, ich kann es nicht glauben, dass Du von mir gegangen wärest, um nicht wiederzukehren . . . Wie ein Schatten wanke ich herum . . . Mein Streben – die Oper – meine Geschäfte – existieren für mich nicht mehr. Kehrst Du mir nicht zurück und erfahre ich, dass Du Dich fest in Berlin gebunden hast . . . dann hält mich auch kein Gott mehr hier; – ich bin dann fest entschlossen, eine Verzweiflungstat zu begehen . . . Minna, komm zurück, ich biete Dir hiermit förmlich u. nach dem Gebrauch meine Hand u. den Ring u. Du gehörst mir? – Dein Bräutigam Richard Wagner.«

Vier Tage danach schrieb er mit Datum 8. November 1835: »Ich habe gestern keinen Brief von Dir erhalten, meine liebe Braut; ich bitte und beschwöre, schreibe mir während Deiner jetzigen Abwesenheit jeden Tag . . . Ich hoffe nur auf Deine Briefe. – Sie müssen mir endlich die Gewährung meiner dringendsten Bitten und Ansprüche bringen . . . Eher gewöhnte ich mich an den Gedanken meines schnellen Todes als an den einer Trennung von Dir. – Dem Mädchen, dem diese Bitten, diese Vorstellungen . . . nicht bis in das innerste Gemüt gedrungen wären, – dem Mädchen würde nichts mehr ins Herz dringen können, – als – ein scharfes Messer. – Ich schweige heute davon . . .«

Aus Berlin erreichten ihn widersprüchliche Nachrichten: Minna treibe sich mit Männern herum, Minna sei ihm treu ergeben; was wirklich war, wusste Wagner – vorerst – nicht. Die Komposition der Oper ›Das Liebesverbot‹ geriet ins Stocken, Schaffenskrise aus Liebeskummer! Eine Schauspielerin redete ihm zu, sich aus der Abhängigkeit von Minna zu lösen und sie zu verlassen, Wagner winkte ab: »Über meinen Pudel, meine Uhr und meine Minna geht mir nichts.«

Ende Dezember kehrte Minna zurück nach Magdeburg, und Wagner war selig. Seinen Freund Apel ließ er in einem Brief wissen: »Es soll mir jetzt noch einer kommen und über meine Liebe zu Minna die Nase rümpfen, dem schlage ich sie ein. Gott weiß, wie und was ich jetzt ohne sie wäre.« Sogleich komponierte Richard Wagner flott weiter am ›Liebesverbot‹. Nun flogen ihm spritzige Melodien zu, beeinflusst von Rossini, Bellini und Auber, voller Esprit, beschwingt und lebenslustig. Spielerisch gelangen ihm glanzvolle Chorszenen und ein fulminantes Carnevals-Finale.

Kabale und Hiebe

Inzwischen drängten wieder mal die Gläubiger. Wagner schrieb in einem Brief vom 21. Januar 1836 an Apel: »Ich muss Geld haben, wenn ich nicht wahnsinnig werden soll . . . Du sollst mir nichts schenken, aber kauf mir die Einnahmen meiner Oper ab . . .«

Seine Oper ›Das Liebesverbot‹ war soeben vollendet – darauf

setzte er alle Hoffnungen. Die Uraufführung wurde gegen Ende der Spielsaison für den 29. März 1836 anberaumt – und wäre fast geplatzt. So nahe vor Ostern wollten die Behörden eine »Große komische Oper« unter dem Titel ›Das Liebesverbot‹ nicht genehmigen. Erst als Wagner den Titel in ›Die Novize von Palermo‹ änderte, gab der Behördenleiter seinen Segen.

Als Urheber-Honorar sollte Richard Wagner alle Einkünfte der zweiten Vorstellung erhalten. Die Einnahmen der Uraufführung wollte Bethmann kassieren.

Die Uraufführung indes – die erste Uraufführung einer Wagner-Oper! –, sie scheiterte an den Kabalen, die das Theater erschütterten: Sänger und Sängerinnen beherrschten ihre Rollen nicht, stotterten auf der Bühne herum, das Publikum reagierte mit Pfiffen, die Rezensenten verrissen das Werk, schrieben von einem Theaterskandal und gaben Wagner die Schuld.

Zur zweiten Aufführung, bei der Richard Wagner gut verdienen wollte, kamen nur drei Zuschauer. Damit nicht genug. Hinter dem geschlossenen Vorhang ereignete sich der Höhepunkt eines seit langem schwelenden Ehedramas. Der gut aussehende Darsteller des Claudio hatte mit der Sängerin Karoline Pollert ein Verhältnis, von dem alle wussten und der Ehemann etwas ahnte. Just an diesem Abend riss dem gehörnten Herrn Pollert die Geduld. Erst prügelte er unvermittelt auf »Claudio« ein, der sich in schmucker Sizilianertracht vor dem Spiegel reckte, dann ohrfeigte er seine Ehefrau, die herbeigeeilt war, um ihn zu besänftigen. »Claudio« entwich unter Hinterlassung einer Blutspur, Karoline Pollert verfiel in Heulkrämpfe. Die anderen Sänger und Sängerinnen ergriffen hier wie dort Partei, schrien und schimpften, schubsten und stießen, und fast hätten sie sich auf der Bühne geprügelt. An eine Aufführung war nicht zu denken. Der Regieassistent schlängelte sich durch den Spalt des geschlossenen Vorhangs auf die Rampe hinaus und teilte den drei Zuschauern mit: Die Aufführung könne »eingetretener Hindernisse wegen« nicht stattfinden.

Die Pleite war perfekt. Noch schlimmer für Richard Wagner und erbitternd dazu war sein Imageverlust, ausgelöst durch die örtlichen Zeitungsberichte über den von ihm nicht verschuldeten Theaterskandal, der ihm in die Schuhe geschoben wurde. Dagegen anzugehen schien aussichtslos. Nicht aber für Wagner. Der zog sich am eigenen Schopf aus dem Schlamassel wie weiland Lügenbaron Münchhausen. Und so hat er's gemacht.

Wagner wusste: Weitaus maßgeblicher als die Zeitungen Magdeburgs und Umgebung war die viel gelesene ›Neue Zeitschrift für Musik‹ in Leipzig, gegründet und herausgegeben von dem damals 26 Jahre alten und als Komponist noch unbedeutenden Robert Schumann. Für diese Zeitschrift verfasste Wagner einen Artikel – über sich selbst! Nicht unter seinem Namen, sondern anonym, so dass der Eindruck entstehen musste, ein unabhängiger Rezensent würde über Richard Wagner schreiben und ihn vor Anschuldigungen in Schutz nehmen. Diesen Artikel schickte er am 19. April 1836 an Schumann mit einem Begleitbrief, in dem er forderte,»dass mein Name nicht und gegen Niemand genannt werden darf, sonst wehe mir! ... Hier gibt es lauter Scheißkerle! Adieu liebster Schumann, Ihr Richard Wagner.« Robert Schumann machte das Spiel mit, veröffentlichte Wagners anonymen Artikel über das Magdeburger Theater, und so lasen die Abonnenten in der Ausgabe vom 3. Mai 1836,»dass ein junger, gewandter Künstler wie Richard Wagner mit Geist und Geschick bemüht war, das Ensemble tüchtig herzustellen. So konnte es gar nicht fehlen, dass ... uns wahre Kunstgenüsse geboten wurden ... Den Schluss [der Saison] machte eine neue Oper von Richard Wagner – ›Das Liebesverbot‹ oder ›Die Novize von Palermo‹ ... Nur mit Qual und Not konnte der Komponist diese Oper noch in der größten Eile einstudieren ... Es ist viel darin, und was mir gefällt, es klingt Alles, es ist Musik und Melodie darin, was wir bei unseren deutschen Opern jetzt ziemlich suchen müssen.« So weit Richard Wagner in einer Rolle, die man in der Kulturgeschichte so schnell kein zweites Mal findet: der Künstler als Rezensent seiner selbst.

›Das Liebesverbot‹ wurde zu Wagners Lebzeiten nie mehr aufgeführt.

Prinzgemahl im preußischen Sibirien

Eines Tages entlief der braune Pudel, was Wagner »für ein böses Anzeichen des gänzlichen Verfalls meiner Lage« betrachtete.

Als Menetekel empfand Wagner auch, dass auf dem Marktplatz
von Magdeburg ein Soldat wegen Mordes nach einer Methode des
finstersten Mittelalters hingerichtet wurde: mit dem Rad. Das Mord-
motiv – Eifersucht! Er hatte seine untreue Geliebte erwürgt.

Minna erhielt ein Engagement ans Theater in Königsberg und
fuhr am 19. Mai 1836 im gelben Wagen der Diligence davon, ver-
gnügt und voller Lebenslust. Richard Wagner kehrte trostsuchend
heim zur Familie nach Leipzig. Doch der Mutter und den Schwestern
gefror das Lächeln, als er schon wieder bittstellend vor der Tür
stand. Sie bejammerten seine finanzielle Misere, schimpften auf die
ihnen nur flüchtig bekannte Minna Planer und rieten ihm von einer
Heirat ab. Spürbar verletzt verabschiedete sich Wagner nach wort-
karger Konversation. Rosalie gab ihm das Geleit zur Treppe. Sie
nahm seine Hände und sagte: »Gott weiß, wann ich dich wieder
sehe.«

Wagner ging noch am selben Tag ins Leipziger Hoftheater und
bot Direktor Sebald Ringelhardt das ›Liebesverbot‹ an – ohne Erfolg.

Dem neuen Gewandhaus-Kapellmeister Felix Mendelssohn Bartholdy schenkte er die Partitur seiner C-Dur-Symphonie mit der
Bitte um Aufführung. Mendelssohn führte sie nicht auf, ließ nichts
mehr von sich hören, behielt die geschenkte Partitur.

Als Wagner nach Magdeburg zurückkehrte, wagte er sich gar
nicht mehr in die Wohnung. An die Tür genagelt flatterten einige gerichtliche Vorladungen. Erstmals wurde ihm Schuldhaft angedroht:
Haft auf Antrag des Gläubigers bis zur Tilgung der Schuld. Wagner
entwich schleunigst nach Berlin, stieg im Hotel »Zum Kronprinzen«
ab, wo Minna während ihres Gastspiels am Königstädter Theater gewohnt hatte – und hörte dort aus erster Hand, dass sie wohl mindestens mit zwei Männern fremdgegangen war.

In verzweifelten Briefen an Minna, jeder mehrere Seiten lang, be-
schwor er ihre Liebe und Treue, ohne den Vorwurf der Untreue zu
erheben: »Man wollte mich durchaus eifersüchtig machen – diesmal
gelang es ihnen aber nicht, ... Minna, Minna ... Ich vergehe vor

Sehnsucht ... vereint muss ich mit Dir sein, oder ich bin für Alles tot ... Nicht wahr, nicht wahr, Du liebst mich ja, Du bist mir wenigstens herzlich gut ... O mein süßes, wonniges Weib ...«

In diesen Tagen komponierte Wagner eine ›Polonia-Ouvertüre‹ C-Dur, ohne große Lust, spürbar unkonzentriert; seine Gedanken waren woanders.

Wagner wollte mit Minna schnellstens zusammen sein, aber nicht in Königsberg, im »preußischen Sibirien«, wie man damals sagte, sondern in Berlin mit den vielen Theatern, wo berufliche Chancen geboten waren und sich inzwischen auch ein Lichtblick zeigte:

Der Direktor des Königstädter Theaters, Kommissionsrat Karl Friedrich Cerf, sagte Wagner per Handschlag die Aufführung des ›Liebesverbots‹ und eine Anstellung als Kapellmeister zu. Cerf war ein ehemaliger Pferdehändler namens Hirsch, 56 Jahre alt, ein Schwadroneur in der Blüte seiner Rosstäuscher-Mentalität, der es geschafft hatte, die Sympathien des für seinen Pferdefimmel bekannten Königs Friedrich Wilhelm III. zu erlisten. Mit königlicher Protektion startete er vom Pferdemarkt aus eine gewissermaßen galoppierende Karriere ins preußische Kulturleben – bis zum 1. Juli 1836, als das von ihm geleitete Königstädter Theater Bankrott machte und seine Zusage an Richard Wagner so viel wert war wie der Handschlag eines Rosstäuschers.

Eine Woche später rumpelte Richard Wagner zu Minna nach Königsberg – als Passagier eines Lohnkutschers.

Minna hauste in einer nach Hausschwamm müffelnden Vorstadtwohnung. Das Glück des Wiedersehens erwärmte die beiden nur flüchtig, denn bald schon krochen die Probleme aus allen Ecken heran. Richard Wagner bekam keine Anstellung und damit keine Gage, er hatte nichts zu tun und nichts zu sagen, er wurde in eine Rolle gedrängt, die er nie und nimmer spielen konnte: die Rolle des Prinzgemahls. Seine Verlobte war, modern gesagt, der Shootingstar des Theaters, beliebt beim Publikum, umringt von ostpreußischen Jüngern, belobhudelt von Königsbergs führendem Rezensenten, einem Meister triefender Elogen, der Minna Planer permanent mit einer Göttin verglich.

Ganz anders erlebte Richard Wagner die Verlobte zu Hause.

Minna reagierte auf seine Geldprobleme und Eifersuchtsszenen mit Beschimpfungen von bisher noch nie erlebtem Vokabular. Zwischendurch, jedoch selten genug, schmolz sie dann wieder hin bei zärtlichster und virtuos vollzogener Versöhnung. Wagner geriet in ein Wechselbad von Lust und Frust, er wollte sie heiraten – und fürchtete doch das »wahrhaft Quälende« der gemeinsamen Zukunft. Seine Chance, aus der Rolle des Prinzgemahls herauszukommen, war gering. Der Musikdirektor des Theaters, Louis Schubert, 30 Jahre alt, ein Mann mit Ehefrau im fernen Riga und einer Geliebten in Königsberg, fühlte sich von Wagner in seiner Stellung bedroht und machte ihm das Leben »zur Hölle«. Im Nu hatte er fast das ganze Ensemble gegen Wagner aufgebracht; auch Minnas Position als Erste Schauspielerin geriet ins Wanken. Ein Ende der Misere schien nicht absehbar – doch da kam der Retter in der Not, »Freund Abraham«, wie Wagner ihn nannte.

Freund Abrahams schlitzohrige Ideen

Abraham Möller, ein älterer Handelsmann mit Neigung zu Geschäften spekulativster Art, mischte überall mit, kannte die Honoratioren der Stadt, wusste von mancher Leiche im Keller, wurde verehrt und gefürchtet, ein Pfiffikus, mit dem man besser befreundet als verfeindet war. Da er für Wagner und Minna ein Faible hatte, begann er sachte am Stuhl des amtierenden Musikdirektors zu sägen und »allerhand sonderbare Spiele in Bewegung zu setzen«.

Die ersten Erfolge stellten sich schnell ein. Richard Wagner durfte gelegentlich dirigieren und Regie führen – und schon hatte er das Orchester im Griff und das Ensemble dazu. Allmählich baute er seine eigene Lobby auf. Schließlich gab ihm Theaterdirektor Anton Hübsch einen Vertrag als Musikdirektor, der allerdings erst zu Ostern nächsten Jahres in Kraft treten sollte.

Wagner war trotz gelegentlicher Bedenken nach wie vor versessen darauf, Minna zu heiraten. Sie indes schien unschlüssig. Einerseits liebte sie Wagner. Andererseits war Minna, wie sie ihn ohne Umschweife wissen ließ, zum Absprung bereit, falls sich eine bessere Partie bieten würde.

Freund Abraham hatte beide ins Herz geschlossen und wollte sie so schnell wie möglich verheiraten. Also bediente er sich einer List. Er organisierte für November eine Benefizvorstellung von Aubers ›Die Stumme von Portici‹, deren beachtliche Einnahmen dem jungen Ehepaar Wagner anlässlich der Hochzeit zufließen sollten, wenn sie denn heiraten wollten. Und wie sie nun wollten! Wagner mietete in Erwartung der Benefizgelder unverzüglich eine bessere Wohnung, die, wie sich erst später herausstellte, schlecht heizbar war, und kaufte Möbel auf Kredit. – Doch dann schien auf einmal die Heirat rein rechtlich in Frage gestellt. Als Bräutigam musste er ehemündig sein, also volljährig. Wagner indessen, 23 Jahre alt, war nach sächsischem Gesetz zwar volljährig, nicht aber nach preußischem: ab 24!

Freund Abraham wusste Rat. Er gab Wagner »verwegene Anleitungen« zur Dokumentation seiner Großjährigkeit nach preußischem Gesetz. Wie sie es gedeichselt haben, die beiden Schlitzohren, lässt sich nicht mehr eruieren. Tatsache ist jedenfalls: Richard Wagner hatte auf einmal Heiratspapiere, die ihn als volljährig auswiesen, geboren am 22. Mai 1812 (statt richtig: 1813). Und da es gleich in einem Aufwaschen ging, wurde Minna um vier Jahre jünger gemacht. 23 Jahre war sie alt laut diesem Dokument (statt richtig: 27).

Nun musste nur noch der Hochzeitstermin vereinbart werden. Zu diesem Zweck begaben sich Wagner und Minna ins Pfarrhaus, an einem verregneten, kalten Novembertag. Während kurzer Wartezeit im Vorzimmer begannen sie einen Streit gotteslästerlichster Art, es schrillten so unflätige Worte durchs fromme Haus, dass der herbeigeeilte Pfarrer sich nur allmählich aus seiner Verstörung lösen konnte und längere Zeit beschwichtigt werden musste, bis er einen Hochzeitstermin zu nennen sich entschloss: 24. November 1836, 11 Uhr Vormittag.

Es war ein strahlend schöner Tag, als Richard Wagner in einem auf Kredit geschneiderten dunkelblauen Frack mit goldenen Knöpfen an der Seite von Minna Planer vor den Altar trat. Der Pfarrer, von dem kürzlich erlebten Streit der Liebenden noch erschüttert und über die finanziellen Eskapaden des Bräutigams inzwischen informiert, prophezeite in seiner Predigt leidvolle Zeiten für das junge Paar, verhieß aber tröstlich den Beistand eines Freundes, den Richard und Minna, wie er ausdrücklich sagte, noch nicht kannten. Wagner dachte an einen generösen Geldgeber und horchte auf. »Einigermaßen gespannt, hier etwa von einem heimlichen einflussreichen Protektor . . . Näheres zu erfahren, blickte ich neugierig auf den Pfarrer: Mit besonderem Akzent verkündigte dieser wie strafend, dass dieser uns unbekannte Freund – Jesus sei, worin ich . . . eine Enttäuschung fand.«

Nach der Hochzeitsnacht brachte der Briefbote neben einem Stoß herzlicher Glückwünsche auch ein ganzes Bündel Klageschriften der Magdeburger Gläubiger. Wagners Auslieferung nach Sachsen wurde gefordert. Schuldhaft drohte, denn in Sachsen war er ab 23 Jahren volljährig. In Preußen war er mit 23 Jahren noch minderjährig und vor Auslieferung geschützt. Aber: seine erschwindelten Heiratspapiere wiesen ihn als 24-Jährigen aus. Mithin war er amtlicherseits als volljährig registriert und reif für die Auslieferung. Ein Problem! Nicht für Freund Abraham. Er mahnte zu Flexibilität: Hatte er vor wenigen Tagen noch mit »verwegenen Anleitungen« Wagners Großjährigkeit bewerkstelligt – so empfahl er ihm nun, die Auslieferungsanträge unter Berufung auf seine Minderjährigkeit abzuschmettern. Wagner fürchtete zwar die Annullierung seiner Ehe, ging aber dann doch mit seinem Taufschein zum Stadtgericht, wo er den Beamten, der ihn als volljährig in frischer Erinnerung hatte, mit dem Beweis seiner Minderjährigkeit verblüffte.

Die Rechtslage wurde geprüft, und siehe: Das Recht war auf Seiten des Schlitzohres. Die rechtskräftig geschlossene Ehe konnte nicht mehr rückgängig gemacht werden, obwohl Wagner minderjährig war – und da er minderjährig war, konnte er nicht ausgeliefert werden. Dank Freund Abrahams rabulistischer Idee befand sich Wagner in einem toten Winkel zivilrechtlicher Nachstellungen, und den Gläubigern blieb nichts anderes übrig, als zähneknirschend zu lauern, bis Richard Wagner nach preußischem Gesetz großjährig wurde.

Galgenfrist bis zum Geburtstag

Richard Wagner setzte alle Hoffnungen auf die leidlich gut bezahlte Stelle als Musikdirektor, die er zu Ostern 1837 antreten sollte. Mit einem festen Anstellungsvertrag und regelmäßigen Gagen konnte er dann seinen Gläubigern ratenweise Rückzahlung der Schulden anbieten und Schuldhaft vermeiden – so glaubte er.

Vorsichtshalber nutzte Wagner die Galgenfrist zu Vorbereitungen für seine Flucht, falls sie denn nötig werden sollte. Sein Wunschziel war Paris, die »Kunsthauptstadt Europas«. Um dort die Tore für seinen Einzug zu öffnen, sandte er an den berühmten Librettisten Eugène Scribe die Partitur des ›Liebesverbots‹ mit der Bitte, sie Giacomo Meyerbeer vorzulegen und eine Aufführung in französischer Übersetzung anzuregen. Giacomo Meyerbeer, eigentlich Jakob Liebmann Meyer Beer, geboren in Tasdorf bei Berlin, Sohn einer angesehenen jüdischen Kaufmannsfamilie, seit 1831 in Paris ansässig, hatte Weltruhm erworben als Meister der Grand Opéra und war in der Pariser wie der internationalen Musikszene sehr einflussreich. Scribe reagierte nicht auf seinen Brief.

Während der Galgenfrist war Wagner nicht sonderlich kreativ. Zwei unbedeutende Werke sind zu nennen: die Ouvertüre ›Rule Britannia‹ D-Dur und der Entwurf einer komischen Oper in zwei Akten nach einem Märchen aus ›Tausendundeiner Nacht‹: ›Männerlist größer als Frauenlist‹ oder ›Die glückliche Bärenfamilie‹.

Die Familie Wagner war inzwischen auf drei Personen angewachsen. Minna hatte ihre 11-jährige Tochter Natalie zu sich genommen, die weiter als ihre Schwester ausgegeben wurde. Wagner lebte von geliehenem Geld.

Zu Ostern 1837 bekam er endlich die rettende Stelle als Musikdirektor – und acht Wochen später war das Theater bankrott. Gleich darauf der zweite Schock: Er kam nach Hause und – Kleiderschränke leer, Nähkästchen leer, Schubladen leer, Minna und Natalie verschwunden!

Freund Abraham, von Richard Wagner alarmiert, fand schnell heraus: Minna war mit dem Kaufmann Dietrich durchgebrannt, einem neureichen Geldprotz und spendablen Gastgeber der Theaterleute, der sich die Erste Schauspielerin Minna Planer als Trophäe

ausersehen hatte. Nun war er mit Minna und Natalie auf dem Weg
nach Berlin. Wagner stürzte sich in den nächsten Postwagen, jagte
blindlings hinterher, in der Tasche kein Geld, im Gepäck einige
Hochzeitsgeschenke, die er zur Begleichung der Fahrtkosten versil-
bern wollte. Mit einem vergoldeten Kuchenkörbchen kam er bis
Elbing, 60 Kilometer südlich von Königsberg, 450 Kilometer von
Berlin entfernt. An Weiterfahrt war nicht zu denken. Ein silbernes
Zuckerdöschen, Freund Abrahams Hochzeitsgeschenk, langte gerade zur Rückfahrt nach Königsberg.

Dort musste Wagner schleunigst untertauchen. Er war volljährig
geworden, die Schonzeit vorbei. Seine Gläubiger bliesen zur Treib-
jagd.

Auf Schleichwegen traf Wagner sich mit Freund Abraham, der
zwei Nachrichten für ihn hatte. Erstens: Minna war von Berlin aus
allein zu ihren Eltern nach Dresden gefahren, und zweitens: Karl
von Holtei, Theaterdirektor der livländischen Hauptstadt Riga, erwarte ihn am 15. Juni 1837 zu einem Gespräch in Berlin.

Irgendwoher konnte sich Wagner das Geld für die Reise leihen,
irgendwie gelang es ihm, seinen Königsberger Gläubigern zu ent-
schlüpfen. Er traf vereinbarungsgemäß mit Karl von Holtei in einem
Berliner Luxushotel zusammen – und wurde als Kapellmeister ans
Theater in Riga engagiert: in einer von deutschsprachigem Publikum dominierten Stadt, die in Russland lag, wo er geschützt war vor
Auslieferung an preußische und sächsische Gläubiger. Am 8. August
sollte es losgehen. Sein Gehalt: 1.000 Rubel jährlich (29.000 Euro).

Mit dem Vertrag in der Tasche reiste Wagner per Diligence nach
Dresden zu Minnas Elternhaus. Als er dort sah, wie seine Frau
schluchzend vor ihm hockte, von Vater und Mutter beschimpft, da
verzieh er ihr alles. Er wollte ein neues Leben mit ihr beginnen und
feierte ab 23. Juni 1837 zweite Flitterwochen in einem an der Elbe
gelegenen Gasthof bei Blasewitz unweit von Dresden. Zwischen
Wanderungen und zärtlichsten Versöhnungsphasen las er Bulwer
Lyttons Roman über Cola di Rienzi, der ihn anregte, den Prosa-Ent-
wurf und die ersten Texte einer Oper zu schreiben: ›Rienzi, der letzte
der Tribunen‹. Es ist die von Wagner frei gestaltete und von den
Ideen des Jungen Deutschland stark geprägte Geschichte des Plebe-
jers Rienzi, eines Schwärmers, der dem Volk die Befreiung von Will-

kür und Tyrannei des Adels verspricht, zum Volkstribun aufsteigt
und schließlich von den Trümmern des in Brand gesteckten Kapitols
erschlagen wird. Wagner gestaltete damals im Gasthof an der Elbe
eine dramatische Story von Mord, Attentat, Liebe, Verrat – und
wurde jäh aus seiner Arbeit herausgerissen: Minna war auf und
davon! Von ihrer Schwester Amalie, einer begabten Sängerin, die gerade im Elternhaus weilte, erfuhr er: Minna hatte sich mit Kaufmann
Dietrich in Dresden getroffen. Richard Wagner besorgte sich Peitsche und Pistole. Seine Absicht: Prügel für Minna! Duell mit Dietrich!

Er wusste nur nicht, wo die beiden steckten. Und es floss noch
einiges Wasser die Elbe hinab, bis er per Postkutsche von Freund Abraham diese Nachricht erhielt: Kaufmann Dietrich aus Königsberg
wohnte mit Minna in einem Dresdner Hotel.

Als Wagner mit Peitsche und Pistole das Hotel enterte, waren die
beiden mit unbekanntem Ziel abgereist .

Zermürbt von Eifersucht und Liebeskummer trat Wagner am
25. Juli 1837 die Reise nach Riga an. Am 8. August sollte er dort sein.
Höchste Zeit! Er eilte per Diligence über Berlin nach Lübeck und
reiste weiter an Bord eines Segelschiffes, von permanenter Wind-
flaute zur Raserei getrieben, im Schneckentempo nach Riga. Die
Reise dauerte 25 Tage, länger als vorgesehen. Am 19. August kam er
in Riga an – viel zu spät. Doch Wagner hatte wieder einmal Glück. In
Russland galt, was er nicht bedacht hatte, der julianische Kalender.
Das bedeutete: Rückdatierung um 12 Tage. Bei seiner Ankunft in
Riga schrieb man den 7. August 1837. Wagner war pünktlich.

Gefeiert und gefeuert

Wagners neuer Theaterdirektor, Karl von Holtei, 39 Jahre alt, gebür-
tiger Schlesier, war ein Hansdampf in allen Künsten: Schauspieler,
Pantomime, Coupletsänger, Rezitator, Regisseur, Dramaturg und
Verfasser von Lustspielen, Liederspielen, Singspielen, Tränendramen,
Romanen, Gedichten, Couplets, schlesischen Mundartliedern und
Kriminalerzählungen wie ›Ein Mord in Riga‹.

Aus seiner Wanderzeit als Schauspieler, Shakespeare-Rezitator und nomadisierender Schürzenjäger kannte der »schlesische Vagabund« so gut wie alle bedeutenden Schauspieler und Schauspielerinnen, Sänger und Sängerinnen in den Theatern des deutschen Sprachraums. Aus Frankreich hatte er die auf den Pariser Jahrmarkttheatern populär gewordenen Vaudevilles eingeführt: Komödien mit frivolen oder satirisch-aktuellen Couplets und Gassenhauern, die das Publikum gerne mitsang.

Karl von Holtei war ein Treibauf, von massiver Gestalt, mit schnittlauchähnlicher Mähne, Hinterwäldlerbart und auffallend buschigen Augenbrauen. Seine Neigung zu theatralischer Gestik verließ ihn weder auf der Bühne noch im privaten Umgang.

Zum Schrecken Wagners verkündete er die Meinung, dass sich Theatererfolge nur erzielen ließen mit trivialen Possen, Tränenstücken und Vaudevilles. Schauspielerische Glanzleistungen, so Holtei allen Ernstes, seien nur mit einer liederlichen Komödiantenbande möglich: »Alles, was gaukelt und sich sehen lässt für Geld.« Dementsprechend würfelte er sein Ensemble zusammen. Der Tenor beispielsweise, den er irgendwo bei einem Dorffest aufgegabelt hatte, war ein Schmied, der leidlich singen konnte. Hochklassige Sängerinnen engagierte er bevorzugt, wenn sie, seinen eigenen Worten nach, »polizeiwidrig hübsch« waren und als lockere Wesen galten.

Trotz aller Widrigkeiten startete Wagner seine Arbeit voller Schwung. Es gelang ihm innerhalb kürzester Zeit, eine Reihe von Opern auf die Bühne zu zaubern, ›Fidelio‹ etwa, ›Der Barbier von Sevilla‹, ›Die Zauberflöte‹, ›Don Giovanni‹, ›Die Hochzeit des Figaro‹, ›Der Freischütz‹, ›Oberon‹, ›Robert der Teufel‹, ›Der Postillon von Lonjumeau‹ oder ›Fra Diavolo‹ und andere Werke mehr. Seine suggestive Art zu arbeiten bezirzte das Ensemble. Alle machten mit. – Doch es war paradox: Je glänzender das Programm, je interessanter die Inszenierungen, je mehr Wagner gefeiert wurde vom Ensemble und vom Publikum – desto häufiger drohte ihm Holtei mit dem Rausschmiss! Er schätzte Wagner zwar, befürchtete aber à la longue den Ruin des Theaters durch zu viel kreative Qualität und forderte simple Singspiele mit frivolen Couplets, Trivialdramen und bewährte Possen mit billigen Pointen. Wagner trat kürzer und wandte mehr Zeit auf für Dichtung und Komposition seines ›Rienzi‹, den er als Grand Opéra entwarf. Er war zwar kein Freund der Grand Opéra, aber sie war en vogue, sie entsprach dem Trend zu Prachtentfaltung, Pomp und Gloria, sie verhieß wie keine andere Opernart den schnellen Erfolg und damit den von Wagner erstrebten Durchbruch als Opernkomponist. »Rücksichtslos reich« wollte er denn auch seine Grand Opéra entwerfen. Und: »Die Komposition der Oper ›Rienzi‹ sollte mir die Brücke zu der von mir ersehnten großartigen Welt bauen.« Er träumte von einer Uraufführung in einem der großen Opernhäuser von Paris, London, Dresden oder München – nur bloß nicht in der »Theaterscheune« von Riga.

Mit diesem Theater an der Königstraße hatte es eine besondere Bewandtnis: Der Zuschauerraum war während der Vorstellung verdunkelt, das Parkett stieg leicht empor nach Art eines Amphitheaters, die Orchestermusiker saßen verborgen in einem Graben vor der Bühne. Wo hatte man so etwas je gesehen? Nirgendwo! Die Musiker saßen üblicherweise vor der erhöhten Bühne auf gleicher Höhe mit dem Publikum im Parkett, der Zuschauerraum war erleuchtet.

Wie Wagner »in diesem Stall, in dieser Scheune« von Riga dirigieren könne, wurde er von dem Cellisten Arved Poorten gefragt. Darauf Wagner: Sollte er je ein Theater nach eigenen Wünschen errichten, so werde er diese drei Besonderheiten in Betracht ziehen. Und in der Tat: Den verdunkelten Zuschauerraum, das ansteigende Parkett und den »mystischen Abgrund« des Orchestergrabens wird Wagner später fürs Bayreuther Festspielhaus übernehmen und damit beispielgebend einwirken auf die Theaterarchitektur seiner Zeit. Viele Opernhäuser und Theater, die wir heute besuchen, sind also beeinflusst von den drei Besonderheiten der »Theaterscheune« in Riga, wo sich Richard Wagner mit Holtei herumärgern hat müssen.

Privat erwies sich Holtei als liebenswürdig, großzügig, gutmütig, trinkfest. Wagner war gern gesehener Gast bei ihm zu Hause und traf dort einen alten Bekannten aus Leipzig wieder: Heinrich Dorn, der als Kapellmeister am Hoftheater seine Paukenschlag-Ouvertüre aufgeführt hatte und nun Kirchenmusikdirektor in Riga war. Dorn beschrieb Wagner als »einen zu allerlei Schnurren aufgelegten Gesellschafter ... Er wusste sehr gut komische Geschichten zu erzählen und allerlei Persönlichkeiten zu kopieren«. Wagner befreundete sich mit Heinrich Dorn, der verheiratet war und fünf kleine Kinder hatte. Sie tranken Brüderschaft.

Als im September 1837 die Erste Sängerin das Theater verließ, sandte Wagner mit Einverständnis Holteis ein Angebot an Amalie Planer, Minnas Schwester. Fast gleichzeitig mit ihrer schriftlichen Zusage erhielt er von Minna einen »wahrhaft erschütternden Brief«, der später vernichtet wurde und nur aus Wagners Schilderungen bekannt ist: Sie gestand ihre Schuld, bat um Verzeihung und versicherte, »dass sie erst jetzt zur wahren Erkenntnis ihrer Liebe zu mir gelangt sei«.

Wagner schmolz hin und verzieh: »Nichts mehr von Allem, mein armes Weib«, schrieb er in einem Brief, »ich kenne keine Vergangenheit, keine Gegenwart, – nichts, nichts mehr, – nur ein glühender Wunsch, eine Sehnsucht lebt noch in mir, und dies zählt jede Minute, bis ich Dich in meine Arme werde schließen können . . . Mein Gott, komm nur, – komm nur – . . . und warte ja nicht, komm, komm, mein liebes einziges Weib zu Deinem Richard W.W.W.W.W.W.«

Am 19. Oktober stiegen Minna und Amalie in Riga aus der Postkutsche. Amalie bewährte sich schnell als Sängerin. Minna hätte einen Vertrag als Schauspielern bekommen, doch sie lehnte ab. Ihre Theaterleidenschaft war erloschen. Fortan wird sie daheim die Rolle einer Hausfrau spielen.

Wagner hatte für alle drei eine große Luxuswohnung mit acht Räumen in der feinen Petersburger Vorstadt von Riga genommen, außerhalb der im Mittelalter gebauten Festungswälle, wo das Geheul der Wölfe aus den Steppen nördlich und südlich des Düna-Stromes herüberhallte. Sein Luxusbedürfnis nahm rasant zu und war mit 1.000 Rubel Gage nicht annähernd zu bezahlen. Neue Schulden – nun auch in Riga. In seiner Nobelwohnung verkehrte Rigas Champagner-Gesellschaft, die entsprechend bewirtet werden wollte. Auch privat gab es, wie Wagner genüsslich berichtet, Kaviar, russischen Salat und gesalzenen Düna-Lachs.

Minna und ihre Schwester sangen zu Hause gerne Volkslieder, wahrscheinlich die damals unerhört beliebten »Lieder aus der Küche«: sentimentale Volksballaden über die meist tränenreich beendete Liebe von einfachen Mädchen zu hohen Herren, vom Grafen und seiner Magd, von Linchen und dem Leutnant von der Garde. Eine solche Liebesgeschichte geschah dann wirklich im Hause Wagner: Amalie verliebte sich in den russischen Rittmeister und späteren

General Carl von Meck und wird ihn nach zwei Jahren, ungeachtet der damals schier unüberwindlichen Standesunterschiede, heiraten, mehrere Kinder bekommen und in die höchsten Gesellschaftsschichten des Zarenreiches aufsteigen.

Eines Tages bekam das Ehepaar Wagner originellen Zuwachs: Nachbarn brachten vom Spaziergang einen neugeborenen Wolf mit, den Richard und Minna zu sich in die Wohnung nahmen. Sie zogen ihn mit der Flasche auf und hätschelten ihn wie einen Säugling, bis er sich zu einem gefährlichen Racker entwickelte und freigelassen wurde. In diesem Zusammenhang schrieb Wagner erstmals darüber, dass die Ehe mit Minna wohl kinderlos bleiben würde. Ende Oktober erreichte Wagner eine Schreckensnachricht: Rosalie, seine liebste Schwester und einflussreiche Kritikerin, war 34-jährig kurz nach der Geburt ihres ersten Kindes gestorben. »Gerade der Tod dieser Schwester erschütterte mich wie ein tief bedeutungsvoller Schicksalsschlag.«

Um die Trauer zu überwinden, stürzte sich Wagner auf die Einstudierung von Orchesterkonzerten – mit großem Erfolg. Gleichermaßen gefeiert von Musikern und Publikum dirigierte er Symphonien von Beethoven, Mozart, Mendelssohn und eigene Werke: die Ouvertüre ›Rule Britannia‹, die ›Columbus‹-Ouvertüre und eine im November zu Ehren des Zaren komponierte ›Nikolai-Hymne‹ in G-Dur.

Eines Tages las er in Heinrich Heines ›Aus den Memoiren des Herren von Schnabelewopski‹ die Sage über den Fliegenden Holländer. Das Thema vom fluchbeladenen, durch die Meere irrfahrenden Kapitän kannte Wagner schon aus Wilhelm Hauffs ›Geschichte von dem Gespensterschiff‹. Doch erst die Heine'sche Version, wonach der gespenstische Kapitän alle sieben Jahre an Land gehen darf und dann die Chance hat, von der reinen Liebe einer Frau erlöst zu werden: erst dieses Erlösungs-Motiv zündete bei Richard Wagner die Idee zur Oper ›Der Fliegende Holländer‹.

Vorerst blieb es bei der Idee. Er arbeitete weiter an Dichtung und Komposition seiner Grand Opéra ›Rienzi‹.

Im Frühjahr 1839 wurde Karl von Holtei unmittelbar nach dem Tod seiner zweiten Frau von dem ihm eigenen Wandertrieb aufgescheucht. Er verließ Riga. Wagner war froh, den ständig nörgelnden

Theaterdirektor los zu sein und endlich nach eigenen Intentionen am Theater arbeiten zu können. Doch er freute sich zu früh. Holtei hatte eine böse Überraschung für ihn hinterlassen – die Kündigung! Es stellte sich heraus: Heinrich Dorn, Wagners bester Freund in Riga und Duzbruder, hatte schon seit Monaten gegen ihn intrigiert und sich den Vertrag gesichert.

Wagner sah in dem Rausschmiss zunächst eine »Katastrophe«, dann aber seine Chance: raus aus dem Mief des Provinztheaters von Riga, hinein in den »Brennpunkt des europäischen Opernwesens«. Auf nach Paris!

Schmuggler und Seelenverkäufer

Um nach Paris zu reisen, musste Wagner erst einmal aus Russland ausreisen. Offiziell aber kam er nicht raus. Jede Ausreise musste nämlich zur Sicherung von Gläubiger-Ansprüchen drei Mal in Zeitungsinseraten bekannt gemacht werden – und damit hätte er schlafende Hunde geweckt. Ein Fall für Freund Abraham.

Wagner sandte einen Brandbrief nach Königsberg, und wenige Tage später stieg der Schlaukopf aus dem gelben Wagen. Sein Rat: Flucht über die russisch-preußische Grenze. Ein gefahrvolles Unterfangen, wenn man sich an der Grenze nicht auskannte. Die Grenzkosaken schossen auf jeden Flüchtling, auch wenn er preußisches Territorium schon erreicht hatte. Freund Abraham freilich wusste einen wenig bewachten Durchschlupf an der Grenze und entwickelte einen Plan. Am 9. Juli 1839 sollte es losgehen. Im letzten Augenblick lief Wagner ein riesiger Neufundländer zu, »ein wunderschöner Hund«, der ihm nicht mehr von der Seite wich, ein Vielfraß ohnegleichen, wie sich bald herausstellte. Wagner war sich bewusst, dass der Hund »bei dem gefahrvollen Übergang Not machen würde«, dass er die Flucht verraten konnte mit Gebell, Herumgerenne und Schwanzgewedel im bergenden Gebüsch. Doch Wagner mochte ihn und entschied: Der Hund kommt mit nach Paris! Eine glückliche Entscheidung, wie wir bald sehen werden: Ohne diesen Hund gäb's keinen Matrosenchor im ›Fliegenden Holländer‹!

Vorerst aber gab's Probleme mit Robber, wie der Hund genannt wurde. Als Wagner und Minna am 9. Juli bei glühender Sonne in die Diligence stiegen und den schwarz-zotteligen Riesenhund zum Sprung in die Kutsche anfeuerten, da schrien die Reisegefährten zetermordio. Robber wühlte sich zwischen die Beine der Mitfahrenden, ständig japsend in der Hitze, während Wagner mit sächselnder Beredsamkeit aufkeimende Proteste niederzuhalten versuchte.

Alle atmeten auf, als knapp vor der russisch-preußischen Grenze aus einem Zweispänner Freund Abraham winkte. Sie stiegen um, Abraham Möller kutschierte sie zu einer Schmugglerkneipe und verabschiedete sich rasch. Drinnen hockte von Bierdunst umnebelt inmitten abenteuerlicher Gestalten ein Geschäftsfreund Abrahams, der sie über die Grenze lotsen sollte. Abraham empfahl sich schnell, und Wagner samt Anhang verbrachte bis zum Einbruch der Dunkelheit in übler Gesellschaft.

Es war kaum etwas zu sehen, als die Flüchtlinge zur Grenze schlichen. Im Gebüsch verborgen warteten sie ab, bis die patrouillierenden Grenzkosaken, als Silhouetten erkennbar, durch die Wachablöse für einige Minuten abgelenkt waren. Der Fluchthelfer flüsterte ein Kommando. Sie liefen geduckt den Hügel hinab, kletterten durch einen Graben, Robber immer lautlos bei Fuß, und rannten bis zu einem Gutshof, der dem Fluchthelfer gehörte. Dort sprang Freund Abraham »vor Angst erkrankt uns schluchzend und jubelnd« entgegen. Er hatte schon alles arrangiert, so dass Wagner unverzüglich per Diligence – inkognito natürlich – nach Paris reisen konnte.

Doch Wagner sagte: Nein! Mit Robber kam eine Kutschfahrt nicht in Betracht. Also musste dem Tier zuliebe der Seeweg gewählt werden: vom ostpreußischen Hafen Pillau unweit von Königsberg aus durch die Ostsee an Kopenhagen vorbei weiter durchs Kattegat westlich von Schweden hoch hinauf bis zu dem wegen seiner Stürme verrufenen Skagerrak an der Südostküste Norwegens und von dort südwärts durch die gefährliche und als »Mordsee« verschriene Nordsee bis nach London und dann weiter durch den Ärmelkanal bis zur französischen Küste. Man sollte sich die Route auf der Landkarte ansehen. Tierisch weit, würde man heute sagen.

Offiziell freilich durfte die Seefahrt nicht unternommen werden, denn bei der Passkontrolle hätte man Wagner in Schuldhaft genommen. Also musste ein Kapitän her, der Richard Wagner mit Gattin samt Hund für Schmiergeld an Bord schmuggelte. Freund Abraham eilte voraus nach Pillau, um einen Kapitän dieses Schlages zu finden. Wagner, Frau und Hund kamen vorsichtig nach, sie fuhren abseits der Hauptstraße, auf Nebenwegen, die so miserabel waren, dass ihr Wagen umstürzte und Minna sich erheblich verletzte. Als sie in Pillau eintrafen, hatte Freund Abraham schon ihren Kapitän ausbaldowert. Er hieß Wulff. Sein Schiff, ein Seelenverkäufer, reif fürs Abwracken, extrem klein für eine Hochseereise, zweimastig, etwa 25 Meter lang, ward »Thetis« genannt nach der schönsten der Nereiden, die zum Gefolge des griechischen Meeresgottes Poseidon gehören und Seeleute vor dem Ertrinken retten. Die Galionsfigur unter dem Bugspriet, aus Holz geschnitzt und bunt lackiert, stellte denn auch Thetis dar, wie sie die Arme in den Himmel reckt. Die Besatzung bestand aus sieben Mann. Im Morgennebel des 19. Juli 1839 gingen Wagners samt Hund an Bord. In acht Tagen sollten sie London erreichen, doch der Wind stand schlecht, und am siebten Reisetag dümpelten sie an Hamlets Schloss Helsingör vorbei die dänische Küste entlang durchs Kattegat zum Skagerrak – und plötzlich schlug die Flaute um in Sturm. Friedrich Pecht, dem befreundeten Maler und Schriftsteller, hat Wagner später berichtet, dass ihm »das Pfeifen des Windes in dem gefrorenen Takelwerk einen so seltsam dämonischen Eindruck gemacht, ja wie die reinste Musik geklungen habe, so dass ihm, als einmal noch im Sturm plötzlich ein Schiff vor ihnen aufgetaucht, aber ebenso rasch wieder im Dunkel der Nacht verschwunden sei, alsbald der Fliegende Holländer eingefallen wäre, und er jetzt in Gedanken immer wieder eine Musik dazu komponiere«.

In höchster Not gelang es dem Kapitän, sein Schiff in die geschützte Felsschlucht eines Fjords an der Südostküste Norwegens zu manövrieren. Dicht am Ufer wurde der Anker geworfen. »Ein unsägliches Wohlgefühl erfasste mich, als das Echo der ungeheuren Granitwände den Schiffsruf der Mannschaft zurückgab... Der kurze Rhythmus dieses Rufes haftete in mir wie eine kräftige tröstende Vorbedeutung und gestaltete sich bald zu dem Thema des Matrosenliedes in meinem ›Fliegenden Holländer‹, dessen Idee... nun unter den soeben gewonnenen Eindrücken eine bestimmte poetisch-musikalische Farbe gewann. Hier gingen wir auch an Land.

Ich erfuhr, dass der kleine Fischerort, der uns aufnahm, Sandvike hieß.«

Sandvike heißt denn auch der Ort, wo Wagners Oper ›Der Fliegende Holländer‹ beginnt. Im ersten Akt ist deutlich erkennbar, wie Wagner fact and fiction mixt:»Das Meer nimmt den größten Teil der Bühne ein«, wird er später in seinen Regieanweisungen schreiben, »die Felsen im Vordergrund bilden auf beiden Seiten Schluchten ... – Finsteres Wetter, heftiger Sturm; zwischen den Felsen selbst verliert der Wind, den man in offener See die Wogen peitschen sieht, seine Macht. Das Schiff Dalands hat soeben dicht am Ufer Anker geworfen.« Daland ist ein norwegischer Kapitän, der unweit seines Heimathafens in höchster Not vor schwerem Sturm in die Schlucht eines Fjords geflüchtet ist. Er nennt den Ort, wo er landet:»Sandvike ist's, genau kenn ich die Bucht!«

Der Schiffsruf seiner Matrosen bricht sich an den Granitwänden: »Hojohe! Halloho! ...«

Daland geht schlafen. Der Steuermann hält Wacht, schläft ein. »Es wird finsterer«, so Wagners Regieanweisungen,»in der Ferne zeigt sich das Schiff des Fliegenden Holländers mit blutroten Segeln und schwarzen Masten. Es naht sich schnell der Küste. Mit furchtbarem Krach sinkt der Anker in den Grund ... Stumm und ohne das geringste Geräusch zieht die gespenstische Mannschaft des Holländers die Segel auf. Der Holländer geht an Land. Er trägt schwarze, spanische Tracht.«

> *Holländer:* »*Die Frist ist um, und abermals verstrichen*
> *sind sieben Jahr. – Voll Überdruss wirft mich*
> *das Meer an Land – Ha, stolzer Ozean! ...*«

Sieben Jahr! Seine Chance ist da, eine Frau zu finden, die ihn mit Liebe und Treue vom Fluch der ewigen Irrfahrt erlöst. Anderntags erzählt ihm Daland von seiner Tochter Senta. Der Holländer will zu ihr. Guter Wind kommt auf. Der Matrosenchor erklingt, der Schiffsruf donnert zwischen den Wänden:»Hohoho! Joloho ...!« Daland segelt aus der Bucht, der Holländer mit dem Gespensterschiff hinter ihm her.

Und auch Wagner segelte an Bord der »Thetis« unter dem Schiffsruf der Matrosen hinaus aus der Bucht von Sandvike. Es war der 31. Juli 1839.

Nach sechs Tagen fiel der Sturm erneut über die »Thetis« her, gleichzeitig zog ein Gewitter auf, es orgelte und heulte im Takelwerk, Blitze erhellten ein Höllenszenario – und Wagner flogen Melodien für den ›Fliegenden Holländer‹ zu. Doch dann packte ihn »das Todesgrauen«. Minna wollte sich an Wagner festbinden, um beim Ertrinken nicht von ihm getrennt zu werden. Gewitter und Sturm dauerten bis zum Morgen, danach blieb der Himmel wolkenbedeckt, tags und nachts. Ohne Gestirne war die Standortbestimmung des Schiffes nicht möglich. Orientierungslos trieb die »Thetis« in der Nordsee, und fast wäre sie auf einer Sandbank gestrandet. Endlich hellte es auf, die Sterne leuchteten ihnen wieder, Kapitän Wulff bestimmte die Position und nahm Kurs auf London, wo sie nach einem neuerlichen Angriff des Sturmes am 12. August einliefen. Acht Tage hätte die Seefahrt dauern sollen, 24 hat sie gedauert.

»Diese Seefahrt«, so schreibt Richard Wagner in seiner ›Autobiographischen Skizze‹, »wird mir unvergesslich bleiben. Die Sage vom Fliegenden Holländer gewann in mir eine bestimmte, eigentümliche Farbe, die ihr nur die von mir erlebten Seeabenteuer verleihen konnten.«

Elendsjahre

Die Könige von Paris

Von London aus ging's am 20. August 1839 per Dampfschiff weiter nach Boulogne-sur-Mer an der französischen Küste, wo gerade – wieder so ein Glücksfall in Wagners Leben! – Giacomo Meyerbeer auf Kur weilte und sich im Glanz seines Erfolges sonnte. Meyerbeer war einer der so genannten »Könige von Paris«, die den Ruhm der »Kunstmetropole Europas« begründet hatten. Dazu zählten die Komponisten Hector Berlioz, Luigi Cherubini, Frédéric Chopin, Gioacchino Rossini, Jacques Fromental Halévy, der karnickelhaft produktive Autor Eugène Scribe (400 Dramen, 80 Opernlibretti!), der Maler Eugène Delacroix, die emigrierten jungdeutschen Dichter Heinrich Heine und Ludwig Börne, die französischen Schriftsteller Honoré de Balzac, Théophile Gautier, Victor Hugo und Alexandre Dumas d. Ä., der später populär werden sollte als Verfasser der ›Drei Musketiere‹ und des ›Grafen von Monte Christo‹. – Zu diesen »Königen von Paris« wollte Richard Wagner gehören, und zwar schnellstens.

Die Musikszene in Paris war dominiert von der pompösen Grand Opéra, zu deren populärsten Vertretern Rossini, Auber, Spontini, Halévy und Meyerbeer zählten. Wagner hielt wie gesagt von der Grand Opéra nicht viel, von Meyerbeer noch weniger und schon gar nichts von dessen Oper ›Robert der Teufel‹, die er in Würzburg einstudiert und gleichzeitig geschmäht hatte. Das freilich hinderte Wagner nicht, den für seine Liebenswürdigkeit bekannten Meyerbeer in Boulogne-sur-Mer wiederholt zu besuchen. Der weltberühmte Komponist machte auf ihn »in jeder Hinsicht einen vorteilhaften Eindruck«. Wagner legte ihm den Text und die bisher fertiggestellten Kompositionen seiner Grand Opéra ›Rienzi‹ vor, und Meyerbeer zeigte »rückhaltlose Teilnahme« für seine Arbeit. Bereitwillig und überaus herzlich gab ihm Meyerbeer zwei Empfehlungsschreiben mit: an den Direktor der Pariser Oper, Edmond Duponchel, und an den Orchesterchef François Habeneck. Wagner pries sein Glück und reiste Mitte September 1839 mit Minna und Hund nach Paris.

Paris war nach der Juli-Revolution von 1830 an der »Schwelle zur Moderne«. Bürgerkönig Louis Philippe und großbürgerliche Parlamentarier regierten Frankreich zu Gunsten der Finanz-Bourgeoisie und gegen die Interessen von Arbeitern und Kleinbürgern. Es galt das Prinzip: Wer zahlt, schafft an! Und so hatte sich Paris zum europäischen Brennpunkt entwickelt, zum Ballungszentrum von Industriegesellschaft und Finanzkraft, wo Korruption und Handel gleichermaßen blühten – aber auch zur Kunstmetropole Europas. Die meisten Künstler freilich waren direkt oder indirekt abhängig von reichen Gönnern, von spendablen Politikern und Bankiers, von deren Verschwendungssucht und Eitelkeit, von Protektion und Aversion. Geld spielte die tragende Rolle, auch in der Kunst – und da kam nun Richard Wagner daher, ein Nobody, ein Habenichts, ein Hungerleider, der Paris im Handstreich erobern wollte!

Schon der Start ging daneben. Meyerbeers Empfehlungsschreiben erwies sich als Flop. Operndirektor Duponchel kniff gelangweilt ein Monokel ins Auge und ließ erkennen, dass er mit Empfehlungsschreiben Meyerbeers überschwemmt werde. Orchesterchef Habeneck reagierte freundlicher, aber ebenso zurückhaltend.

Richard Wagner stand da ohne Geld, und in seiner Not brachte er die Eheringe ins Leihhaus, einige Hochzeitsgeschenke und das Glanzstück von Minnas Garderobe, einen mit Silber bestickten blauen Schlepprock, den einst die Herzogin von Dessau getragen hatte. Schließlich blieben Wagner und seiner Frau nur noch die äußerst eleganten Kleider, die sie am Leibe trugen. Sie bewohnten mit dem heißhungrigen Riesenhund Robber ein winziges Pensionszimmer in der Rue de la Tonnellerie 3, dem Geburtshaus des Dramatikers Molière. Ein gutes Omen, glaubte Wagner. Ein Elendsquartier. Billiger ging's nimmer.

Durch Zufall erfuhr Wagner, dass sein Freund Heinrich Laube in Paris am Boulevard des Italiens höchst feudal logierte. Heinrich Laube war 1834 wegen seiner liberalen Publikationen als Dichter des Jungen Deutschland verhaftet worden. Nach neunmonatiger

Untersuchungshaft hatte ihn das Berliner Stadtgericht zu sieben Jahren Gefängnis verurteilt. Er wurde zu 18 Monaten Haft begnadigt, die er nobel absaß: auf dem Schloss seines fürstlichen Freundes Hermann Pückler-Muskau in der Oberlausitz. Inzwischen mit Iduna verheiratet, der reichen Witwe des Leipziger Arztes Dr. Hänel, befand er sich auf der Durchreise in Paris. Über die Begegnung mit Richard Wagner wird Heinrich Laube später in der ›Zeitung für die elegante Welt‹ schreiben:»Ich war nicht wenig erstaunt, ihn plötzlich in mein Zimmer treten zu sehen. Das war doch die Verwegenheit eines Künstlers! Mit einer Frau, eineinhalb Opern, kleiner Börse und einem großen und furchtbar viel fressenden neufundländischen Hunde durch Meer und Sturm von der Düna an die Seine zu fahren, um in Paris berühmt zu werden! In Paris, wo halb Europa um den lärmenden Ruhm konkurriert.«

Wenige Tage später entlief der unter so großen Mühsalen nach Paris gebrachte Robber,»ein Ereignis, welches wir als ein Unglück weissagendes Anzeichen empfanden«.

Der üble Trick des Hofrats Winkler

Auch ohne den Vielfraß Robber waren die Pfandhausgelder schnell verzehrt; Wagner musste schließlich die Pfandscheine mit Verlust verkaufen, und damit waren die Eheringe endgültig dahin, die Hochzeitsgeschenke und das Schleppkleid der Dessauer Herzogin. Unterdessen komponierte er an seiner Grand Opéra ›Rienzi‹ weiter, die, wie er hoffte, ihn mit einer epochalen Uraufführung in Paris aus seiner Notlage katapultieren würde. In seinem Elendsquartier an der Rue de la Tonnellerie empfing er gerne ein Trio deutscher Hungerleider,»unter denen« – so Friedrich Pecht –»der Maler Kietz ... die Rolle der lustigen Person spielte«. Ernst Benedikt Kietz, gebürtiger Leipziger, 24 Jahre alt, wurde von Wagner»Kietzemiez« genannt. Der triste Typ des Trios war Gottfried Engelbert Anders aus Bonn, 44 Jahre alt, Archivar an der Kaiserlichen Bibliothek, miserabel bezahlt, ein um sein Erbe betrogener Adelsspross von Rang und Namen, der sich»anders« nannte. Der Dritte im Bunde hieß Samuel Lehrs. Die Bekanntschaft mit ihm, so Wagner, führte»zu den schönsten

Freundschaftsverhältnissen meines Lebens«. Lehrs war ein jüdischer Gelehrter aus Königsberg, 33 Jahre alt und todkrank. Er arbeitete an der Edition einer bibliophilen Ausgabe griechischer Klassiker. Sein Arbeitgeber zahlte zu wenig, seine Zimmerwirtin verlangte zu viel Miete. Das alles ertrug er gottergeben. Wie sehr Wagner den belesenen und weisen Freund mochte, wird deutlich, wenn man seine Novelle ›Ein Ende in Paris‹ liest. Der darin liebevoll geschilderte »deutsche Philologe« ist Samuel Lehrs.

Diese Novelle hatte Richard Wagner für die ›Gazette musicale‹ des Musikverlegers Maurice Schlesinger geschrieben, eines gebürtigen Berliners, der seit 1821 in Paris lebte. Die Verbindung zu ihm kam durch Meyerbeer zustande, der, inzwischen nach Paris zurückgekehrt, Wagner zu »bescheidener Lohnarbeit« für den Schlesinger-Verlag riet. Wagner wollte davon freilich nichts wissen und bot Schlesinger eine Komposition für die französische Übersetzung von Heinrich Heines Gedicht ›Die Grenadiere‹ an: ›Les deux grenadiers‹. Schlesinger erwies sich – so Wagner – als »monströse Bekanntschaft«. Er fand die Komposition wunderbar, zeigte sich ganz entzückt, sprach von großen Geschäften, verlangte von Wagner 50 Francs (300 Euro) Druckkostenzuschuss und verkaufte von den wenigen Exemplaren, an denen Wagner verdienen sollte, kein einziges Stück. Wagner hatte die 50 Francs natürlich nicht zahlen können und musste sie nun mit »bescheidener Lohnarbeit« abdienen: mit Korrekturlesen, Reinschriften, Abschriften, Klavierauszügen und Arrangements von Werken anderer Komponisten. Für Schlesingers ›Gazette musicale‹ schrieb Wagner acht Beiträge und einige Novellen, so etwa ›Pilgerfahrt zu Beethoven‹ und, wie schon erwähnt, ›Ein Ende in Paris‹. Vom vereinbarten Honorar zahlte Schlesinger nur die Hälfte und davon wurde ihm nochmals die Hälfte abgezogen für die Übersetzung ins Französische. Gleichzeitig verfasste Wagner Korrespondentenberichte aus Paris für die Dresdner ›Abendzeitung‹, deren Herausgeber, Hofrat Theodor Winkler, auch Theatersekretär am Dresdner Hoftheater war. Von diesem Winkler wurde Wagner doppelt und dreifach übers Ohr gehauen, und zwar auf folgende Weise: Wagner hatte seine Oper ›Rienzi‹ vollendet, die Partitur am 4. Dezember 1840 samt Text an August Freiherr von Lüttichau gesandt, den Generaldirektor und Intendanten aller Bühnen des Dresdner

Hoftheaters. Dort saß nun jener ›Abendzeitung‹-Herausgeber als Theatersekretär und bekam ›Rienzi‹ als Erster in die Finger. Er ließ Wagner in einem überschwänglichen Brief wissen, dass er seinen ganzen Einfluss für die Uraufführung der von ihm »hochgeschätzten Oper« geltend machen werde – und zahlte fortan keine Zeitungshonorare mehr. Wagner glaubte, er müsse Winkler bei Laune halten, damit der seinen ›Rienzi‹ protegiere, und schrieb ohne Honorar. Winkler indessen dachte nicht daran, ›Rienzi‹ an den Generaldirektor des Theaters weiterzuleiten. Solange er Wagner hinhielt, konnte er kostenlose Artikel aus ihm herauspressen. Seine Rechnung ging auf. Die Auflage der ›Abendzeitung‹ stieg – dank Wagners pfiffigen Berichten: Sie waren das Beste, das er je an Prosa geschrieben hat. Aus gutem Grund: Wagner nämlich versuchte seine Berichte »nach der in neuer Zeit durch die Heine'sche Manier im Journalstil herrschend gewordene Mode herzurichten«. Genauer gesagt: Wagner kopierte Heinrich Heines Stil – und zwar glänzend. Und eines Tages lernte er Heinrich Heine in Paris kennen, eine Persönlichkeit, die beträchtlichen Einfluss hatte auf sein Leben.

Heinrich Heine: Vorbild, Freund, Ideengeber

Heinrich Heine, einer der »Könige von Paris«, war damals 43 Jahre alt. Der Sohn des jüdischen Textilhändlers Samson Heine hatte Jura studiert und war Mitglied der Burschenschaft »Allgemeinheit«, einer schlagenden Studentenverbindung. Wegen eines Pistolenduells wurde er für ein halbes Jahr von der Göttinger Universität verwiesen. Nach Abschluss der Studien mit dem Dr. jur. und nach seinem Übertritt zum Christentum wohnte Heine in Berlin, Hamburg, Lüneburg und München, bis er, begeistert von der Julirevolution 1830, nach Paris reiste und ab 1831 für immer blieb.

Schon damals galt Heinrich Heine als bedeutendster deutscher Lyriker zwischen Romantik und Realismus, als Zyniker und Zerrissener, der Sentimentalität und romantische Schwermut mit Esprit, Spott und Satire pointenreich verknüpft. Seine erzähltechnisch raffinierte, scheinbar hingeplauderte und doch hart erarbeitete Prosa wirkte bahnbrechend auf die Literatur der Jungdeutschen, deren

prominentester Dichter er war. Freunde bezeichneten seinen stilisti-
schen Avantgardismus als »Juli-Revolution der deutschen Literatur«.
In Paris bemühte er sich um die deutsch-französische Verständi-
gung. Er schrieb Reportagen und Feuilletons für die ›Augsburger
Allgemeine Zeitung‹. Seine Schriften wurden wiederholt polizeilich
zensiert und ab 1835 durch den Bundesbeschluss gegen die Jungdeutschen – vorübergehend – verboten. Daraufhin erhielt er eine Art
Ehrensold der französischen Regierung.

Heinrich Heine besuchte regelmäßig renommierte Bordelle und
hatte die für einen »König von Paris« obligatorische Affäre mit der
Schriftstellerin George Sand, einer emanzipierten, zigarrenrauchen-
den Intellektuellen. 1834 lernte er Crescence Auguste Mirat kennen,
eine Schuhverkäuferin, 16 Jahre alt, die er Mathilde nannte. Seither
lebte er mit ihr zusammen. Er gab Mathilde jahrelang als seine Ehefrau aus und heiratete sie unmittelbar vor einem Pistolenduell, um
sie materiell abzusichern. Beim Duell bekam Heine einen Streif-
schuss an der Hüfte ab, sein Kontrahent blieb unverletzt.

Die Bekanntschaft Heinrich Heines verdankte Wagner dem gemeinsamen Freund Heinrich Laube, der Anfang 1840 beide samt
Frauen ins Restaurant »Brocci« gegenüber der Oper einlud. Mit von
der Partie war der 25-jährige Friedrich Pecht, der diese historische
Begegnung beschrieb: »Heine ... sprach fast nie zusammenhän-
gend; sondern machte nur immer Ausfälle und unendlich drollige
Bemerkungen, besonders wenn er durch Widerspruch gereizt
ward ... Da Laube auch Meister in scharf zugespitzter Sprechweise
war, Wagner aber im sprudelnden Erzählen seinesgleichen suchte,
so war das Gespräch dieser durch die schönen Frauen und den guten
Wein ohnehin animierten Männer allerdings wohl eines der glänzendsten die ich je gehört.«

Richard Wagner hat Heinrich Heine verehrt, als Freund, als
Schriftsteller und als Ideengeber: Die Erlösungsidee im ›Fliegenden
Holländer‹ und – wie wir noch sehen werden – auch die Anregung
zur Oper ›Tannhäuser‹ verdankt er Heine.

Als Heine wieder einmal in einigen deutschen Zeitungen angegriffen wurde, nutzte Wagner die Chance, sich zu revanchieren. Er
schrieb in der Dresdner ›Abendzeitung‹:»Wer von unserm jungen
Volk eine Feder zur Hand nimmt, gut oder schlecht, bewusst oder

unbewusst sucht er es Heine nachzumachen, denn nie hat eine so
plötzlich und mit Blitzes-Schnelle hervorgerufene, gänzlich unver-
mutete Erscheinung ihre Richtung so unwiderstehlich beherrscht,
als die Heine's die ihrige. Nicht genug aber, dass wir nachher geduldig zusehen, wie unsere Polizei dies herrliche Talent von seinem
vaterländischen Boden verjagt, dass wir mit schnell erschlaffter
Spannkraft übersehen, wie seine üppige Wurzel aus der Erde gerissen wird … dass wir ihn zwingen, aufzuhören, Deutscher zu sein …
nicht genug, dass wir gleichgültig und kleinmütig dieser Verstüm-
melung eines Talentes zusehen, das bei glücklicherer Pflege an die
größten Namen unserer Literatur gereicht haben würde; – nein! Wir
freuen uns auch und klatschen in die Hände, wenn diesem Heine
endlich eine Behandlung widerfährt, wie wir sie bei uns gegen Sech-
zehngroschen-Rezensenten anzuwenden die praktische Gewohnheit haben. Man tut dies … in Deutschland mit einer … ungestü-
men Schmähgier!«

Durch Heine lernte Richard Wagner auch andere »Könige von
Paris« kennen, die Komponisten Hector Berlioz und Jacques Fromental Halévy zum Beispiel, den Opernlibrettisten Eugène Scribe
und eine Reihe von Künstern, Malern, Bildhauern, Sängern und
Musikvirtuosen. Den Zutritt zur großbürgerlichen Gesellschaft von
Paris eröffnete ihm seine Halbschwester Cäcilie, die den Buchhändler Eduard Avenarius geheiratet hatte. Avenarius leitete seit Anfang
1840 in Paris die Zweigstelle des Leipziger Brockhaus-Verlages, dessen Chef Friedrich Brockhaus war, der Ehemann von Wagners
Schwester Luise.

In dieser illustren Gesellschaft trat Wagner stets elegant gekleidet
auf – mit dem einzigen Anzug, den er noch hatte. Keiner konnte
sehen, dass Richard Wagner in blitzblank geputzten Stiefeln bar-
fuß daherkam. Denn diese Stiefel waren »buchstäblich noch eine
Scheinbekleidung für meine Füße …, da die Sohlen zuletzt vollständig verschwanden«.

Dann endlich eine Jubelbotschaft! Seine Oper ›Das Liebesverbot‹,
die er mit Empfehlungen Meyerbeers dem Renaissance-Theater
angeboten hatte, wurde im April 1840 angenommen. Die Sänger begannen mit den Proben. Der Aufführungstermin war angesetzt.
Wagner kündigte sofort sein Elendsquartier, mietete eine Vier-Zim-

mer-Wohnung in der vornehmen Rue de Helder 25 und stattete sie
mit erlesenen Möbeln aus, auf Kredit natürlich. Kaum war er mit
Minna ins feudale Ambiente eingezogen, kam die gewissermaßen
schon zur Tradition gewordene Hiobsbotschaft: Bankrott! Das Renaissance-Theater war pleite. Wagner musste sein Klavier hergeben,
er konnte die Leihgebühr nicht bezahlen.

»Hilfe! Hilfe!«

»Ich bin im äußersten Unglück und Du sollst mir helfen«, so heißt es
in einem Brief an seinen nach einem Reitunfall erblindeten Jugend-
freund Theodor Apel, und weiter:»Herr Gott, stehe mir bei! Ich weiß
mir nicht mehr zu helfen! – Alles, Alles – alle letzten Quellen eines
Hungernden habe ich erschöpft . . . Mein erstes Wort an den kaum
wiedergefundenen Freund ist – sende mir schleunige Hilfe; mein Leben ist verpfändet, löse es ein! Somit: – ich gehe Dich um dreihundert Taler an . . . Sieh, das ist mein Ruf aus dem Elend.«

Einen schier unglaublichen Bittbrief schrieb Wagner an Meyerbeer nach Berlin, der dort Generalmusikdirektor der Königlichen
Oper werden sollte:»Ich bin auf dem Punkte, mich an Jemand verkaufen zu müssen, um Hilfe im substantiellsten Sinne zu erhalten. . . . Ich sehe ein, ich muss Ihr Sklave mit Kopf und Leib werden,
um Nahrung und Kraft zu der Arbeit zu erhalten, die Ihnen einst von
meinem Danke sagen soll. Ich werde ein treuer, redlicher Sklave
sein, – denn ich gestehe offen, dass ich Sklaven-Natur in mir habe;
mir ist unendlich wohl, wenn ich mich unbedingt hingeben kann,
rücksichtslos, mit blindem Vertrauen. Zu wissen, dass ich nur für Sie
arbeite und strebe, macht mir Arbeit und Streben bei weitem lieber
und wertvoller. Kaufen Sie mich darum, mein Herr, Sie machen
keinen ganz unwerten Kauf! . . . Ein fünfu.zwanzighundert Franken
[15.000 Euro] werden mir in dem nächsten Winter helfen; – wollen
Sie mir sie leihen? – . . . Hier bin ich; hier ist der Kopf, das Herz und
hier die Hände Ihres Eigentumes: Richard Wagner.«

Meyerbeer lieh kein Geld, und einen Monat später bat ihn Richard
Wagner für diesen Brief um Verzeihung:»Zürnen Sie mir nach dieser
Bitte nicht mehr; lassen Sie mich durch das mir inwohnende, über-

zeugende und beschämende Bewusstsein der von mir begangenen Verletzung der Zartheit und Bescheidenheit bestraft sein, entziehen Sie mir aber deshalb um des Himmels Willen den Grad von Vertrauen nicht, mit dem Sie mich Gebrechlichen bis dahin beglückten.«

Wagner hatte keine Hemmungen, auch arme Leute anzupumpen, so den befreundeten Maler Ernst Benedikt Kietz: »Wenn Sie ... Geld haben – lassen Sie um Himmels Willen Ihren Schneider noch 14 Tage oder 3 Wochen warten und helfen Sie mir bis dahin damit aus ... Gott befohlen. In Herzensnot Ihr Richard Wagner.«

Wenn Bittbriefe ohne Erfolg blieben, unternahm er Streifzüge zu Freunden, Künstlern und vermögenden Fremden, um ihnen mit Charme und Wortgewalt ein paar Francs zu entlocken. Bei einem dieser Bittgänge sah er die Silhouette eines riesigen Hundes im Nebel auftauchen: Robber! »Ich glaubte zuerst ein Gespenst zu sehen, rief ihn aber mit schriller Stimme an. Er ... wich scheu vor mir zurück, und da ich ihm hastig nachlief, jagte er immer eiliger von mir davon ... So verfolgte ich ihn durch ein im dicken Nebel kaum erkennbares Straßengewirr, bis ich schweißtriefend und atemlos ... ihn endlich auf Nimmerwiedersehen aus den Augen verlor ... Ich frug mich, was diese gespenstische Wiedererscheinung des Gefährten meiner Reiseabenteuer ... zu bedeuten habe. Dass er mit der Scheu eines wilden Tieres vor seinem alten Herrn davon floh, dünkte mich ... als grauenvolles Anzeichen.«

Wagners Situation wurde von Tag zu Tag beklemmender. Es wäre ermüdend, alle Bittbriefe hier zu zitieren. Nur zwei Briefe müssen noch erwähnt werden, denn sie eröffnen eine neue Dimension der Pumpmanöver: Sein Freund Theodor Apel erhielt einen Brief von Minna, in dem es heißt: »Heute früh hat mich Richard verlassen müssen, um ins Schuldgefängnis zu ziehen! ... Das Einzige, was ich herausbringe ist: Hilfe! Hilfe!«

Apel sandte spontan einen Betrag, dessen Höhe wir nicht kennen. Jedenfalls war es zu wenig. Denn Minna hakte nach. Apel erfuhr in einem zweiten Brief von ihr, dass Wagner in der Schuldhaft gesundheitlich bedroht sei: »Richard ist krank ... Sie entgegnen in Ihrem Briefe an Richard, dass es Ihnen unmöglich sei, mehr für ihn zu tun, als Sie zugleich taten ... Wollen Sie ... Ihren Freund ... unseren Richard aufgeben?«

Die Wagner-Forschung hat inzwischen ermittelt: alles Schwindel! – Alles nur Bluff mit dem Ziel, von Apel schnell Geld zu bekommen. Wagner war nie im Schuldgefängnis. Die von Minna unterzeichneten Briefe waren Meisterwerke des Pumpgenies: formuliert von Richard Wagner selbst.

Franz Liszt: der Paganini des Klaviers

In dieser Hungerleiderzeit war Richard Wagner offen für die Parolen zweier Publizisten, deren Werke wie Schrapnells eingeschlagen hatten in Europa.

Der eine war Pierre-Joseph Proudhon, 31 Jahre alt, Handwerkersohn aus Paris, Philosoph und Anarchist mit dem Aussehen eines Musterschülers. Er hatte das Buch ›Qu'est-ce que la propriété?‹ geschrieben (›Was ist Eigentum?‹) und dazu gleich die Antwort gegeben: Eigentum ist Diebstahl! Gleichzeitig befasste sich Wagner mit dem unerhört populär gewordenen Atheismus des Philosophen Ludwig Feuerbach. Die Thesen der beiden werden Wagners Leben beeinflussen und Auswirkungen auf den ›Ring des Nibelungen‹ haben: Ende der Götter, Untergang einer Welt, die bestimmt ist von der Macht des Goldes.

In Paris, das bestimmt war von der Macht des Geldes, richtete sich Wagners Zorn unter dem Einfluss von Proudhon und Feuerbach vor allem gegen Giacomo Meyerbeer und die erfolgsträchtige Grand Opéra, die, wie Wagner nun zu erkennen glaubte, mit ihrer üppigen Ausstattung und ihrem hohlen Pathos das Selbstbewusstsein des französischen Bürgerkönigtums repräsentierte, die Präpotenz der Bankiers, die Korruption im Kulturleben.

Dass ihm Meyerbeer die per Bettelbrief erflehten 2.500 Francs nicht geliehen hatte, mag Wagners Wut noch mehr aufgestachelt haben. Zu dieser Zeit begann Wagner mit seinen sinnlosen und haltlosen Ausfällen gegen Meyerbeer. In der Monatszeitschrift ›Europa‹ behauptete er, Meyerbeers Erfolge seien auf die Bestechlichkeit der Pariser Operndirektoren zurückzuführen. Wagner schrieb unter Pseudonym, so dass er Meyerbeer per Brief ungeniert bitten konnte, ihn mit einem Empfehlungsschreiben für den neuen Chef der Pariser Oper, Léon Pillet, auszustatten. Meyerbeer sandte gewohnt liebenswürdig das Empfehlungsschreiben an Wagner, und der brachte es zusammen mit seinem Prosaentwurf des ›Fliegenden Holländers‹ in die Oper zu Léon Pillet.

Inzwischen ergab sich für Wagner ein schicksalhaftes Treffen in Leipzig. Heinrich Laube, aus Paris dorthin zurückgekehrt, lernte den Klaviervirtuosen Franz Liszt kennen, der kurz in Leipzig weilte und weiterfahren wollte zu einem Gastspiel nach Paris. Laube erzählte Liszt von Wagner und empfahl Wagner per Brief, Liszt gleich nach dessen Ankunft in Paris aufzusuchen; Franz Liszt sei »sehr generös« und würde ihm gewiss helfen. Damit lancierte er die erste Begegnung Wagners mit dem Mann, der sein Freund und Förderer, sein Bewunderer und Schwiegervater werden sollte.

Franz Liszt, zwei Jahre älter als Wagner, in Raiding (Ungarn, heute Burgenland) geboren, war dem Klavier verfallen, seit er mit fünf Jahren erstmals die Tasten angeschlagen hatte. Ungarische Magnaten finanzierten seine Ausbildung bei Carl Czerny und Antonio Salieri in Wien und bei Ferdinando Paër in Paris, wohin die Familie 1823 mit ihm übersiedelte. Seit dem 11. Lebensjahr unternahm er Konzertreisen durch Österreich, Frankreich und England. Gleichzeitig begann Franz Liszt zu komponieren.

Am 24. Februar 1831, zwanzig Jahre alt, sah und hörte er in Paris Niccolò Paganini, ein Jahrhundertgenie, den bekanntesten Violinvirtuosen seiner Zeit, den sie Teufelsgeiger und Hexenmeister nannten. Von Paganini wurde allen Ernstes behauptet, er hätte seine Seele dem Teufel verschrieben (was nach seinem Tode dazu führte, dass er viele Jahre lang auf keinem Friedhof beerdigt werden durfte). Paganini, Genie und Showtalent, förderte denn auch mit Hingabe seinen Nimbus als Teufelsbündler: Da humpelte eine skelettartige Gestalt im altmodischen Frack auf die Bühne mit leichenblassem, von schwarzen Locken umschlängeltem Gesicht, »worin Kummer, Genie und Hölle ihre unverwüstlichen Zeichen eingetragen haben ... Ist es ein Toter, der aus dem Grabe gestiegen, ein Vampyr mit Violine, der uns, wo nicht das Blut aus dem Herzen, so doch auf jeden Fall das Geld aus den Taschen saugt? ... Aber all dergleichen Gedanken mussten stracks verstummen, als der wunderbare Meister seine Violine ans Kinn setzte und zu spielen begann.« (Heinrich Heine in einer Rezension). »Unglaubliche Töne hört man, bald braust und stürmt alles, man glaubt, die Hölle tue ihren Schlund auf, dann legt sich der Sturm, silberne Wolken ziehen am Himmel und die Sonne geht golden am Horizont auf. Melodien, als wenn Engel anfingen zu singen ... Es ergreift keiner so die Seele« (Emil Grimm, Maler und Radierer, in einem Brief an seine Brüder Jacob und Wilhelm).

So etwa können wir uns das Paganini-Konzert vorstellen, das Franz Liszt 1831 in Paris besuchte. Es war ein Schlüsselerlebnis für ihn. Er konnte die technische Virtuosität einschätzen, er ahnte die Magie des Spiels, spürte die dämonische Faszination, die von dem Virtuosen ausging. Und er wusste: Ihm war es gegeben, aus dem Klavier ebensolche Nuancen und Akzente, Himmels- und Höllentöne hervorzuzaubern wie Paganini aus seiner Geige. An diesem Abend steckte sich Franz Liszt ein Ziel: der Paganini des Klaviers zu werden. Und er wurde der Paganini des Klaviers!

Allerdings wählte er ein anderes Erscheinungsbild. Kam Paganini gleichsam aus dem Totenreich auf die Bühne wie der Leibhaftige selbst, so schwebte Franz Liszt engelgleich in den Konzertsaal. Das tobende Publikum scheinbar nicht wahrnehmend, sank er auf den Hocker. Wie entrückt streichelte er die Tasten, minutenlang, bis der Applaus erlosch. Er kam nun wie aus einer Trance zu sich – und fiel jählings über die Tasten her, »feurig, furios, mit fliegenden Haaren« (so der Schriftsteller Théophile Gautier). »Nun rührt der Dämon seine Kräfte ... In Sekundenfrist wechselt Zartes, Kühnes, Duftiges, Tolles: das Instrument glüht und sprüht unter seinem Meister« (›Neue Zeitschrift für Musik‹). Franz Liszt lebte »in Saus und Braus als der gefeiertste Virtuose der Welt und wohl aller Zeiten. Er verkehrte mit dem höchsten Adel, erntete überschwängliche Kritiken, wurde vom Publikum vergöttert; die Frauen warfen sich ihm zu Füßen«, schrieb der Biograph Everett Helm.

Nach unzähligen kurzen Affären verliebte er sich 1834 in Gräfin Marie d'Agoult, eine Frau von emanzipatorischer Kühnheit, 29 Jahre alt, Mittelpunkt eines literarischen Salons, seit 1827 mit dem Grafen Charles d'Agoult verheiratet. Sie verließ ihren Gemahl und ihre sechsjährige Tochter, um Franz Liszt auf Konzertreisen durch Europa zu begleiten. Während der Reisen kamen drei Kinder zur Welt:

Blandine 1835 in Genf, Cosima 1837 in Bellagio am Comer See, Daniel 1839 in Rom. Bei seiner Geburt stand die Trennung schon bevor. Marie d'Agoult begab sich mit den Kindern in Liszts Wohnung nach Paris. Franz Liszt reiste unterdessen weiter quer durch Europa. In Leipzig traf er, wie erwähnt, Heinrich Laube, der ihm von Wagner erzählte. Als Liszt Ende März 1841, von Leipzig kommend, wie ein regierender Fürst Einzug hielt in Paris, wohnte er nicht zu Hause, sondern in einem Luxushotel. Und dort machte ihm Richard Wagner seine Aufwartung.

Wagner wurde in einen Salon geführt. Franz Liszt, in einen Hausmantel gehüllt, unterhielt sich mit einigen Herren. Wagner stand unbeachtet herum, was er partout nicht ausstehen konnte. Er verstand kaum etwas von der französischen Konversation und war »richtig gelangweilt«, bis ihn Franz Liszt in ein kurzes Gespräch zog. Sie wechselten ein paar belanglose Worte, Liszt versprach Wagner eine Eintrittskarte fürs nächste Konzert, und das war's auch schon. Anderntags brachte der Sekretär Bellini das Billett, Wagner ging hin und hatte vom Konzert »eigentlich keinen anderen Eindruck als den der Betäubung«.

Später erfuhr er, dass Franz Liszt für dieses eine Konzert 10.000 Francs erhalten hatte (60.000 Euro).

Der verschacherte Holländer

Wagner hatte die Miete für seine Luxuswohnung in der Rue de Helder seit Monaten nicht bezahlt. Er musste ausziehen und bezog mit Minna am 29. April 1841 eine unbeheizte Einzimmerwohnung in Meudon bei Paris.

Alle Hoffnungen setzte er nun auf eine Uraufführung des ›Rienzi‹ in Dresden oder des ›Fliegenden Holländers‹ in Paris.

Da er aus Dresden nichts hörte, bat er den stets willigen, liebenswürdigen Meyerbeer um ein Empfehlungsschreiben an den Generaldirektor des Hoftheaters, August Freiherr von Lüttichau. Und siehe! In Dresden erwies sich die Empfehlung des weltberühmten Komponisten als Volltreffer. Lüttichau ließ sich eilig den von Hofrat Winkler in der Schublade verborgenen ›Rienzi‹ vorlegen und informierte Wagner Ende Juni 1841 per Brief: ›Rienzi‹ angenommen – Uraufführung im nächsten Jahr. Wagner geriet in Euphorie, Minna fasste Hoffnung. Nur wie sie bis dahin leben sollten, wussten sie nicht.

Etwa zur selben Zeit kam eine zweite glückverheißende Nachricht: Direktor Léon Pillet von der Pariser Oper bestellte Wagner zu einem Gespräch – über den ›Fliegenden Holländer‹. Wagner zweifelte keine Sekunde: Die Uraufführung an der Pariser Oper stand bevor.

Am 2. Juli 1841 betrat Wagner das Büro des Opernchefs. Außer Pillet waren anwesend der Dirigent und Komponist Pierre Louis Philippe Dietsch, die Librettisten Paul Foucher und Henri Revoil.

Léon Pillet eröffnete Wagner, dass er an seinem Prosaentwurf für den ›Fliegenden Holländer‹ interessiert sei; allerdings, so fügte er hinzu, würde der Text von den Librettisten Foucher und Revoil geschrieben werden.

Wagner geriet außer sich. Er argumentierte, dass seine Melodien nicht zu fremden Texten passen würden; einige Melodien hätte er schon komponiert, so etwa den Matrosenchor.

Pillet winkte ab. Es sei nicht daran gedacht, ihn, Richard Wagner, den ›Fliegenden Holländer‹ komponieren zu lassen! – Das würde weitaus besser der hier anwesende und bewährte Monsieur Dietsch besorgen.

Wagner, der sich »in eine fast wahnsinnige Aufregung steigerte« – so Revoil später in einem Interview –, zog den Prosaentwurf zurück und wollte auf jedes Honorar verzichten. Die vier lachten ihn aus. Revoil gab zu bedenken, dass der Prosaentwurf stark angelehnt sei an eine Episode aus Heinrich Heines ›Memoiren des Herren von Schnabelewopski‹ und im Grund genommen gar nicht Wagners Idee. Wenn er, Wagner, den Prosaentwurf nicht verkaufe, ginge er leer aus, und sie würden den ›Fliegenden Holländer‹ dennoch auf die Bühne bringen.

Pillet wusste von Wagners notorischer Geldnot und bot 100 Francs (600 Euro), die er aus der Tasche seines Gilets fingerte und wie einen Köder emporhielt, als erwarte er, dass Wagner danach schnappte. Nichts dergleichen. Also bot Pillet schließlich 500 Francs.

Wagner schüttelte den Kopf und ging. Und kam am nächsten Tag wieder. Zähneknirschend verkaufte er den Prosaentwurf – und damit das Erstgeburtsrecht des ›Fliegenden Holländers‹ – für 500 Francs. Der verschacherte ›Holländer‹ wird unter dem Titel ›Le Vaisseau fantôme ou Le Maudit de mers‹ am 9. November 1842 in der Pariser Oper uraufgeführt. »Mit Widerwillen sah ich, wie die schöne Fabel . . . verhunzt wurde« (Heinrich Heine in der ›Augsburger Allgemeinen Zeitung‹). Und die von Dietsch komponierte Musik war so schwunglos, dass die französische Variante des ›Fliegenden Holländers‹ mit lasch herabhängenden Segeln manövrierunfähig unterging im Bermudadreieck der vergessenen Werke.

Zum Glück für Richard Wagner! Denn so gab es nie rechtliche Schwierigkeiten mit seinem ureigenen ›Fliegenden Holländer‹, den er damals, am Tag nach dem Verkauf des Prosaentwurfes, motiviert durch die Demütigung, mit voller Kraft voraus zu dichten und zu komponieren begann.

Dazu brauchte er erst einmal ein Klavier, das er sich jetzt, nach dem Verkauf des ›Fliegenden Holländers‹, endlich wieder leihen konnte. Da Wagner seit Monaten nur als Journalist gearbeitet hatte, sollte das Piano in ihm »zunächst nun wieder den Glauben . . . belegen«, dass er »noch Musiker sei«. Als das Klavier dann endlich da war, wagte er es einen Tag lang nicht zu berühren. »Ich hatte wirklich die Furcht, dahinter kommen zu müssen, dass mir nichts mehr einfallen könnte.« Doch dann griff er in die Tasten, und es fiel ihm was ein, die Melodien flogen ihm zu, er konnte komponieren und wurde »über diese Entdeckung ganz unsinnig vor Freude. In sieben Wochen wurde die ganze Musik des ›Fliegenden Holländers‹ bis auf die Instrumentation ausgeführt.«

Im Oktober brach der Winter vorzeitig herein. Wagner übersiedelte mit Minna aus dem unbeheizten Zimmer in Meudon in eine winzige, aber heizbare Wohnung nach Paris, ins Hinterhaus der Rue de Jacob 14.

Die 500 Francs für den ›Fliegenden Holländer‹ waren bald dahin, und Wagner musste wieder Lohnarbeit für Schlesinger leisten. Auch schrieb er wieder Artikel für Zeitungen.

Inzwischen erfuhr Wagner den endgültigen Termin der ›Rienzi‹-Uraufführung: im Oktober 1842. Bei der Inszenierung wollte er un-

bedingt dabei sein. Wagner ging daran, Reisegelder zusammenzu-
leihen – und siehe da: Fast alle, die, enerviert von seinen permanenten Pumpversuchen, den Geldhahn bereits zugedreht hatten, gaben jetzt schnell größere Beträge – und ihren Segen dazu, auf dass
Richard Wagner ohne Verzögerung abreisen konnte ins ferne Dresden. Sein Schwager Avenarius stellte sich mit einer gebratenen Gans
ein, die einen 500-Francs-Schein im Schnabel trug. So hatten Richard Wagner und Minna mehr Geld als je zuvor in der Tasche, als
sie am 7. April 1842 den gelben Wagen der Diligence bestiegen und
tränenreich Abschied nahmen von Paris.

Dazu Heinrich Heine in der ›Augsburger Allgemeinen‹: »Welch
traurige Erfahrungen musste Herr Richard Wagner machen, der endlich, der Sprache der Vernunft und des Magens gehorchend, das
gefährliche Projekt, auf der französischen Bühne Fuß zu fassen,
klüglich aufgab und nach dem deutschen Kartoffelland zurückflat-
terte.«

Künstlerische Revolution – politische Revolution

Tannhäuser auf allen Wegen

Die Postkutsche rumpelte ostwärts, unablässig im Regen, gelegentlich sogar im Schneegestöber, und erst bei der Wartburg in Eisenach rissen die Wolken auf:»Der Anblick des Bergschlosses ... regte mich warm an, einen seitab ... gelegenen Bergrücken stempelte ich sogleich zum Hörselberg.« Der Hörselberg war in Wagners Phantasie das Reich der Liebesgöttin Venus: ein Schauplatz der Tannhäuser-Sage, die ihm seit einiger Zeit durch den Kopf schwirrte. Er hatte auch den Plan einer Tannhäuser-Oper schon ins Auge gefasst.

Tannhäuser, Dichter und Sänger, geboren um 1200, Teilnehmer des Kreuzzuges von 1228 bis 1229, war Günstling des letzten Babenberger Herzogs Friedrich des Streitbaren. Nach dessen Tod 1246 trieb er sich verarmt als Vagabund herum. Er dichtete und sang sinnesfrohe Minnelieder und – seltsamer Kontrast! – Bußlieder von großer Frömmigkeit. Im Jahre 1267 verschwand er spurlos. Und so gedieh die Sage vom Dichter und Sänger Tannhäuser, der verbotene Sinnesfreuden im Reich der Liebesgöttin Venus genossen hat und Buße tun will. Er pilgert zum Papst nach Rom. Der Papst verstößt Tannhäuser und rammt seinen Hirtenstab in die Erde: Wie dieser Stab nie grünen könne, so könne Tannhäuser nie vergeben werden! Tannhäuser wandert zurück – und nach drei Tagen beginnt der Stab zu grünen! Päpstliche Boten eilen ihm nach. Vergeblich! Tannhäuser ist schon im Reich der Venus verschwunden und ewiger Verdammnis verfallen.

Viele Dichter haben die Tannhäuser-Sage verarbeitet. Die meisten Werke hat Wagner gelesen, so die im Stil des Bänkelsangs gehaltene Ballade von Heinrich Heine, der Tannhäusers fluchbeladene Rückkehr ins Reich der Liebesgöttin als Happyend besang. Richard Wagner indes wollte wie beim ›Fliegenden Holländer‹ das Erlösungs-motiv ins Spiel bringen: Tannhäuser wird erlöst durch die reine Liebe Elisabeths, der Nichte des Landgrafen.

Während er nun in der Postkutsche durchs Tal von Eisenach schaukelte, fühlte sich Wagner zu einer Szene der geplanten Oper inspiriert:»Tal vor der Wartburg, links der Hörselberg ... Tannhäuser tritt auf; er trägt zerrissene Pilgerkleidung, sein Antlitz ist bleich und entstellt«, so wird er später in seinen Regieanweisungen schreiben (dritter Akt, dritte Szene). Beim Anblick des Bergschlosses kam Wagner der sagenhafte Sängerkrieg auf der Wartburg in den Sinn, und nun verschmolz er in der Alchemistenküche seiner Phantasie die beiden getrennten Sagenkreise zum Konzept seiner Oper: ›Tannhäuser und der Sängerkrieg auf der Wartburg‹.

Die Wolken zogen wieder zu. Bergschloss und Hörselberg verschwanden wie hinter einem Theatervorhang, der Regen rauschte aufs Kutschendach, die Pfützen spritzten unter den Rädern. So ging's weiter bis nach Dresden, wo sie am 12. April 1842 eintrafen, fünf Tage und fünf Nächte nach ihrer Abreise in Paris.

Kaum in Dresden angekommen, war Wagner unzufrieden. Er glorifizierte die Pariser Zeit und verteufelte seine Landsleute.»Nie«, schrieb er seiner Halbschwester Cäcilie,»ist uns der Abschied so schwer gefallen wie der aus Paris.« Und an seinen Freund Samuel Lehrs schrieb er:»Mein Vaterland ist mir ... zuwider. Das ist ein verfluchtes Volk, diese Sachsen – schmierig, dehnig, plump, faul und grob – was habe ich mit ihnen zu tun?«

In der von Gottfried Semper erbauten Prachtoper empfingen ihn Generaldirektor August Freiherr von Lüttichau, der»lange Mann mit dem trockenen, harten Gesicht«, und Hofkapellmeister Carl Gottfried Reißiger, klein, rundlich, rosig. Das Gespräch verlief frostig.

Wagner wechselte seine Dresdner Wohnsitze schnell: Vom Gasthof»Zur Stadt Gotha« zog er in die Töpfergasse 6 und von dort gleich weiter in die Waisenhausstraße 5. Geldprobleme überall. Endlich erbarmten sich seine schwerreichen Schwäger Hermann und Friedrich Brockhaus und liehen Wagner 200 Taler, die sie eingedenk seiner Verschwendungssucht nicht auf einen Schlag zahlten, sondern in monatlichen Happen bis zur Premiere im Oktober. Dann würde ja das Geld von ›Rienzi‹ nur so sprudeln, dachten sie.

Mit der ersten Rate reiste Wagner am 9. Juni 1842 in Urlaub nach Teplitz, dem feudalen Badeort, den er noch in fröhlicher Erinnerung hatte von seiner Bonvivant-Reise ins Böhmerland. Minna und seine Mutter nahm er mit. Zu dritt wohnten sie im Gasthof »Eiche«, und dabei muss es wohl zu bösen Auseinandersetzungen mit der Mutter gekommen sein. In mehreren Briefen dieser Zeit schimpfte er über »ihre wirklich grenzenlose Charakterlosigkeit und gänzlich aufgelöste Launenhaftigkeit«.

Er ließ Minna und Mutter genervt in Teplitz zurück und unternahm allein eine mehrtägige Wanderung zum Schreckenstein bei Aussig, wo er in einem billigen Gastzimmer auf Streuschütt schlief. Am 22. Juni 1842 geisterte er, in ein weißes Laken gehüllt, bei Vollmond durch die Ruinen des Schreckensteins, »um mir so selbst zur fehlenden Gespenstererscheinung zu werden, wobei mich der Gedanke ergötzte, von irgend jemand mit Grausen wahrgenommen zu werden. Hier setzte ich denn nun in meinem Taschenbuch den ausführlichen Plan zu einer dreiaktigen Oper ›Der Venusberg‹ auf.« So nannte er zunächst seine ›Tannhäuser‹-Oper.

Eines Tages bestieg er die Wostrai, den höchsten Bergspitz der Umgebung, einsam und gottverlassen. Er wanderte ziellos durch die Einöde, schritt um einen Steilhang herum und – auf einmal war eine Herde da. Glockengebimmel. Der Hirt saß auf einem Hügel und pfiff eine lustige Tanzmelodie.

Wagner, wie in Trance, sieht und hört in seiner Phantasie eine Schar singender Pilger durchs Tal ziehen – und die Idee für eine seiner großen lyrischen Szenen fliegt ihm zu: »Tannhäuser befindet sich plötzlich in ein schönes Tal versetzt. Blauer Himmel, heitere Sonnenbeleuchtung ... Von der Höhe links vernimmt man das Geläute von Herdeglocken; auf einem Vorsprung sitzt ein junger Hirt ... Der Hirt spielt auf seiner Schalmei ... Man hört den Gesang der älteren Pilger, welche ... auf dem Bergweg sich nähern ... Der Hirt, den Gesang vernehmend, hält auf der Schalmei ein und hört andächtig zu ...« (Regieanweisungen, erster Akt, dritte Szene.)

»Triumph! Triumph!«

Wagner kehrte am 18. Juli 1842 zurück nach Dresden und mischte sogleich bei den von Hofkapellmeister Reißiger offiziell geleiteten ›Rienzi‹-Proben mit.

›Rienzi‹ war, wie erwähnt, eine Grand Opéra: eine Opernart, die Wagner als Liebedienerei gegenüber Geldadel und Großbürgertum einschätzte; eine Opernart aber auch, die populär war und Erfolg verhieß wie keine andere und die ihm, wie er in Riga postuliert hat, »die Brücke zu der von mir ersehnten großartigen Welt bauen« sollte. Nun war die Chance da. Wagner ging aufs Ganze.

Wenn schon, denn schon. Wenn er schon eine Grand Opéra gedichtet und komponiert hatte, dann wollte er mit der Uraufführung den anderen Komponisten – Meyerbeer, Halévy und wie sie alle hießen – die Show stehlen: »Die große Oper mit all ihrer szenischen und musikalischen Pracht, ihrer effektreichen, musikalisch-massenhaften Leidenschaftlichkeit stand vor mir; und sie nicht etwa bloß nachzuahmen, sondern mit rückhaltloser Verschwendung nach allen ihren bisherigen Erscheinungen zu überbieten, das wollte mein künstlerischer Ehrgeiz.« So Wagner in ›Eine Mitteilung an meine Freunde‹.

Die Regiearbeiten in der Semperoper zog er schnell an sich. Auf bewährte Weise spielte und sang er den Darstellern ihre Rollen in verschiedenen Tonlagen vor; Tenor, Bass, Bariton, Mezzosopran, Sopran. Sänger und Sängerinnen waren befremdet zunächst, dann fasziniert, und schließlich wurden die Proben »wahre Feste«, die »vollends berauschend« wirkten.

Den Rienzi sang der beste Heldentenor weit und breit, Joseph Tichatschek, ein Jäger und Sammler von Jagdwaffen. Laut Wagner war er beschränkt, von geringen Geistesgaben, aber auch »ein fröhlich aufschmetternder Sänger... mit dem glänzendsten, ungemein erquicklichen Organe«. Die intensivste Probenarbeit freilich widmete Wagner seinem Idol Wilhelmine Schröder-Devrient, der großen Primadonna, »mit welcher gemeinsam wirken zu können ja einst mein brennendster Ehrgeiz gewesen war«. Nun war's so weit: Sie sang und spielte in einer Hosenrolle den Adriano. Wagner erlebte die Schröder-Devrient als Diva der exzentrischen Art; gutherzig und giftsprühend, grandios, jähzornig, nervtötend bei den Proben – und perfekt bei der ›Rienzi‹-Uraufführung am 20. Oktober 1842. Die Vorstellung dauerte extrem lang: sechs Stunden. Richard Wagner befürchtete Proteste. Finale erst nach Mitternacht! Schlussvorhang – und dann: explodierender Applaus. Standing ovations, 15 Minuten lang. Wagner weinte und lachte und umarmte jeden, der ihm in den Weg kam. »Triumph! Triumph!«, schrieb Wagner in Briefen an seine Freunde in Paris.

Anderntags wollte Wagner die extrem lange Oper kürzen, doch Tichatschek schrie: »Ich lasse mir nichts streichen, es ist allzu himmlisch!« Nach einigem Hin und Her wurde ›Rienzi‹ aufgeführt wie gehabt. Mit Riesenerfolg. Die Vorstellungen waren auf Monate hinaus ausverkauft. Große Opernbühnen Europas bewarben sich um die Aufführungsrechte. Rezensenten stellten Richard Wagner auf eine Stufe mit Meyerbeer, Rossini, Spontini, Halévy oder Auber, manche sogar darüber. Ein besonders artiges Lob wurde ihm von Ferdinand Heine zuteil, dem Kostümbildner der Oper. Ferdinand Heine hatte die vielgepriesenen Kostüme für ›Rienzi‹ geschaffen. In einem Brief an Ernst Benedikt Kietz bedauerte er, »keinen Hundeschwanz zu haben, um ihn [vor Richard Wagner] geziemend einziehen zu können«.

Wagner war wie im Taumel. Vor 13 Jahren, im April 1829, hatte er Wilhelmine Schröder-Devrient als Leonore in ›Fidelio‹ erlebt – und sich zwei Ziele gesteckt: eine Oper zu schreiben, die so berühmt werden sollte wie der ›Freischütz‹ seines Idols Carl Maria von Weber. Und sein Idol Wilhelmine Schröder-Devrient sollte darin eine Hauptrolle spielen. Nun hatte er beide Ziele erreicht!

Ein drittes Ziel aber hat er verfehlt: Mit dem Erfolg von ›Rienzi‹ wollte Wagner sich aus seiner finanziellen Misere katapultieren. Das wäre möglich gewesen – doch Wagner brauchte dringend Geld und verschleuderte die seinerzeit erfolgreichste Oper für ein einmaliges Honorar von 300 Talern. »Er verstand es nicht einmal, seine Autor-Rechte, die ihm damals schon hätten sehr viel eintragen müssen, ordentlich auszubeuten, sondern ging immer die nachteiligsten Kontrakte ein, wo er nachher das reinste Opfer wurde, lediglich, weil er das Korn immer schon auf dem Halm verkaufte.« So berichtet der

Maler Friedrich Pecht, den wir aus Paris kennen, und der nun in Dresden lebte. Auf die Idee, Tantiemen pro Aufführung zu verlangen, kam Wagner gar nicht. Verdi, Rossini oder Meyerbeer verdienten umgerechnet Hunderttausende von Euro pro Jahr allein durch Tantiemen, die noch dazu mit Garantien abgesichert waren. Wagners Einmalhonorar von 300 Talern war ein Bruchteil dessen, was er bei einigem Verhandlungsgeschick hätte erzielen können, ein Bruchteil dessen auch, was die Gläubiger forderten. Geschäftssinn, das kann man ungescholten behaupten, war Wagners geringste Begabung.

Niemand sah Wagner seine finanzielle Misere an. Er bewegte sich in bester Gesellschaft, in Kreisen des Hochadels sogar, und er schritt stets erlesen gekleidet einher, ausgestattet von den besten Couturiers, auf Kredit, versteht sich. Wenn er Geld in der Tasche hatte, war es geliehen. Pump und Gloria! »Oft könnte ich mit wahrem Gebrüll die Zeit herbeiwünschen, in der wir endlich einmal aufhören sollen, Bettler in anständigen Kleidern zu sein« (Wagner in einem Brief an Cäcilie Avenarius).

Sechs Wochen nach der ›Rienzi‹-Uraufführung gab Preußens König ein Hofkonzert in Berlin für handverlesene Gäste. Richard Wagner war dabei. Wilhelmine Schröder-Devrient sang einige Arien, unter anderem aus ›Rienzi‹.

Anschließend traf Wagner mit der Sängerin und Franz Liszt im Hotel zusammen. Wilhelmine Schröder-Devrient stellte Wagner als den berühmten ›Rienzi‹-Komponisten vor, den er ja aus Paris kenne – und siehe da: Franz Liszt erinnerte sich nicht mehr an das Zusammentreffen mit Wagner. Nun ergoss Wilhelmine Schröder-Devrient »ihre schonungslosesten spöttischen Angriffe« über ihn. Franz Liszt warf sich in gespielter Zerknirschung zu ihren Füßen, »scheinbar vollständig hilflos gegen das Unwetter ihrer Spöttereien sich erklärend, um Gnade zu flehen«. Er entschuldigte sich bei Wagner und prophezeite ihm eine große Karriere – als Komponist von Grands Opéras im Stile von ›Rienzi‹.

Gewiss, Richard Wagner hätte in der Tat eine schnelle und reibungslose Karriere mit der aus dem Effeff beherrschten Grand Opéra machen können, und manch anderer hätte diese Chance genützt. Nicht so Wagner. Er wird ›Rienzi‹ schon bald in Briefen als »Schreihals« und »ungeliebtes Ungetüm« verunglimpfen, wird ihn sogar mit einem Bannfluch belegen: Nie darf ›Rienzi‹ im Bayreuther Festspielhaus aufgeführt werden (und nie wurde er dort aufgeführt). ›Rienzi‹ hat seine Schuldigkeit getan – ›Rienzi‹ kann gehen! Die Grand Opéra hat Wagner zum Durchbruch verholfen – eine weitere Grand Opéra wollte er nicht schreiben. Er hatte anderes im Sinn. Er wollte die Oper revolutionieren.

»Revolution gegen die künstlerische Öffentlichkeit«

Die Grand Opéra war, wie damals üblich, eine Nummernoper. Sprechtexte wechselten mit so genannten Nummern ab, mit Arien, Duetten, Chören, Rezitativen, instrumentalen Zwischenspielen und Ballettszenen. Das Publikum applaudierte zwischendurch und erzwang gelegentlich die Wiederholung von Nummern durch Da-capo-Rufe. Dieser bewährten und beliebten Nummernoper setzte Wagner eine revolutionäre Idee entgegen: das Bühnenwerk als symphonisches Ganzes, als durchkomponiertes Drama, als unendliche Melodie. Zudem entwickelte Wagner seine Leitmotivtechnik. Leitmotive sind wiederkehrende, dynamisch variierte Tongebilde, die mit Personen, Situationen und Stimmungen prägend verbunden sind und bei ihrer permanenten Wiederkehr entsprechende Erinnerungen und Gefühle auslösen. Wagner selbst sprach nicht von Leitmotiven, sondern von Gefühlswegweisern. Für diese thematisch-motivisch durchkomponierten Bühnenwerke hat sich die von Wagner ungeliebte Bezeichnung »Musikdrama« durchgesetzt. Genau genommen müsste es Text-Musik-Drama heißen. Im Gegensatz zur Nummernoper mit ihren meist unbedeutenden Texten hat der Dramentext beim Musikdrama primäre Bedeutung, die Musik wird als überhöhtes Darstellungsmittel dazu komponiert, und zwar vom Dramatiker selbst. Seit dem ›Fliegenden Holländer‹ sah sich Wagner nicht mehr als Librettist seiner eigenen Opern, sondern als Dichter seiner Musikdramen, der beim Schreiben und bei der Entwicklung szenischer Details schon die Musik assoziiert: »Bei mir«, so Wagner zu dem österreichischen Schriftsteller Johannes Nordmann, »müssen Wort und Ton spontan und gleichzeitig aus dem Herzen und aus dem

Kopf dringen und klingen, und das eine muss das andere wie mit einem leidenschaftlichen Kusse decken.« Zum selben Thema schrieb Wagner in einem Brief an den Musikschriftsteller Karl Gaillard: »Ehe ich daran gehe, einen Vers zu machen, ja eine Szene zu entwerfen, bin ich bereits in dem musikalischen Dufte meiner Schöpfung berauscht, ich habe alle Töne, alle charakteristischen Motive im Kopf, so dass, wenn dann die Verse fertig und die Szenen geordnet sind, für mich die eigentliche Oper ebenfalls schon fertig ist, und die detaillierte musikalische Behandlung mehr eine ruhige und besonnene Nacharbeit ist, der der Moment des eigentlichen Produzierens bereits vorangegangen ist.«

Die neuartigen Gestaltungsprinzipien des Musikdramas hat Richard Wagner in dem während seiner Pariser Zeit vollendeten ›Fliegenden Holländer‹ zurückhaltend dosiert. Noch kann von einem frei durchkomponierten Musikdrama wie etwa später beim ›Tristan‹ nicht gesprochen werden. Wagner verschmilzt aber die Nummern, also Arien, Duette, Chöre und dergleichen, mit orchestralen Überleitungen zu Szenenkomplexen. Damit gewinnt das Werk eine symphonische Dynamik, die das Geschehen vorantreibt und psychologische Entwicklungen verdeutlicht, ungestört von Applaus und Da-capo-Rufen. Leitmotivische Verbindungen sind deutlich erkennbar, aber erst im Anfangsstadium. Doch der »Point of no return« war überschritten. »Ich betrat nun eine neue Bahn, die der Revolution gegen die künstlerische Öffentlichkeit der Gegenwart«, wird er in ›Eine Mitteilung an meine Freunde‹ schreiben.

Wagner war sich also klar darüber, dass er damit auf Widerstand, Kritik und Ablehnung stoßen würde bei Theaterleuten, Rezensenten und beim Publikum. Karl Theodor von Küstner beispielsweise, Direktor des Königlichen Hof- und Nationaltheaters in München, hat den ›Holländer‹ abgelehnt mit der Begründung, dass sich diese Oper für deutsche Theaterverhältnisse und den Geschmack des deutschen Publikums nicht eignet. Auch der Berliner Intendant von Reeder sperrte sich gegen diese sonderbare Oper, bei der man nicht nach jeder Nummer klatschen konnte.

Doch nun erwies sich ›Rienzi‹ als Bahnbrecher: Kaum hatten die Theaterdirektoren vom Riesenerfolg der Grand Opéra ›Rienzi‹ vernommen, da rissen sie sich blindlings um den ›Holländer‹. Wagner erhielt Angebote von den meisten Theatern im deutschen Sprachraum.

Er entschied sich für die Uraufführung in Dresden, denn dort war Wilhelmine Schröder-Devrient engagiert, dort konnte er mit seinem Idol zusammenarbeiten. Der Termin war auf den 2. Januar 1843 angesetzt. Zeitdruck! Innerhalb weniger Wochen mussten die Proben durchgezogen werden. Und nun gab's Probleme. Die grandiose Wilhelmine Schröder-Devrient, Darstellerin der Senta, die den fluchbeladenen Seefahrer durch reine Liebe erlöst, befand sich gerade in einem für sie selbst und ihre Umwelt äußerst belastenden Liebhaberwechsel. Wieder einmal! Die Primadonna assoluta war schnell entflammbar und wechselte bei der Suche nach der großen Liebe die Gespielen fast so häufig wie ihre Rollen auf der Bühne, und das ungeniert, ohne Rücksicht auf die spießbürgerliche Prüderie der Zeit. Ihre Amouren gehörten zu den Klatschthemen der Society. Unter ihrem Namen kam damals ein Buch mit dem Titel ›Memoiren einer Sängerin‹ heraus: ein pornographisches Machwerk dümmster Art, schlecht geschrieben und längst als Fälschung enttarnt – Originalausgaben werden heute zu Liebhaberpreisen gehandelt.

Just während der ›Holländer‹-Proben also hatte Wilhelmine Schröder-Devrient einen jungen Gardeleutnant namens Hermann von Müller verlassen und sich dem noch jüngeren Baron von Münchhausen zugewandt. Die frische Liebe zu dem um fast 20 Jahre jüngeren Mann führte bei der 39-jährigen Primadonna zu Blässe und Verstörung, zu Schlaflosigkeit, beängstigendem Gewichtsverlust, zeitweiliger Arbeitsunfähigkeit und exzessiven Anfällen von Arbeitswut, die jäh über Wagner hereinbrachen: Dann »hielt sie mich fest ... nötigte mich zum Klavier und stürzte sich nun wie zu Tod und Verderben auf ihre Rolle«. Zudem machte sie Wagner zum Vertrauten und Ratgeber ihrer »mich höchst anwidernden Leidenschaft«. In einem Brief an Minna, die sich gerade mit Schoßhündchen Peps in Zwickau befand, bezeichnete er Wilhelmine Schröder-Devrient als »Sauluder ... Keiner weiß noch, wie er mit ihr dran ist.«

Besserer Stimmung war Wagner, als er seinem Freund Ernst Benedikt Kietz über die Proben mit Wilhelmine Schröder-Devrient berichtete: »Sie wählte mich zum Vertrauten und Ratgeber und ich bin bei dieser Gelegenheit in wunderbare Geheimnisse dieser außerordentlichen weiblichen Natur eingeweiht worden: eine solche stürmische Heftigkeit des inneren Dämons neben einer so echten Weiblichkeit, Liebenswürdigkeit und einer solchen Güte des Herzens wird wohl unser Schöpfer nicht so bald wieder produzieren.«

Zu allem Überfluss reagierte die Diva allergisch auf den Darsteller des ›Fliegenden Holländers‹, Johann Michael Wächter, 48 Jahre alt, einen begnadeten Bariton, der allerdings so gar nichts vom bleichen, leidverzehrten und gespenstischen Verdammten der Meere an sich hatte. Knirpsig klein, vergnügliches Vollmondgesicht, Arme und Beine wie Stümpfe, dazu ein enormes Bäuchlein: so schien er eher wie eine Kugel herabzurollen von Bord des Gespensterschiffes als mit dämonischer Würde an Land zu schreiten. Johann Michael Wächter »brachte meine leidenschaftliche Senta zur Verzweiflung. In einer Probe brach sie an der Stelle, wo sie zu dem erhabenen Trost der Heilsverkündigung in der Stellung eines Schutzengels zu ihm trat, plötzlich ab und raunte mir leidenschaftlich ins Ohr: Wie kann ich's herausbringen, wenn ich in diese kleinen Rosinenaugen blicke? Gott, Wagner, was haben Sie da wieder gemacht?«

Wagner wusste Rat. Bei der Uraufführung setzte er Herrn von Münchhausen an eine bestimmte Stelle in der ersten Reihe. Als dann Senta und der Holländer laut Regieanweisung »in ihrem gegenseitigen Anblick versunken« auf der Bühne standen, brauchte Wilhelmine Schröder-Devrient ihren Blick nur um eine Nuance von den Rosinenaugen des Partners abzuwenden – und nun sah sie den feschen Herrn von Münchhausen im Parkett, sie holte Luft und sang mit Hingabe.

Trotz der großen Leistung von Wilhelmine Schröder-Devrient lief der ›Fliegende Holländer‹ auf Sand. Das Publikum hatte eine berauschende Grand Opéra in der Nachfolge von ›Rienzi‹ erwartet und war vom neuen Opernstil enttäuscht. Der ›Holländer‹ wurde nach der vierten Vorstellung abgesetzt. Und Wagner verschleuderte die Rechte für 220 Taler.

Lebenslänglich im Frack des Königs?

Dem König hatte der ›Fliegende Holländer‹ gefallen. Unmittelbar nach der Uraufführung wurde Wagner die Stelle des Königlich-Sächsischen Hofkapellmeisters angeboten. Wagner reagierte mit »zögerlicher Lauheit« und deutete eine Absage an. Doch Friedrich August II. wollte ihn haben und ließ ihn vor vollendete Tatsachen stellen: Als Richard Wagner am 2. Februar 1843, arglos einer Einladung folgend, das mahagonigetäfelte Feudalbüro des Generaldirektors von Lüttichau betrat, fand er sich von Honoratioren der Stadt und der Oper begrüßt. Freiherr von Lüttichau überreichte ihm die von Friedrich August II. unterzeichnete Ernennungsurkunde zum Königlich-Sächsischen Hofkapellmeister mit einem lebenslänglichen Gehalt von jährlich 1.500 Talern (37.500 Euro).

Wagner war, was sich bei ihm schwer vorstellen läßt: sprachlos. Er wurde vereidigt, es gab Champagner, ehrende Worte, Glückwünsche, und als er heimkam, fiel ihm Minna »vor Glück taumelnd in die Arme«. Für Wagner war die Anstellung auf Lebenszeit ein Albtraum, befürchtete er doch, sie würde seinem Schicksal »in fast ähnlicher Weise, als es bei meiner Verheiratung geschehen war ... eine verhängnisvolle Richtung geben«.

Zur eitlen Freude Minnas und zu seinem Ärger musste er sich für 100 Taler eine »alberne und kostbare« Hofkapellmeisteruniform machen lassen: blauer Frack, silberbestickt, mit silberner Lyra an Kragen und Manschetten.

Kaum war die Ernennung zum Königlich-Sächsischen Hofkapellmeister in den Zeitungen verkündet und die Kunde von Wagners lebenslänglichen Gehaltsansprüchen ins Land gegangen – da hing ihm schon die Meute seiner Gläubiger am Hals. Aus Dresden, Leipzig, Magdeburg, Bad Lauchstädt, Rudolstadt, Königsberg, Riga und Paris drohten Forderungen, sogar aus der Schul- und Gymnasialzeit. »Ich vermutete nur noch eine Rechnung von meiner Amme für die Säugung zu erhalten.« In seiner Not gab ihm Wilhelmine Schröder-Devrient ein mit fünf Prozent zu verzinsendes Darlehen von 1.000 Talern, die Wagner zur Tilgung der drängendsten Schulden nützte, außerdem verteilte er kleine Beträge nach dem Robin-Hood-Prinzip: die Armen und Freunde zuerst. So schickte er beispielsweise 400

Francs an seinen Schneider in Paris und 600 Francs an seinen Freund
Kietz, den Rest vor allem an Schauspieler und Regisseure in Magdeburg. Und im Nu war das geliehene Geld der Diva zerronnen. Mit seinem Kapellmeister-Gehalt kam er nicht aus, und so lieh er sich immer
wieder neue Gelder, beispielsweise von seinem Freund, dem Arzt
Anton Pusinelli, der sogleich mit 2.000 Talern einsprang und später
noch weit höhere Beträge herausrücken wird. Es verdient Beachtung,
wie zartfühlend Richard Wagner zu würdigen wusste, dass Pusinelli
seinen permanten Pumpmanövern besonders willig erlag: Pusinelli,
so Originalton Wagner, »trat mit mir bald in einen ruhig wohltätigen
Freundesverkehr... und hatte im Verlauf meiner von zunehmenden
Schwierigkeiten bedrängten Dresdner Lebenszeit genügend Veranlassung, durch große Opferwilligkeit, welche ihm bei seinem glücklichen Vermögensstande mir besonders nützlich zu machen erlaubt
war, mir auf das kräftigste behilflich zu sein und mich zur Anerkennung seiner wertvollsten Freundesdienste zu verpflichten«.

Dieser hingebungsvolle Arzt Pusinelli gehörte mit vielen hohen
Beamten, Bankiers, Aristokraten und noblen Müßiggängern zu den
Mitgliedern der gesellschaftlich enorm honorigen und – so Wagner –
»musikalisch gänzlich nichtigen« Dresdner Liedertafel. Sie wählten
Wagner zu ihrem Vorstand und baten ihn um eine kleine Komposition für das jährliche Sängerfest. Wagner konnte die ehrenvolle Wahl
nicht ausschlagen, nahm widerwillig an – zog aber, seinem Naturell
entsprechend, sogleich alle Register, um »die ermüdende Monotonie
des Männergesangs« jäh zu durchbrechen. Er dichtete und komponierte für Chor und Orchester ›Das Liebesmahl der Apostel‹ und lud
alle sächsischen Männergesangsvereine zum Mitsingen ein. Bei der
Uraufführung am 6. Juli 1843 ergoss sich eine Sintflut von 1.200
Sängern und 100 Orchestermusikern in das Kirchenschiff. Als dann
Donnergesang und Orchestergeschmetter die Frauenkirche wie unter Erdstößen erbeben ließen, »überraschte mich dagegen die unver-
hältnismäßig geringe Wirkung, welche aus diesem unermesslichen
menschlichen Körpergewirr an mein Ohr schlug«. Die meisten
Dresdner jedoch zeigten sich entzückt von Wagners oratorischem
Heidenspektakel. Seine Popularität nahm zu, sein Ansehen als musikalische Autorität stieg.

Im Theater gab es Ärger. Seine Dynamik und die neue Dirigiertechnik stießen bei dem phlegmatischen Hofkapellmeister Reißiger und Konzertmeister Lipinsky auf Widerstand. Als Lipinsky die Orchestermusiker gegen Wagner aufhetzte, was ihm bei einigen sogar gelang, da »ward mir... klar: Dass ich nicht als Dresdner Kapellmeister sterben würde«.

Zu dieser Zeit gewann er einen Freund, einen der besten und einflussreichsten seines Lebens: August Röckel.

Wagners revolutionärer Ziehvater: August Röckel

August Röckel, ein Jahr jünger als Wagner, in Graz geboren, Neffe von Johann Nepomuk Hummel, Sohn eines Wanderschauspielers, war ein hoch aufgeschossener Mann, schlank, stocksteif, mit schmalem Gesicht, der eher einem unnahbaren Gelehrten glich als dem, der er wirklich war: Pianist, Komponist, Dirigent, hingebungsvoller Familienvater und Revolutionär.

Sein Schlüsselerlebnis hatte er im 16. Lebensjahr, als er 1830 mit seinem Vater Joseph Röckel nach Paris reiste und just in die Eruption der Juli-Revolution geriet. Er fühlte sich magisch angezogen von den Umstürzlern und fand Kontakt zu ihren führenden Köpfen.

Nach zwei Jahren zog er mit dem Vater nach London. Ausgestattet mit Empfehlungen der französischen Aufrührer und vollgedröhnt mit Parolen gegen Unterdrückung und Ungerechtigkeit bekam er Zugang zu den revolutionär gestimmten Mitgliedern der britischen Arbeiterbewegung und ihren Anführern, die später Einfluss gewinnen sollten auf Marx und Engels. Zunächst aber nahmen sie Einfluss auf August Röckel. Nach sechs Jahren ideologischem Intensivkurs kam er 1838, im 24. Lebensjahr, nach Weimar. Am Fürstenhof erhielt er dank gewissermaßen posthumer Protektion die Stelle des Hofkapellmeisters, seines jüngst verstorbenen Onkels Johann Nepomuk Hummel, einem für das Musikleben der Goethe-Stadt höchst segensreichen Dirigenten und Komponisten, der seinen Herzögen jeden Wunsch von den Ohren abgelesen hatte.

August Röckel bewährte sich als sein Nachfolger, ohne politisch anzuecken; er wollte aber im Interesse seiner revolutionären Ambitionen aus der Provinz hinaus und bewarb sich 1843 an der Dresdner Oper um die Stelle des königlichen Musikdirektors, die er auch bekam, nicht zuletzt wegen der Fürsprache Wagners.

Röckel erhielt einen Hungerlohn von 600 Talern jährlich und war eigentlich darauf angewiesen, dass seine Frau, eine Weimarer Schauspielerin, dazuverdiente. Sie bekam jedoch keine Anstellung am Dresdner Theater, dafür aber ein Kind nach dem anderen, neun werden es schließlich sein. August Röckel musste Wertsachen verkaufen und nebenher ein paar Taler verdienen, mit Musikunterricht, Korrekturlesen und dergleichen.

Von Wagners Talenten war Röckel so beeindruckt, dass er seine eigenen Kompositionen als lächerlich empfand und beschloss, nie mehr zu komponieren. Bald war er Wagners bester Freund in Dresden. Er sprach unentwegt geheimnistuerisch in eigentümlich zischelndem Flüsterton von seinen aufrührerischen Ideen und förderte wie kein anderer Wagners Entwicklung zum Revolutionär.

Ungeachtet solch ideologischer Infiltration begab sich Wagner im Sommer 1843 zur Mineralwasserkur nach Teplitz, wo er, ganz Bonvivant wie damals bei seiner Böhmenreise mit Freund Apel, in der feinen Badegesellschaft verkehrte und erste Kontakte aufnahm zu den germanischen Göttern und Helden, zu Wotan und Siegfried, zu Nornen und Walküren, von denen er in Jacob Grimms ›Deutsche Mythologie‹ las. Ein Schlüsselerlebnis! Wagner fühlte sich »wie durch einen wunderbaren Zauber festgebannt ... Vor meiner Seele baute sich bald eine Welt von Gestalten auf, welche sich wiederum so unerwartet plastisch und unverwandt kenntlich zeigten, dass ich, als ich sie deutlich vor mir sah und ihre Sprache in mir hörte, endlich nicht begreifen konnte, woher gerade diese fast greifbaren Vertrautheiten und Sicherheit ihres Gebarens kam.«

Zurückgekehrt aus dem Feudalbad mietete Wagner eine noble Wohnung in der Marienstraße und kurz darauf ein noch nobleres Vier-Zimmer-Etablissement an der Ostra-Allee mit Blick auf den Zwinger. Für die kostspielige Möblierung, den Kauf eines Flügels und die Gründung einer Bibliothek mit erlesener historischer und altdeutscher Literatur nahm er einen Kredit auf, den er »mit der Ausbeute meiner Dresdner Opernerfolge« abzahlen wollte. Eine illusorische Vorstellung, wenn man bedenkt, dass er die Rechte für ›Rienzi‹ und ›Holländer‹ weit unter Wert verkauft hatte und zudem

›Der Fliegende Holländer‹ im November wegen mangelnden Publikumsinteresses von der Dresdner Bühne abgesetzt worden war.

Just zu diesem Zeitpunkt kam frohe Botschaft aus Berlin: ›Der Fliegende Holländer‹ war vom Theater am Gendarmenmarkt angenommen worden, dem Ausweichquartier der vor einem Jahr niedergebrannten Oper Unter den Linden. Wagner sollte dirigieren. Sein fürstliches Honorar: 100 Golddukaten (5.500 Euro).

Am 7. Januar 1844 war es so weit: Erstaufführung in Anwesenheit von König Friedrich Wilhelm. Die Elite der Berliner Gesellschaft tummelte sich im Parkett. Wagner dirigierte nach seiner neuen Methode. Die Musiker waren motiviert. Das Orchester brillierte. Ein glanzvoller erster Akt – doch als Wagner sich auf dem Podest des Dirigenten umdrehte und zu einer Verbeugung ansetzte, in Erwartung des Beifalls – da starrte ihm das Publikum entgegen, schweigend, ohne eine Hand zu rühren, fast feindselig, spürbar enttäuscht und befremdet von dieser Oper neuen Stils, von diesem durchkomponierten Drama mit der unendlichen Melodie, die keinen Szenenapplaus zuließ und kein Da capo. Noch im Frack des Dirigenten begab sich Wagner nach dem Ende der Vorstellung auf Zechtour. Nach Stunden kehrte er heim in seinen Gasthof, »schwankend, mit wütendem Kopfe ... Es war Mitternacht geworden. Als mir vom Kellner in dunklen Gängen nach meinem Zimmer hingeleuchtet wurde, stellte sich mir ein Herr in schwarzer Kleidung mit blassem, feinem Gesicht entgegen ... Er versicherte, bereits seit Ende der heutigen Vorstellung auf mich gewartet ... zu haben. ... Er begleitete mich auf mein Zimmer ... Wir setzten uns in der kalten Stube beim dürftigen Schein einer Kerze nieder, und er eröffnete mir ... dass ich mit dem ›Fliegenden Holländer‹ ein unerhörtes Meisterwerk geschrieben hätte und dass es übel wäre, wenn ich von diesem Abend an, wo er durch die Bekanntschaft mit diesem Werke eine neue und ungeahnte Hoffnung für die Zukunft der deutschen Kunst gefasst habe, dem mindesten Gefühle der Entmutigung ... nachgeben würde. Mir standen die Haare zu Berge: ein Hoffmann'sches Phantasiestück war leibhaftig in mein Leben getreten!«

Dieser Schwarzrock, der Wagner um Mitternacht so geisterhaft erschien, war Carl Friedrich Werder, 38 Jahre alt, seit fünf Jahren Professor für Philosophie.

Lola Montez und ihr junger Kavalier

Im Februar 1844 kam Franz Liszt zu einem mehrtägigen Gastspiel nach Dresden. Wagner freute sich und sah eine Chance, den bisher nur zweimal flüchtig erlebten, als liebenswürdig und großzügig gerühmten Meister für ausgiebige Gespräche zu gewinnen und näher kennen zu lernen. Doch Liszt erwies sich als kaum ansprechbar. Er hatte eine strapaziöse Geliebte im Gefolge: Lola Montez, ein Jahrhundert-Luder würden wir heute sagen.

Lola war 26 Jahre alt, illegitime Tochter eines schottischen Offiziers und einer Kreolin, verheiratet mit einem englischen Offizier, den sie verlassen hatte. Seit zwei Jahren reiste Marie Dolores Gilbert, wie sie bürgerlich hieß, unter dem Künstlernamen Lola Montez als angeblich spanische Tänzerin durch Europa. Auf der Bühne brillierte sie mehr durch Wespentaille und Belladonna-Augen als durch ihre Tanzkünste. Berühmt war sie wegen ihrer erotischen Eskapaden und skandalösen Auftritte in bester Gesellschaft. So konnte es schon mal vorkommen, dass sie während des Smalltalks ihren Rock bis zum Strumpfband hob und dem Gesprächspartner ein Bein auf die Schulter legte oder dass sie beim Ausritt einem Gendarmen ihre Peitsche ins Gesicht schnalzte.

Als sie Ende August 1843 im Foyer eines Berliner Nobelhotels von zwei Männern angepöbelt wurde, erhob sich aus einem riesigen Fauteuil, worin er bisher kaum zu sehen gewesen war, ein Junge, Schüler noch, schmächtig, militärisch korrekt gescheitelt und in feines Tuch gekleidet, blass, Falten um den Mund, mit großen, leicht aus dem Gesicht vorspringenden Augen. Scharf und schneidig wies er die Erwachsenen zurecht, die, um zwei Kopf größer als er, nicht wussten, was sie dem Jungen erwidern sollten, und sich zurückzogen. Dann trat er zu Lola Montez und stellte sich vor: Hans von Bülow.

Lola gönnte ihm ein freundliches Gespräch und ließ ihn erzählen; Hans von Bülow war 13 Jahre alt. Schon jetzt graute es ihm vor dem von seiner strengen Mutter verordneten Jurastudium; er spielte lieber Klavier und wollte Musiker werden wie sein Idol Franz Liszt.

Franz Liszt! Was für ein Zufall: Lola Montez hatte gerade ihre Affäre mit dem Prinzen Heinrich LXXII. (dem Zweiundsiebzigsten!)

aus dem Fürstentum Reuß beendet und den König der Pianisten als Nächsten ins Visier genommen. Wenig später erlag Franz Liszt ihren Verführungskünsten widerstandslos. Und so kam es, dass Franz Liszt die berüchtigte Lola Montez im Gefolge hatte, als er am 27. Februar 1844 morgens sechsspännig in Dresden einfuhr und mit ihr eine Suite des »Hotel de Saxe« bezog. Am Nachmittag spielte er sich warm am Flügel für das abendliche Konzert, da ging die Tür auf – und herein trat Hans von Bülow. Lola Montez hatte eine Begegnung arrangiert, um sich für seinen chevaleresken Auftritt im Berliner Hotel zu revanchieren.

Franz Liszt empfing den Jungen mit großer Herzlichkeit, bat ihn ans Klavier und war von seinem Talent so überzeugt, dass er ihm allerhand Virtuosenkünste zeigte und vierhändig mit ihm spielte. Eine Sternstunde für Hans von Bülow! Ihm war klar: Er musste Pianist werden – auch gegen den Willen der gestrengen Mama. Und er wird einer der großen Pianisten und Dirigenten des 19. Jahrhunderts werden, Freund und Vertrauter von Franz Liszt und Richard Wagner. Er wird mehrere Uraufführungen von Wagner-Opern dirigieren. Er wird Cosima heiraten, die Tochter von Franz Liszt – und er wird sie an Richard Wagner verlieren.

Es ist wenig bekannt und wird gerne verschleiert, dass Lola Montez es war, die diese musikhistorische Kettenreaktion initiiert hat damals in Dresden, am 27. Februar 1844.

Am 29. Februar besuchte sie mit Franz Liszt eine Aufführung der Wagner-Oper ›Rienzi‹. Während der Pause gratulierten Liszt und Lola dem Tenor Tichatschek in der Garderobe. Richard Wagner war dabei und enttäuscht: eine »ergiebigere Annäherung« mit Franz Liszt wurde durch die »stete Umgebung zerstreuender und aufregender Elemente« vereitelt. Gemeint war die quirlige Präsenz der Lola Montez.

Nach der ›Rienzi‹-Sonderaufführung gab Generaldirektor von Lüttichau einen Champagnerempfang zu Ehren Franz Liszts. Wagner hoffte jetzt auf das ersehnte Gespräch, doch wieder wurde nichts daraus. Lola Montez nämlich überkam die unwiderstehliche Lust, den italienischen Tenor Pantaleoni vor allen Leuten zu ohrfeigen, und damit war der Festakt geplatzt.

Und die Liaison von Liszt und Lola dazu. Schon am nächsten Tag in aller Herrgottsfrüh verfügte sich Franz Liszt aus seiner Suite im »Hotel de Saxe«, leise, um Lola nicht zu wecken, er verschloss die Tür von außen und reiste ab. Nach einer unbestätigten (und falls nicht wahren, so doch gut erfundenen) Überlieferung hinterlegte Franz Liszt beim Hoteldirektor einen größeren Geldbetrag zur Begleichung des Interieurs, das Lola nach dem Erwachen erfahrungsgemäß zertrümmern würde.

Gasparo Spontini: das schikanöse Genie

Im selben Jahr gelang Wagner ein handstreichartiger Vorstoß beim Werben um die Gunst des Königs: Friedrich August II. wurde am 5. August 1844 von einer Englandreise zurückerwartet, gleichzeitig weilte Generaldirektor von Lüttichau auf seinem Gut außerhalb Dresdens. Wagner nützte die Chance zu einem Begrüßungsjubel in eigener Regie. Er dichtete und komponierte »in angenehmster Hast« einen ›Gruß seiner Treuen an Friedrich August den Geliebten‹ und trommelte alles zusammen, »was blasen und singen konnte«, insgesamt 120 Musiker und 300 Sänger. Die weithin tönende Begrüßungsfeier fand im fürstlichen Sommersitz Pillnitz statt, sehr zur Freude des Königs, der Wagner nicht genug loben konnte – und zur Verstimmung des Freiherrn von Lüttichau, der sich ausgetrickst fühlte, aber nichts unternehmen konnte gegen Richard Wagner, den Urheber des königlichen Lustgewinns.

Anfang November 1844 traf ein interessanter und berühmter Gast in Dresden ein: Gasparo Spontini, 70 Jahre alt, Wegbereiter der Grand Opéra, ehemals Hofkapellmeister Napoleons und von 1820 bis 1841 »Erster Kapellmeister und Generalintendant der Kapelle Seiner Majestät des Königs von Preußen« in Berlin. Mit Wagner zusammen inszenierte er seine eigene Oper ›Die Vestalin‹. Wagner musste bald einsehen, dass er nur »eine Karikatur« des einstmals so großen und viel bewunderten Meister kennen lernte und dass ihn »eine grauenvolle Sympathie für diesen Mann erfüllte«. Mit pathologischer Präzisions-Pendanterie schikanierte Spontini das Ensemble, das sich gleichermaßen fasziniert und gepeinigt fühlte, vor allem probte er mit Chor und Chordirektor Fischer bis zum Umfallen, und nichts war ihm recht. Eines Tages indes, völlig unerwartet, sagte Spontini zu Wagner:»Mais savez-vous, vos chœurs ne chantent pas mal.« (Wissen Sie, Ihre Chöre singen gar nicht schlecht.) Chordirektor Fischer, der französischen Sprache unkundig, vermutete neuerliches Genörgel des Meisters und fragte Wagner genervt:»Was hat der alte Schweinehund wieder?«

Und seltsam: Seit diesem Tag war Spontini so zufrieden mit der Zusammenarbeit, dass er ankündigte, längere Zeit in Dresden zu bleiben und sämtliche auf dem Programm stehenden Opern zu inszenieren. Wagner, Regisseure, Sänger und Sängerinnen schrumpften vor Schreck zusammen. Der Opernbetrieb wäre zum Erliegen gekommen unter Spontinis zeitraubender Pedanterie. Doch da wurde dem Ensemble eine wahrhaft christliche Wohltat zuteil. Der Heilige Vater berief Spontini nach Rom, um ihn für sein Lebenswerk zu ehren, und wenige Tage später entschwand der Meister per Extrapost in Richtung Vatikan. Richard Wagner hatte wieder einmal einen Schutzengel.

Den hätte Wagner in diesem Jahr auch in finanzieller Hinsicht brauchen können. Er war wieder einmal ins vermeintlich große Geschäft eingestiegen. Als Partner wählte er einen Kaufmann, von dessen stadtbekannter Geschäftstüchtigkeit er sich große Erfolge versprach: den Hofmusikalienhändler und Musikverleger F. C. Meser. Per Vertrag verpflichtete sich Wagner, seine Werke ›Rienzi‹, ›Der Fliegende Holländer‹ und ›Tannhäuser‹ auf eigene Kosten bei Meser drucken und von ihm vertreiben zu lassen. Wagner sollte den Gewinn bekommen, abzüglich der Kommission.

Die beträchtliche Summe der Druckkosten wollte ihm Wilhelmine Schröder-Devrient leihen, im Vertrauen auf sein Talent und gegen geringe Beteiligung. Kaum hatte Wagner unterschrieben, schlitterte die Diva wieder einmal in die desaströse Phase eines Liebhaberwechsels. Sie hatte den feschen Baron Münchhausen verlassen und sich in den blutjungen Leutnant von Döring verliebt. Ihn wollte sie heiraten, ihm erteilte sie Generalvollmacht über all ihre Gelder. Das waren Ersparnisse und Wertpapiere in beträchtlicher Höhe, eine Jahresgage von 4.000 Talern (100.000 Euro) an der Dresdner Oper plus 20 Taler pro Aufführung, die sich mit Gastspielgagen auf jährlich mehrere Tausend Taler summierten.

Das alles langte ihm nicht, dem famosen Herrn von Döring. Knapp vor der Hochzeit kam er mit einem Ehevertrag daher. Demnach sollte sie ihm auch noch ihre Pensionsansprüche überschreiben. Und siehe, der Verstand setzte jäh wieder ein bei Wilhelmine Schröder-Devrient, sie explodierte und Herr von Döring wurde gefeuert. Zu spät. Er hatte Konten und Depots geplündert, die Jahresgage im Voraus kassiert, Vorschüsse für künftige Auftritte eingestrichen – und das ganze Geld in Spielbanken verloren. Die Primadonna assoluta war pleite. Statt Wagner das versprochene Geld zu leihen, verlangte sie von ihm die geliehenen 1.000 Taler plus fünf Prozent Zinsen zurück. Und Meser forderte von Wagner die Erfüllung des Vertrages. Wagner musste Geld gegen Wucherzinsen aufnehmen und einen Teil der Druckkosten schuldig bleiben. Vom Gewinn sollte er nie etwas sehen, denn Meser hat ihn vom ersten Augenblick der Zusammenarbeit unaufhörlich übers Ohr gehauen. Wagners Schulden wuchsen und wuchsen, in Dresden bis auf 20.000 Taler – Tendenz steigend.

Zum Abschluss des Jahres 1844 dann ein würdiges Ereignis, bei dem Wagner sich sehr engagiert hat: die Überführung der sterblichen Überreste des 1826 in London verstorbenen Carl Maria von Weber nach Dresden. Wagner komponierte für das Idol seiner Jugendjahre den Männerchor ›Hebt an den Sang‹ und die ›Trauermusik nach Motiven aus Euryanthe‹, von der Wilhelmine Schröder-Devrient »zur erhabensten Rührung hingerissen wurde«. Am 15. Dezember hielt Wagner vor offenem Grab seine erste Rede. Er machte eine Erfahrung, die ihm fortan nützlich sein sollte: dass er ein mitreißender Redner war, dass er eine »atemlos lauschende Menge« zu fesseln vermochte, dass sogar er selbst von seinen eigenen Worten in »völlige Entrücktheit geriet … Nicht die geringste Bangigkeit oder auch nur Zerstreutheit kam mich hierbei an.«

Quellen-Studien in Marienbad

Während der Wintermonate arbeitete Wagner »durch äußersten Fleiß und die Benutzung der frühesten Morgenstunden« an seiner ›Tannhäuser‹-Partitur. Er vollendete sie am 13. April 1845.

Wagner vertieft und erweitert die im ›Holländer‹ erstmals einge-
setzte Technik der durchkomponierten Szenen. Leitmotivische Verbindungen sind weiterentwickelt, wenngleich noch weit entfernt
von der Perfektion späterer Werke. Seine kompositorische Flexibilität bewältigt den Wechsel extremer Sphären und Situationen: die
Erotik der Venusberg-Szenen, die fromme Liebe der Elisabeth, die sa-
krale Welt der Pilger und des päpstlichen Rom, die höfische Atmosphäre auf der Wartburg, das Szenario des Sängerkrieges. Musik und
dramatische Texte wachsen derart zusammen, dass von allen Sängern und Sängerinnen immer mehr schauspielerisches Können gefordert wird. Dazu kommt ein bei ›Tannhäuser‹ ins Auge springen-
des und später zum Prinzip erhobenes Stilmittel: die musikalische
Illustrierung dramatischer Gesten wie Winken, Augenaufschlag,
Kopfschütteln, Umarmung, Drohgebärde, Freudengeste und dergleichen. Sänger und Sängerinnen müssen sich in ihrer Gestik exakt
an der Musik orientieren.

Kaum war die Partitur ins Reine geschrieben, zahlte Wagner schon
drauf: Laut seinem Vertrag mit Meser musste er 100 Exemplare für
500 Taler auf eigene Kosten drucken lassen. Geliehenes Geld, hi-
nausgeworfenes Geld! Gewinne sah er nie.

Meser war es immerhin zu danken, dass die Oper nicht ›Venusberg‹ hieß, wie von Wagner ursprünglich getitelt und von den Zeitungen bereits verkündet. Meser machte darauf aufmerksam, dass
Ärzte und Studenten schon jetzt die »abscheulichsten Witze« rissen,
galt doch der »Mons veneris« – deutsch Venusberg – den Medizinern
als Detail der weiblichen Anatomie. Seither heißt die Oper ›Tannhäuser und der Sängerkrieg auf der Wartburg‹.

Zu dieser Zeit begann Wagner sich vorübergehend mit Werken
des deutschen Philosophen Hegel zu befassen, zunächst mit der
›Phänomenologie des Geistes‹. Der Maler Friedrich Pecht erinnerte
sich: »Bei einem Besuche... fand ich ihn in Feuer und Flammen
über Hegels Phänomenologie, die er gerade studierte, und in seiner
exzentrischen Art mir als das erste aller Bücher pries. Zum Beweis las
er mir eine Stelle vor, die ihm eben besonders imponiert hatte. Da
ich sie nicht ganz verstand, bat ich ihn, sie noch einmal zu lesen, wo
wir sie dann beide nicht verstanden. Er las sie also zum dritten und

vierten Mal, bis wir uns endlich ansahen und fürchterlich zu lachen anfingen, wo es denn mit der Phänomenologie ein Ende hatte.« (Vier Jahre später nahm Wagner erneut Anlauf. Er versuchte in Hegels ›Vorlesungen über die Philosophie der Geschichte‹ einzudringen. Zunächst fühlte er sich angeregt, dann abgeschreckt und schließlich zählte er Hegel zu den »Charlatans«.)

Im Frühjahr 1845 wurde Dresden von der Jahrhundert-Überschwemmung heimgesucht. Die lehmigen Wasser der Elbe fluteten bis an die Stufen der Semperoper – und zogen sich von Stund an wieder zurück. Während Arbeiter die Schlämme des Hochwassers beseitigten, reiste Wagner am 5. Juli 1845 nach Marienbad, begleitet von Minna, dem Schoßhund Peps und dem Papagei Papo. In der Pension »Zum Kleeblatt«, wo die vier wohnten, und »in einer nahen Waldung ... am Bache gelagert« las Wagner Wolfram von Eschenbachs Epos ›Parzival‹, ein anonymes Epos von ›Lohengrin‹ und in Gervinus' ›Geschichte der poetischen Nationalliteratur der Deutschen‹ über die Meistersinger von Nürnberg: drei literarische Quellen, aus denen er für eigene Werke schöpfte. Er notierte kurz die Geschichte Parzivals, schrieb die Prosaskizze zu drei Akten einer Oper ›Die Meistersinger‹, und die Lohengrin-Sage packte ihn so vehement, dass er, wenn man seiner Autobiographie glauben darf, zur Verzweiflung seines Badearztes aus der Badewanne »ungeduldig heraussprang, kaum Zeit zum ordentlichen wieder Anziehen mir gönnte und wie ein Rasender in meine Wohnung lief, um das mich Bedrängende zu Papier zu bringen. Das wiederholte sich mehrere Tage.« So entstand der szenische Plan seiner nächsten Oper: In einem vom Schwan gezogenen Nachen erscheint Lohengrin als Retter Elsas von Brabant, die vom intriganten Telramund des Brudermordes bezichtigt wird. Er besiegt Telramund im Kampf und beweist somit durch »Gottesurteil« die Unschuld Elsas. Sie wird seine Gemahlin unter der Bedingung, ihn nie nach Namen und Herkunft zu befragen, weil sie ihn sonst für immer verlieren würde. Als sie die verbotene Frage stellt, gibt sich Lohengrin als Gralsritter und Sohn Parzivals zu erkennen. Es naht der Schwan, der Lohengrin zur Gralsburg zurückbringt.

In Marienbad ging Wagner das Geld aus. Den Aufenthalt im teuren Kurbad konnte er nicht mehr bezahlen – und die Heimreise auch nicht. Dr. Pusinelli, per Brandbrief alarmiert, rettete ihn mit einer Geldspritze aus der Verlegenheit, und so reiste Wagner am 9. August nach Dresden ab.

Tannhäuser, politisch suspekt

Während Wagner unterwegs war, ereignete sich in Leipzig ein Massaker, der Höhepunkt eines seit kurzem schwelenden Religionsstreites. Die Sachsen hatten damals einen Volkshelden: Johann Ronge, einen exkommunizierten katholischen Priester, Mitbegründer der so genannten Deutschkatholiken, gleichaltrig mit Wagner, der gegen Papstprimat, Ohrenbeichte, Zölibat und Heiligenverehrung protestierte. Sein mächtiger Gegenspieler auf Seite der papsttreuen katholischen Partei war Herzog Johann, Bruder des sächsischen Königs und General der Kommunalgarden.

Gelegentlich einer Truppenparade am 12. August 1845 musste Herzog Johann erleben, dass ihn die Zuschauer nicht, wie früher üblich, mit Hochrufen begrüßten, sondern mit finsterer Schweigsamkeit. Johann ließ die Soldaten stehen und zog sich schmollend ins »Hotel de Prusse« zurück, gefolgt von Zuschauern, die vor dem Hotel »Es lebe Ronge« riefen. Plötzlich, ohne Befehl, ohne dass Gefahr im Verzug gewesen wäre, begannen Leibgardisten des Herzogs auf die Zuschauer zu schießen. 14 starben, 50 wurden verletzt, darunter Frauen und Kinder.

Das Land geriet in Aufruhr. Die Diskussionen schwappten bis auf die Bühne der Dresdner Semperoper, wo Wagner ab Anfang September den ›Tannhäuser‹ einstudierte. Wagner sei, so sagten die einen, von der katholischen Partei bestochen. Warum? Weil er seinen Protagonisten Tannhäuser bußfertig zum Papst nach Rom pilgern lässt! Und die anderen sagten: Wagner sei rebellierender Deutschkatholik. Warum? Weil Tannhäuser in seiner Oper vom Papst verstoßen wird. Wer solche Sottisen ernsthaft diskutierte, vergaß darüber, dass es Wagner vor allem um das Erlösungsmotiv aus reiner Liebe ging und – in Konfrontation dazu – um Sinnlichkeit, um den göttlichen Liebesrausch, wie ihn die Jungdeutschen proklamierten. »Mehr Leidenschaft« forderte denn auch Richard Wagner während der Proben einmal von der Venus-Darstellerin Wilhelmine Schröder-Devrient, und die, an sensibler Stelle schwer getroffen, schleuderte ihm mit der Ausdruckskraft einer über 20-jährigen Bühnenerfahrung entgegen: »Was verstehen Sie von Leidenschaft, Sie Ehekrüppel!«

Die Gegenspielerin der Venus, Elisabeth, die Tannhäuser in keuscher Hingabe liebt, spielte und sang eine junge Dame, 19 Jahre alt, schlank, zart und bildschön: Johanna Wagner, Nichte Richard Wagners, Tochter seines älteren Bruders Albert. Sie steuerte einem bejubelten Debüt entgegen und dem Start einer glänzenden Karriere.

Mit Wilhelmine Schröder-Devrient gestaltete sich die Einstudierung wieder einmal zur Zerreißprobe für Richard Wagners Geduld. Diesmal war die erhöhte Frequenz ihrer Jähzornanfälle nicht vom Stress eines Liebhaberwechsels provoziert, sondern von ihrer wütenden Erregung über Hector Berlioz, der sich in einer französischen Zeitung über ihren »maternellen Embonpoint« mokiert hatte, über ihre mütterliche Wohlbeleibtheit. Die Primadonna ließ sich dadurch dermaßen aus der Fassung bringen, dass sie Probleme bekam, die Göttin der Liebe darzustellen, noch dazu in Konkurrenz zur zierlichen Schönheit Johanna, die ihre Tochter hätte sein können. Vor ihren Schimpfkanonaden ging Wagner wiederholt hinter den Kulissen in Deckung. »Um Gottes Willen«, schrie sie ihn einmal an, »was soll ich denn als Venus anziehen? Mit einem bloßen Gürtel geht es doch nicht. Nun wird eine Redoutenpuppe daraus. Sie werden Ihre Freude haben!«

Bei der Uraufführung am 19. Oktober 1845 war sie eine vor Sinnlichkeit sprühende Venus, der Prototyp einer singenden Schauspielerin, einer Sängerdarstellerin, wie sie Wagner vorschwebte – allerdings nur im Zusammenspiel mit Wolfram, nicht mit Tannhäuser, der von Joseph Tichatschek gesungen wurde. Er, der grandiose Rienzi, der bejubelte Arienschmetterer, der beste Grand-Opéra-Tenor weit und breit – er fand sich nicht zurecht in den leitmotivischen Vernetzungen verschiedener Stilsphären und Stimmungen des Erlösungsdramas.

Nach der Schluss-Szene: mühsamer Applaus, verstörtes Publikum. Die Uraufführung des ›Tannhäuser‹ war ein Flop. Und »die Re-

zensenten«, so Wagner, »stürzten sich mit unverhohlener Freude wie
Raben auf ein ... Aas«. Das wirkte sich verheerend auf die zweite
Aufführung aus: kaum Besucher, kaum Applaus! Wagner hielt »den
Tannhäuser schon für tot«.

Nach der dritten Aufführung geschah, was niemand für möglich
gehalten hatte: volles Haus, jubelndes Publikum! Wagner indes war
unzufrieden mit der Schlussszene: Er hatte »die neue Versuchung
der Venus, den treulosen Geliebten wieder an sich zu ziehen, nur als
einen visionären Vorgang des in Wahnsinn ausbrechenden Tannhäuser dargestellt; nur ein rötliches Erdämmern des in der Ferne
sichtbaren Hörselberges sollte äußerlich die grauenhafte Situation
verdeutlichen«. Den Tod Elisabeths hatte er »einzig durch das ...
von sehr ferne her vernehmbare Läuten des Totenglöckchens und
durch den kaum bemerkbaren Schein von Fackeln« angedeutet.
Wagner beobachtete, dass dieser Schluss vom Publikum nicht verstanden wurde, und machte einen neuen: Venus tritt in Erscheinung
und lockt mit Gesang, Tannhäuser widersteht ihren Verführungskünsten, Venus versinkt klagend, Tannhäuser bricht am Sarge Elisabeths tot zusammen. Pilger erscheinen mit dem frisch ergrünten
Stab des Papstes: das Symbol für Tannhäusers Erlösung.

Mit diesem Schluss wurde ›Tannhäuser‹ ein Renner im deutschen
Sprachraum. Die Dresdner waren stolz auf ihren Wagner. Sie nannten ihn »Messias der Oper«.

Sein Honorar für Dichtung und Komposition des ›Tannhäuser‹
war lächerlich: eine einmalige Zahlung von 300 Talern. Bemerkenswert ist in diesem Zusammenhang, dass Wagner für die zum Teil in
Paris hergestellten Dekorationen und Bühnenbilder seiner ›Tannhäuser‹-Uraufführung dem Generaldirektor die abenteuerliche
Summe von 8.000 Talern abgerungen hat. Er konnte also um Geld
handeln, allerdings nur für sein Werk, nicht für sich selbst.

Nach dem ›Tannhäuser‹-Erfolg plante Wagner eine Großtat als
Dirigent. Er wollte den Beweis liefern, dass Beethovens 9. Symphonie nicht »eine Faschingsmusik, dem Gehirn eines Wahnsinnigen
entsprungen« ist, wie ein Rezensent geschrieben hatte.

Der Kampf um Beethovens 9. Symphonie

Seit ihrer Uraufführung am 7. Mai 1824 in Wien galt die Neunte allgemein als »Beethovens schlechtestes Werk, monströs, abgeschmackt und trivial«, so Louis Spohr, Komponist, Kapellmeister und bester Geigenvirtuose nach Paganini. Es gab nur wenige Bewunderer; zu ihnen zählte Wagner, der, wie schon erwähnt, 15-jährig in Leipzig die Neunte hörte und »als mystischen Anziehungspunkt meines phantastisch-musikalischen Sinnens und Trachtens« beschrieb.

In Dresden galt die 9. Symphonie als verrufen, seit Kapellmeister Reißiger sie vor acht Jahren mit seinem Taktstock Takt für Takt so jämmerlich heruntergeklopft hatte, dass Rezensenten die Symphonie als »Beethovens Fiasko« bezeichneten, als »Faschingsmusik« und dergleichen.

Für Wagner war es »Ehrensache«, die Neunte in Dresden glanzvoll aufzuführen. Schon beim Lesen der Partitur packte es ihn wieder mit solcher Wucht, dass er »in tobendes Schluchzen und Weinen« ausbrach. Als Aufführungsdatum wählte er den 5. April 1846, Palmsonntag – zum Entsetzen der Orchestermusiker. Denn die Eintrittsgelder just dieses Konzertes sollten ihrem Pensionsfonds zugute kommen. Sie befürchteten eine Riesenpleite und protestierten beim Generalintendanten von Lüttichau, der sich schnell überreden ließ, die »verrufene« Symphonie abzusetzen. Wagner ging zum Gegenangriff über, protestierte bei Lüttichau gegen den Protest, und »in der Tat bedurfte es meines ganzen Feuers und aller erdenklichen Beredsamkeit, die Bedenken unseres Chefs zu überwinden«. Kaum war die Neunte genehmigt, protestierte das Orchester wieder – diesmal beim König! Wagner stürmte zur Audienz und brauchte keine Überredungskünste aufzubieten. Der König, seit Wagners ›Gruß seiner Treuen an Friedrich August den Geliebten‹ huldreich gestimmt, genehmigte die Aufführung allerhöchst. Sie sollte nun unwiderruflich stattfinden im Alten Opernhaus am Zwinger. Und schon gab's neue Probleme. Die Orchestervorstände hatten inzwischen »die Stadt mit Wehklagen über meinen Leichtsinn erfüllt« und das Publikum zum Boykott aufgerufen. Nun musste Wagner um die Gunst des Publikums kämpfen, wollte er nicht vor spärlich besetzten Rängen dirigieren. Er griff in die bewährte Trickkiste anonymer Selbstbejubelung und schrieb als großer Unbekannter für den ›Dresdner Anzeiger‹ drei »kurzbündige und enthusiastische Ergüsse« über sich selbst und seine interessante Interpretation der geheimnisvollen Symphonie, und zwar so verheißungsvoll, dass die Dresdner mit einem Run auf die Karten reagierten.

Der Kampf um die Aufführung war endgültig gewonnen – und schon tat sich eine neue Front auf: Die Orchestermitglieder, wütend darüber, dass sie die »Fiasko-Symphonie« schlucken mussten, sperrten sich gegen Wagners neue Dirigiertechnik, die sie ansonsten längst akzeptiert hatten.

Und gerade mit Beethovens 9. Symphonie wollte Wagner so viel erreichen. Seine Prämisse war: »Nichts anscheinend schwer Verständliche durfte so zum Vortrag kommen, dass es nicht in bestimmter Weise das Gefühl erfasste.« Er war der Meinung, Beethoven hätte sich – wohl wegen seiner Taubheit – gelegentlich geirrt, und deshalb konnte »mich keinerlei Buchstaben-Pietät vermögen ... die vom Meister in Wahrheit beabsichtigte Wirkung der gegebenen irrigen Bezeichnung aufzuopfern«. So verdoppelte Wagner beispielsweise im zweiten Thema des Scherzos die Holzbläser, damit sie deutlicher zu hören waren gegenüber den Streichern, die er trotz des vorgeschriebenen Fortissimo leise spielen ließ. Die Orchestermusiker machten zunächst Dienst nach Vorschrift und spielten streng nach den Bezeichnungen der Partitur. Nur mit Mühe und unter drohender Anspielung auf sein Ansehen beim König konnte sich Wagner mit seinen Intentionen durchsetzen. Und immer wieder kamen Protestrufe aus dem Orchester, so etwa »Bei uns steht aber nicht ›des‹, sondern ›d‹.« Darauf Wagner: »Korrigieren Sie's, es muss ›des‹ heißen.«

Wagner gab sich »unendliche Mühe, den widerstrebenden Musikern das Werk bis in die feinsten Nuancen verständlich zu machen. Er sang ihnen einzelne Stellen vor, nahm die Bläser mit in seine Wohnung und ließ sie unverstandene Stellen so lange wiederholen, bis ihnen klar wurde, was sie mit diesen Tönen zum Ausdruck bringen sollten ... Wagner war von den Proben stets erschöpft und in Schweiß gebadet«, berichtete der Bildhauer Gustav Adolph Kietz, Bruder von Wagners Pariser Maler-Freund Ernst Benedikt.

Auch die Musiker waren erschöpft, doch peu à peu kam Freude

auf; oft nickten sie unbewusst während der Probearbeiten; und als Konzertmeister Lipinsky, der bisher am meisten Widerstand geleistet hatte, jählings aufsprang, auf Wagner zurannte und ihn umarmte, da war der Bann gebrochen, waren die Musiker gewonnen.

Nun galt es auch noch die Chorsänger zu begeistern, die nach Wagners Willen ganz anders, viel ekstatischer singen sollten als üblich. Der Theaterchor allein war ihm zu wenig. Die »hinreißend populäre Wirkung dieser Symphonie« konnte laut Wagner »nur durch eine große und enthusiasmierte Masse von Sängern« erzielt werden. Vier Chöre mussten her! Unter »Überwindung umständlicher Schwierigkeiten« brachte Wagner neben dem Theaterchor und der Dreißigschen Sing-Akademie auch den Knabenchor der Kreuzschule und den Kirchenchor des Dresdner Seminariums auf die Bühne. »Diese . . . dreihundert Sänger suchte ich nun auf die mir besonders eigentümliche Weise in wahre Ekstase zu versetzen. Es gelang mir zum Beispiel, den Bassisten zu beweisen, dass die berühmte Stelle ›Seid umschlungen, Millionen‹ und namentlich das ›Brüder, überm Sternenzelt muss ein lieber Vater wohnen‹ auf gewöhnliche Weise gar nicht zu singen sei, sondern nur in höchster Entzückung gleichsam ausgerufen werden könne. Ich ging hierfür mit solcher Ekstase voran, dass ich wirklich alles in einen durchaus ungewohnten Zustand versetzt zu haben glaube, und ließ nicht eher ab, als bis ich selbst . . . wie in dem warmen Tonmeer mich ertränkt fühlte.«

Nun waren alle Widerstände überwunden – so schien es. Irrtum! Im letzten Augenblick hatte Wagner eine Idee, die Dresdner Denkmalschützer aufheulen ließ. Er wollte Chor und Orchester nach einem neuen, noch nie dagewesenen System aufstellen, um die Klangwirkung zu optimieren, und zu diesem Zweck forderte Wagner »einen gänzlichen Umbau« des überdimensionalen Theatersaales samt Bühne und Zuschauerrängen, wo ansonsten Hoffeste der sächsischen Könige stattfanden, Krönungsfeierlichkeiten, Ordensverleihungen und Opernaufführungen von bombastischer Prachtentfaltung mit Kunstreitern oder Raubtierdressuren. Diesen Riesensaal im »Alten Opernhaus am Zwinger« also, ein Kleinod Dresdner Baukunst, historisch bedeutend, ehrwürdig, unantastbar, wollte Wagner umbauen. Denkmalschützer rebellierten und forderten die Unversehrtheit dieser traditionsreichen Architektur. – Vergeblich. Wagner setzte den Umbau durch. »Die Kosten hierzu waren, wie man sich denken kann, unter besonderen Schwierigkeiten zu erwirken; doch ließ ich nicht ab und erreichte durch eine vollständig neue Konstruktion des Podiums, dass wir das Orchester ganz nach der Mitte zu konzentrieren konnten und es dagegen amphitheatralisch auf stark erhöhten Sitzen von dem zahlreichen Sängerchor umschließen ließen, was der mächtigen Wirkung der Chöre von außerordentlichem Vorteil war, während es in den rein symphonischen Sätzen dem fein gegliederten Orchester große Präzision und Energie verlieh.«

Dann endlich: Palmsonntag, 5. April 1846. Ausverkauftes Haus! Jubel, als sich der König in der Fürstenloge zeigte; zögerlicher Applaus, als Wagner zum Dirigentenpult schritt. Das Publikum war gespannt – hatte aber immer noch Vorbehalte gegen die in Dresden so verrufene Symphonie und lauerte abwartend, bis Wagner den Taktstock hob. In den Quintenklängen gleich zu Beginn hatte Wagner schon als Fünfzehnjähriger »den gespenstischen Grundton meines eigenen Lebens« entdeckt, und nun zauberte er, für alle verständlich, das Gespenstische, Neblige, Geheimnisvolle daraus hervor.

Was Wagner mit Chor und Orchester bot, war mehr als eine glanzvolle Aufführung – es war die Auferstehung der seit über zwei Jahrzehnten missverstandenen, missinterpretierten und missachteten 9. Symphonie Beethovens. Das Publikum saß wie gebannt, etwa 70 Minuten lang, dann, nach dem letzten Takt: ein Aufschrei der Begeisterung, 20 Minuten Applaus ohne Unterbrechung. Die Leute umdrängten Chor, Orchester und Richard Wagner; Sänger und Musiker spendeten ihrem Dirigenten Beifall.

In den nächsten Tagen begeisterten sich die Rezensenten über Beethovens »wieder entdeckte« Symphonie und Wagners Glanzleistung, keiner jedoch berichtete von den Kämpfen, die Wagner hatte ausfechten müssen, um die Symphonie überhaupt aufführen zu können – obwohl gerade die Überwindung dieser Widerstände für Wagner von prägender Bedeutung war: »In mir bestärkte sich bei dieser Gelegenheit das wohltuende Gefühl der Fähigkeit und Kraft, das, was ich ernstlich wollte, mit unwiderstehlich glücklichem Gelingen durchzuführen.«

Debakel in Berlin

Zu dieser Zeit waren Gloire und Schrecken einer bevorstehenden Revolution schon zu ahnen in Dresden, Deutschland, Europa.

August Röckel, Revolutionär durch und durch, Wagners damals bester Freund in Dresden, schilderte die Lage in Deutschland so: »Dieser maskenhafte Flittertanz, dieser kindisch-feierliche Pomp, dieses ganze, ebenso nichtige als wichtigtuende Treiben der Höfe; diese hohle Aufgeblasenheit des Adels; ... diese brutale Willkür der Regierungen; ... dieser protzige Übermut des Militärs und des Beamtentums, und alledem gegenüber dieser Mangel alles Selbstgefühls, diese Schafsgeduld und knechtische Ergebenheit des Volkes.«

1846 brach die Existenzangst über Deutschland herein, ausgelöst durch eine Missernte mit verheerenden Folgen: Hungersnot, Gewerbekrise, Wachstumskrise, Zusammenbruch der Konsumgüterindustrie. Das seit 1835 in Deutschland ausgebaute Schienennetz der Eisenbahn hatte eine Massenabwanderung aus den Dörfern in die Großstädte ausgelöst, zu den angeblich krisensicheren Arbeitsplätzen der Industrie. Und nun krachte ein Betrieb nach dem anderen zusammen. Es kam zu einem bisher noch nie erlebten Phänomen: zur Massenarbeitslosigkeit des so genannten Fabrikproletariats. Vereinzelt flackerten Hungerrevolten auf, hier und dort nur, vom Militär schnell niedergeworfen, kaum der Rede wert. Doch dass die Lawine der Volkserhebung bald losbrechen würde: das spürte jeder – und das passte Wagner ins Konzept. Mitgerissen vom Sog aufrührerischer Stimmung gewannen seine Reformen des Theaters, der Oper, der Dirigiertechnik erst richtig an Fahrt, und diese Stimmung wiederum befeuerte Wagners schwelende revolutionäre und anarchische Triebkräfte, die später beim Dresdner Aufstand eskalieren sollten – ohne dass ihn sozialpolitische Interessen sonderlich motiviert hätten: »Wagner ist gar nicht fähig und erst recht nicht willens, einem Revolutionsprogramm sich anzuschließen ohne Rücksicht darauf, ob dieses Programm seine eigenen musikalischen und theatralischen Konzeptionen zu fördern imstande wäre. Die Revolution ist seine Revolution. Gewiss geht es auch ihm um die deutsche Einheit, um neue Verfassungsformen: aber vor allem geht es ihm doch um die Verwirklichung seiner künstlerischen Projekte mit Hilfe der Revolution.« So Hans Mayer in seiner Wagner-Monographie.

Das erste Dokument, das diese Tendenz Wagners erkennen lässt,
stammt aus dem Frühjahr 1846, als er die Neunte gegen eine Serie
von Widrigkeiten einstudierte. Damals richtete er an den Generaldirektor von Lüttichau eine für diese Zeit durchaus rebellische
Denkschrift ›Die Königliche Kapelle betreffend‹. Er prangerte die
Hungerlöhne der Orchestermusiker an – im Schnitt 250 Taler Jahresgage – und forderte Reformen: beträchtlich höhere Löhne, bessere
soziale Absicherung, mehr Zeit für die musikalische Weiterbildung.
Das klingt wie eine Gewerkschaftsforderung unserer Tage. Doch
Wagner hat, wie er beiläufig erwähnte, »eine bedeutendere Produktivität der künstlerischen Kräfte bezweckt«. Das war's also! Deshalb
kämpfte er um bessere Sozialleistungen für die Musiker!

Er selbst geriet finanziell immer mehr in die Bredouille. Einige
Gläubiger hatten ihn bereits verklagt. In höchster Not erbat Wagner
ein Darlehen von 5.000 Talern aus dem Theaterpensionsfonds, das
der König, nach wie vor huldreich gestimmt, am 16. August 1846
unter günstigen Bedingungen genehmigte: Rückzahlung in zehn
Jahresraten mit fünf Prozent Zinsen – und das erst ab 1851, in fünf
Jahren.

Wagner zahlte die Schulden – und schon waren die 5.000 Taler
weg. Ungeniert wandte er sich an Giacomo Meyerbeer mit der Bitte
um ein Darlehen von 1.200 Talern. Abgelehnt!

Zur selben Zeit reagierte Generaldirektor von Lüttichau auf Wagners Denkschrift ›Die Königliche Kapelle betreffend‹. Abgelehnt!

Nun richtete sich Wagners Zorn gegen Herrn von Lüttichau, ehemals Leibjäger und Oberforstmeister, seit 1824 Generaldirektor und
Intendant, »dessen Ungebildetheit und Rohheit aller Welt offen lag«.
Freiherr von Lüttichau verkörperte für Wagner das »scheinbar so
vornehme Hoftheaterwesen, welches mit dünkelhafter Ignoranz das
Schmachvolle der modernen Theatertendenz prunkend zu verstecken berufen scheint«. Zu allem Überfluss erwies sich auch der neue
Dramaturg als Widersacher: Karl Gutzkow, zwei Jahre älter als Wagner, jungdeutscher Dichter, Dramatiker, Erzähler. Sein »Spitzmaus«-
Profil war die Freude der Karikaturisten. Heinrich Heine über Gutzkow: »Ich liebe ihn sehr, aber . . . ihn soll der Teufel holen.«

Karl Gutzkow versuchte alles zu hintertreiben, was Wagner wollte: Opernreform, unorthodoxe Inszenierungen, neue Interpretationen, neue Dirigiertechnik. »Oper muss Oper, Drama muss Drama bleiben«, war seine Devise. Wagners Musikdramen wollte er aus dem Spielplan manövrieren, obwohl gerade sie die größten Erfolge brachten: »Ein interessantes bewunderungsvolles Phänomen ist, dass das Dresdner kühle und bedächtige Theaterpublikum durch die Wagner'schen Opern in ein so feuriges, enthusiastisches verwandelt wurde, wie Deutschland nicht wieder aufzuweisen hat« (›Signale für die musikalische Welt‹, Leipzig, 17. Februar 1847). Wagner brauchte mehr Zeit und Energie für Auseinandersetzungen mit dem Dramaturgen als zur Einstudierung der Bühnenwerke. Gutzkow nannte Wagner den »Abgott aller Unklarheiten«, und Wagner unterstellte Gutzkow »den brutalen Despotismus des Unverstandes«. Gutzkow beschwerte sich über Wagner und Wagner über Gutzkow. Als Lüttichau immer mehr Partei für Gutzkow ergriff, ging Wagner zum Opernhaus auf Distanz.

Er übersiedelte im April 1847 mit Minna, Hündchen Peps und Papagei Papo in eine Zimmerflucht des Marcolini'schen Palais am Stadtrand, ehemals Hauptquartier Napoleons, nun eine Oase der Ruhe, malerisch in einem Park altfranzösischen Stils gelegen. Hier hatte er, was er brauchte und so selten bekam: »die Gunst der harmonischen Gemütsruhe«. Konzepte kristallierten sich heraus, Melodien blitzten auf, Texte flossen ihm zu; er schrieb einige Seiten des nie vollendeten Barbarossa-Dramas ›Friedrich I.‹, komponierte zügig seine Oper ›Lohengrin‹ – Akt für Akt von rückwärts nach vorne – und las antike Autoren: Platon, Aristophanes und vor allem Aischylos, den Schöpfer der abendländischen Tragödie. Zu seiner Entspannung gab er sich exotischen Neigungen hin: »Oft fanden mich die Besucher dann auf den höchsten Zweigen eines Baumes oder auf dem Nacken des Neptuns, welcher als Mittelpunkt einer kolossalen Statuengruppe in einem leider stets trockenen Bassin ... figurierte.«

Aus diesem Idyll begab sich Wagner so selten wie nur irgend möglich zur Arbeit in die Oper, meist zu Fuß, um den Fahrpreis der Droschke zu sparen, zwei Stunden hin und zwei zurück. Stets gab es Ärger mit dem Dramaturgen Gutzkow. Wagner bot seinen Rück-

tritt an. Abgelehnt. Er wollte weg von Dresden und nach Berlin über-
siedeln, dem »einzigen, einigermaßen Einfluss übenden Zentrum«.
Um in Berlin Fuß zu fassen, bot er Karl Theodor von Küstner,
dem neuen Intendanten der nach einem Brand wiederaufgebauten
Oper Unter den Linden, seine Mitwirkung bei einer geplanten
›Rienzi‹-Aufführung an. Von Küstner sagte zu. Wagner stieß auf
einen »Pfuhl von Widersprüchen der übelsten Art«, wie er später in
›Eine Mitteilung an meine Freunde‹ schreiben wird. Für die Hauptrolle des Rienzi musste er sich »mit einem tief unter aller Mittel-
mäßigkeit stehenden Tenorsänger von unbedingter Talentlosigkeit
begnügen«. Der Opernregisseur erwies sich als »dick, bequem und
in der gemeinsten Routine verfault«. Die miserabel bezahlten Orchestermusiker waren nur mühsam zu motivieren. Der König hatte
alle Bitten um eine Audienz abgewiesen und sagte auch seine Anwesenheit bei der ›Rienzi‹-Premiere am 24. Oktober 1847 ab, als hätte
er geahnt, was ihm dort blühen würde: »Wagners Rienzi ist mit
Trompeten, Tamtam, Pauken und Glockenklang durchgefallen.« So
Charlotte Birch-Pfeiffer, Hofschauspielerin und Verfasserin erfolgreicher Schnulzenromane, in einem Brief. Für seinen sechswöchigen
Aufenthalt in Berlin bekam Wagner kein Honorar. Begründung: Die
Intendanz hätte ihn nicht engagiert, sondern nur seinem Wunsch
nach Mitwirkung entsprochen.
Über diese Zeit in Berlin wird Wagner in seiner ›Mitteilung an
meine Freunde‹ schreiben: »Auf dem Wege des Nachsinnens über
die Möglichkeit einer gründlichen Änderung unserer Theaterverhältnisse ward ich ganz von selbst auf die volle Erkenntnis der
Nichtwürdigkeit der politischen und sozialen Zustände
hingetrieben, die aus sich gerade keine anderen öffentlichen Kunstzustände bedingen konnte, als eben
die von mir angegriffenen.« (Sperrung im Original)
Die Verknüpfung von politischer Aktivität und künstlerischen
Ambitionen wird verräterisch deutlich in einem Brief, den Wagner
damals an den Berliner Musikschriftsteller Ernst Kossak schrieb:
»Hier ist ein Bann zu durchbrechen und das Mittel heißt Revolution.« Und weiter: »Ein einziger vernünftiger Entschluss des Königs
von Preußen für sein Operntheater und alles ist mit einmal in Ordnung.«

Putschversuch gegen Herrn von Lüttichau

Kaum war Wagner im November 1847 nach Dresden zurückgekehrt, erbittert über Berlin, erbittert über den Preußenkönig Friedrich Wilhelm IV. – da kam eben dieser König Friedrich Wilhelm IV. nach Dresden, um eine extra auf seinen Wunsch hin angesetzte Aufführung von Wagners ›Tannhäuser‹ zu besuchen. Er zeigte sich sehr entzückt und erklärte beiläufig, warum er Wagners ›Rienzi‹-Premiere in Berlin nicht besucht hatte: weil ihm an einer erstklassigen Opernaufführung gelegen sei, und die hätte er daheim in einem Berliner Theater nicht erwarten dürfen!

Kurz vor Weihnachten bat Wagner gelegentlich einer Privataudienz den Sachsenkönig Friedrich August II. »um die Gunst einer mäßigen Gehaltserhöhung«: von bisher 1.500 Talern jährlich auf 2.000 Taler. Der König versprach wohlwollende Prüfung, forderte aber pro forma ein Empfehlungsschreiben des Generaldirektors von Lüttichau – und gewährte schließlich nur 1.800 Taler. Den Grund dafür erfuhr Wagner wenig später, als ihn Freiherr von Lüttichau, nicht ohne Häme, sein Empfehlungsschreiben lesen ließ. Von Lüttichau hatte geschrieben, dass Wagner seine Tätigkeit selbst überschätze und seine Gehaltsforderung nicht berechtigt sei.

Am 9. Januar 1848 starb Wagners Mutter. »Ich eilte sofort zu ihrem Begräbnis nach Leipzig ... Es war ein schneidend kalter Morgen, als wir den Sarg auf dem Kirchhof in die Gruft senkten.« Anschließend ergab sich ein Gespräch mit Heinrich Laube, und »hier fanden wir Worte für den ungemeinen Druck, der uns auf jeder edlen Bestrebung gegenüber einer gänzlich in das Nichtswürdige versinkenden Zeittendenz zu liegen schien«.

Am 25. Februar 1848 steht Wagner am Dirigentenpult und probt die vor drei Monaten erst uraufgeführte und schon überaus populäre Oper ›Martha‹ von Friedrich von Flotow, er singt einzelne Melodien vor, ›Die letzte Rose‹ oder ›Mag der Himmel euch vergeben‹ – da tritt Röckel an ihn heran und meldet flüsternd: Revolution in Frankreich! Sturz des Bürgerkönigs Louis Philippe!

Wenige Tage später: Aufstand in Baden – Beginn der deutschen Märzrevolution! Straßentumulte in fast allen deutschen Residenzen. Barrikadenkämpfe in Berlin und Frankfurt. Hauptziel der Aufständischen: eine liberale Verfassung und die Vereinigung der deutschen Staaten zu einem Nationalstaat.

30. März: König Ludwig I. von Bayern tritt zurück. Dabei spielte Lola Montez eine Rolle, die wir schon als Geliebte von Franz Liszt kennen. Sie hatte nach der Trennung vom König der Pianisten den König der Bayern bestrickt und als »bayerische Pompadour« die Politik dermaßen durchgewirbelt, dass Volk und Minister den Sturz des Königs forderten und die Verbannung der Tänzerin dazu.

In Dresden kam die Revolution nicht so recht in Schwung – vorerst. Das Volk rottete sich auf den Straßen zusammen, lärmte ein wenig, der König versprach diese und jene Reform, und schon war das Volk zufrieden. Vom Publikum bejubelt besuchte der Monarch ein von Richard Wagner dirigiertes Symphoniekonzert mit Mendelssohn Bartholdys ›Schottischer‹ und Beethovens ›Fünfter‹. Nach dem Schluss winkte Friedrich August II. aus seiner Königsloge.

Die günstige Stimmung ermunterte Wagner zu einem 40 Seiten umfassenden ›Entwurf zur Organisation eines deutschen Nationaltheaters für das Königreich Sachsen‹, der als Putschversuch gegen Theaterchef von Lüttichau zu verstehen ist. Denn: »Wagner strebte im Theater nach der Alleinherrschaft, daran war nicht zu zweifeln«, (so Hans Mayer in seiner Monographie). Diesen Entwurf sandte er am 11. Mai an den Innenminister Martin Oberländer.

Seinen Vorstoß gegen Theaterchef von Lüttichau startete Wagner gewissermaßen aus der Deckung heraus, hinter einer Vorhut sozialer Forderungen: personelle Verstärkung des Orchesters, Anhebung der Gehälter, bessere Altersversorgung, Errichtung einer Theaterschule, Gründung eines Vereins der dramatischen Dichter und Komponisten. – Dann der Vorstoß: Wahl des Theaterdirektors durch diesen Verein und das Personal, Konzentration der Gesamtleitung in den Händen eines einzigen Kapellmeisters, wobei Wagner, wie unschwer zu erraten war, sich selbst meinte.

Innenminister Oberländer reichte den ›Entwurf‹ nicht an den König weiter, sondern an den Theaterchef, Freiherrn von Lüttichau. Der las den Putschversuch gegen sich selbst und archivierte ihn schweigend.

Etwa zur selben Zeit, Mitte Mai 1848, brachen in Wien Aufstände aus, besonders aggressiv und eruptiv. Wagner war begeistert und dichtete einen ›Gruß aus Sachsen an die Wiener‹, den die ›Allgemeine Österreichische Zeitung‹ veröffentlichte. Die einprägsamste Strophe lautet:

Stellt wer uns je das Schmachgebot:
»Nun werdet wieder Diener!«
Dem sei dann mit dem Schwur gedroht:
»Wir machen's wie die Wiener!«

18. Mai: In der Frankfurter Paulskirche tritt die Deutsche Nationalversammlung zusammen: 585 Abgeordnete waren es, unter ihnen Ludwig Uhland, Ernst Moritz Arndt, Friedrich Theodor Vischer, Jacob Grimm, »Turnvater« Friedrich Ludwig Jahn.

19. Mai: Wagner schickt einen Brief an den sächsischen Abgeordneten Franz Jakob Wigard und fordert: sofortige Volksbewaffnung, Schutz- und Trutzbündnis mit Frankreich, Einsetzung der Nationalversammlung als einzige konstituierende Gewalt, Territorialreform der deutschen Staaten. Sollten die Fürsten nicht widerspruchslos mitmachen, »so sind sie samt und sonders in Anklagezustand zu versetzen«.

14. Juni: Im ›Dresdner Anzeiger‹ erscheint anonym ein Artikel »Wie verhalten sich republikanische Bestrebungen dem Königstum gegenüber«. Wagner bekannte sich anderntags als Autor und las den Text »mit energischer Betonung« auf einer Versammlung des Dresdner Vaterlandsvereins. Scharfe Töne waren da zu hören: »Wie ein böser, nächtlicher Alp wird dieser dämonische Begriff des Geldes von uns weichen mit all seinem scheußlichen Gefolge von öffentlichem und heimlichen Wucher, Papiergaunereien, Zinsen und Bankiersspekulationen.« Wagner forderte die Abschaffung der Aristokratie und aller Klassengegensätze. Und der König? Er soll als »erster und allergerechtester Republikaner an die Spitze der Republik treten«.

»Dieser etwas konfuse Versuch, die Ideen der Monarchisten mit denen der Republikaner zu versöhnen« (so Rüdiger Krohn in seinem Beitrag ›Wagner und die Revolution von 1848/49‹), war Wagners erste öffentliche Revolutionsschrift. Von weiteren werden wir noch hören. Wer sich das Missvergnügen macht, sie zu lesen, muss sich wundern: Da ist nichts zu spüren vom brillanten Stil seiner Pariser Zeitungsartikel, nichts vom Glanz und der Prägnanz seiner Bühnentexte. Was Wagner in der Prosa seiner Revolutionsschriften bietet, ist langatmiges Satz-Geschnörkel, so pathetisch, salbungsvoll, ausschweifend und abschweifend, dass seine Botschaft beim Volk nie ankam. Die wenigen zündenden und hier auszugsweise zitierten Schlagworte samt schwungvoll formulierten Gedanken versinken im Schlamm endloser Suaden. Seine Revolutionsschriften hatten keinen Einfluss auf die Politik oder auf den Ausbruch der Revolution, wohl aber auf Wagners Vita: Nach den ersten Revolutionsschriften setzte Generaldirektor von Lüttichau die Oper ›Rienzi‹ vom Spielplan ab. Hofbeamte forderten Wagners Entlassung.

In Briefen an den König und Freiherrn von Lüttichau versuchte Wagner die Wogen zu glätten, gleichzeitig erbat er Urlaub, »um durch einige Entfernung von Dresden der ärgerlichen Aufregung Zeit zur Beruhigung zu lassen«.

Um sich »zu zerstreuen«, reiste Wagner im Juli 1848 nach Wien, wo die revolutionäre Atmosphäre nach wie vor besonders aufgepeitscht war. Im Sog dieser Ereignisse wollte Wagner die »fünf Theater, ... die sich elend dahinschleppten« reformieren und neu organisieren. Wiens Theaterleute zogen nicht mit, waren sie doch der Meinung, ihre Bühnen gingen diesen Richard Wagner nichts an, und Franz Grillparzer, Dramatiker in Beamtenuniform, »suchte das Befremden nicht zu verbergen, welches ihm meine unmittelbaren Bestrebungen und ... an ihn gerichteten Zumutungen einflößten«. Eduard Hanslick, Wiens führender Kritiker, von dem wir noch eine Menge hören werden, erinnerte sich: »Wagner war ganz Politik. Er erwartete von dem Sieg der Revolution eine vollständige Wiedergeburt der Kunst, der Gesellschaft, der Religion, ... ein neues Theater, eine neue Musik.«

Happyend für Lohengrin?

Natürlich war Richard Wagner nicht »ganz Politik«, nicht nur Schreiber revolutionärer Schriften, sondern nach wie vor und in erster Linie Künstler. Während des Revolutionsjahres 1848 dirigierte er eine ganze Serie von Symphonien. Er arbeitete weiter an dem Drama ›Friedrich I.‹, er schrieb den Aufsatz ›Die Wibelungen‹, den Dramenentwurf ›Nibelungen-Mythos‹, den Prosaentwurf ›Siegfrieds Tod‹ – drei Vorstudien zum ›Ring des Nibelungen‹ – und vollendete die Partitur seiner Oper ›Lohengrin‹.

Die Partitur zeigt eine auch für spätere Werke typische Verstärkung des Orchesters, vor allem der Bläsergruppen, und eine bis zu achtfache Stimmteilung der Streicher. Kompositionstechnisch erreicht Wagner eine neue Entwicklungsstufe. Das Werk ist völlig durchkomponiert. Eine neue Klangdimension – die Farbe – kommt ins Spiel. Er verfeinert die Chromatik, also die Erhöhung oder Erniedrigung – die Färbung – einer Tonart um einen Halbton. Es gelingt ihm eine Klangästhetik, die Thomas Mann als »blau-silberne Schönheit« beschreiben wird. Wagner intensiviert die bei ›Holländer‹ und ›Tannhäuser‹ vage begonnenen Verbindungen von Personen, Situationen und psychologischen Entwicklungen mit Tonarten und Instrumenten. Zentrale Tonart für Lohengrin und die Welt des Grals beispielsweise ist glanzvolles A-Dur, für die intrigante Ortrud düsteres fis-Moll, für Elsa von Brabant verhaltenes As-Dur. Charakteristische Instrumente für Lohengrin: Trompeten mit ihren glanzvollen, festlichen Klängen; für den Gral: Violinen in hoher Lage; für Ortrud: tiefe Streicher; für Elsa von Brabant: Oboen, die zu den Holzblasinstrumenten gehören und traditionell eingesetzt werden, um anmutige, unschuldige, freudvolle und leidvolle Klänge auszudrücken. Leitmotive werden verstärkt angewandt und in ihren Tonarten variiert: Das Lohengrin-Thema beispielsweise wird bei Elsas visionärer Beschreibung des unbekannten Ritters von Holzbläsern in A-Dur gespielt, bei Lohengrins Erscheinen von Trompeten in A-Dur, bei seinem Abschied in a-Moll.

Das sind nur einige Beispiele für Wagners Kompositionstechnik, die immer einfallsreicher, nuancierter und komplizierter wird. Wagner selbst hat davor gewarnt, die Techniken bei einer Aufführung zu beobachten oder zu analysieren, weil der Zuschauer dadurch aus Hingabe und Verzauberung gerissen wird, auf die es ihm ankam.

Generaldirektor von Lüttichau ließ sich einige Melodien aus ›Lohengrin‹ vorspielen und entschied: Uraufführung im nächsten Jahr!

Den ›Lohengrin‹-Text sang und las Wagner im Lokal »Engel« dem so genannten Engel-Club vor, einem Kreis vielseitiger Freunde.

Zahlreiche Musiker wie Robert Schumann gehörten dazu, mehrere Schriftsteller, Schauspieler und Professoren der Akademie wie etwa Gottfried Semper, 45 Jahre alt, Erbauer der Dresdner Oper und neben Karl Friedrich Schinkel der bedeutendste Baumeister des 19. Jahrhunderts. Auch August Röckel, der immer radikaler wurde und nach dem Ausbruch einer sächsischen Revolution lechzte, zählte zu den »Engeln«. Die Freunde waren von ›Lohengrin‹ entzückt – bis auf den Schluss. Dass Lohengrin seine Gemahlin Elsa verlässt, sei »zu unmenschlich«. Wagner fühlte sich »in Unsicherheit versetzt« und plante ein Happyend. Entweder Lohengrin verzichtet auf die Anrechte seiner hohen Geburt und bleibt bei Elsa. Oder Elsa zieht mit Lohengrin auf die Gralsburg. Bevor er sich entschied, gab er den Text noch Ida von Lüttichau zu lesen, der von ihm hochverehrten Gemahlin des Generaldirektors, einer »fein gebildeten, zarten, edlen, ... unter der rohesten Umgebung leidenvoll dahinsiechenden Frau«. Ida von Lüttichau erklärte kategorisch, Lohengrin und Elsa müssten sich trennen; wer das nicht begreife, »sei bar jeder Poesie«. Wagner ließ sich überzeugen, und so blieb es bei dem Schluss, den wir heute auf der Bühne erleben.

Große Aufregung gab es am 15. Oktober 1848: An diesem Tag erschien in den von August Röckel gegründeten und wegen ihrer radikalen Inhalte schon mehrfach konfiszierten ›Volksblättern‹ der Artikel »Deutschland und seine Fürsten« ohne Verfassernamen. Ein radikaler Angriff gegen Aristokratie und Kapitalismus: »Der Müßiggang des einen ist ein Raub an der Arbeit des Anderen.« Der unbekannte Autor forderte die Abschaffung des Adels, denn dessen »Vorrecht ist ein Unrecht«. Er griff sogar die Könige an: »Noch immer nennt ihr euch die Herren der Länder und der Völker. ... Noch immer sprecht ihr nur von Fürstenrechten und Volkespflichten, während es doch nur gibt: Volksrechte und Fürstenpflichten.«

Ende Oktober erfuhr Generaldirektor von Lüttichau, wer der anonyme Verfasser war: Richard Wagner. Lüttichau reagierte spontan: Er verbot die Uraufführung von ›Lohengrin‹!

Kurz darauf kam Nachricht aus Wien: Revolution blutig niedergeschlagen! Vier Revolutionäre hingerichtet!

In Dresden stand die Revolution noch bevor.

Michail Bakunin: Reisender in Sachen Revolution

Anfang 1849 bat Röckel in gewohntem Flüsterton und diesmal noch geheimnistuerischer als sonst Richard Wagner in seine Wohnung: Dort streckte sich ein voluminöser Mann auf dem Kanapee, gehüllt in Arbeiterklamotten, das raubtierhafte Gesicht von Bart und Mähne umwuchert, die Augen andeutungsweise geschlitzt. Er sah aus, wie der kleine Moritz sich einen Revoluzzer vorstellt. Tatsächlich war es Michail Alexandrowitsch Bakunin, russischer Anarchist von furchteinflößendem Ruf, ständig auf der Flucht und steckbrieflich gesucht.

In Prjamuchino 1814 auf einem Schlossgut geboren, Spross einer alten Aristokratenfamilie, hatte er zunächst eine standesgemäße Militärlaufbahn eingeschlagen, doch die Armee 1835 wieder verlassen. Er schmiss alles hin, Offizierskarriere, Reichtum, Adelstitel, Schlossbesitz, widmete sich philosophischen Studien und verließ 1841 Russland. Seine Todfeindschaft gegen den Zaren und die russische Aristokratengesellschaft übertrug er auf Fürsten und Großbürgertum in ganz Europa. »Er meinte«, so Wagner, dem russischen Bauern sei beizubringen, »dass die Verbrennung der Schlösser seiner Herren ... vollkommen gerecht und Gott wohlgefällig sei«. Und: »Die Zerstörung aller Zivilisation war das seinem Enthusiasmus vorschwebende Ziel.«

Dieses Ziel vor Augen hetzte er durch Europa, ein Reisender in Sachen Revolution. Er traf sich mit Anarchisten und mischte in politischen Krisenherden mit, zuletzt in Prag, wo er beim Slawenkongress einen Aufstand anzettelte, allerdings ohne Erfolg. Sein Instinkt trieb ihn nach Dresden, wo er die nächste Revolution witterte. Er nahm die von Kindern überquellende Wohnung Röckels in Beschlag und empfing Zigarren rauchend revolutionär gesonnene Personen zu endlosem Palavern.

Richard Wagner befreundete sich schnell mit ihm, »schwankend zwischen unwillkürlichem Schrecken und unwiderstehlicher Angezogenheit«. Bei Gesprächen, die Wagner ansonsten mit gnadenloser Beredsamkeit beherrschte, fand er in Bakunin den wohl einzigen Meister seines Lebens: »Bakunin hatte sich an das sokratische Element der mündlichen Diskussion gewöhnt ... Bei dieser Gelegenheit blieb er stets siegreich. Es war unmöglich, gegen seine bis über die Grenzen des Radikalismus ... ausgedrückten Argumente sich zu behaupten.«

Temperament und Benehmen Bakunins waren unberechenbar. Manchmal brach seine aristokratische Erziehung durch, er war dann ein »wirklich liebenswürdiger, zartfühlender Mensch«, meist aber benahm er sich flegelhaft. So entsetzte sich Minna Wagner, dass Bakunin an festlich gedeckter Tafel »zierlich geschnittene Wurst und Fleischstücke ... sogleich haufenweise verschlang« und dazu »einen kräftigen Zug Branntwein« aus der Flasche nahm. »Alles an ihm war kolossal mit einer auf primitive Frische hindeutenden Wucht.«

Wagner glaubte, Bakunin mit Vorlesungen aus seinem soeben erst fertig gestellten Dramenentwurf ›Jesus von Nazareth‹ erbauen zu können: Sein Jesus war Sozialrevolutionär und verkündete die Lehre, Eigentum sei Sünde. Schon nach den ersten Sätzen verbat sich Bakunin, der nie zuhören konnte und immerzu reden musste, weitere Vorlesungen, er fühlte sich aber berufen, einen Hinweis zu geben, wie Wagner die biblische Geschichte von Jesus erheblich verbessern könne: Der Tenor solle singen »Köpfet ihn!«, der Sopran »Hängt ihn!« und der Basso continuo »Feuer, Feuer!«.

Weitere Versuche Wagners, Bakunin für sein Werk und seine revolutionären Kunsttendenzen zu begeistern, ertranken in den Wortschwällen des Russen. Dabei war Bakunin hoch gebildet, er studierte Hegel und Rousseau, las die Werke deutscher Klassiker und ließ sich von Musik begeistern, so etwa bei der Generalprobe von Beethovens 9. Symphonie, die Wagner traditionsgemäß am Palmsonntag aufführte. Bakunin brach nach dem letzten Takt aus seinem Versteck hervor, lief zum Dirigentenpult und rief Wagner zu, »dass, wenn alle Musik bei dem erwarteten großen Weltenbrand verloren gehen sollte, wir für die Erhaltung dieser Symphonie mit Gefahr unseres Lebens einzustehen uns verbinden sollten«.

Bakunins brandstiftende Gedanken – »Feuer, Feuer!«, »Verbrennung der Schlösser« – haben Wagner wohl zu seinem Revolutionspoem ›Die Not‹ inspiriert: Nur Brand und Vernichtung der »Mammonstätten« führten zur Befreiung der Menschheit. Eine Strophe daraus:

Die Fackel, ha!, sie brenne helle,
Sie brenne tief und breit,
Zu Asche brenn' sie Statt und Stelle,
Dem Mammonsdienst geweiht!

Inzwischen war eine weitere Revolutionsschrift Wagners anonym in den ›Volksblättern‹ erschienen: »Der Mensch und die bestehende Gesellschaft«. Des Menschen Recht auf Glück, so stand da zu lesen, werde durch die bestehende Gesellschaft verhindert. Deshalb forderte Wagner den Kampf gegen diese bestehende Gesellschaft, »den heiligsten, den erhabensten, der je gekämpft wurde«.

Am 3. April 1849 kam es zu einem historischen Eklat: Die Deutsche Nationalversammlung hatte die Reichsverfassung verabschiedet und dem Preußenkönig Friedrich Wilhelm IV. die deutsche Kaiserkrone angeboten. Der König wollte die Kaiserkrone nur aus den Händen der Fürsten nehmen, nicht aus den Händen der Parlamentarier: Was ihm da die Volksvertreter aus der Paulskirche offerierten, sei eine »Schweinekrone«, ein »Reif aus Dreck und Letten [Lehm]«, verpestet vom »Ludergeruch der Revolution« (so in einem Brief an den Großherzog von Hessen). Damit scheiterte der Versuch, einen deutschen Nationalstaat zu schaffen.

Fünf Tage später schrieb Wagner wieder anonym und wieder für die ›Volksblätter‹ einen Brandartikel: »Die Revolution«. Wie nie zuvor ließ er dem Pathos freien Lauf: »Ja, wir erkennen es, die alte Welt, sie geht in Trümmer, eine neue wird aus ihr erstehen, denn die erhabene Göttin der Revolution, sie kommt dahergebraust auf den Flügeln der Stürme, das hehre Haupt von Blitzen umstrahlt, das Schwert in der Rechten, die Fackel in der Linken, das Auge so finster, so strafend, so kalt.« Rauschhaft und rhapsodisch fordert Wagner unter Drohungen und Schmähungen gegenüber Fürsten und Besitzbürgern die Zerstörung der bestehenden Gesellschaft. Erst wenn die alte Welt in Trümmern liege, könne eine neue Welt entstehen, in der alle Menschen frei seien »im Wollen, im Tun, im Genießen«.

Am 30. April spitzt sich die Lage zu. König Friedrich August II. verweigert die Anerkennung der Frankfurter Reichsverfassung, löst die Kammern auf und setzt die meisten Minister ab. Dresdner Bürger gehen auf die Straße und demonstrieren für Anerkennung der

Reichsverfassung. Chaos und Ratlosigkeit zwei Tage lang, am 1. und 2. Mai. Königstreue Soldaten und Kommunalgardisten stehen sich kampfbereit gegenüber. Minister von Beust ruft preußisches Militär zu Hilfe.

Die Mairevolution in Dresden

Donnerstag, 3. Mai 1849: Die ersten Schüsse! Königstreue Infanteristen feuern aus dem Hof des Zeughauses auf eine Gruppe steinewerfender und johlender Demonstranten. Vier Tote, viele Verletzte. Die Kommunalgarde eilt herbei und wird von den Infanteristen mit einem Kartätschenschuss gestoppt. Wieder Tote. Sturmglocken werden geläutet, erst im Turm der Annakirche, dann auf allen anderen Türmen der Stadt. Sturmglocken-Kanon über Dresden. – Revolution! Diesen Augenblick erlebt Richard Wagner seinen eigenen Angaben nach ähnlich wie Goethe die Kanonade von Valmy, mit einem visuellen Phänomen:»Der Platz vor mir schien von einem dunkelgelben, fast bräunlichen Lichte beleuchtet zu sein ... Die dabei sich kundgebenden Empfindungen waren die eines großen, ja ausschweifenden Behagens.«

In der Altstadt ist Hämmern und Sägen zu hören. Überall werden Barrikaden unterschiedlichster Qualität errichtet, meist dilettantisch zusammengenagelte Bretterverhaue, vereinzelt aber wahre Meisterwerke, konstruiert von Gottfried Semper, dem Erbauer der Oper und Professor der Königlichen Akademie.

Wagner gerät in einen Strom wild schreiender Menschen und lässt sich mittreiben zum Rathaus, wo er sich in den Sitzungssaal des Stadtrates drängt. Er beobachtet »allgemeine Auflösung und Ratlosigkeit«. Aus gutem Grund: Kurz vorher hatte der Rat eine Deputation ins königliche Schloss entsandt und Friedrich August II. um Anerkennung der Reichsverfassung gebeten. – Vergeblich. Was nun?

Wagner kommt auf die Idee, Gewehre für die Aufständischen zu besorgen, und zwar vom Heldentenor Joseph Tichatschek, seinem Rienzi- und Tannhäuser-Sänger, einem Sonntagsjäger und Waffensammler. Tichatschek war nicht daheim, wohl aber dessen Frau.»Ich gab ihr den Rat, die Jagdgewehre ihres Mannes, welche sehr leicht

bald von dem Pöbel requiriert werden könnten, dadurch in Sicherheit zu bringen, dass sie dieselben dem Komitee des Vaterlandsvereins gegen Zertifikat zur Disposition stellte.«
Freitag, 4. Mai: Im dichten Morgennebel um 4 Uhr flüchtet der König mit Königin und drei Ministern per Dampfschiff zur Festung Königstein. Eine daraufhin schnell gebildete provisorische Regierung mit Otto Heubner, Samuel Tzschirner und Karl Gotthelf Todt erlässt die Proklamation des bewaffneten Widerstandes. Kommunalgarde und Bürgerwehr liefern sich Feuergefechte mit königstreuen Truppen. Zufällig trifft Wagner einen Drucker der ›Volksblätter‹ und lässt von ihm schnell einige hundert Handzettel mit dem Text »Seid ihr mit uns gegen fremde Truppen?« produzieren. Diese Zettel verteilt Wagner während einer Kampfpause unter königstreuen Soldaten – in der unverkennbaren Absicht, sie zur Fahnenflucht zu bewegen. Einfache Chargen und Offiziere sind so verdutzt, dass sie Wagner weder hindern noch festnehmen oder auf der Stelle erschießen. Als sie begreifen, ist Wagner auf und davon. Er begegnet dem »immer umherschweifenden« Bakunin, der kaum zu erkennen ist: Bakunin im Frack!

Gegen Abend wandert Wagner nach Hause. Die Idee zu einem ›Achilleus-Drama‹ kommt ihm in den Sinn. Ungeachtet der Schüsse und Schreie rings um ihn schreibt er Bruchstücke eines Entwurfs ins Notizbuch.

Samstag, 5. Mai. Zwei geflüchtete Minister – von Beust und Rabenhorst – kehren zurück und fordern von der provisorischen Regierung: Schuldbekenntnis und bedingungslose Unterwerfung. Die Regierung lehnt ab, die Minister geben Feuerbefehl. Granaten orgeln in die Altstadt. Wilhelmine Schröder-Devrient steht am Fenster ihrer Wohnung oberhalb der Löwenapotheke und befeuert die Aufständischen mit schrillem Sopran.

Wagner klettert abends als Kundschafter auf den fast 100 Meter hohen Turm der Kreuzkirche und wird von königlichen Scharfschützen unter Beschuss genommen. Ein bereits auf dem Turm postierter Oberlehrer namens Berthold rät Wagner zur Vorsicht. Der soll daraufhin gesagt haben:»Keine Sorge, ich bin unsterblich.«

Um besser beobachten zu können, baut sich Wagner einen Kugelfang aus dem Strohsack des Türmers. Die ganze Nacht über knallen Kugeln in die Mauer. Schwer erträglich wird für Wagner das Gedröhn der in unmittelbarer Nähe immer wieder geläuteten Sturmglocke. Er schickt einen Boten zu Minna mit dem Auftrag, Schnupftabak zu holen.

Sonntag, 6. Mai. Morgens wird es ruhiger. Wagner entzückt sich über den Gesang einer Nachtigall – und vernimmt von fern, immer deutlicher werdend, die Marseillaise, Frankreichs Revolutionslied und Nationalhymne. Sie wird gesungen von Erzgebirglern, überwiegend Bergleuten, die zur Verteidigung Dresdens heranmarschieren. Gleichzeitig sind die ersten preußischen Truppen in Dresden zu sehen. Schützenhilfe für den Sachsenkönig. Wagner schreibt seine Beobachtungen auf ein Blatt Papier, wickelt es um einen Stein und lässt ihn abwärts sausen. Luftpost.

Die Kämpfe werden heftiger. Dresden ist dröhnend überwölbt von Kanonendonner, Gewehrschüssen, Geschrei, Turmgeläut. Kommunalgardisten werfen mit Handgranaten, die, wie später behauptet werden wird, Wagner am 4. Mai im Auftrag Bakunins beim Geldgießer Öhme bestellt haben soll. Nichts bewiesen, nichts widerlegt!

Montag, 7. Mai. Das Alte Opernhaus – Schauplatz seiner Triumphe mit Beethovens Neunter – geht in Flammen auf. Wagner ist in der Nähe. Er wird der Brandstiftung verdächtigt, zu Unrecht. Freischärler hatten das Alte Opernhaus angezündet, weil sie einen Feuerwall gegen preußische Truppen brauchten, aus strategischen Gründen also, wie sie später zu Protokoll gaben. Aus strategischen Gründen auch – um den Vormarsch der Kavallerie zu blockieren – lässt Bakunin im Blitztempo die Bäume der Maximilians-Allee fällen und auf die Straße stürzen. Es amüsiert ihn, dass Anwohner die »scheenen Beeme« beklagen.

Der Kammermusikus Hibenthal entdeckt Wagner in einem Kreis von Kommunalgardisten und ruft: »Aber, Herr Kapellmeister, denken Sie denn gar nicht an Ihre Stellung und was Sie, wenn Sie sich so aussetzen, verlieren können?« Wagner bricht »in lautes Gelächter aus«.

Gegen Mittag eilt Wagner nach Hause zu seiner verstörten Frau, um ihre Flucht vorzubereiten. Später bringt er Minna mit Hündchen Peps und Papagei Papo zu seiner Schwester Klara nach Chemnitz.

Kurz vor Mitternacht wird sein bester Freund August Röckel in Dresden von einer Militärpatrouille verhaftet und misshandelt.

Dienstag, 8. Mai. Wagner kehrt nach Dresden zurück, entsetzt, enttäuscht. Die Stadt ist nicht zu halten. Königstreues Militär und preußische Truppen gewinnen immer mehr an Boden. Bakunin will das Rathaus in die Luft sprengen, wird von Heubner gehindert. Allgemeiner Rückzug der Aufständischen. Tzschirner und Todt, Semper und viele Mitkämpfer Wagners flüchten in die Schweiz.

Mittwoch, 9. Mai. Bakunin und Heubner sehen nur eine Chance: aufständische Kräfte im Erzgebirge bündeln und Dresden im Angriff erobern. In einer gemieteten Kutsche reisen sie um vier Uhr früh in Dresden ab. Wagner folgt ihnen, trifft sie vor Freiberg und steigt in ihre Mietkutsche, eine leichte Luxuskarosse, die in den Federn kracht, denn seitwärts und hinten drängen sich Freischärler auf den Trittbrettern. »Unter Schluchzen und Weinen« fleht der Kutscher, sie sollen ihm sein teures Gefährt nicht demolieren und aussteigen. »Tränen eines Philisters sind Nektar für die Götter«, spricht Bakunin, indem er aus dem Wagen klettert, gefolgt von Wagner und Heubner. Unter dem Trommelwirbel eines Tambours marschieren sie mit einer Gruppe von Aufständischen nach Freiberg. Der Tambour schlägt gelegentlich auf den hölzernen Rand der Trommel, und der klappernde Ton gemahnt Wagner »in gespenstischer Weise an das Knochengeklapper von Totengerippen beim nächtlichen Tanz um den Rabenstein, wie ihn Berlioz im letzten Satz seiner Sinfonie phantastique mit so schrecklicher Realität ... vorgeführt hatte«. In Freiberg rasten sie kurz in einem Haus, das Heubner gehört, um bald weiterzufahren nach Chemnitz. Wagner will per Diligence vorausfahren, Minna kurz besuchen und nachts im Hotel »Blauer Engel« zu Bakunin und Heubner stoßen. Und nun beginnt wieder einmal die für Wagners Leben so erstaunliche Verkettung glücklicher Zufälle: Der Postillion fährt nicht fahrplanmäßig ab, eine Stunde vergeht. Wagner verliert die Geduld, will nun doch mit Bakunin und Heubner nach Chemnitz reisen. Er eilt zu Heubners Haus – zu spät. Soeben abgefahren! Wagner rennt wütend zurück zur Diligence, muss wieder warten. Endlich geht's los. In Chemnitz kommt Wagner todmüde und so spät an, dass er nicht mehr, wie mit Bakunin und Heubner vereinbart, im »Blauen Engel« absteigt, sondern im nächstgelegenen Gasthof. Zu seinem Glück: Im »Blauen Engel« werden Bakunin und Heubner verhaftet. Das ist das Ende der Dresdner Revolution.

Laut amtlichen Angaben starben bei der Dresdner Revolution 41 Soldaten – 8 Preußen, 33 Sachsen – und 191 Aufständische, 184 Männer und 7 Frauen.

Zu Zuchthausstrafen wurden 432 Personen verurteilt, darunter die meisten Abgeordneten, viele Bürgermeister, Pfarrer und Beamte.

Heubner, Vorsitzender der provisorischen Regierung, wurde zum Tode verurteilt, zu lebenslänglich Zuchthaus begnadigt, 1859 freigelassen.

Bakunin: zum Tode verurteilt, zu lebenslänglich Zuchthaus begnadigt, 1850 nach Österreich ausgeliefert, 1851 nach Russland abgeschoben, 1857 nach Sibirien verbannt. Er flüchtete 1861 über Japan und USA nach London, beteiligte sich 1864 an der Gründung der 1. Internationale, bekam Krach mit Marx und trieb sich danach konspirativ in Italien und der Schweiz herum. Er starb 1876 in Bern.

August Röckel, Wagners bester Freund in Dresden: zum Tode verurteilt, zu lebenslänglich Zuchthaus begnadigt, 1862 freigelassen. Er wird Wagner wieder treffen, und wir werden wieder von ihm hören.

Exil in der Schweiz

Honoriger Fluchthelfer: Franz Liszt

Für Wagner gab's nur eines: Flucht! In die Schweiz oder nach Frankreich. Dazu brauchte er Geld und einen falschen Pass. Und einen Freund, der beides beschaffte und bereit war, dafür Zuchthaus zu riskieren. Dieser Freund war – Franz Liszt. So glaubte Wagner. Aus gutem Grund:

Franz Liszt hatte ab 1848 nach seinen Wanderjahren als Wunderpianist ein Engagement als Operndirektor in Weimar angetreten. Anfang März 1848 besuchte er Richard Wagner in Dresden. Allein. Keine rasante Begleiterin wie weiland Lola Montez lenkte ihn ab, Wagner konnte ungestört mit Franz Liszt reden, von seinen Ideen und Plänen erzählen, Texte vorsingen und Melodien auf dem Klavier spielen. Einige Tage lang. Sie wurden Freunde. Im August weilte Wagner eine Woche lang auf Einladung Liszts in Weimar. Er wurde dem Großherzog Carl Friedrich von Sachsen-Weimar-Eisenach vorgestellt, einem Sohn des Goethe-Herzogs Carl August, und Neffen Constantins, der, wie erwähnt, als Großvater Richard Wagners verdächtigt wird. Der Großherzog schenkte ihm eine goldene Tabatiere. Sie diente Wagner fortan zur Aufbewahrung seines Schnupftabaks, dem er mit wachsender Leidenschaft zusprach. Gelegentlich rauchte er Zigarren, aber nur von den teuersten Sorten.

Franz Liszt wollte alle Wagner-Opern in Weimar aufführen. Schon bei der Einstudierung von ›Tannhäuser‹, den er zuerst in Angriff nahm, war er so fasziniert, so überzeugt von der Dramatik des Textes, vom Sinn der »unendlichen Melodie« und der Leitmotivtechnik, dass er nach der Premiere am 16. Februar 1849 einen überschwänglichen Brief an Wagner schrieb. Darin hieß es: »Ein für allemal zählen Sie mich von nun an zu Ihren eifrigsten und erge-

bensten Bewunderern – nah wie fern bauen Sie auf mich und verfügen Sie über mich.«

Dieser Brief war es, der Wagner ermunterte, Franz Liszt als Fluchthelfer auszuwählen. Er startete am 10. Mai 1849 nach Weimar, zu
Fuß und in Kutschen, die er mehrmals wechselte. Nach drei Tagen
und Nächten war er da.

Franz Liszt hatte keine Ahnung, dass ein von der Todesstrafe be-
drohter Flüchtling vor ihm stand. Er umarmte entzückt den unver-
hofften Besucher, nahm für ihn auf eigene Kosten ein Zimmer im
feudalen Hotel »Erbprinz« und ließ dem durch seine ›Tannhäuser‹-
Aufführungen in Weimar unerhört populären Richard Wagner Eh-
rungen wie für einen Staatsgast zuteil werden. Am 15. Mai wurde
Wagner von Maria Pawlowna empfangen, der Gemahlin des Großherzogs Carl Friedrich und Schwester des Zaren Nikolaus. Und am
16. Mai startete Dresdens Polizei die Großfahndung nach Richard
Wagner mit diesem

»Steckbrief:
Der unten etwas näher bezeichnete Königl. Kapellmeister Richard
Wagner von hier ist wegen wesentlicher Teilnahme an der in hiesiger
Stadt stattgefundenen aufrührerischen Bewegung zur Untersuchung
zu ziehen, zur Zeit aber nicht zu erlangen gewesen. Es werden daher
alle Polizeibehörden auf denselben aufmerksam gemacht und ersucht,
Wagnern im Betretungsfalle zu verhaften und davon uns schleunigst
Nachricht zu erteilen.
Dresden, den 16. Mai 1849
Die Stadt-Polizei-Deputation
Von Oppel
Wagner ist 37 bis 38 Jahre alt, mittler Statur, hat braunes Haar und
trägt eine Brille.«

Franz Liszt machte keine Vorwürfe. Er hatte nur eines im Sinn: die
Rettung seines Freundes Richard Wagner. Fluchtziel sollte Paris sein,
das beste Pflaster für Wagners weitere Entfaltung, wie Liszt glaubte.
Flüchten sollte Wagner über Bayern und die neutrale Schweiz, und
zwar schleunigst, bevor sein Steckbrief überall angeschlagen war.

Wagner indes bestand darauf, seinen Geburtstag am 22. Mai mit

Minna zu feiern, die aus Dresden anreiste. Ein unerfreuliches Fest: Beide verbargen sich wie Verbrecher im Gutshof Magdala, Minna berichtete von den Verwüstungen einer polizeilichen Hausdurchsuchung in Dresden und überhäufte Wagner mit Vorwürfen. Wütend reiste sie ab.

Am 23. Mai endlich, sieben Tage nach Beginn der Fahndung, war Wagner bereit zur Flucht. Franz Liszt hatte Geld und einen falschen Pass besorgt. Der Pass gehörte dem in Tübingen geborenen Professor Widmann, einem ›Tannhäuser‹-Fan, der es sich nicht nehmen ließ, Wagner persönlich mit einem Schwall schwäbisch gefärbter Segenswünsche zu verabschieden. Wagner zuckte zusammen. Jäh wurde ihm bewusst, dass er an der Grenze zur Schweiz verdächtig wirken könnte mit seinem sächsischen Dialekt und einem Pass, der ihn als gebürtigen Tübinger auswies. »Von fieberhafter Unruhe beherrscht« versuchte Wagner, die ganze Nacht über schwäbischen Dialekt einzustudieren, was ihm, wie wir uns leicht vorstellen können, nicht gelingen wollte. An der Grenze bei Lindau verlief alles glatt, Wagner war am 28. Mai 1849 auf schweizerischem Boden, im Eldorado der Exilanten, er fühlte sich »frei wie der Vogel in der Luft« und reiste gemächlich nach Zürich, wo er abends bei Alexander Müller klingelte, einem Musiklehrer und Zechkumpan aus Würzburger Zeiten. Müller kannte die Staatsschreiber Dr. Jakob Sulzer und Franz Hagenbuch, die Wagner aus purer Sympathie einen schweizerischen Pass ausstellten mit der Größenangabe: 5 Fuß 1/2 Zoll, umgerechnet 166,5 Zentimeter. Das ist die einzige – und noch dazu unrichtige – Größenangabe, die wir von Wagner kennen. Sie führt zu einer Frage, die erbittert diskutiert wird: Wie groß – oder wie klein – war Wagner wirklich?

Zeitgenossen beschrieben Richard Wagner übereinstimmend als auffallend klein. Um seine Körpergröße annähernd genau zu ermitteln, wurde eine Art Relativitätstheorie entwickelt: Wagner wird auf Gemälden oder Fotos abgemessen und in Relation gesetzt zu abgebildeten Möbelstücken oder anderen Gegenständen. Perspektivische Verzeichnungen machen eine zentimetergenaue Messung unmöglich, aber so viel ist erwiesen: Wagner war nicht knapp mittelgroß wie in dem von zwei Freunden ausgestellten Pass – 166,5 Zen-

timeter –, sondern kleiner, mithin kleinwüchsig, und das ist von
Bedeutung:»Wir betonen die Kleinwüchsigkeit, weil – wie schon G.
Chr. Lichtenberg sagte – die kleinen Trommler am lautesten trommeln; die Erfahrung lehrt, dass physisch schmächtige Menschen oft
andere durch Ehrgeiz auszustechen und zu verkleinern bestrebt
sind« (so der Tiefenpsychologe Josef Rattner in ›Wagner im Lichte
der Tiefenpsychologie‹).

Damit könnten wir das Thema abhaken, hätte nicht die ohnehin
schon etwas abstruse Diskussion über Wagners Körpergröße bizarre
Auswirkungen auf die Wagner-Geschichtsschreibung.»Unbegreif-
lich«, erbost sich Gregor-Dellin,»dass es sogar über Wagners Körpergröße post mortem zu lang andauernden Meinungsverschiedenheiten kommen konnte, weil einige in Wagner offenbar gern einen
Zwerg sehen wollten und andere dies als ein Sakrileg empfanden –
darin wiederholt sich der Streit um den sächselnden Schwadroneur.«
    In der Tat: Seit Wagners Lebzeiten bis in unsere Tage hinein ser-
vieren einige Biografen und Kommentatoren ihren Lesern zentimetergenaue Größenangaben: von maximal 166,5 Zentimetern, die
widerlegt sind, bis zu 151 Zentimetern, die sicher falsch sind. Zwischen diesen Extremen wird Wagner dann beliebig erhöht oder
kleingemacht. Bei manchen Biografen lässt sich ihre Einstellung für
oder gegen Wagner an den Zentimetern ablesen, die sie ihm gönnen
oder missgönnen! Von Ausnahmen abgesehen kann man darauf
wetten: Wer ihm 166,5 Zentimeter bescheinigt, gehört zu den Wag-
ner-Schmeichlern. Wer ihn auf Zwergmaß schrumpfen lässt, will
Wagner attackieren. Der Zollstock als kulturhistorischer Maßstab!

Was also ist objektiv über Wagners Größe zu sagen? Wohl dies:
Richard Wagner war klein – und blickte auf alle anderen herab.

»Lasst mich wieder irgendwo daheim sein«

Wagner hatte am 30. Mai 1849 seinen schweizerischen Pass erhalten
und reiste noch am selben Abend ab nach Paris. Er brannte darauf,
»Europas Kulturmetropole« im zweiten Anlauf für sich und seine
Kunst zu erobern. Im Summen der Postkutschenräder glaubte er

»wie von tiefen Blasinstrumenten vorgetragen, die Melodie von ›Freude schöner Götterfunken‹ aus der Neunten Symphonie zu vernehmen«. Am 2. Juni in der Früh ratterte die Kutsche über das Kopfsteinpflaster von Paris. Wagner nahm Quartier in einem Hotel an der Rue Notre-Dame de Loretto. Sein Ziel war hochgesteckt: Er wollte eine Oper für Paris dichten, komponieren, inszenieren und bei der Uraufführung in eineinhalb Jahren selbst dirigieren! Als prominenter Komponist und nach dem reinigenden Gewitter der Revolution würde er leichtes Spiel haben – so dachte Wagner. Indes: Die Februarrevolution war verpufft. Bankiers, Industrielle und korrupte Politiker bestimmten rücksichtsloser als früher das Kulturleben und protegierten die von Wagner so gehasste und verachtete Grand Opéra. Zu allem Überfluss brach die Cholera aus in Paris. Vor dem Hotel »kamen fast stündlich, von dumpfem Trommelschlag angekündigt, Leichenkondukte... vorbei«. Wagner wollte zurück nach Zürich, hatte aber kein Geld mehr für die Heimreise, flüchtete vor der Cholera hinaus aufs Land nach Rueil und sandte von dort am 18. Juni einen Bittbrief an Franz Liszt, diesmal wieder einmal in Kleinschreibung: »Mit der zuversicht eines gänzlich hilflosen bitte ich Dich... mache es möglich mir schnell geld zukommen zu lassen, damit ich hier fortgehen, nach Zürich reisen und dort... leben kann... Gott, welche mühe gebe ich mir immer, nicht zu weinen... Lasst mich wieder irgendwo daheim sein.«

Franz Liszt schickte 300 Francs (1.800 Euro). Wagner kehrte am 6. Juli 1849 zurück in »das von der öffentlichen Kunst gänzlich entblößte Zürich«. Und zog als Untermieter in die Wohnung seines Freundes Alexander Müller.

Verärgert über das Pariser Debakel, traumatisiert von der Dresdner Revolution, beeinflusst von Proudhon und Feuerbach, die er wieder und intensiver las, schrieb Wagner von 1849 bis 1851 eine Reihe so genannter ›Zürcher Kunstschriften‹, die genau genommen kunstrevolutionäre Schriften sind. Dazu zählt ›Eine Mitteilung an meine Freunde‹, ein autobiographisches und programmatisches Werk, hochinteressant, aus dem hier schon mehrfach zitiert wurde. Weiter sind als Beispiele zu nennen: ›Die Kunst und die Revolution‹, ›Das Kunstwerk der Zukunft‹, ›Oper und Drama‹. Von diesen Werken, die weitaus umfangreicher sind als die Dresdner Revolutionsschriften, werden wir noch hören. Viele bahnbrechende und prägnante Ideen zur musikalischen Ästhetik, zur Literatur- und Musiktheorie sind durcheinandergewürfelt mit revolutionären Ideen, persönlichen und politischen Ressentiments – und umständlich formuliert. Martin Gregor-Dellin, der sich mit den theoretischen Schriften Wagners befasste und sie in einem Buch kommentiert herausgab (Richard Wagner, ›Mein Denken‹), spricht von dem »mit Reißzwecken gespickten, unverdaulichen Brei der Wagner'schen Kanzleiprosa«. Forscher beschäftigen sich heute noch gelegentlich mit Wagners Schriften, haben sie aber als Quellen zum Verständnis seines Werkes längst nicht ausgeschöpft. Interessant ist, dass Wagner sich in der Praxis oft um seine eigenen Theorien nicht geschert hat. Marcel Prawy, Wagner-Kenner par excellence, bringt es auf den Punkt: »Seine Werke beherrschen die Bühnen der Welt. Seine Schriften sind vergessen.«

Zudem waren diese Schriften brotlose Kunst, Wagner verdiente wenig oder meist gar nichts daran. In Zürich lebte er von geliehenen oder geschenkten Geldern. Regelmäßige Beträge erhielt er von Franz Liszt und einem unbekannten Spender, der später enttarnt wurde: Großherzog Carl Friedrich von Sachsen-Weimar-Eisenach war's. Auch Züricher Freunde halfen aus, Politiker, Musiker und Dichter, die sich meist in der Wohnung des Staatsschreibers Jakob Sulzer trafen. Sulzer, 29 Jahre alt, älter wirkend wegen eines früh ergrauten Vollbartes, Jurist, Philosoph und Philologe, war führendes Mitglied der Demokratischen Partei im Kanton Zürich, ein bedingungsloser Bewunderer Wagners.

Anfang September 1849 kam Minna, »eine offenbar sehr gealterte Frau« in die Schweiz, mit Schoßhund Peps, Papagei Papo, Tochter Natalie und ohne Verständnis dafür, dass ihr Mann die honorige und sichere Lebensstellung als Königlich-Sächsischer Hofkapellmeister seinen politischen Ideen geopfert hatte. »Besonders erfreulich wirkten das Hündchen und der Vogel auf mich.« Minna drohte beim geringsten Ärger mit sofortiger Abreise nach Dresden. Sie brachte eine Kiste voller Partituren und Textmanuskripte mit, nicht jedoch die ersehnte Büchersammlung. Die hatte Heinrich Brockhaus, seit kurzem Geschäftsführer des Verlagshauses F.A. Brockhaus in Leipzig, nach Wagners Flucht beschlagnahmt: als

Pfand für geliehene 500 Taler. Heinrich Brockhaus war der Bruder von Friedrich und Hermann Brockhaus, den Ehemännern von Wagners Schwestern Luise und Ottilie.

(1975 übergab der Brockhaus-Verlag die Bibliothek an die Richard-Wagner-Stiftung Bayreuth.)

Fluchtpläne mit der schönen Jessie

Anfang 1850 wandte sich Wagner wieder den Künsten zu. Er verfasste den Prosaentwurf der nie vollendeten Heldenoper ›Wieland der Schmied‹ und dirigierte in der ›Allgemeinen Musikgesellschaft‹ die 7. Symphonie von Beethoven vor so begeistertem Publikum und so wohlgesinnten Rezensenten, dass er sich eine Zukunft in Zürich durchaus vorstellen konnte. Doch Minna hatte Höheres im Sinn: »Sie erklärte, wenn ich nicht allen Ernstes versuchte, es in Paris zu etwas Ordentlichem zu bringen, sie an mir verzweifeln und nicht zusehen würde, wie ich in Zürich als elender Schriftsteller und Dirigent von Winkelkonzerten jämmerlich verkäme.«

Widerwillig reiste Wagner am 1. Februar 1850 per Diligence nach Paris. Missmutig hörte er Meyerbeers Oper ›Der Prophet‹. »Mir ward ... übel von dieser Aufführung.« Hingegen begeisterte ihn eine Wahlversammlung der demokratischen Sozialisten mit 6.000 Besuchern.

Husten und Herzbeschwerden! Das Geld ging ihm aus. Die Rückreise konnte er nicht bezahlen. Da traf ein Brief aus Dresden ein: Julie Ritter, Wagner-Bewunderin und vermögende Witwe, wollte ihm jährlich 800 Taler (20.000 Euro) zahlen. Am nächsten Tag noch ein Brief: Familie Laussot aus Bordeaux bot ihm eine jährliche Unterstützung von 3.000 Francs an (18.000 Euro). Das war zusammen etwas mehr als sein Anfangsgehalt als Königlich-Sächsischer Hofkapellmeister. Wagner konnte sich die Duplizität von Glücksfällen nicht erklären. Kurz darauf wurde er von der Familie Laussot nach Bordeaux eingeladen. Er wartete die Überweisung des Reisegeldes ab, bestieg am 14. März die Diligence und informierte Minna per Brief von der Reise in den Süden. Eine rätselvolle Angelegenheit. Die Vorgeschichte muss kurz erklärt werden.

Im Hause Laussot am Jardin Public führte Ann Taylor, steinreiche Witwe eines Londoner Advokaten, das Kommando. Ihre Tochter Jessie, 22 Jahre alt, blass, attraktiv, etwas pummelig, war seit einem Jahr mit dem Weinhändler Eugène Laussot verheiratet, einem pomadisierten Schönling von alertem Auftreten und solcher Nichtsnutzigkeit, dass die Familie vom Geld der Witwe lebte. Dieser Eugène Laussot war früher der Geliebte von Ann Taylor gewesen, die ihn, als sie seiner überdrüssig wurde, mit ihrer eigenen Tochter Jessie verkuppelte. Jessie, unglücklich in dieser Ehe, schwärmte für Richard Wagner, seit sie ihn vor sechs Jahren als Musikstudentin bei der ›Tannhäuser‹-Uraufführung in Dresden kennen gelernt hatte. Zu ihrem damaligen Freundeskreis in Dresden gehörte die oben erwähnte Julie Ritter.

Als Jessie nun von Wagners Flucht und seiner finanziellen Misere erfuhr, organisierte sie eine Hilfsaktion: Julie Ritter soll ihm 800 Taler jährlich zahlen, Jessies Mutter 3.000 Francs. Außerdem lud sie Wagner – mit Einverständnis ihrer dominanten Mutter – nach Bordeaux ein. Und so kam es, dass Richard Wagner im März 1850 vor der Tür stand.

Jessie erwies sich als intelligente, literarisch wohlgebildete junge Dame, die vorzüglich Klavier spielte, aber Wagner mit dem schrillen Falsett ihres Gesanges erschreckte. Die beiden begannen im Hause der Gastgeber ein Liebesverhältnis, das von der häufigen Abwesenheit des Ehemannes ebenso begünstigt wurde wie von der Schwerhörigkeit der Mutter.

Zu dieser Zeit erreichte Wagner ein Brief von Minna: Sie könne nicht länger an der Seite eines Mannes leben, der sich von Almosen fremder Familien erhalte. Sogar das »Du« verbat sie sich für alle Zukunft. Schockiert und gedemütigt plante Wagner »die gänzliche Flucht aus dieser Welt«, genau genommen die geheime Flucht nach Griechenland oder Kleinasien, und zwar mit Jessie, die »in kurz hingeworfenen Worten« ihr Einverständnis erklärte. Er ließ sich von ihrer ahnungslosen Mutter 625 Francs Vorschuss auf die Rente zahlen und reiste vorerst allein nach Paris, um Partituren und Manuskripte zu holen, die er bei seinem Freund Ernst Benedikt Kietz deponiert hatte. Gelegentlich eines Ausfluges in einen Landgasthof von Montmorency nördlich von Paris entzückte ihn das »flatternde

Chaos« einer Hühnerschar samt Hahn dermaßen, dass er ein Zimmer nahm und einige Tage blieb. Er schrieb Minna einen langatmigen Abschiedsbrief, in dem es heißt:»Wohin ich gehe, weiß ich nicht! Forsche nicht nach mir... Leb wohl! Leb wohl! Mein Weib!«

Minna las den Brief und reiste sogleich nach Paris, um ihre Ehe zu retten. Wagner entspannte sich unterdessen in Montmorency: »Der alte Kunsttrieb erwachte. Ich blätterte in meiner Lohengrin-Partitur und entschloss mich schnell, sie an Liszt abzuschicken, um es ihm anheim zu stellen, so gut oder übel es ihm gelingen könne, sie aufführen zu lassen. Nun ich auch diese Partitur los war, fühlte ich mich so recht wie vogelfrei.« Den Text legte er bei.

In diesen Zustand »diogenischer Unbesorgtheit« platzte am 24. April die Nachricht, dass Minna in Paris angekommen sei und ihn suche. Nach einer »schmerzlichen Stunde« der Überlegung reiste Wagner nach Paris – um Ernst Benedikt Kietz zu bitten, Minna mitzuteilen: er, Wagner, sei leider gerade abgereist. Und tatsächlich reiste er sogleich ab, wie in Panik sprang er in einen Eisenbahnwaggon und in Villeneuve am Genfer See stieg er wieder aus. Auf dem Briefpapier des Hotels »Byron« teilte er Jessie Laussot die Etappen der geplanten Flucht mit. Ihr Antwortbrief fuhr ihm in alle Glieder: Sie hatte ihrer Mutter den Fluchtplan vertraulich mitgeteilt, und diese alarmierte Eugène Laussot, der Wagner angeblich überall suchte, um ihm eine Kugel in den Kopf zu schießen.

Wagner, von Liebe und Eifersucht getrieben, wollte um Jessie kämpfen und eilte im Mai nach Bordeaux. Nach drei Tagen und zwei Nächten rumpelnder Kutschfahrt sah er, was uns bei diesem Chaos kaum noch wundert, Bordeaux im Morgengrauen grellgelb erleuchtet von einer Feuersbrunst. Er stieg im Hotel »Quatre sœurs« ab und bat Eugène Laussot per Boten um Besuch und Aussprache. Am Nachmittag erschien nicht etwa der pomadisierte Ehemann, sondern ein Polizist, der seine Ausweisung aus der Stadt verfügte – mit der Begründung, er würde Unfrieden in eine eingesessene Familie bringen. Eugène Laussot hatte ihn angezeigt und sich mit Frau und Mutter schnell aus der Stadt entfernt. Wagner schrieb einen Abschiedsbrief an Jessie und fuhr auf Umwegen zurück nach Zürich – um sich mit Minna zu versöhnen.

Auf der Strecke blieben die Rente der Familie Laussot – und Jes-

sies Ehe. Nach der Liebesbeziehung zu Wagner konnte sie mit Eugène Laussot nicht mehr leben. Sie verließ ihn und heiratete nach
Jahren den Historiker Karl Hildebrand in Florenz.

Und die Rente von Julie Ritter? Die vermögende Witwe scherte
sich nicht um Wagners Amouren und stellte die Rente in Aussicht.

Das Pamphlet

In Zürich normalisierte sich alles – freilich nur vorübergehend. Wagner und Minna wohnten ab 3. Juli 1850 in einem Holzhaus – spaßeshalber »Villa Rienzi« genannt – am Ufer des Sees mit Boot, Bootshaus
und Blick auf die Alpen. »Zunächst halfen die beiden Haustiere Peps
und Papo außerordentlich wirksam zum häuslichen Behagen.« Ärger gab es mit Natalie, der verleugneten Tochter Minnas, die ihre
Schwester zu sein glaubte und störrisch auf jede Bevormundung
reagierte. Im Dachstübchen des Hauses wohnte Carl Ritter, 20 Jahre
alt, Sohn von Julie Ritter und Neffe eines reichen Erbonkels. Auf
Wunsch der Mutter sollte Wagner ihn zum Dirigenten ausbilden.
Carl Ritter war mit dem gleichaltrigen Hans von Bülow befreundet,
den wir schon als 13-jährigen Kavalier von Lola Montez und als
Liszt-Bewunderer kennen. Er hatte am Palmsonntag 1846 Wagners
legendäre Aufführung der 9. Symphonie Beethovens im Alten
Opernhaus am Zwinger erlebt, mehrere Wagner-Opern gesehen und
war nun auch ein Bewunderer Wagners. Der Zufall wollte es, dass er
nach dem verhassten Jurastudium einige Monate bei seinem ge-
schiedenen und wieder verheirateten Vater Eduard von Bülow auf
Burg Ötlishausen am Bodensee lebte. Von dort kam er so oft wie
möglich ins nahe Zürich zu seinem Freund Carl Ritter und mithin
auch zu Richard Wagner, zu ihm vor allem.

Am Seeufer sitzend, begann Wagner am 12. August 1850 mit
einer nicht vollendeten Kompositionsskizze zu ›Siegfrieds Tod‹. Ein
anderes Werk, das er damals in Angriff nahm, sollte schlimmste Auswirkungen haben: Angeregt vom Ausdruck »hebräischer Kunstgeschmack« in einem Artikel der inzwischen nicht mehr von Robert
Schumann, sondern dem Musiker und Komponisten Franz Brendel
herausgegebenen ›Neuen Zeitschrift für Musik‹, schrieb er unter

dem Pseudonym K. Freigedank sein unsägliches Machwerk ›Das Judentum in der Musik‹, ebenso quallig und unleserlich wie seine ›Zürcher Kunstschriften‹ – nur mit dem Unterschied: ›Das Judentum in der Musik‹ wird gelesen und zitiert bis heute und in alle Ewigkeit. Es erschien in der ›Neuen Zeitschrift für Musik‹ auf zwei Folgen verteilt am 3. und 6. September 1850. Man müsse sich von den Juden emanzipieren, stand da zu lesen. Der Jude sei abstoßend und werde herrschen, so lange »das Geld die Macht bleibt«. Wagner schrieb von der »nachäffenden Sprache unserer jüdischen Musikmacher«. Und: »Der Jude, der... unfähig ist, weder durch seine äußere Erscheinung, noch durch seine Sprache, am allerwenigsten aber durch seinen Gesang, sich uns künstlerisch kundzugeben, hat nichtsdestoweniger es vermocht, in der verbreitetsten der modernen Kunstarten, der Musik, zur Beherrschung des öffentlichen Geschmacks zu gelangen.« Und: »Ein weit und breit berühmter jüdischer Tonsetzer unserer Tage hat sich mit seinen Produktionen einem Teil unserer Öffentlichkeit zugewendet, in welchem die Verwirrung alles musikalischen Geschmacks von ihm weniger ernst zu veranstalten, als nur noch auszubeuten war.« In diesem Stil ging es über Seiten hinweg. Von Kommentatoren wird ›Das Judentum in der Musik‹ ziemlich einhellig als Unsinn bezeichnet, als verlogene Selbstüberhöhung, als Ausdruck von Neid und Verfolgungswahn, als Anbiederung an Antisemiten, als »zwanzig Seiten schauerlichster Prosa, wie ein Gift nach einer Krankheit ausgeschwitzt«, so Martin Gregor-Dellin.

Wagners Pseudonym Freigedank war schnell gelüftet, und im Nu gab es einen Skandal. Einige waren für ihn, die meisten gegen ihn. Viele Freunde wandten sich von ihm ab. An Franz Liszt schrieb Wagner: »Ich hegte einen lang verhaltenen Groll gegen die Judenwirtschaft, und dieser Groll ist meiner Natur so notwendig, wie Galle dem Blute. ... und so platzte ich denn endlich einmal los: es scheint schrecklich eingeschlagen zu haben, und das ist mir recht, denn solch einen Schreck wollte ich ihnen eigentlich nur machen.« Und weiter: »Mit Meyerbeer hat es nun bei mir eine eigene Bewandtnis: Ich hasse ihn nicht, aber er ist mir grenzenlos zuwider. Dieser ewig liebenswürdige, gefällige Mensch erinnert mich, da er sich noch den Anschein gab mich zu protegieren, an die unklarste, fast möchte ich sagen lasterhafteste Periode meines Lebens. Das war die Periode der

Konnexionen und Hintertreppen.« Gemeint ist die Periode seiner Pariser Elendsjahre.

Dieser Brief wird viel zitiert und als Schlüssel für das Verständnis seines Antisemitismus bezeichnet. Fasst man alles zusammen, was zu dem Thema kommentiert, theoretisiert, behauptet, geleugnet und philosophiert wurde, dann ergibt sich als Quintessenz: »Die Frucht der bitteren Pariser Erfahrungen war zehn Jahre später Wagners skandalöse Schrift ›Das Judentum in der Musik‹. Geht man seinem Antisemitismus jedoch auf den Grund, so kommen nichts als persönliche Ressentiments hervor« (Martin Gregor-Dellin, ›Das kleine Wagnerbuch‹). Persönliche Ressentiments vor allem gegen Meyerbeer – darin sind sich viele Kommentatoren einig. Meyerbeer war einer der »Könige von Paris« zur Zeit, als Wagner bittere Erfahrungen machte; er war der populärste deutsche Komponist jener Grand Opéra, die – laut Wagner – mit ihren hohlen Glanz-und-Gloria-Effekten den Geschmack des Großbürgertums in Paris bediente. Und Meyerbeer hat ihm – unverzeihlich für Wagner – die in den Pariser Elendsjahren per Bettelbrief erflehten 2.500 Francs nicht geliehen!

Persönliche Ressentiments gegen Meyerbeer als entscheidende Triebfeder für sein antisemitisches Pamphlet: Das hat viel für sich, mag manches erklären, aber nichts entschuldigen, zumal Wagner sich später in Briefen und auch mündlich weitere antisemitische Ausfälle geleistet hat.

Es stellt sich die Frage, ob Wagners Antisemitismus in seinen Bühnenwerken zu finden ist. Nahezu alle großen Wagner-Kenner sagen: keine Spur davon! »Zunächst einmal steht es noch heute für mich ohne jeden Zweifel fest, dass Wagners musikdramatische Werke keinen Funken dieser Ideen enthalten. Alle Versuche, Beckmesser, Loge, Mime als Produkte des Wagner'schen Antisemitismus zu sehen, sind einfach lächerlich.« So Marcel Prawy, Dramaturg, Opernkenner und Wagner-Bewunderer, selbst jüdischer Abstammung. Er bezeichnete ›Das Judentum in der Musik‹ als »eines der schamlosesten Pamphlete aller Zeiten« und unternimmt dennoch den geradezu rührenden Versuch, Wagners Schuld zu relativieren, indem er mehr oder weniger extreme antisemitische Äußerungen von Goethe, Luther, Maria Theresia und Voltaire zitiert und darauf hinweist, dass niemand darüber redet. »Was für Luther gilt, gilt auch für Wagner oder für keinen von beiden.«

Und noch ein Zitat von Marcel Prawy: »Was immer man über Wagner sagt und denkt – man entdeckt immer wieder, dass auch das Gegenteil stimmt.« In der Tat: Kaum hat man sich über ›Das Judentum in der Musik‹ entsetzt, schon drängt sich der Gedanke auf, dass Wagner enge jüdische Freunde hatte. Auch das entschuldigt nicht seine antisemitischen Äußerungen in Wort und Schrift, gehört aber als Fakt zum Thema: Es war schon die Rede von »einem der schönsten Freundschaftsverhältnisse meines Lebens«, das ihn mit Samuel Lehrs in Paris verband. Es war auch die Rede von seiner Pariser Freundschaft mit Heinrich Heine und davon, dass Wagner in einem Zeitungsartikel die Deutschen schmähte, weil sie zusahen, wie »dies herrliche Talent [Heinrich Heine] von seinem vaterländischen Boden verjagt« wurde. Und wir werden noch von einigen jüdischen Freunden Wagners hören, von Karl Tausig, den er wie einen Sohn liebte, von Heinrich Porges, von Josef Rubinstein, von Angelo Neumann und vor allem von Hermann Levi, Dirigent und Sohn eines Rabbiners. Ihm übertrug Wagner die musikalische Gesamtleitung der Bayreuther Festspiele 1882 und die Uraufführung von ›Parsifal‹. Und: Wagner nahm Levi vor einer antijüdischen Schmähschrift in Schutz! Levi besuchte Wagner 1883 in Venedig und verabschiedete sich am 12. Februar. Die Freunde umarmten sich, sie weinten, als wüssten sie, dass es kein Wiedersehen mehr geben werde. Einen Tag später war Richard Wagner tot.

In Wort und Schrift ein Antisemit übelster Art – und doch ein Freund vieler Juden. Wer will diesen Richard Wagner verstehen?

Festspielhaus: Nach drei Aufführungen abreißen!

Kurzer Szenenwechsel nach Weimar: Franz Liszt hatte im April 1850 aus Montmorency die Partitur von ›Lohengrin‹ samt Text erhalten und sogleich die Uraufführung in Angriff genommen. Zunächst schien es undenkbar, dass ein Werk des steckbrieflich gesuchten und im Königreich Sachsen mit der Todesstrafe bedrohten Richard Wagner im benachbarten Großherzogtum Sachsen-Weimar-Eise-

nach uraufgeführt werden würde. Doch Großherzog Carl Friedrich
gab sein Einverständnis, unerwartet und überraschend schnell. Die
Uraufführung sollte an Goethes Geburtstag am 28. August 1850
stattfinden. Franz Liszt begann mit den Proben und berichtete Wagner:»Wir schwimmen im Äther Deines Lohengrin.«

Die Anwesenheit Wagners bei der Uraufführung war unmöglich,
und so setzte sich Wagner mit Minna am Abend des 28. August 1850
festlich gestimmt in den Gasthof»Zum Schwanen« von Luzern, während in Weimar seine Oper vom Schwanenritter über die Bühne
ging. Er hatte die Uhr in der Hand, ließ ab 18 Uhr Szene um Szene in
seiner Phantasie vorbeiziehen und dirigierte in Gedanken mit –
etwas schneller als Franz Liszt, wie sich später herausstellte.

Franz Liszt war von der Aufführung wie berauscht und schrieb
Wagner:»An manchen Stellen sind mir die Tränen gekommen ...
Der Hof und die weimarische Intelligenz sind voller Sympathie und
Bewunderung.« Er bezeichnete ›Lohengrin‹ als »ein einziges, unteil-
bares Wunder«.

Von Weimar aus eroberte ›Lohengrin‹ nach und nach die Bühnen
in fast allen großen deutschen Städten – sogar in Leipzig und Dresden. ›Lohengrin‹ wurde in London gezeigt, in Madrid, Moskau, Mel-
bourne, New York. Es war der Durchbruch von Wagners revolutio-
närem Opernkonzept – und doch nur ein Anfang. Denn in seinem
neuen Werk ›Siegfrieds Tod‹ plante Wagner eine Erweiterung und
Verfeinerung seines Konzepts. So begann er erstmals seine in den
theoretischen Schriften wie ›Die Kunst und die Revolution‹ und
›Das Kunstwerk der Zukunft‹ bereits thematisierte Vorstellung vom
»Gesamtkunstwerk der Zukunft« zu verwirklichen: Im Gesamtkunstwerk entfalten Dramendichtung, Musik, Schauspielkunst, Gestik, Tanz und Bühnenbild zusammen als gleichwertige, aufeinander
angewiesene Ausdrucksmittel die theatralische Gesamtwirkung.
Wagner beklagte den Verfall des Gesamtkunstwerkes der antiken
Tragödie und prägte nun den Begriff vom »Gesamtkunstwerk der
Zukunft« als Gemeinschaft aller Künste durch ein »Genie der Ge-
meinsamkeit«. Aufgabe des Dichters sei es, die drei Schwesterkünste
Musik, Sprache und Tanz der Handlung unterzuordnen. Dieses Prin-
zip begann Wagner in ›Siegfrieds Tod‹ zu perfektionieren, er sah sein
Werk abgehoben von anderen Opern – und deshalb war ihm Wei-

mar für die Uraufführung zu gering, auch jedwedes andere Theater schien ihm nicht würdig genug zu sein. Und so hatte Wagner die Vision von einem eigenen Theater, einem Festspielhaus für seine eigenen Werke, die erstmals dokumentiert ist in einem nicht datierten Brief mit Poststempel vom 14. September 1850 an seinen Pariser Freund Ernst Benedikt Kietz: »Ich bin nicht gesonnen, ihn [Siegfrieds Tod] aufs Geratewohl beim ersten besten Theater aufführen zu lassen: im Gegenteil trage ich mich mit den allerkühnsten Plänen, zu deren Verwirklichung jedoch nichts Geringeres als die Summe von 10.000 Talern gehört. Dann würde ich nämlich hier, wo ich gerade bin, nach meinem Plane aus Brettern ein Theater errichten lassen, die geeignetsten Sänger dazu mir kommen und alles Nötige für diesen einen besonderen Fall mir so herstellen lassen, dass ich einer vortrefflichen Aufführung der Oper gewiss sein könnte. Dann würde ich überallhin an diejenigen, die für mein Werk sich interessieren, Einladungen ausschreiben, für eine tüchtige Besetzung der Zuschauerräume sorgen und – natürlich gratis – drei Vorstellungen in einer Woche hintereinander geben, worauf dann das Theater abgebrochen wird und die Sache ihr Ende hat. Nur so etwas kann mich noch reizen.«

Was die dafür nötigen 10.000 Taler anlangte, war Richard Wagner guten Mutes: »Wenn Carl Ritters Onkel stirbt, habe ich die Summe.«

›Siegfrieds Tod‹ wurde, wie erwähnt, nie vollendet, aber in der ›Götterdämmerung‹ verarbeitet. Uraufführung war am 17. August 1876. Im Festspielhaus Bayreuth!

Heiße Wickel, kalte Güsse, zündende Ideen

In den Wintermonaten 1850/51 verfasste Wagner sein Hauptwerk der ›Zürcher Kunstschriften‹, ›Oper und Drama‹, das später in drei Bänden gedruckt werden sollte. Zum Schluss schrieb Wagner eine Art Vermächtnis: »Der Erzeuger des Kunstwerkes der Zukunft ist niemand anderes als der Künstler der Gegenwart, der das Leben der Zukunft ahnt, und in ihm enthalten zu sein sich sehnt. Wer diese Sehnsucht aus seinem eigensten Vermögen in sich nährt, der lebt schon jetzt in einem besseren Leben. – Nur einer aber kann dies: – der Künstler.«

Eine Abschrift des Manuskripts schickte er dem Geiger und Musikschriftsteller Theodor Uhlig, einem Freund aus Dresdner Tagen. Im Begleitbrief heißt es: »Hier hast du mein Testament: ich kann nun sterben.«

Im selben Brief meldet Wagner, dass sein Papagei Papo gestorben ist. »Der kleine, redende, singende und pfeifende Hausgeist meines abgeschiedenen kleinen Hausstandes. Es ist nun drei Tage her, und nichts kann mich beruhigen.« Bald wurde ein neuer Papagei gekauft: Jacquot.

Nach der intensiven Arbeit an ›Oper und Drama‹ war Wagner stark erschöpft, was ihn nicht hinderte, zahlreiche andere Aufgaben anzupacken: Er dirigierte vier Beethoven-Symphonien, inszenierte drei Opern, schrieb den Artikel ›Ein Theater in Zürich‹, seine autobiographische ›Mitteilung an meine Freunde‹ und die Prosaskizze zum ›Jungen Siegfried‹, der Keimzelle des späteren ›Siegfried‹. Wagner hatte früher einmal Grimms ›Märchen von einem, der auszog, das Fürchten zu lernen‹ gelesen und stellte nun fest, »dass dieser Bursche niemand anderer ist – als der junge Siegfried, der den Hort gewinnt und Brünnhilde weckt«. So schrieb er in einem Brief an seinen Freund Uhlig.

Zu Ostern galt es Abschied zu nehmen von Hans von Bülow. Der hatte sich unter Wagners Zuspruch und gegen den Willen seiner gestrengen Mama unwiderruflich zur Musiker-Laufbahn entschieden. Nun reiste er nach Weimar – als Schüler zu seinem Idol Franz Liszt.

Ende Juli 1851 kam der 29-jährige Theodor Uhlig nach Zürich, »der mit seinem blonden Lockenkopfe und schönem blauen Auge auf meine Frau den Eindruck machte, als ob ein Engel bei uns eingekehrt sei«. Mit ihm und Carl Ritter kletterte Wagner auf den Gipfel des Hohen Säntis, wo Ritter vom Höhenschwindel befallen wurde und mit Mühe vor dem Absturz bewahrt werden konnte. Nach Zürich zurückgekehrt komponierte Wagner am 23. Juli das Thema des Walkürenritts auf einem Albumblatt. Am 30. Juli besuchte er mit Uhlig die Schauplätze der Tell-Sage. Sie wanderten von Brunnen am Vierwaldstätter See über den Surennen-Pass durch das Mederaner Tal und kletterten hoch hinauf zum Hüfli-Gletscher.

Anfang August war Wagner wieder in Zürich und vom Bergsteigen so fit, dass er wieder zu schreiben, zu dichten, zu komponieren und zu inszenieren begann – bis er im September erkrankte. Seine Gesichtsrose, die ihn gelegentlich befallen hatte, wollte sich nun gar nicht mehr zurückbilden. Er begab sich nach Albisbrunn im Kanton Zürich zu einer Radikalkur: stundenlange heiße Wickel in aller Herrgottsfrüh, danach kalte Bäder und Güsse, tagsüber Wasserdiät. Von solchen Anschlägen der Heilkunst sollte er sich durch stundenlanges Ruhen erholen. Doch er war aufgepeitscht von der Wasserkur, zündende Ideen jagten ihm durch den Kopf. Mit gluckerndem Magen saß er in seinem spartanischen Zimmer, um Prosaskizzen zu ›Rheingold‹ und ›Walküre‹ zu schreiben, die er zusammenfügen wollte mit dem ›Jungen Siegfried‹ (später ›Siegfried‹) und ›Siegfrieds Tod‹ (später ›Götterdämmerung‹) zu einem gewaltigen vierteiligen Nibelungenwerk. Unabhängig von seinen Quellen des Nibelungenmythos – ›Nibelungenlied‹, ›Edda‹, Jacob Grimms ›Deutsche Mythologie‹ und viele Sagenbücher – gestaltete er nun einen neuen Mythos, den Mythos seines eigenen Werkes, der beeinflusst war von Proudhon und Feuerbach, Bakunin und Röckel, Shakespeare, E.T.A. Hoffmann und antiken Dichtern. »Mit dieser meiner neuen Konzeption trete ich gänzlich aus allem Bezug zu unserem heutigen Theater und Publikum heraus«, schrieb er Theodor Uhlig nach Dresden, »ich breche bestimmt für immer mit der formellen Gegenwart. An eine Aufführung kann ich erst nach der Revolution denken, die nächste Revolution muss notwendig unserer ganzen Theaterwirtschaft das Ende bringen: sie müssen und werden alle zusammenbrechen, dies ist unausbleiblich. Aus den Trümmern rufe ich mir dann zusammen, was ich brauche: ich werde, was ich bedarf, dann finden. Am Rheine schlage ich dann ein Theater auf, und lade zu einem großen, dramatischen Feste ein: nach einem Jahr Vorbereitung führe ich dann im Laufe von vier Tagen mein ganzes Werk auf.« Er meinte ein Bühnenfestspiel an einem Vorabend und drei Tagen: den ›Ring des Nibelungen‹ – ›Rheingold‹, ›Walküre‹, ›Siegfried‹, ›Götterdämmerung‹.

Während der Radikalkur kam Carl Ritter zu Besuch. Er brachte eine erlösende Nachricht: dass seine Mutter die in Aussicht gestellte Jahresrente von 800 Talern erstmals an Wagner überwiesen habe und weiter bezahlen werde. Unter solch warmem Geldregen erblühte

Wagners Gesundheit, und als er Ende November nach Zürich in eine neue, von Minna ausgesuchte Wohnung am Zeltweg 11 zurückkehrte, mutete er sich wieder zu viel zu: Er dirigierte drei Beethoven-Symphonien, inszenierte ›Don Giovanni‹, den ›Freischütz‹, ›Norma‹ und seinen eigenen ›Fliegenden Holländer‹, er dichtete ›Rheingold‹ und ›Walküre‹ und feilte am ›Ring‹ – und war bald wieder am Ende. »Ich bin immer nervenleidend und werde es wohl nicht mehr lange machen«, schrieb er an Franziska Wagner, die Tochter seines Bruders Albert. Richard Wagner besann sich der Heilkraft des Bergsteigens – und entdeckte Bühnenbilder für den ›Ring des Nibelungen‹.

Walkürenritt über das Felsengebirge der Schweiz

Am 10. Juli 1852 startete Wagner allein eine »größere Fußreise über die Alpen, von der ich mir eine vorteilhafte Wirkung auf meine Gesundheit erwartete«. Er marschierte von Alpnach am Vierwaldstätter See über das Faulhorn durchs Haslital. Im Grimsel-Hospital engagierte er einen Knecht als Bergführer, einen »übel aussehenden Menschen«, der ihn nicht über die ausgetretenen Serpentinenpfade führte, sondern über die Direttissima: schnurgerade nach oben. Schnurgerade nach unten ging's dann in halsbrecherischem Tempo, denn der Bergführer rutschte nach Älplerart rittlings auf seinem Bergstock abwärts. Nach kurzer Ruhepause im Tal marschierte und kletterte Wagner mit seinem »unheimlichen Führer« auf das Grimselhorn, auf den Aargletscher und Grimselgletscher. In die Zivilisation zurückgekehrt, entließ Wagner seinen Bergführer, der später eine kriminelle Karriere als Brandstifter machen sollte.

In Lugano traf Wagner mit Minna und einigen Freunden zusammen. Minna war von der Reise so erschöpft, dass sie »sofort in einen Schlaf versank, welchen ein Gewitter von solcher Heftigkeit, wie ich es nie wieder erlebt habe, nicht zu erschüttern vermochte«.

Die Gesellschaft reiste weiter über den Simplon nach Chamonix zum »Mer de Glace« (Eismeer). Den Montblanc bestieg Wagner nicht, wohl aber überschritt er »die andauernde erhabene Öde« des »Col de géants« (Gebirgspass der Riesen). Am 5. August 1852 war er mit Minna wieder in Zürich.

Das Erlebnis der schweizerischen Bergwelt inspirierte Wagner zu
Szenen und Schauplätzen im ›Ring des Nibelungen‹, vor allem in
›Walküre‹: »Wildes Felsengebirge ... Im Hintergrund zieht sich von
unten her eine Schlucht herauf, die auf ein erhöhtes Felsjoch mün-
det; von diesem senkt sich der Boden dem Vordergrunde zu wieder
abwärts« (Regieanweisung zweiter Akt, erste Szene). »Sie [Brünn-
hilde] stürmt fort und verschwindet mit dem Rosse rechts in eine
Seitenschlucht ... Die Bühne hat sich allmählich verfinstert;
schwere Gewitterwolken senken sich auf den Hintergrund herab
und hüllen die Gebirgswände, die Schlucht und das erhöhte Berg-
joch nach und nach gänzlich ein« (zweiter Akt, vierte Szene). »Rechts
begrenzt ein Tannenwald die Szene. Links der Eingang einer Fels-
höhle ...; darüber steigt der Fels zu seiner höchsten Spitze auf. Nach
hinten ist die Aussicht gänzlich frei; höhere und niedere Felssteine
bilden den Rand vor dem Abhange ... Vereinzelte Wolkenzüge ja-
gen, wie vom Sturm getrieben, am Felsensaume vorbei ... In einem
vorbeiziehenden Gewölk bricht Blitzesglanz aus; eine Walküre zu
Ross wird in ihm sichtbar, über ihrem Sattel hängt ein erschlage-
ner Krieger« (dritter Akt, erste Szene). Das ist die Beschreibung des
Walkürenfelsens, eines Schauplatzes hochdramatischer Szenen im
›Ring‹. Der dritte Akt beginnt mit dem aufpeitschenden Walküren-
ritt, der musikalisch illustriert, wie berittene Walküren durch die
Luft heranjagen und auf dem Felsen landen.

Stabreime im Luxushotel

Zu dieser Zeit hatte Wagner neue, interessante Freunde gewonnen.
Da war beispielsweise Georg Herwegh, blass, mit schwarzem Voll-
bart, vier Jahre jünger als Wagner, in Stuttgart geboren, jungdeutscher Essayist und Lyriker mit Angriffslust und bemerkenswertem
Gefühl für rasante Rhythmen. Seine ›Gedichte eines Lebendigen‹
hatten ihn 1841 schlagartig berühmt gemacht. Nach einer Schmähschrift gegen König Friedrich Wilhelm IV. wurde er aus Preußen ausgewiesen, nach seiner Beteiligung an der deutschen Revolution steckbrieflich verfolgt. Nun lebte Georg Herwegh im schweizerischen
Exil zusammen mit seiner Frau, einer Berliner Millionärstochter, die

verhängnisvollerweise so viel Geld in die Ehe gebracht hatte, dass er dem Luxus verfiel und an dichterischem Schwung einbüßte. Zu Wagners weiteren Dichter-Freunden zählten Gottfried Keller, Conrad Ferdinand Meyer und die Romanautorin Eliza Wille, eine geborene Sloman, Tochter des größten Hamburger Reeders. Ihr Mann Dr. François Wille, ehemals Lektor Heinrich Heines in Hamburg, 1848 Abgeordneter der Frankfurter Nationalversammlung, hatte 1851 Deutschland aus politischen Gründen verlassen und das Gut Mariafeld bei Zürich mit dem Geld seiner reichen Frau gekauft. Auffallend war sein »in Studentenduellen zerfetztes Gesicht«. Gottfried Semper tauchte wieder in Wagners Umfeld auf, ehemals Königlich-Sächsischer Akademieprofessor und Erbauer der Semper-Oper, Konstrukteur der Barrikaden für Revolutionäre, jetzt steckbrieflich gesuchter Exilant und Professor am Polytechnikum.

Und eines Tages, gelegentlich einer Einladung im Hause der Marschall von Bieberstein, traten Mathilde und Otto Wesendonck in Wagners Leben. »Beide stammten vom Niederrhein her und trugen das freundlich blonde Gepräge dieses Landes.« Mathilde Wesendonck, 23 Jahre alt, eine bildschöne Frau mit verträumtem Blick und dichterischen Ambitionen, hatte Wagner schon mehrmals beim Dirigieren beobachtet und schwärmerisch eine Gelegenheit herbeigesehnt, ihn kennen zu lernen. Ihr Mann, 13 Jahre älter, außergewöhnlich groß, mit gezirkeltem Stutzbart, Geschäftsmann durch und durch, verdiente als Teilhaber der New Yorker Seidenfirma Loeschigk, Wesendonck und Co. ein Vermögen und »schien für seine Lebensentschlüsse sich gänzlich nach den Neigungen seiner seit wenigen Jahren mit ihm vermählten jungen Frau zu richten«. Geschäftsreisen führten ihn häufig nach Übersee. Er wollte in Zürich sein Domizil samt europäischer Firmenresidenz errichten und wohnte zunächst mit seiner Frau und seiner zweijährigen Tochter Myrrha in einer Suite des Luxushotels »Baur au Lac«.

In diesem Hotel las Richard Wagner an vier Tagen, vom 16. bis 19. Februar 1853, den ›Ring des Nibelungen‹ in einer nahezu endgültigen Fassung vor. Ein von Wagner bezahlter Privatdruck von 50 Exemplaren war im Nu verkauft.

Im ›Ring des Nibelungen‹ schildert Wagner unerhört dramatisch den Untergang einer vom Fluch des Geldes, von Gewalt, Gesetzesmissbrauch und Willkür beherrschten Welt zu Gunsten einer Epoche, die bestimmt ist von der Liebe der Menschen. »Bei Wagner ist der Nibelungenmythos eine lebendige, klar und eindeutig erzählte Fabel. Er stellt dem Leser frei, darin aktuelle Bezüge zu finden, ohne sie ihm diktatorisch aufzuoktroyieren«, urteilt Marcel Prawy.

Dem mythischen Thema angemessen, hat Wagner für den ›Ring‹ durchgehend den Stabreim gewählt, den er vor allem aus den Götter- und Heldenliedern der ›Edda‹ kannte. Beim Stabreim, der Alliteration, werden zwei oder mehr bedeutungsschwere Worte durch gleichen Anlaut ihrer Stammsilbenbetonung hervorgehoben. Die Konsonanten müssen gleich bleiben, die Vokale können wechseln: »Heda, Fauler, bist du nun fertig? Schnell, wie steht's mit dem Schwert? Wo steckt der Schmied? Stahl er sich fort? Hehe, Mime, du Memme, wo bist du? Wo birgst du dich?« (Siegfried) »Unheilig acht ich den Eid, der Unliebende eint« (Wotan).

Der Spitzel meldet die ersten Wagner-Festspiele

In Wagners engsten Freundeskreis hatte sich offensichtlich ein Spitzel der österreichischen Sicherheitsbehörden eingeschmuggelt, denn das Wiener Innenministerium berichtete der Dresdner Sicherheitspolizei regelmäßig Details aus Wagners Privatsphäre, so etwa, dass er sich vertrauten Freunden gegenüber seiner steckbrieflichen Verfolgung rühme und dass er am 15. April 1853 aus seiner engen Parterrewohnung am Zeltweg 11 in eine große und teure Wohnung am Zeltweg 13 übersiedelt sei, obwohl er »in Zürich keinen Kreuzer verdient«. Über Wagners finanzielle Situation schrieb der Spitzel: »Er streut aus, dass er viel für die Aufführungen seiner Opern aus Deutschland beziehe. Nach den genauesten Erkundigungen ist dies aber nicht wahr. Auch seine Schriftstellerei bringt ihm nichts ein. In Zürich bezieht er für seine Aufführungen nicht nur nichts, sondern bringt noch Opfer, um die Teilnahme in Schwung zu halten.«

Mit dem verworrenen Schlusssatz meinte der Spitzel drei Wagner-Konzerte am 18., 20. und 22. Mai 1853, deren Bedeutung sich ihm wohl nicht ganz erschloss. Es waren die ersten Wagner-Festspiele! Sie brachten Wagner viel Arbeit, kein Geld, aber Ruhm. Wag-

ner hatte dazu 72 Musiker und Sänger mit klangvollen Namen aus
Deutschland und der Schweiz nach Zürich gerufen, und fast alle kamen. Ihre Stargagen, die Reisespesen und horrenden Hotelkosten
für über eine Woche zahlte Otto Wesendonck. Aus Zürich kam noch
ein Chor mit 120 Sängern dazu. Insgesamt waren es fast 200 Musiker, die unter Wagners Leitung drei Tage probten und an drei Aben-
den aus seinen Opern spielten und sangen. Der Erfolg war unge-
heuer. Das Züricher Publikum jubelte und applaudierte, wie man es
selten erlebt hatte in der Schweiz, bis zu 30 Minuten lang. Am letzten Abend – Wagners 40. Geburtstag – wurde er mit Pokal und Lorbeerkranz geehrt.

Anderntags lud Otto Wesendonck alle Beteiligten und die Züricher Zelebritäten zu einer Champagnerfahrt auf dem größten Lu-
xusdampfer des Zürichsees. Alle waren schon an Bord, nur Wagner
fehlte noch. Das Dampfschiff legte ohne ihn ab, fuhr 200 Meter auf
den See hinaus, stoppte – und nun nahte Wagner vom Ufer her auf-
recht stehend in einem Nachen wie Lohengrin mit dem Schwan. Als
er die Stufen des Fallreeps emporschritt an Deck zum jubelnden
Volke, da krachten Salven von Böllerschüssen.

»Einer schönen Frau lege ich das ganze Fest zu Füßen«, schrieb er
wenige Tage später, am 30. Mai 1853, an seinen Freund Franz Liszt.
Gemeint war Mathilde Wesendonck. Für sie komponierte er zu dieser Zeit auch eine Polka und eine Sonate.

Am 2. Juli kam Franz Liszt zu Besuch. »Als Wagner mich wieder
sah«, so Liszt in einem Brief an seine neue Lebensgefährtin Carolyne
Fürstin von Sayn-Wittgenstein, »da weinte, lachte und tobte er vor
Freude, mindestens eine viertel Stunde lang. . . . Zwanzigmal am Tag
ist er mir um den Hals gefallen.«

Wagner berichtete von »fast betäubenden Freudentagen«. Er
besprach mit Liszt die Idee eines eigenen Theaters, eines Festspielhauses eventuell in Zürich, und Franz Liszt war von der Idee begeistert. Mit Liszt und Herwegh wanderte Wagner zum Vierwaldstätter
See, wo sie Brüderschaft tranken aus den drei Quellen des Rütli.

Die ›Rheingold‹-Vision

Liszt reiste am 10. Juli 1853 wieder ab. Gleich darauf unternahm Wagner mit Herwegh eine Überquerung des Rosegg-Gletschers und eine dreiwöchige Heilkur in St. Moritz. Zurückgekehrt nach Zürich, von der Kur wie üblich mehr geschwächt als geheilt, wollte Wagner den ›Ring des Nibelungen‹ komponieren. Doch es fiel ihm nichts ein, er hatte eine schöpferische Blockade. Zudem war er, wenn man so sagen darf, aus dem Training. Abgesehen von ein paar kleineren und teils nicht vollendeten Werken hatte er so gut wie nichts komponiert in letzter Zeit, und so fühlte er sich angesichts einer so gewaltigen Aufgabe wie der ›Ring‹-Komposition von »jener Bangigkeit geschwängert«. Er meinte die »schon früher nach längeren Unterbrechungen im musikalischen Produzieren erfahrene eigentümliche Beängstigung und Scheu vor dem Wiederbefassen mit dem Komponieren«. Seinem Freund und engsten Vertrauten Franz Liszt schrieb er am 16. August 1853: »Ich befinde mich jetzt erbärmlich. Recht schwer fällt es mir, mir einzureden, es sei nicht eigentlich moralischer, diesem skandalösen Leben ein Ende zu machen. Wüste, Öde und Trostlosigkeit bis zum Abend ... Um einem kranken Gehirnnerv Heilung zu bringen, hat mich nun mein Arzt vermocht, das Tabakschnupfen ... aufzugeben. Seit sechs Tagen nehme ich keine Prise mehr ... Jetzt erst sehe ich ein, dass der Schnupftabak der einzige wirklich mich – ab und zu – erquickende Genuss war ... Meine Marter ist unbeschreiblich.«

Um sich aus der Krise zu manövrieren und die schöpferische Blockade zu lösen, brach Wagner am 24. August zu einer Italienreise auf. Geld spielte keine Rolle. Otto Wesendonck zahlte. Wagner häufte eine Prise Schnupftabak auf den Handrücken, sog sie mit der Nase ein und fuhr, sogleich fröhlicher gestimmt, per Diligence und Eisenbahn über Bern, Genf, Chambéry und Turin bis Genua und weiter per Dampfschiff nach La Spezia, wo er, von stürmischem Wellengang durchgeschaukelt, seekrank den nächsten Gasthof aufsuchte. Anderntags, am 5. September 1853, von einem Spaziergang heimkehrend, »streckte ich mich todmüde auf ein hartes Ruhebett aus, um die lang ersehnte Stunde des Schlafes zu erwarten. Sie erschien nicht; dafür versank ich in eine Art von somnambulen Zu-

stand, in welchem ich plötzlich die Empfindung, als ob ich in ein
stark fließendes Wasser versänke, erhielt. Das Rauschen desselben
stellte sich mir bald im musikalischen Klange des Es-Dur-Akkordes
dar, welcher unaufhaltsam in figurierter Brechung dahinwogte;
diese Brechungen zeigten sich als melodische Figuration von zu-
nehmender Bewegung, nie aber veränderte sich der reine Dreiklang
von Es-Dur, welcher durch seine Andauer dem Elemente, darin ich
versank, eine unendliche Bedeutung geben zu wollen schien. Mit
der Empfindung, als ob die Wogen jetzt hoch über mich dahinbraus-
ten, erwachte ich in jähem Schreck aus meinem Halbschlaf. Sogleich
erkannte ich, dass das Orchestervorspiel zum ›Rheingold‹, wie ich es
in mir herumtrug, doch aber nicht genau hatte finden können, mir
aufgegangen war.«

Die ›Rheingold‹-Vision! Ein Inspirations-Erlebnis. Die Initialzün-
dung zur Komposition des ›Ring des Nibelungen‹ – zu einem Werk
der Superlative. Es ist das größte Projekt in der Geschichte des
Musiktheaters. Wagner arbeitet mit längeren Unterbrechungen von
der ersten Prosaskizze für ›Siegfrieds Tod‹ bis zur Vollendung der
Partitur am 21. November 1874 über ein Vierteljahrhundert daran.
Das ›Ring‹-Orchester hat 115 Musiker, drei Mal so viel wie ein klassi-
sches Orchester seiner Zeit. Um den Orchesterklang zu optimieren,
läßt Wagner neuartige Tuben mit Waldhornmundstück, enger Boh-
rung und vier Ventilen bauen, so genannte Wagner-Tuben oder
Waldhorn-Tuben, die dunkler als Tuben und feierlicher als Waldhör-
ner klingen. Kompositionstechnisch intensiviert Wagner im ›Ring‹
die in seinen Werken begonnene symphonische Großform, die Nu-
ancierung von Sphären, Stimmungen und Schauplätzen, die klang-
liche Sensibilität und psychologische Durchleuchtung, vor allem
aber treibt er die Leitmotivtechnik auf die Spitze. Über den gesamten
›Ring des Nibelungen‹ hinweg, über ›Rheingold‹, ›Walküre‹, ›Siegfried‹, ›Götterdämmerung‹, vernetzt er voraus- und zurückdeutende
Motive: Rheintöchter-Motiv, Walhall-Motiv, Walküren-Motiv, Walkü-
renritt-Motiv, Feuerzauber-Motiv, Wanderer-Motiv, Wotan-Motiv,
Wälsungen-Motiv, Tarnhelmzauber-Motiv, Vergessenheitstrank-Mo-
tiv, Liebes-Motiv, Liebesklage-Motiv, Motiv des Liebesentzückens,
Rache-Motiv, Todverkündigungs-Motiv, Siegfried-Motiv, Hagen-
Motiv, Speer-Motiv, Schwert-Motiv, Erlösungs-Motiv, Götterdämme-

rung-Motiv, um nur einige zu nennen. Seinem zu lebenslänglich begnadigten Freund August Röckel schreibt er ins Zuchthaus Waldheim, dass die Komposition »zu einer festverschlungenen Einheit geworden ist: das Orchester bringt fast keinen einzigen Takt, der nicht aus vorhergehenden Motiven entwickelt ist«.

»Ich kann dann nicht wie ein Hund leben«

Immer wenn Wagner intensiv komponierte, nahm sein Luxusbedürfnis suchtartige Formen an. »Ich kann dann nicht wie ein Hund leben«, schrieb er an Franz Liszt, »ich kann mich nicht auf Stroh betten und mich an Fusel erquicken: meine stark gereizte, feine ungeheuerlich begehrliche, aber ungemein zarte und zärtliche Sinnlichkeit muss irgendwie sich geschmeichelt fühlen, wenn meinem Geist das blutig schwere Werk der Bildung einer unvorhandenen Welt gelingen soll ... Als ich jetzt wieder den Plan der Nibelungen und ihrer wirklichen Ausführung fasste, musste vieles dazu wirken, um mir die nötige künstlerisch-wollüstige Stimmung zu geben. – Ich muss ein besseres Leben als zuletzt führen können! ... Höre, mein Franz! Du musst mir jetzt helfen! ... Ich brauche, um mich in volle Ruhe und Gleichgewicht zu setzen, drei- bis viertausend Taler.«

Wagner hatte mehrere goldene Uhren gekauft, teure Möbel mit Samtbezügen, kristallene Kronleuchter, seidene Tapeten und Vorhänge, hunderte Flaschen erlesener Weine, farbenprächtige Kleidung vom besten Schneider in altertümlichem Zuschnitt – und das alles wieder mal auf Pump. Die Ritter'sche Rente, die anonymen Gaben des Großherzogs von Sachsen-Weimar-Eisenach, die geliehenen oder geschenkten Gelder seiner Freunde hielten dem Dammbruch seiner Schulden nicht stand. Er hoffte auf hohe Honorare aus seinen viel gespielten Opern in Deutschland – vergeblich. Die wenigsten Theater zahlten, und wenn, dann kassierten meist andere. Von der für seine Arbeit so wichtigen »Gunst der harmonischen Gemütsruhe« konnte keine Rede sein. Die Geschichte der ›Rheingold‹- und ›Walküre‹-Komposition ist die Geschichte eines finanziellen Drahtseilaktes, der ihn an den Rand der Arbeitsunfähigkeit brachte:

Wagner hatte die am 1. November 1853 begonnene ›Rheingold‹-

Kompositionsskizze schnell vollendet und arbeitete bereits an der
Partitur, als seine Handwerker rebellisch wurden und Gelder einzu-
klagen drohten. In seiner Not wandte er sich am 4. März 1854 an
Franz Liszt: »Könntest Du mir fünftausend Francs verschaffen, so be-
freitest Du mich wirklich aus einer Höllenmarter! Kannst Du mir helfen, so tust Du ein Gotteswerk!«

Am 28. Mai 1854 war ›Rheingold‹ vollendet, am 28. Juni begann
Wagner die ›Walküre‹ zu komponieren, ohne Miete und Schulden
zahlen zu können. Von den vielen Bittbriefen, die Wagner damals
vom Stapel ließ, soll hier nur ein Schreiben zitiert werden: Als Wagner im Juli 1854 erfuhr, dass Hans von Bülow oft mit einer steinrei-
chen polnischen Gräfin gesehen wurde, war er sogleich mit beherz-
tem Rat zur Stelle: »Heirate Du die polnische Gräfin, das ist ganz
gescheit … So lange diese Sauwelt vorhanden bleibt, macht nur
Geld frei … Zeigt sich Dir irgendwo ein enthusiastischer Mensch
von Vermögen, so teile ihm getrost mit, dass er mir unsäglich wohl
tun würde, wenn er mir 1.000 Taler borgen wollte.«

Wagner arbeitete im September am zweiten Akt der ›Walküre‹, als
Gläubiger erneut eine Attacke ritten. In einem Brief vom 14. September bezifferte er seinem Freund Jakob Sulzer gegenüber seine Schulden mit 10.000 Franken: »Jetzt, lieber Freund, überlege Dir einmal,
wie es anzufangen wäre, mir zu helfen, um die Notwendigkeit einer
Katastrophe abzuwenden.«

Sulzer alarmierte den bislang stets spendablen Otto Wesendonck,
und der zahlte 7.000 Franken zur Tilgung der dringendsten Schulden – an Jakob Sulzer, den er in einem Begleitbrief quasi zu Wagners
Vormund bestellte. Sulzer sollte alle Operneinnahmen kassieren und
verwalten und Wagner daraus 500 Franken vierteljährlich auszah-
len. Solange die 500 Franken nicht durch Opernhonorare gedeckt
waren, wollte Wesendonck dafür aufkommen. Wagner brauchte das
Geld und gab zähneknirschend die Einwilligung. Als er kurz darauf
Sulzer bat, ihm aus einer »garstigen Verlegenheit« zu helfen – er
musste stracks an die 700 Franken zahlen –, sprang nochmals Wesendonck ein, zum letzten Mal allerdings, wie er in einem Brief an
Sulzer behauptete. »Ich erkläre auf das bestimmteste, dass ich für fer-
neres nicht mehr aufkommen will … Des Ärgers ist genug gewesen … Endlich muss man abgehärtet werden.«

Am 27. Dezember 1854 war der dritte ›Walküre‹-Akt vollendet. Die Querelen mit seinen Gläubigern hatten Wagner viel Kraft gekostet. Zu allem Überfluss nervte ihn auch noch ein Klavierspieler in der Nachbarschaft. Die Arbeit an der ›Walküre‹-Partitur schleppte sich hin.

Endlich eine Chance! Im Februar 1855 bot ihm die »Old Philharmonic Society« eine viermonatige Konzertreise nach London an. Honorar: 200 Pfund Sterling (rund 24.000 Euro). Reisekosten und Hotel wurden bezahlt. Wagner reiste am 25. Februar ab, dirigierte acht Konzerte mit Werken von Mozart, Beethoven, Mendelssohn Bartholdy, Carl Maria von Weber und Teilen aus eigenen Opern. Am 11. Juni 1855 wurde Wagner von Königin Victoria und Prinz Albert empfangen – er, der in Sachsen steckbrieflich verfolgte Revolutionär! Am 30. Juni kehrte Wagner mit 1.000 Franken heim, dem Rest seiner vier Mal so hohen Gage. Den Löwenanteil hatte sein luxuriöser Lebenswandel in London verschlungen.

In Zürich ging's nun wieder los mit der alten Misere: Attacken der Gläubiger, neue Schulden, nervtötendes Klavierspiel in der Nachbarschaft. Unter solchen Umständen vollendete er am 23. März 1856 die ›Walküre‹-Partitur. Danach beabsichtigte Wagner, den ›Siegfried‹ zu komponieren – oder auch nicht. Er fühlte sich ausgebrannt. Ohne einen ruhigen Arbeitsplatz wollte er aufgeben. Um sich ein eigenes Haus in lärmfreier Lage bauen zu können, bot er dem Leipziger Verlag Breitkopf & Härtel seinen gesamten ›Ring des Nibelungen‹ für 2.000 Louisdor an (276.000 Euro). Ein Schnäppchen aus heutiger Sicht! Doch die Brüder Härtel, Geschäftsführer des Verlages, sagten ab. Das Risiko sei zu groß.

Wagner war drauf und dran zu resignieren. Er begab sich im Juni, von seiner Gesichtsrose gepeinigt, zur Kur nach Mornex unweit des Montblanc. Von dort aus schrieb er Franz Liszt: »Weiß Gott, wenn man mir nicht große Lust zur Arbeit macht, lass ich's liegen. Was soll ich armer Teufel mich denn mit solch furchtbaren Lasten schinden und plagen, wenn mir die Gegenwart nicht einmal den Arbeitsplatz gewähren kann. Ich habe es Härtels gesagt: können sie mir nicht zu einem erhöhten, freien Wohnhaus, wie ich's brauche, verhelfen, so lass ich den Quark liegen.«

Und nun geschah wieder eine der wunderbaren Fügungen in

Richard Wagners Leben. Er bekam das »erhöhte, freie Wohnhaus«.
Wie, das ist eine Geschichte, die sich parallel neben der Komposition
von ›Rheingold‹ und ›Walküre‹ samt ihrer finanziellen Equilibristik
entwickelt hat. Wir müssen zurückblenden ins Jahr 1853, in die Zeit
nach der ›Rheingold‹-Vision.

Die Schöne und der Dämmermann

Einen Monat nach der ›Rheingold‹-Vision also reiste Wagner am
6. Oktober 1853 nach Basel. Er traf dort mit Franz Liszt samt einigen
Freunden und Musikern zusammen und fuhr mit ihnen weiter nach
Paris, wo er am 10. Oktober 1853 zum ersten Mal die damals 16-jäh-
rige Liszt-Tochter Cosima – seine zukünftige Ehefrau – sah, ein ma-
geres Mädchen, hochaufgeschossen, blass, mit langer Nase. Wenige
Tage danach waren auf einmal Wesendoncks in Paris. Auf Drängen
Mathildes hatten sie die Reise zu Wagner unternommen.

Wagner kehrte Ende Oktober nach Zürich zurück, abeitete ab
1. November an der ›Rheingold‹-Komposition und besuchte täglich
Mathilde Wesendonck, die darüber berichtete:» 1853 wurde der Verkehr freundschaftlicher und vertrauter. Alsdann begann er mich in
seine Intentionen näher einzuweihen ... Was er am Vormittag komponierte, das pflegte er am Nachmittag auf meinem Flügel vorzutra-
gen und zu prüfen. Es war die Stunde zwischen 5 und 6 Uhr ...; er
selbst nannte sich ›den Dämmermann‹.«

Spätestens seit seinen Festspielen im Mai 1853 fühlte sich Wagner immer mehr bestrickt vom Zauber der Mathilde Wesendonck.
Die häufigen Begegnungen und vor allem die täglichen Rendezvous
seit Beginn der ›Rheingold‹-Komposition machten ihm die Liebe zu
dieser Frau immer mehr bewusst, er spürte seine Wirkung auf sie –
und war nicht so recht glücklich dabei:»Die anmutige Frau bleibt
mir treu und ergeben, wenn auch vieles für mich in diesem Um-
gange marternd bleiben muss«, schrieb er am 20. Januar 1854 an
Julie Ritter.

Marternd war, dass er seine Gefühle für Mathilde nicht offen zeigen durfte, dass er eine Frau liebte, deren Ehemann er zu Dank verpflichtet war, Heimlichkeit und Täuschungsmanöver bestimmten

Richard Wagner im November 1880
Rötelzeichnung von Franz von Lenbach

**Richard Wagner und seine
Halbschwester Cäcilie**
Gespensterspuk mit einem ausgehöhlten Kürbis

CARL MARIA VON WEBER.

Carl Maria von Weber
*Wagners Vorbild, ›Freischütz‹-
Komponist, Königlich-Sächsi-
scher Hofkapellmeister*

Minna Planer
*Wagners erste Ehefrau:
geliebt, betrogen, verlassen*

Wilhelmine Schröder-Devrient
Wagners Muse:
die Primadonna assoluta,
grandios und nervtötend

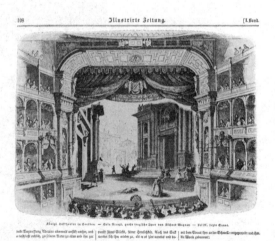

›Rienzi, der Letzte der Tribunen‹
Szene aus dem fünften Akt der Uraufführung am 20. Oktober 1842

Franz Liszt
Freund, Fluchthelfer, Förderer und Schwiegervater

›Der Fliegende Holländer‹
Schluss-Szene der Uraufführung am 2. Januar 1843

›Lohengrin‹
Szene aus dem ersten Akt der Uraufführung am 28. August 1850

Venus und Tannhäuser
Zeichnung nach der Uraufführung am 19. Oktober 1845

Steckbrief.

Der unten etwas näher bezeichnete Königl. Kapellmeister
Richard Wagner von hier

ist wegen wesentlicher Theilnahme an der in hiesiger Stadt stattgefundenen aufrührerischen Bewegung
zur Untersuchung zu ziehen, zur Zeit aber nicht zu erlangen gewesen. Es werden daher alle Polizeibehörden auf denselben aufmerksam gemacht und ersucht, Wagnern im Betretungsfalle zu verhaften und
davon uns schleunigst Nachricht zu ertheilen.

Dresden, den 16. Mai 1849.

Die Stadt-Polizei-Deputation.
von Oppell.

Wagner ist 37 bis 38 Jahre alt, mittler Statur, hat braunes Haar und trägt eine Brille.

Richard Wagners Steckbrief
Mit dem beschlagnahmten Bild seines
Maler-Freundes Ernst Benedikt Kietz

Hans und Cosima von Bülow
*Erfüllte Liebe zur Gemahlin
des Freundes*

Mathilde Wesendonck
*Ausweglose Liebe zur
Gemahlin des Gönners*

König Ludwig II.
Freund, Schwarmgeist und Retter in der Not

›Die Meistersinger von Nürnberg‹
Szene aus dem dritten Akt der Uraufführung am 21. Juni 1868

›Tristan und Isolde‹
Vor der Uraufführung am 10. Juni 1865: Szenenfoto von der Generalprobe

Cosima und Richard Wagner
Ehepaar seit dem 25. August 1870

Das Bayreuther Festspielhaus
Außen konventionell, innen revolutionär

Die Schwimmmaschinen der Rheintöchter
Spektakuläre Spielerei des Bühnenmeisters Carl Brandt

Amalie Materna
Die Brünnhilde der ersten Bayreuther Festspiele 1876

Hermann Levi
Freund und Vertrauter,
Gesamtleiter der zweiten
Bayreuther Festspiele 1882

›**Parsifal**‹
Gralstempel-Szene der Uraufführung am 26. Juli 1882

Villa Wahnfried
Einst Wagners Wohnhaus – heute Richard-Wagner-Museum

ihren Umgang. Er widmete ihr beispielsweise den ersten Akt der ›Walküre‹ und schrieb 16 chiffrierte Liebeserklärungen an den Rand, die nur für Mathilde verständlich waren. »W.d.n.w.G.« beispielsweise bedeutete: »Wenn du nicht wärst, Geliebte«.

Im September 1854 machte Herwegh ihn auf ›Die Welt als Wille und Vorstellung‹ aufmerksam, das Hauptwerk Arthur Schopenhauers, dessen Entsagungsphilosophie ihn sogleich an sein Werk erinnerte: »Ich blickte auf mein Nibelungengedicht und erkannte zu meinem Erstaunen, dass das, was mich jetzt in der Theorie so befangen machte, in meinen eigenen poetischen Konzeptionen mir längst vertraut geworden war.« Gleichzeitig drängte sich ihm eine Idee auf: »Es war wohl zum Teil die ernste Stimmung, in welche mich Schopenhauer versetzt hatte, und die nun nach einem ekstatischen Ausdruck ihrer Grundzüge drängte, was mir die Konzeption eines ›Tristan und Isolde‹ eingab.«

Tristan und Isolde! – Ein Thema der Weltliteratur, vermutlich keltischen Ursprungs. Wagner hatte in Dresden das Epos des Gottfried von Straßburg aus dem Mittelalter gelesen. Es ist die Geschichte einer ausweglosen Liebe: Tristan liebt Isolde, die Gemahlin König Markes, dem er zu Treue verpflichtet ist. Ein Konflikt, den Wagner gerade in Zürich erlebte. Und nun inspirierte ihn die Begegnung mit Schopenhauers trister Philosophie zu seiner eigenen Version von ›Tristan und Isolde‹, zu einem Musikdrama von Liebessehnsucht und Todessehnsucht. Wie stark Wagner von Schopenhauer beeinflusst war, geht aus seinem Brief an Franz Liszt hervor: »Was sind vor diesem alle Hegels etc. für Charlatans! Sein Hauptgedanke, die endliche Verneinung des Willens zum Leben ist von furchtbarem Ernste, aber einzig erlösend ... Wenn ich auf die Stürme meines Herzens, den furchtbaren Krampf, mit dem es sich – wider Willen – an die Lebenshoffnung anklammerte, zurückdenke, ja, wenn sie noch jetzt oft zum Orkan anschwellen, so habe ich dagegen doch nun ein Quietiv [Beruhigungsmittel] gefunden, das mir endlich in wachen Nächten einzig zu Schlaf verhilft; es ist die herzliche und innige Sehnsucht nach dem Tod: voll Bewusstlosigkeit, gänzliches Nichtsein, Verschwinden aller Träume – einzige endliche Erlösung! – ... Da ich nun aber doch im Leben nie das eigentliche Glück der Liebe genossen habe, so will ich diesem schönsten aller Träume noch ein Denkmal setzen, in dem von Anfang bis zum Ende diese Liebe sich einmal so recht sättigen soll. Ich habe im Kopf einen ›Tristan und Isolde‹ entworfen, die einfachste, aber vollblutigste Konzeption; mit der ›schwarzen Flagge‹, die am Ende weht, will ich mich dann zudecken, um – zu sterben –.«

Wagners ›Tristan und Isolde‹ endet nicht, wie bei Gottfried von Straßburg, mit Bestrafung, Verbannung, Trennung der Liebenden, sondern mit Versöhnung und Tod: König Marke erfährt, dass Tristan und Isolde durch einen heimlich verabreichten Zaubertrank in Liebe zueinander entbrannt waren – und verzeiht. Er eilt herbei, die Liebenden zu vereinen. Zu spät! Tristan, im Kampf mit dem Verräter Melot verwundet, stirbt in Isoldes Armen, und sie stürzt sterbend über ihn. Erlösung der Liebe aus den Banden und Schranken des Irdischen.

Wagner zeichnete den Inhalt der ersten drei Akte »für künftige Verarbeitung« auf. Vorerst wollte er den ›Ring des Nibelungen‹ vollenden. Nebenher dirigierte er mehrere Konzerte mit Werken von Mozart, Beethoven, Gluck, Carl Maria von Weber, und jedes Mal saß Mathilde mit oder ohne Ehemann im Publikum, auch wenn er ein und dasselbe Werk an mehreren Tagen dirigierte.

Im Februar 1855 erhielt er die schon erwähnte Einladung zur Konzert-Tournee nach London. Bevor er die Reise antrat, dirigierte Richard Wagner noch eine Aufführung des ›Tannhäuser‹ – für Mathilde Wesendonck, auf ihren besonderen Wunsch.

Nach seiner Rückkehr aus London am 30. Juni starb Peps, und Mathilde Wesendonck schenkte ein neues Hündchen: Fips.

Sie war schwanger. Als Wagner am 13. September 1855 von dem Ehepaar gebeten wurde, die Patenschaft für den neugeborenen Sohn Guido zu übernehmen, lehnte er ab: »Unter dem improvisierten Vorwande, ich möchte ihm Unglück bringen.« Ein Affront, der ohne Auswirkungen blieb auf seine Freundschaft zu Wesendoncks. Im März 1856 allerdings schien es mit dieser Freundschaft jählings vorbei zu sein: Wagner ärgerte es schon seit langem, dass Otto Wesendonck seinen Freund Jakob Sulzer als »Vormund« bestellt hatte. Als sich nun Wesendoncks am 23. März 1856 bei ihm einstellten und mit gewählten Worten zur Vollendung der ›Walküre‹ gratulierten, explodierte Wagner vor Wut. Er schleuderte Otto Wesendonck sinngemäß entgegen, dass ihm größere Geldzuwendungen lieber wären als schöne Reden. »Ich äußerte … mich so ungemein bitter …, dass die armen gepeinigten Besucher in völliger Bestürzung plötzlich aufbrachen.«

Nach einem Monat lud Wagner das Ehepaar zu einem Versöhnungsabend. Er spielte am Klavier den ersten Akt der ›Walküre‹: eine Liebeserklärung an Mathilde – vor den Augen und Ohren ihres Ehemannes! Diesen ersten Akt hatte Wagner, wie wir wissen, Mathilde gewidmet und mit verschlüsselten Liebeserklärungen versehen, die ihrer beider Geheimnis waren. Der ahnungslose Otto Wesendonck schwelgte im Kunstgenuss und teilte Wagner zwei Tage später per Brief mit, dass er die Zuwendung von 500 Franken vierteljährlich auf 250 Franken monatlich erhöhen werde, damit »Sie ungeplagt von den Sorgen der materiellen Existenz Ihr großes, so herrlich begonnenes Werk herrlich vollenden möchten«.

Diese Erhöhung konnte Wagner freilich nicht aus seinem Teufelskreis von Schuldenmachen und Schuldenzahlen befreien. Um eine Gesichtsrose und Hautallergien von bisher noch nie erlebtem Ausmaß zu kurieren, reiste er eiligst mit dem Hündchen Fips im Juni 1856 nach Mornex nahe dem Montblanc zu Dr. Vaillant, der im Ruf wunderbarer Heilerfolge stand. Dr. Vaillant verordnete zwei Monate lang sanfte Hydrotherapie, normale Mahlzeiten, literweise Früchtetee und bedingungslose Ruhe. Wagner hielt sich daran. Er schrieb nur den Brandbrief an Franz Liszt, den wir schon kennen: dass er »den Quark liegen lassen«, dass er die ›Nibelungen‹-Komposition aufgeben wird, wenn er nicht sein »erhöhtes, freies Wohnhaus« bekommt! Nach zwei Monaten war Wagner gesund, für immer von seiner Gesichtsrose befreit. Er reiste am 16. August 1856 heimwärts, aber nur bis Bern. Dort erwartete ihn vereinbarungsgemäß Mathilde Wesendonck mit Ehemann, Kutscher und privater Kalesche, einem weich gefederten Viersitzer, damit Wagner und Fips auf besonders angenehme Weise zurückkehren konnten nach Zürich.

Wagner geriet in eine Hölle von Lärm. Zu dem nervtötenden Klavierspieler hatte sich nun auch noch ein Blechschmied in der Nachbarschaft gesellt. Er »betäubte meine Ohren fast den ganzen Tag mit seinem weitschallenden Gehämmer«. Wagner wollte schon das Komponieren aufgeben, doch »gerade mein Zorn über den

Blechschmied gab mir... in einem aufgeregten Augenblick das
Motiv zu Siegfrieds Wutausbruch gegen den Stümperschmied Mime
ein«. Vom Gehämmer inspiriert, komponierte Wagner die Schmiede-
szene aus dem ersten Akt von ›Siegfried‹: »das kindisch zankende
Polterthema in g-Moll«.

Kaum war er damit fertig, kam Franz Liszt am 13. Oktober 1856
zu Besuch nach Zürich, begleitet von seiner russischen Lebensgefährtin Carolyne Fürstin von Sayn-Wittgenstein, einer Zigarren-
raucherin von altjüngferlichem Äußeren, 37 Jahre alt, tief religiös,
gnadenlos redselig, hin- und hergerissen zwischen Ausbrüchen
überschäumender Herzlichkeit und depressiven Anfällen. Umwölkt
von Zigarrenrauch und ihren eigenen Wortschwällen empfing sie im
noblen »Baur au Lac« die Honoratioren der Stadt, überwiegend Professoren der Universität und des Polytechnikums. Im Nu war sie gesellschaftlicher Mittelpunkt, sehr zum Verdruss Wagners, der gewohnt war, dass sich alles um ihn drehte. In einem Brief an Hans von
Bülow beklagte er die »entsetzliche Professorensucht« der Fürstin;
sie sei ein »Monstrum per Exzessum an Geist und Herz... Mir
armem Teufel ging's oft übel dabei.«

Als Franz Liszt und die Fürstin die Stadt am 27. November 1856
verließen, kehrte Wagner wieder zu seiner ›Siegfried‹-Komposition
zurück – und zu dem »tödlich von mir gehassten Blechschmied, mit
welchem ich ziemlich jede Woche einen furchtbaren Auftritt hatte«.
Vom Gehämmer schier zur Verzweiflung gebracht, schleppte er sich
durch die Kompositionsskizze von ›Siegfried‹, mehrmals wollte er
alles hinschmeißen – doch dann begab sich eine geradezu märchen-
hafte Fügung: Otto Wesendonck hatte sich in erhöhter Lage auf dem
»Grünen Hügel« im Ortsteil Enge ein parkähnliches Grundstück gekauft und wollte dort eine schlossartige Villa im Stil der Neu-Renais-
sance errichten, eine Residenz für Familie und Firma mit Blick auf
den See und die Alpen. Auf dem Nachbargrundstück, nur durch
einen Weg getrennt, stand ein zweistöckiges Fachwerkhaus, in dem
Zürichs prominenter Nervenarzt Dr. Binswanger eine damals so genannte Irrenanstalt einrichten wollte. Der sonst so besonnene Otto
Wesendonck drehte fast durch beim Gedanken an solche Nachbarschaft, kaufte dem Nervenarzt das Wohnhaus samt Grundstück zu
einem Wucherpreis ab und bot es Wagner im Januar 1857 auf Le-

benszeit an, für einen Spottpreis von 800 Franken jährlich. Das war etwa ein Drittel bis ein Viertel der Miete, die man für dieses Haus auf dem »Grünen Hügel« verlangen konnte.

Es sollte auf Kosten Otto Wesendoncks renoviert werden. Mathilde Wesendonck nannte das Haus einmal spaßeshalber »Asyl«, und diesen Namen sollte es auch behalten. Wagner wollte, wie aus mehreren Briefen hervorgeht, sein ganzes Leben im »Asyl« auf dem »Grünen Hügel« verbringen.

›*Siegfried‹: Abschied unter der Linde*

Am 28. April 1857 bezogen Wagner und Minna das Haus auf dem »Grünen Hügel« bei miserablem Wetter, es war kalt und feucht, zwei Tage lang. Auf einmal »brach auch schönes Frühlingswetter herein; am Karfreitag erwachte ich zum ersten Mal in diesem Haus bei vollem Sonnenschein: das Gärtchen war ergrünt, die Vögel sangen, und endlich konnte ich mich auf die Zinne des Häuschens setzen, um mich der langersehnten verheißungsvollen Stille zu erfreuen. Hiervon erfüllt, sagte ich mir plötzlich, dass heute ja Karfreitag sei, und entsann mich, wie bedeutungsvoll die Mahnung mir schon einmal in Wolframs ›Parzival‹ aufgefallen war. Seit jenem Aufenthalte in Marienbad, wo ich die Meistersinger und Lohengrin konzipierte, hatte ich mich nie wieder mit jenem Gedicht beschäftigt; jetzt trat sein idealer Gehalt in überwältigender Form an mich heran, und von dem Karfreitaggedanken aus konzipierte ich schnell ein ganzes Drama, welches ich, in drei Akte geteilt, sofort mit wenigen Zügen flüchtig skizzierte.«

Dass Wagner am Karfreitag an Parzival erinnert wurde, lässt sich leicht nachvollziehen, denn in Wolfram von Eschenbachs Epos wird Parzival am Karfreitag auf wunderbare Weise zum Einsiedler Trevrizent geführt, der ihm das Geheimnis des Grals offenbart.

Die Forschung verdirbt uns allerdings den Spaß an Wagners schöner Story. Sie hat herausgefunden: Der Karfreitag 1857 fiel nicht, wie Wagner schreibt, auf den 28. April, sondern auf den 10., mithin müsse Wagner geflunkert haben. Wagner wird denn auch Cosima gegenüber am 22. April 1879 zugeben: Es war »alles bei den Haaren herbeigezogen wie meine Liebschaften, nichts, nur eine hübsche Stimmung in der Natur, von welcher ich mir sagte: So müsse es sein am Karfreitag.« Also: Karfreitags-Empfindung, nicht Karfreitag. Sei's drum. Für die Entstehungsgeschichte des Werkes ist zu notieren, dass Wagner die erste ›Parzival‹-Skizze auf der Zinne seines Züricher Häuschens irgendwann im April 1857 geschrieben hat.

Am 22. Mai 1857, seinem Geburtstag, begab sich ein weiteres Ereignis von Bedeutung: »Wieder auf meiner Zinnen sitzend, überraschte mich der Gesang der drei Rheintöchter aus dem Schluss des ›Rheingoldes‹, welcher aus naher Ferne über die Gärten zu mir herüberdrang.« Ein Geburtstagsständchen wurde Wagner dargebracht von drei Sängerinnen des Theaters: von Karoline Pollert und ihren beiden Töchtern. Karoline Pollert! Wir kennen sie schon: Ihr ehebrecherisches Verhältnis mit einem jungen Sänger hatte in Magdeburg den Theaterskandal um sein ›Liebesverbot‹ ausgelöst, und als sie jetzt sein Geburtstagsständchen sang, empfand Wagner plötzlich »einen sonderbaren Widerwillen gegen das Fortsetzen der Komposition der Nibelungen, um so dringender das Verlangen, sofort den ›Tristan‹ aufnehmen zu können«.

Die Vollzugsmeldung an Franz Liszt lautet so: »Ich habe meinen jungen Siegfried noch in die schöne Waldeinsamkeit geleitet; dort habe ich ihn unter der Linde gelassen und mit herzlichen Tränen Abschied genommen.« Und an Julie Ritter schrieb Wagner, er werde sich nun »mit Tristan und Isolde Luft machen«.

Doch merkwürdig: Wagner packte den ›Tristan‹ nicht an. Er zögerte und zögerte, Woche um Woche. Und auf einmal, von heute auf morgen, war es so weit: ›Tristan‹ brach sich Bahn. Wagner begann am 20. August 1857 mit vollem Elan die ›Tristan‹-Dichtung – zwei Tage, bevor Mathilde Wesendonck mit Ehemann und Kindern in die eben fertig gestellte Villa nebenan einzog. Das Thema ›Tristan und Isolde‹ war aktuell geworden!

›Tristan und Isolde‹ auf dem »Grünen Hügel«

Mit der engen Nachbarschaft »begann nun eine ... auf die äußere Wendung meines Lebens einflussreiche neue Phase meines Umganges mit dieser Familie. Wir waren uns jetzt ... so nahe gerückt, dass eine starke Vermehrung der Beziehungen bloss durch die einfache tägliche Berührung nicht ausbleiben konnte.« Mathilde kam täglich zu Wagner herüber und nahm Anteil an der ›Tristan‹-Dichtung, und Wagner fühlte sich bei Wesendoncks offenbar mehr zu Hause, als dem Hausherrn lieb war: »Ich hatte schon öfter bemerkt, dass Wesendonck, in seiner rechtschaffenen Ungebildetheit, durch mein Heimischwerden in seinem Haus sich beunruhigt fühlte.«

Wesendonck und Wagner gaben interessante Einladungen, in ihren Häusern tummelte sich die Züricher Gesellschaft, bei Wagner überwiegend das Volk der Dichter, Künstler und Theaterleute. Am 5. September 1857 kam Hans von Bülow aus Berlin zu Besuch, frisch vermählt mit Cosima, der Tochter von Franz Liszt. Keiner, der die beiden kannte, hätte gedacht, dass sie zueinander finden würden: Cosima, sensibel, nach innen gewandt, leicht zu Tränen neigend, »ein Genie des Herzens«, wie ihr Vater sie nannte, war ein uneheliches Kind der Luxusklasse, ohne Eltern aufgewachsen, von zwei alten Gouvernanten in Paris lieblos, aber mehrsprachig erzogen. Seit ihrer Kindheit fand sie Trost in der Musik Richard Wagners. Nach ihrer Übersiedlung 1855 von Paris über Weimar nach Berlin nahm sie Klavierunterricht bei Hans von Bülow, dem Lieblingsschüler ihres Vaters. Sie kamen sich geziemend näher. Hans von Bülow, von der gestrengen Mutter nach den Prinzipien preußischer Zucht und Ordnung gedrillt, war ein intellektueller Feuergeist, jähzornig und cool zugleich. So schrieb er beispielsweise seinem Freund Peter Cornelius, die Heirat mit Cosima sei ein Freundschaftsopfer für Franz Liszt, er habe der unehelichen Tochter »einen glänzenden, ehrenhaften Namen« geben wollen. Und als er bei Franz Liszt um die Hand seiner Tochter anhielt, sprach er gleichsam die Hacken zusammenschlagend: Er werde sich jederzeit für Cosimas Glück opfern und sie für einen anderen Mann freigeben, wann immer sie dies wünsche. Franz Liszt gab seinen Segen, und so unternahm das Paar die Hochzeitsreise zu Wagner, der sie, beglückt über den Besuch, in seinem Haus wohnen ließ. Jeden Abend spielten er oder Hans von Bülow auf dem Flügel aus ›Walküre‹ und ›Siegfried‹. Immer waren Minna, Mathilde und Cosima dabei. »Cosima hörte mit gesenktem Kopf und gab nichts von sich. Wenn man in sie drang, fing sie an zu weinen.« Wagner vollendete in weniger als einem Monat, am 18. Septem-

ber 1857, die drei Akte der ›Tristan‹-Dichtung und überreichte sie
am selben Abend Mathilde Wesendonck. Sie wusste, was drinstand:
Die Geschichte von Liebessehnsucht und Todessehnsucht – und
ihre Gefühle wallten auf. Sie umarmte ihn und sagte:»Nun habe ich
keine Wünsche mehr.« Über diesen Augenblick wird Wagner in
einem Brief an seine Schwester Klara schreiben:»Diese Liebe, die
stets unausgesprochen zwischen uns blieb, musste sich endlich auch
offen enthüllen, als ich ... den ›Tristan‹ dichtete und ihr gab. Da zum
ersten Male wurde sie machtlos und erklärte mir, nun sterben zu
müssen.«

   Drei Tage später begann er mit der ›Tristan‹-Komposition, die ihn
bis zur Vollendung am 6. August 1859 fast zwei Jahre lang beherrschen wird. Von Anfang an hat Wagner eine neue Tonsprache zur
Darstellung psychologischer Wechselspiele und Zerreißproben gefunden. Da ist der Tristan-Akkord, ein programmatischer Span-
nungsakkord im Vorspiel, da ist die ekstatische Stimulierung des Or-
chesterklanges, die extreme Verfeinerung der Chromatik: Rhythmen
sind gleichsam tektonisch übereinander gelegt und verschoben.
Text und Melodie verschmelzen völlig. Es gelingt»ein wahres Wech-
selfieber: tiefstes, unerhörtes Leiden und Schmachten und dann unmittelbar unerhörtester Jubel und Jauchzen«, so Wagner in einem
Brief an Mathilde Wesendonck. Und in einem anderen Brief an Mathilde:»Meine feinste und tiefste Kunst möchte ich jetzt die Kunst
des Überganges nennen, denn mein ganzes Kunstgewebe besteht
aus solchen Übergängen; ... Mein größtes Meisterstück in der Kunst
des feinsten, allmählichsten Überganges ist gewiss die große Szene
des zweiten Aktes ... Der Anfang dieser Szene bietet das überströ-
mendste Leben in seinen allerheftigsten Affekten – der Schluss das
weihevollste, innigste Todesverlangen ... Das ist dann auch das Geheimnis meiner musikalischen Form, von der ich kühn behaupte,
dass sie in solcher Übereinstimmung und jedes Detail umfassenden
klaren Ausdehnung noch nicht auch nur geahnt worden ist.«

   Unterdessen bot Wagner dem Verlag Breitkopf & Härtel – der
seine ›Nibelungen‹ abgelehnt hatte – den ›Tristan‹ als ein vergleichsweise »praktikables Werk« an, das leicht zu spielen sei. Er verlangte
600 Louisdor (rund 83.000 Euro). Härtel bot 100 Louisdor (rund
14.000 Euro) zur sofortigen Verfügung und die Hälfte der Erträge

fünf Jahre nach Erscheinen. Wagner brauchte das Geld und schlug ein.

Im November 1857 krachte es an der Börse. Finanzkrise, Firmenbankrotte! Wagner fürchtete schon, sein Gönner müsse »Haus, Hof und Pferde« verkaufen. Otto Wesendonck begab sich auf Reisen zu internationalen Bankiers, um Gelder für seine Firma zu sichern. Kaum war der Ehemann fort, kochte in der Zürcher Gesellschaft das seit langem leise brodelnde Getuschel über eine Liebesbeziehung zwischen Richard Wagner und Mathilde Wesendonck hoch.

Zu dieser Zeit begann Wagner mit der Vertonung von ›Fünf Gedichten für eine Frauenstimme‹ aus der Feder Mathildes, die später so genannten Wesendonck-Lieder. Sie tragen viel von der ›Tristan‹-Komposition in sich.

Obwohl die beiden sich täglich über einen im Schnee freigeschaufelten Weg besuchten, schrieb Wagner einige Briefe an Mathilde: »Ich hab' viel auf dem Herzen – und Alles ist doch wieder um das Eine, ohne das ich Ärmster keine Stätte auf dieser Welt mehr hätte. Dies Eine!« Oder »Danke! Gut geschlafen – es muss gehen! – und das Eine!« In Briefen an Freunde und Familienmitglieder war Wagner spürbar bemüht, ein platonisches Verhältnis anzudeuten. An Eliza Wille wird er schreiben: »Sie ist und bleibt meine erste und einzige Liebe.«

Am 23. Dezember 1857 brachte er Mathilde im Treppenhaus der Villa ein Geburtstagsständchen dar. Gespielt wurde ›Träume‹, eines der ›Wesendonck-Lieder‹, komponiert für Sologeige und kleines Orchester. Am 31. Dezember überreichte Wagner ihr die soeben fertig gestellte Kompositions-Skizze zum ersten Akt von ›Tristan‹ mit einem Widmungsgedicht:

> *Hoch beglückt,*
> *Schmerzentrückt,*
> *frei und rein*
> *ewig Dein –*
> *was sie sich klagten*
> *und versagten,*
> *Tristan und Isolde,*
> *in keuscher Töne Golde,*

ihr Weinen und ihr Küssen
leg' ich zu Deinen Füßen,
dass sie den Engel loben,
der mich so hoch erhoben!

Wenige Tage später kehrte Otto Wesendonck in bester Laune von seiner Geschäftsreise zurück, denn er hatte sein Vermögen gerettet und sogar noch vermehrt. Doch seine Stimmung schlug schnell um, als er von dem Geburtstagsständchen erfuhr, vom Widmungsgedicht und von den Gerüchten über die Liebesaffäre seiner Frau. Zum ersten Mal gab es laute Auseinandersetzungen unter den Eheleuten, Auseinandersetzungen auch zwischen Minna und Mathilde. Wagner vertraute auf die entspannende Wirkung seiner Abwesenheit und reiste schleunigst nach Paris. Als er am 6. Februar 1858 zurückkehrte nach Zürich, war Ruhe eingekehrt auf dem »Grünen Hügel«. Er arbeitete an der Partitur des ersten Aktes und nahm seine Besuche als Dämmermann bei Mathilde Wesendonck wieder auf, sehr zum Ärger Minnas, die immer gereizter wurde und gelegentlich den Arzt wegen Herzbeschwerden kommen lassen musste. Um den reservierten Otto Wesendonck zu erwärmen, inszenierte Wagner im Treppenhaus der Villa für ihn am 31. März 1858 ein etwas verspätetes Geburtstagskonzert bombastischer Art mit einem 30-Mann-Orchester. Es war eher eine Ehrung Wagners als Wesendoncks. Zu Beginn überreichte ihm die siebenjährige Tochter Myrrha einen von Semper entworfenen Taktstock aus Elfenbein. Dann dirigierte Wagner, umgeben von Zierbäumen und einem Meer von Blumenbouquets, vor über 100 Gästen aus Beethoven-Symphonien. Die Gäste waren »tief und feierlich ergriffen. Auf mich wirkte der Eindruck dieses Festes in der wehmütigsten Weise wie eine Mahnung daran, dass der mögliche Höhepunkt einer Lebensbeziehung erreicht, ja dass der eigentliche Gehalt derselben bereits überboten und die Sehne des Bogens überspannt sei.«

Das Gefühl täuschte Wagner nicht. Er verstrickte sich in eine Geschichte, die so lächerlich war wie ein Groschenroman, kurzfristig zwar nur, aber von verheerender Wirkung. Es begann damit, dass Wagner ein Nebenbuhler erwuchs: Francesco de Sanctis, Professor für italienische Sprache am Polytechnikum, Neapolitaner mit großspurigem Auftreten, schwarzgelockt und 40 Jahre alt. Als Mathilde ihn zum ersten Mal sah, wurde sie von der Lust befallen, die italienische Sprache zu erlernen. Francesco de Sanctis – als Sprachlehrer sogleich engagiert, ohne je Italienisch lehren zu müssen – ging in der Villa aus und ein, er plauderte und trank Tee, und das just zur Dämmerstunde, wenn Wagner zu kommen pflegte. Beide entbrannten in Eifersucht. Otto Wesendonck blieb gelassen, konnte er doch damit rechnen, dass sich die beiden Rivalen gegenseitig erledigen würden wie die Riesen im Märchen vom tapferen Schneiderlein. Und so kam es auch: Wagner erschien am 5. April zur angestammten Dämmerstunde bei Mathilde Wesendonck und geriet über den in einem Fauteuil hingeräkelten Neapolitaner dermaßen in Wut, dass er sich umdrehte und ging. Am nächsten Tag hoffte er, Mathilde werde ihn bei ihrem üblichen Besuch versöhnlich stimmen. Doch sie kam überhaupt nicht. Also ging er hinüber. Er traf Mathilde allein an und brach ein Streitgespräch über Goethes ›Faust‹ vom Zaun, mit dem er seinen Zorn über de Sanctis auf hohem Niveau sublimierte. Mathilde kam kaum zu Wort. Er redete sich das Gift aus dem Leibe, verwechselte gelegentlich schon mal Mephistopheles mit de Sanctis und zog sich wieder ins »Asyl« zurück.

Am nächsten Morgen, 7. April 1858, schrieb er Mathilde eine »Morgenbeichte«, in der es hieß: »Am Morgen ward ich nun wieder vernünftig und konnte recht herzinniglich zu meinem Engel beten; und dies Gebet ist Liebe! Tiefste Seelenfreude an dieser Liebe, der Quelle meiner Erlösung! . . . Sei mir gut und vergib mir mein kindisches Wesen von gestern: Du hast es ganz richtig so genannt! – Das Wetter scheint mild. Heut' komm' ich in den Garten; sobald ich Dich sehe, hoffe ich einen Augenblick Dich ungestört zu finden! – Nimm meine ganze Seele zum Morgengruße!«

Der Gärtner – wer sonst könnte eine tragende Rolle spielen in diesem Trivialstück? – sollte den Brief ins Herrschaftshaus bringen. Minna passte ihn ab, öffnete den Brief und stellte Wagner zur Rede, der zunächst gar nichts sagte, dann vor unbedachten Schritten warnte – vergeblich. Minna lief zu Mathilde und drohte, den Brief ihrem Mann zu zeigen – mit dem Erfolg, dass Mathilde ihren Mann informierte.

Die Lawine war losgetreten.

Wagner verstaute die vor Eifersucht überschäumende Minna flugs in Dr. Erismanns Herzklinik am Hallwyler See und versuchte Wesendoncks zu versöhnen. Doch die brachen zu einer Italienreise auf. Als sie am 6. Juni 1858 zurückkehrten, wurde Wagner betont förmlich zu Otto Wesendonck gerufen. Was sie sprachen, blieb ihr Geheimnis. Aus Wagners Verhalten lässt sich schließen, dass ein Aufenthalt im »Asyl« nicht mehr erwünscht war und dass sich der Umgang nur noch auf Höflichkeitsfloskeln beschränken sollte.

Inzwischen hatte Richard Wagner von Madame Erard, der Witwe des berühmten Klavierbauers in Paris, einen Erard-Flügel geschenkt bekommen. »Der neue Flügel schmeichelte meiner musikalischen Empfindung ungemein.« Er wird Wagner nach dem Auszug aus seinem »Asyl« auf jahrelanger Wanderschaft begleiten.

Mitte Juni überraschte Wagner eine Einladung des Großherzogs Carl Alexander von Sachsen-Weimar-Eisenach, der gerade in Luzern weilte. Eine außerordentliche Ehrung für den steckbrieflich verfolgten Revolutionär. Gelegentlich zweier langer Audienzen am 23. und 24. Juni 1858 in der Suite eines Luzerner Hotels sprachen Fürst und Verfolger »ungeniert wohlwollend auf einem engen Kanapee« über eine eventuelle ›Ring‹-Uraufführung in Weimar. Großherzog Carl Alexander, am Rande sei's erwähnt, war Sohn des Großherzogs Carl Friedrich und Großneffe Constantins.

Wagner arbeitete im »Asyl« weiter an der ›Tristan‹-Komposition und schrieb am 6. Juli einen Brief an Mathilde Wesendonck: »Die ungeheuren Kämpfe, die wir bestanden, wie könnten sie enden als mit dem Siege über jedes Wünschen und Begehren? Wussten wir nicht in den wärmsten Augenblicken der Annäherung, dass dies unser Ziel sei? – ... Es ist eine Stimme in mir, die mit Sehnsucht mir nach Ruhe ruft – nach der Ruhe, die ich vor langen Jahren schon meinen fliegenden Holländer sich ersehnen ließ. Es war die Sehnsucht nach – ›der Heimat‹ – nicht nach üppigem Liebesgenuss! ... Leb wohl, mein lieber heiliger Engel!«

Eines Tages tauchte Karl Tausig bei ihm auf, 16 Jahre alt, ein Schüler von Franz Liszt, ein Böhme jüdischer Abstammung, begnadeter Pianist und immer lustiger Treibauf, der Erheiterung ins »Asyl« brachte. Wagner schloss ihn ins Herz wie einen eigenen Sohn.

Am 10. Juli kam Joseph Tichatschek zu Besuch, der unvergessene Rienzi-Darsteller, 51 Jahre alt. Wagner freute sich schon auf sein Ariengeschmetter von des Hauses Zinnen. Doch wie's der Teufel wollte, stand justament einen Tag später der für irgendwann zum Vorsingen eingeladene Albert Niemann vor der Gartentür, »eine fast übermenschliche Gestalt«, blond, 27 Jahre alt, der Karrieremacher unter den Heldentenören. Und nun sang keiner, weil sie – so Wagner – »sich voreinander genierten«. Schweigend spielten sie Karten, die zwei Tenöre.

Am 15. Juli kam Minna aus der Kur zurück, genauso blass und erschöpft wie vorher, und begann den Haushalt aufzulösen. »Ich musste ihr eines Abends, so gern ich für jetzt aus Rücksicht auf ihren Gesundheitszustand es ihr ferngehalten hätte, unsere Lage genau und bestimmt zur Erkenntnis bringen, dass . . . ich sie eben darauf vorbereiten müsse, die Notwendigkeit unserer Trennung in das Auge zu fassen, da ich . . . entschlossen sei, an eine ähnliche gemeinschaftliche häusliche Einrichtung irgendwo anders nicht wieder zu gehen. Vieles Ernste, was ich bei dieser Gelegenheit meiner Frau über den ganzen Charakter unseres verflossenen Zusammenlebens zu Gemüte zu führen hatte, schien sie . . . heftig zu erschüttern, so dass ich sie hier, zum ersten Male in unserem Leben, in eine weiche und würdige Klage ausbrechen hörte. Zum ersten und einzigen Male gab sie mir das Zeichen einer liebevollen Demut, indem sie mir, als ich in tiefer Nacht von ihr mich zurückzog, die Hand küsste.« Es wurde verabredet, dass Minna noch acht Tage nach Wagners Abreise bleiben und den Hausrat verkaufen sollte. Sie weinte viel und machte gelegentlich fürchterliche Szenen. Zu allem Überfluss kam Carl Ritter fast täglich vorbei, frisch verheiratet, unablässig lamentierend über seine unglückliche Ehe und schimpfend auf seine junge Ehefrau.

Am 21. Juli trafen Hans von Bülow und Cosima zu ihrem zweiten Besuch ein, und wenige Tage später erschien Cosimas Mutter, Marie Gräfin d'Agoult, die nun wieder bei ihrem Ehemann in Paris lebte, 53 Jahre alt, eine schöne, interessante und faszinierende Frau. Sie wollte ihre Tochter wiedersehen und ihren Schwiegersohn kennen lernen.

Als sie nach Paris zurückkreiste, wurde sie von Cosima bis Genf begleitet, gefolgt von Carl Ritter, der sich unaufgefordert angeschlossen hatte. Nach dem Abschied von Gräfin d'Agoult in Genf ruderten Cosima und Carl auf den See hinaus. Und nun begab sich eine Szene von gespenstischer Absonderlichkeit. Cosima offenbarte, dass sie todunglücklich sei in ihrer Ehe mit Hans von Bülow, und forderte Carl Ritter auf, sie zu töten – im See zu ertränken! Carl Ritter wollte mit ihr sterben. Das wollte nun Cosima nicht, und so ruderten sie wieder an Land.

Nach Zürich zurückgekehrt wohnte Cosima im »Asyl«, in kühler Distanz zu ihrem Ehemann, spürbar hingezogen zu Wagner.

Am 16. August ging Wagner in Begleitung von Hans von Bülow hinüber ins Herrschaftshaus, um Abschied zu nehmen von Mathilde und Otto Wesendonck. Am selben Tage noch »verließen mich . . . Bülows, Hans in Tränen aufgelöst, Cosima düster schweigend«.

Tags darauf, am 17. August 1858, fuhren Wagner und seine Frau zum Bahnhof. Er wollte in den Süden reisen, sie sollte noch Möbel und Wertgegenstände verkaufen. Minna weinte, als Wagner die Dampfbahn bestieg und ans Coupé-Fenster trat. »Ich entsinne mich, . . . beim Abschied nicht eine Träne vergossen zu haben, was mich selbst fast erschreckte. Als ich jedoch mit dem Dampfzug dahinfuhr, konnte ich mir sogar ein zunehmendes Wohlgefühl nicht verbergen.«

Wanderjahre

Nochmals: Startversuch in Paris

Wagner reiste über Genf und Lausanne nach Venedig, wo er den Palazzo Giustiniani am Canal Grande als einziger Mieter bezog und sogleich teuer tapezieren ließ. Ohne Geld zu haben.

Bei Mathilde meldete sich Wagner zunächst nicht. Was er ihr zu sagen hatte, schrieb er für sich in ein am 21. August 1858 begonnenes ›Tagebuch für Mathilde Wesendonck‹, so etwa am 3. September: »Hier wird der Tristan vollendet, allem Wüten der Welt zum Trotz. Und mit ihm ... kehre ich dann zurück, Dich zu sehen, zu trösten, zu beglücken.«

Die erste Nachricht aus dem Hause Wesendonck war die Botschaft vom Tod des vierjährigen Söhnchens, Guido, am 13. Oktober 1858. Das erste Lebenszeichen Wagners bei Wesendonck war sein Beileidsbrief an die Tochter Myrrha, mit einem Begleitbrief für »Mama«. Damit setzte die Korrespondenz mit Mathilde Wesendonck wieder ein.

Am 24. März 1859 wurde Wagner wegen seiner politischen Vergangenheit von den österreichischen Behörden aus Venedig ausgewiesen, er reiste nach Luzern, wo er im Hotel »Schweizerhof« weiter den ›Tristan‹ komponierte. Am 2. April besuchte er für ein paar Stunden die Familie Wesendonck. »Unser Wiedersehen war wehmütig, doch in keiner Weise befangen.« Zurück in Luzern beendete Wagner nach zügiger Arbeit am 6. August 1859 die ›Tristan‹-Partitur. Er nannte das Werk nicht »Oper«, sondern »Handlung«. Abends kamen Mathilde und Otto Wesendonck zu einer kleinen Feier.

Nun sollte ›Tristan‹ schnelles und gutes Geld bringen, und zwar durch die Uraufführung in Paris, der Kunstmetropole Europas – so dachte Wagner. Rascher Gelderwerb war umso dringender geboten, als Julie Ritter einen Vermögensverfall zu beklagen hatte und Wagner die 800 Taler Jahresrente ab sofort nicht mehr zahlen konnte.

Wagner verließ Luzern am 6. September 1859, reiste nach Zürich, verbrachte »wohl gepflegt« drei Tage in der Villa Wesendonck – und verkaufte Otto Wesendonck die Publikationsrechte von ›Rheingold‹, ›Walküre‹ und ›Siegfried‹ für 6.000 Franken (36.000 Euro). Ein Preis wie auf dem Flohmarkt.

Vier Tage später traf er in Paris ein. Beim Zoll erwartete er die üblichen Probleme und Verzögerungen. Doch diesmal ging alles glatt: Ein blasser, junger Zöllner trat auf ihn zu, pfiff dezent einige Melodien aus ›Lohengrin‹ und ›Tannhäuser‹ und sagte: »O, je connais bien Monsieur Richard Wagner.« (O, ich kenne Herrn Richard Wagner gut.) Dieser Zöllner war Edmond Roche, 31 Jahre alt, Vater von drei Kindern, Hobby-Pianist, Hobby-Dichter und Wagner-Fan, der seiner Familie zu Hause abends Wagner-Melodien vorspielte. Elegant wickelte er alle Formalitäten für Wagner ab. Wagner sah in dieser Begegnung ein glückbringendes Omen.

Nach kurzer Wohnungssuche mietete er am 20. Oktober 1859 in der vornehmen Rue Newton 16 einen von Linden beschatteten Pavillon für 4.000 Francs jährlich. Er ließ das Haus für über 2.000 Francs renovieren und engagierte eine Kammerjungfer, einen livrierten Diener und zahlreiche Dienstboten. »Mit großen Erfolgen glaube ich rechnen zu dürfen«, schrieb er an Minna nach Dresden. Von Sehnsucht befallen, lud er Minna ein nach Paris, allerdings wollte er die Ehe nun unter der Bedingung »geschlechtlicher Enthaltsamkeit« fortführen. Minna traf mit Hund Fips und Papagei Jacquot am 17. November in Paris ein, entsetzte sich über den unbezahlbaren Luxus und entließ zunächst einmal das gesamte Personal bis auf ein schwäbisches Dienstmädchen namens Therese. An den Diener erinnerte nur noch »eine vollständige Livree, welche ich ihm soeben erst für teures Geld angeschafft hatte und welche fortan müßig dahing«.

Wagner plante die Eroberung von Paris generalstabsmäßig: Drei Konzerte sollten den Boden bereiten für die Uraufführung von ›Tristan‹ oder zumindest eine Serie von ›Tannhäuser‹-Aufführungen. Als würdigen Schauplatz dieser drei Konzerte wählte Wagner die Große Oper, allerdings lehnte Operndirektor Alphonse Royer sein Ansinnen ab. »Deshalb hatte ich mich an den Kaiser Napoleon zu wenden«: an Napoleon III., Neffe von Napoleon I. Bonaparte, seit 1848

Präsident der Französischen Republik, seit 1851 nach einem Staats-
streich mit diktatorischen Vollmachten, seit 1852 Kaiser der Franzosen. Von ihm, dem Empereur, erwartete Wagner sich Schützenhilfe. Ihm schrieb er einen Brief.

Der Kaiser ließ nichts hören, und so mietete Wagner auf eigene
Kosten das italienische Theater samt Orchester und Solisten. Die
Musiker begeisterten sich spontan für seine Dirigiertechnik. Alle
drei Konzerte waren ausverkauft. Im Publikum saßen neben den
Zelebritäten aus Politik, Militär, Diplomatie und Wirtschaft auch
die Crème der Pariser Künstler, die Komponisten Danielle-François-
Esprit Auber, Charles Gounod, Camille Saint-Saëns, Hector Berlioz
und sogar Meyerbeer, die Dichter Jules Champfleury, Catulle
Mendès, Théophile Gautier, Charles Baudelaire, der Illustrator
Gustave Doré und eine Reihe persönlicher Freunde, so etwa der
Arzt Auguste de Gasperini oder Blandine, die Schwester Cosimas,
mit ihrem Ehemann Émile Ollivier, der gerade politische Karriere
machte, oder Malwida von Meysenbug, eine flüchtige Bekannte
von früher, die sich nun als gute Freundin erwies. Und auch Hans
von Bülow war auf Bitte Wagners aus Berlin herbeigeeilt, um ihm
bei der Eroberung von Paris zu assistieren und um »an einem guten
Erfolg meiner Unternehmung sich ermutigen und erfrischen zu
können«. Hans von Bülow pendelte in der Folgezeit ständig zwischen Wagner in Paris und seiner jungen Ehefrau Cosima in Berlin
hin und her.

Die drei Konzerte waren künstlerische Triumphe – aber finanzielle Niederlagen: 11.000 Francs Defizit!

Nun musste Wagner schnellstens den ›Tristan‹ oder ›Tannhäuser‹ auf die Bühne bringen. Wagner versuchte den einflussreichen Impresario Leon Carvalho als Protektor zu gewinnen, er
sang und spielte ihm aus ›Tannhäuser‹ vor, doch der Zwang zum
Erfolg verführte ihn zu solcher Ekstase, dass Carvalho schockiert
war und ›Tannhäuser‹ samt ›Tristan‹ hintertrieb. Nichts ging mehr
in Paris. Kein Theater wollte Wagner haben. Schulden, Forderungen, kein Geld für die Miete. Wagner dachte schon an Flucht. Da
überreichte ihm Mitte März 1860 ein berittener Bote die Einladung
zu Comte de Baciocchi, dem Kammerherrn des Kaisers. Baciocchi
empfing Wagner in seinem Palais, kam auf ›Tannhäuser‹ zu spre-

chen und sagte dann: »L'empereur a donné l'ordre de représenter votre opéra.« (Der Kaiser hat Befehl gegeben, Ihre Oper aufzuführen.)

Die gute Fee: Fürstin Metternich

Ihre Hand im Spiel hatte dabei Pauline Fürstin Metternich, begeisterte Anhängerin Wagners, 24 Jahre alt, Gattin des österreichischen Botschafters, geborene Gräfin Sandor von Slavnitza, eine tollkühne Reiterin mit Stupsnase und dem Temperament ihrer slawischen Vorfahren. Sie fluchte fließend in fünf Sprachen, rauchte, trank und galt als Favoritin des für weibliche Exzentrik hochempfänglichen Kaisers Napoleon III. Gelegentlich eines Balles in den Tuilerien sprach sie mit ihm über Wagners Oper ›Tannhäuser‹. Der Kaiser – so die Fürstin in ihren Memoiren – strich seinen Bart und sagte: »Der Tannhäuser, Richard Wagner... ich habe von der Oper und dem Komponisten nie gehört. Und Sie behaupten, die Oper sei gut?« – »Ja, Majestät«. Daraufhin wandte sich der Kaiser zu seinem Kammerherrn, Comte de Baciocchi: »Lassen Sie die Oper aufführen!«

Befehl des Kaisers! Generalmobilmachung an der Großen Oper. Alles musste schnell gehen, der Kaiser war kein Mann von Geduld. Geld spielte keine Rolle. Operndirektor Alphonse Royer bestellte sogleich Dekorationen für 40.000 Francs und Kostüme für 53.000 Francs. ›Tannhäuser‹ wurde für viele zur Goldgrube, nur nicht für Wagner. Der hatte wieder einmal einen Vertrag ausgehandelt, über den die Konkurrenz herzlich lachte: Als Urheberhonorar plus Gage für die Regie verlangte er 500 Francs pro Vorstellung – ohne Vorschuss und ohne Garantie! Und diese 500 Francs musste er bis zur 20. Vorstellung jedes Mal mit den Übersetzern teilen.

Die Übersetzung – es war noch keine da, es musste schnellstens eine her! Und noch war kein Übersetzer in Sicht. Wagner sprach zu schlecht Französisch. Er, der am liebsten alles selber machte und nun andere machen lassen musste, geriet in die Krise. In einer Aufwallung chaotischer Herzlichkeit engagierte Wagner als Übersetzer jenen liebenswürdigen Zöllner, den er als gutes Omen empfunden hatte: Edmond Roche. Störend an ihm war nur »seine Unkenntnis der deutschen Sprache«. Dieses Problem ließ sich lösen durch Hinzuziehung eines zweiten Übersetzers. Er war schnell gefunden: Richard Lindau, 29 Jahre alt, desertierter preußischer Soldat, ein »teilnehmender Freund«, der sich als Sänger vorgestellt hatte – aber nicht singen konnte und von Musik nichts verstand, wie sich bald herausstellte. Dieses Duo unüberbietbarer Inkompetenz machte sich an die ›Tannhäuser‹-Übersetzung, angefeuert von Richard Wagner, der jeden frisch übersetzten Vers sogleich in sächsisch infiltriertem Französisch sang und auf dem Klavier begleitete. Mit dem fertigen Text ging Wagner zu Operndirektor Alphonse Royer. Der las, griff sich an den Kopf, forderte kompromisslos eine neue Übersetzung und empfahl Wagner schleunigst einen bekannten Dichter oder Librettisten zu engagieren. Wagner entschied sich für »einen Mann von ungemein einnehmendem, freundlich-offenem Wesen«, Charles Truinet, genannt Nuitter, der – wie unschwer zu erraten ist – kein Wort Deutsch verstand. Aber er hatte einen Vater, der gebrochen Deutsch sprach. Und nun geschah das Wunderbare: Gestützt auf die trostlose Übersetzung von Zöllner und Deserteur, beraten von einem radebrechenden Vater, zur Eile getrieben von einem enervierten Richard Wagner, schuf Truinet ein Meisterwerk, und das in kürzester Zeit. Nun konnte es losgehen. Doch es gab Verzögerungen: Staatsminister Alexander Graf Walewski, ein unehelicher Sohn Napoleons I., bestellte Wagner zu sich in sein Palais und forderte ein opulentes Ballett für ›Tannhäuser‹ und zwar nach der Pause im zweiten Akt. Begründung: Die einflussreichen und überwiegend adligen Mitglieder des Jockey-Clubs pflegten bis um 10 Uhr abends zu dinieren und erst nach der Pause in die Oper zu gehen – einzig um das Ballett zu erleben! Von solchem Banausentum verstört, erklärte Wagner, er lasse sich vom Jockey-Club keine Vorschriften machen.

Daraufhin Walewski: Der Jockey-Club sei mächtig genug, eine Oper zu vernichten. Außerdem sei so gut wie jede Balletteuse die Mätresse von einem oder mehreren Herren des honorigen Jockey-Clubs. Eine delikate Angelegenheit also, das Ballett im zweiten Akt. Wagner blieb unerschütterlich: Dann werde er die Aufführung abblasen!

Nun wurde Walewski ernst: Die Aufführung von ›Tannhäuser‹ sei vom Kaiser befohlen. Also werde sie stattfinden, notfalls mit dem Ballett eines anderen Komponisten!

Wagner musste nachgeben – und fand seinen Seelenfrieden schnell wieder, denn er kam zu der Überzeugung, dass die Venusberg-Szene im ersten Akt ein Schwachpunkt des Werkes sei und durch eine fulminante Ballettszene bereichert werden könnte. Und wenn schon, dann wollte er gleich »etwas Unerhörtes, vom gewöhnlichen Ballettwesen gänzlich Abliegendes« bieten. Er plante ein Bacchanal, wie es die Bühne noch nie erlebt hatte, ein Liebesfest im Venusberg mit tanzenden oder ineinander verschlungenen Faunen, Nymphen, Sirenen, Bacchantinnen, Grazien, Satyrn, Nereiden. Sie feiern ekstatische Orgien, während Tannhäuser schläft, den Kopf im Schoß der Venus, die auf einem reichen Lager hingestreckt liegt. Auch die Amoretten schlafen. »Immer mehr mythologisches Gesindel wird herbeigezogen ... Mit einem Wink weckt die [Venus] da die Amoretten, welche nun einen ganzen Hagel von Pfeilen ... abschießen, mehr und immer mehr ... Nun paart sich alles deutlicher. ... Die wild umherschwirrenden Pfeile haben selbst die Grazien getroffen. Sie bleiben ihrer nicht mehr mächtig. Faunen und Bacchantinnen gepaart stürmen fort; die Grazien werden von den Kentauren auf ihren Rücken entführt ... Die Paare lagern sich ... die Nebel senken sich ... Tannhäuser fährt aus dem Traume auf ... Was sagen Sie dazu?« Wagner in einem Brief an Mathilde Wesendonck.

Die Musik des Bacchanals war vom ›Tristan‹-Stil bestimmt, und somit ergab sich ein Stilbruch im ›Tannhäuser‹, ein faszinierender Stilbruch freilich und somit eine Bereicherung, eine partielle Überhöhung, denn diese Kompositionstechnik war Wagner noch nicht gegeben gewesen zur Zeit, als er ›Tannhäuser‹ komponiert hatte.

Wagner war klar, dass sein Bacchanal eine choreographische Herausforderung war (und bis heute ist) und dass er den hochgerühmten Ballettmeister Marius Petipa erst einmal dafür gewinnen musste. Petipa erinnerte sich: »Wagner setzte sich sofort ans Piano, spielte sogleich mit wilder Leidenschaft, seine Finger hämmerten eine Serie rasender Akkorde, er schrie seine Einsätze einer imaginären Gruppe von Tänzern und Balletteusen zu. – ... Was für ein Teufelskerl.« Petipa sah die Schwierigkeiten – und fühlte sich herausgefordert, die Aufgabe anzupacken.

Unterdessen geriet Wagner immer mehr in die finanzielle Bredouille. Während die vom Kaiser befohlene Aufführung mit einem

Riesenaufwand an Kosten vorbereitet wurde, musste der Urheber und Regisseur Richard Wagner immer neue Schulden aufnehmen und gleichzeitig die Gläubiger und seinen Vermieter in Schach halten.

Im Mai 1860 kam unerwartet Hilfe von Marie Gräfin Kalergis, 37 Jahre alt, einer Wagner-Bewunderin und wahren Walküre, hoch gewachsen, das Haupt von Blondhaar umwallt, die Stimme von dröhnender Tragweite. Sie traf gerade aus Wien kommend in Paris ein, hörte von Wagners Defizit der drei Konzerte – 11.000 Francs – und schenkte ihm diesen Betrag. Inzwischen hatte ihm der Mainzer Musikverleger Schott 10.000 Franken für ›Rheingold‹ geboten – und nun musste Wagner an Wesendonck schreiben und ihn bitten, auf die für 6.000 Franken erworbenen Publikationsrechte an ›Rheingold‹, ›Walküre‹ und ›Siegfried‹ gegen Rückzahlung zu verzichten. Als Wesendoncks Zustimmung per Post eintraf, konnte Wagner das Geld nicht zurückzahlen, er bot die noch nicht komponierte ›Götterdämmerung‹ als Pfand, und Wesendonck akzeptierte.

Inzwischen war Albert Niemann aus Hannover eingetroffen, Wagners Wunsch-Tannhäuser. Er galt als begnadeter Tenor und erwies sich als ebenso begnadeter Geschäftsmann, der für seine Rolle ein Garantiehonorar von 60.000 Francs aushandelte. Niemann nahm sofort die Proben auf und begann ein Techtelmechtel mit der Venus-Darstellerin Fortunata Tedesco, einer bildschönen Jüdin mit grandiosem Mezzosopran.

Schon nach wenigen Tagen forderte Niemann die Streichung einiger für seine Stimme angeblich ruinöser Passagen, andernfalls würde er sein Engagement abbrechen. Für eine Umbesetzung war es zu spät. Wagner gab nach: »Ich wusste von nun an, dass ich es mit einer vor Feigheit wild gewordenen Bestie zu tun hatte.«

Trotz dieser Aufregungen schrieb Wagner damals den Aufsatz ›Zukunftsmusik‹, 50 Seiten, auf denen er sich spürbar verärgert gegen eine mehrere Monate zurückliegende Rezension seiner Pariser Konzerte wehrte. Der Rezensent hatte ihn als Erfinder einer »musique de l'avenir«, einer Zukunftsmusik ohne Form, ohne Melodie und ohne Rhythmus bezeichnet und dabei auch noch Wagners Schrift ›Kunstwerk der Zukunft‹ falsch interpretiert. (Wagners schwer lesbare Entgegnung wurde damals kaum zur Kenntnis ge-

nommen, der Begriff »Zukunftsmusik« aber wird bis auf den heutigen Tag von Wagner-feindlichen Rezensenten als Spottwort verwendet.)

Anfang Oktober übersiedelte Wagner, von ständigen Geldsorgen und lärmenden Straßenarbeiten bedrängt, aus seinem feudalen
Pavillon in eine Wohnung an der Rue d'Aumale 3. Am 27. Oktober
1860 brach Wagner zusammen: typhöses Fieber! Tagelang lag er
zwischen Leben und Tod. Sein Freund und Arzt Gasperini verordnete Beefsteak zum Frühstück, bayerisches Bier am Abend, Senf-
pflaster auf die Fußsohlen. Wagners Genesung schritt voran.

Nach einem Monat erst konnte er die Proben wieder aufnehmen,
und schon gab's neue Probleme. Wagner hatte selbstverständlich
angenommen, dass er dirigieren werde. Irrtum! Das Orchester wurde
vom Orchesterchef Pierre Louis Philippe Dietsch dirigiert. Dietsch!
Erinnern wir uns: Am 2. Juli 1841 hatte Wagner dem damaligen
Opernchef Léon Pillet das Erstgeburtsrecht des ›Fliegenden Holländers‹ für 500 Francs verkauft. Eine der demütigendsten Stunden in
Wagners Leben! Dietsch war dabei gewesen. Dietsch hatte danach
Wagners Ur-Holländer vertont und in den Sand gesetzt. Dieser
Dietsch sollte nun – 20 Jahre danach – Wagners ›Tannhäuser‹ dirigieren. Kein gutes Omen. Wagner sah sofort, dass Dietsch dazu nicht
in der Lage war, und versuchte nun in grotesker und wohl einzig-
artiger Weise auf den Dirigenten Einfluss zu nehmen: »Von meinem
gewöhnlichen Platze auf der Bühne, dicht vor seinem Pulte, hatte
ich ihn [!] mit dem Orchester zugleich dirigiert und hierbei vor allen
Dingen meine... Tempi behauptet.« Das wurde ihm rasch unter-
sagt. Wagner musste sich in den Zuschauerraum zurückziehen, wo
er die seiner Meinung nach falschen Tempi durch zorniges Auf-
stampfen zu korrigieren versuchte. Auch das durfte er nicht länger.
Dietsch war sich allein überlassen, und nun geriet »alles ins Schwan-
ken... indem nicht ein Tempo oder eine Nuance mit Bewusstsein
und Sicherheit festgehalten wurde«. Hans von Bülow beobachtete
den Dirigenten. Sein erster Eindruck: »Der eselhafteste, dickfelligste,
unmusikalischste aller Kapellmeister, die ich je... gerochen.« (In
einem Brief an Joachim Raff, Berlin.)

Wagner lief Sturm gegen Dietsch, machte solchen Wirbel, dass
schließlich der Kaiser eingeschaltet wurde. Der gab den Befehl:

Richard Wagners Oper ›Tannhäuser‹ wird dirigiert von Monsieur Pierre Louis Philippe Dietsch, dem Chef des Orchesters an der Großen Oper in Paris. Bei Hans von Bülow las sich das so: »Eines der schäbigsten Rindviehe, Herr Dietsch, ein Greis ohne Intelligenz, ohne Gedächtnis, gänzlich erziehungsunfähig ... ohne Gehör – wird den Taktstock führen.« (In einem Brief an Alexander Ritter, Berlin.)

Der ›Tannhäuser‹-Skandal

Dass die Aufführung ein Theaterskandal ohnegleichen wurde, lag nicht an der mangelnden Begabung des Dirigenten Dietsch, auch nicht an politischen Intrigen, wie manchmal geraunt wird. Es lag einzig daran, dass die Herren vom Jockey-Club das Ballett nicht im zweiten Akt bekamen, wo sie es nach dem Diner wünschten, sondern im ersten Akt, wo es hingehörte. Wagner verdarb ihnen den Spaß, und sie verdarben ihm die Aufführung.

Premiere war am 13. Mai 1861, nach 164 Proben, fast genau ein Jahr nach dem kaiserlichen Befehl. Große Auffahrt vor dem Opernhaus: Minister, Botschafter, Marschälle, Generäle, Künstler, Kritiker, Aristokraten, Bankiers, Persönlichkeiten der Wirtschaft, fast alle mit ihren juwelenbehangenen Gemahlinnen, Honoratioren in solcher Überzahl, dass Wagner für seine Freunde nur noch Sperrsitzkarten bekam. Er saß mit Alphonse Royer in der Direktionsloge. Alle erhoben sich, als der Kaiser mit seiner Gemahlin in die Kaiserloge trat.

Während des Bacchanals blieb alles ruhig, doch »bei der Wandlung der Szene, bei dem hinreißend poetischen Wechsel aus dem wüsten Bacchanal ... in die Morgenstille ..., bei den Klängen der Schalmei und des Hirtenliedes, brach plötzlich der lang vorbereitete Angriff aus und ein gewaltiges Pfeifen und Lärmen unterbrach die Musik«, so erinnerte sich Malwida von Meysenbug. Der weitaus überwiegende Teil des Publikums hielt mit Beifallrufen und Applaus dagegen. Der Kaiser erhob sich, klatschte Beifall – und untertänigst brachen nun auch Minister, Hofbeamte und Militärs in Jubel aus. Es war ein akustisches Hin und Her von Pfeifkonzert und Beifallsstürmen, gelegentlich unterbrochen von Musik und Gesang. Nur mit Mühe konnten sich Solisten, Chor und Orchester bis zum Schluss behaupten. Als der Vorhang fiel, übertraf das Toben alle Vorstellungen. Fürstin Metternich lieferte in ihrer Botschafterloge ein viel beachtetes Solo an Beifallexzessen. Sie jubelte, kreischte, warf die Arme, schleuderte polyglotte Flüche zu den Zelebritäten des Jockey-Clubs, und als sie aufgelöst, mühsam um Fassung ringend, aus dem Opernhaus hinausrauschte, sagte ein französischer Marschall laut und vernehmlich zu ihr, der Gemahlin des österreichischen Botschafters: »Madame, Sie haben sich für Solferino grausam an uns gerächt.« (Schlacht von Solferino, 24. Juni 1859, Sieg der Franzosen über die Österreicher. 30.000 Tote auf beiden Seiten, 50.000 Verwundete. Erschüttert von den Gräuelszenen gründete Henri Dunant das Rote Kreuz. Nicht ganz fünf Monate nach Solferino, am 10. November 1859, wurde Frieden geschlossen zwischen Österreich und Frankreich.)

Wagner weinte nach dem ›Tannhäuser‹-Skandal, fasste sich dann zu Hause und sah eher einen Sieg: Denn das Publikum war von der Aufführung begeistert, nur einige organisierte Mitglieder des Jockey-Clubs hatten Krawall gemacht. Er hoffte auf eine ungestörte zweite Aufführung am 18. März 1861.

Die Kaiserloge – diesmal vergittert! Der erste Akt ging problemlos über die Bühne. Doch im zweiten Akt blies der Jockey-Club zum Angriff, diesmal ausgerüstet mit Jagdpfeifen und Flageoletts. Der Kaiser trat ans Gitter und applaudierte demonstrativ. Der größte Teil des Publikums applaudierte, schrie »Bravo«, war wieder auf Wagners Seite, kam aber gegen Jagdpfeifen und Flöten nicht an.

Als Niemann im Pilgergewande auf die Bühne wankte, empfingen ihn die Honoratioren des Jockey-Clubs mit vorher einstudierten Lachsalven. Nun war's Niemann, der bisher viel Geduld bewiesen hatte, zu viel. Er zitterte vor Wut, was die Lachsalven nur noch steigerte, hob den Pilgerstab drohend wie zum Speerwurf, besann sich und schleuderte seinen Pilgerhut ins Publikum. – Totenstille. – Niemann, wie erstarrt, löste sich allmählich, blickte hinauf zum Kaiser, hob die Hand an die Brust, verbeugte sich tief. – Als er sich aufrichtete, hob das Toben wieder an.

Drei Tage später schrieb Wagner einen Brief an Fürstin Metternich: »Ihnen, edelste Fürstin, kann ich nur einen Lohn verheißen: Ich werde sterben. Vielleicht aber überleben mich meine Werke.«

Zur dritten Aufführung am 25. März ging Wagner nicht mehr ins Opernhaus. Polizei war aufmarschiert – zum Schutz des Jockey-Clubs. Die Herren befürchteten, vom Publikum verprügelt zu werden. Und so unter Polizeischutz pfiffen und randalierten sie wie früher. Wagner sah sich vor der Wahl: weitermachen oder die Partitur zurückziehen? Seine Freunde beschworen ihn: Tannhäuser muss bleiben! Alle Vorstellungen waren auf Wochen hinaus ausverkauft. Die Jockeys konnten nicht ewig pfeifen. Doch Wagner sagte ab und bekam postwendend sein Honorar für ›Tannhäuser‹ ausbezahlt: 750 Francs – 500 Francs für jede der drei Aufführungen, abzüglich der Hälfte für die Übersetzer. Gleichzeitig kassierte Albert Niemann die Garantiesumme von 60.000 Francs.

Charles Baudelaire schrieb: »Was wird Europa von uns denken, was werden die Deutschen von uns sagen? Diese Handvoll Rüpel bringt uns alle in Verruf.«

Europa reagierte mit Neugier. Alle wollten ›Tannhäuser‹ sehen. Die Theater der Metropolen setzten ihn aufs Programm.

Und die Deutschen? Sie solidarisierten sich mit Wagner wie nie zuvor (und nie danach). Überall gab es Sympathiekundgebungen, vor allem in Opernhäusern, wo Wagners Werke gespielt wurden – sogar im Dresdner Theater: stehende Ovationen in Abwesenheit für den in Sachsen nach wie vor steckbrieflich gesuchten Richard Wagner.

»Gott beschere auch mir einmal einen solchen Flop«, sagte Charles Gounod.

»Ich brauche ein Theater für mich«

Während der Vorbereitungen zur ›Tannhäuser‹-Premiere hatte sich eine für das politische Schicksal Wagners entscheidende Wende ergeben. Wir müssen zurückblenden in den Mai 1860, als Marie Gräfin Kalergis, wie erwähnt, walkürengleich in Paris erschien und Wagner mit 11.000 Francs unter die Arme griff. Sie wollte ihm noch eine weitere Wohltat erweisen und animierte den weitläufig mit ihr verschwägerten sächsischen Gesandten in Paris, Albin Leo Freiherr von Seebach, sich beim sächsischen König Johann für eine Amnestie-

rung Wagners einzusetzen. Johann, König seit Friedrich Augusts Tod
im Jahre 1854, lehnte in forscher, nahezu beleidigender Weise ab.
Durch Zufall erfuhr die preußische Prinzessin-Regentin Augusta davon, eine gebürtige Sachsen-Weimar-Eisenach. Sie war seit 1829 mit
Wilhelm I. vermählt, der 1861 König von Preußen und 1871 deutscher Kaiser werden wird. Augusta forderte von Johann die Amnes-
tierung Wagners mit solchem Nachdruck, dass dem König nichts
anderes übrig blieb, als zumindest eine Teilamnestie zu erlassen.
Wagner konnte ab 15. Juli 1860 überall in Deutschland einreisen,
nur nicht in Sachsen.

Wagner erfuhr davon am 22. Juli 1860 und überschritt am
12. August erstmals seit 1849 die deutsche Grenze. Er reiste nach
Bad Soden, Frankfurt, Darmstadt, Heidelberg, Baden-Baden, Köln
und zurück nach Paris, wo er am 19. August eintraf.

»Von Ergriffenheit beim Wiederbetreten des deutschen Bodens
habe ich – leider! – auch nicht das Mindeste verspürt«, schrieb Wagner am 23. August an Otto Wesendonck.

Am 13. September an Franz Liszt: »Glaub mir, wir haben kein
Vaterland! Und wenn ich ›deutsch‹ bin, so trage ich sicher mein
Deutschland in mir.«

Und am 20. Oktober wieder an Otto Wesendonck: »Glaubt mir
nur, Kinder, dass meine Heimat bei Euch ist, und dass ich in der
Fremde bin, und nur heimisch mich fühle, wenn ich mich auf dem
grünen Hügel geborgen weiß.«

Nach dem ›Tannhäuser‹-Skandal begann eine von quälender
Unrast bestimmte Reisezeit, die Wagner im Zickzack durch Europa
führte. Er fuhr am 18. April 1861 nach Karlsruhe, von dort zurück
nach Paris und wieder nach Karlsruhe, wo er Großherzog Friedrich I.
von Baden für die ›Tristan‹-Uraufführung im Großherzoglichen
Theater zu gewinnen versuchte.

Friedrich I. sagte zu, vorausgesetzt, dass Wagner geeignete Solisten auftreiben würde. Wagner reiste deshalb nach Wien. Der Intendant des k.k. Hoftheaters, Karl Graf Lanckoronski-Brzezie, 62 Jahre
alt, wollte Sänger und Sängerinnen nicht ausleihen – aber ›Tristan‹ in
seinem Hause uraufführen. Eine nahe liegende Idee! Wien war im
Wagner-Rausch. Die Wiener pfiffen seine Melodien auf den Straßen,
Drehorgelmänner leierten die ›Rienzi‹-Ouvertüre und die Gralser-

zählung, höhere Töchter sangen das Lied der Spinnerinnen, Johann
Strauß dirigierte Wagner-Melodien, im Stephansdom dröhnte der
Brautchor und in der k.k. Hofoper wurden seine Opern bejubelt –
oder ausgepfiffen. Wagner sah und hörte am 5. Mai erstmals seine
eigene Oper ›Lohengrin‹. Er war entzückt von Alois Ander und Luise
Dustmann-Meyer, die Lohengrin und Elsa sangen, er wurde vom
Publikum nach jedem Akt auf die Bühne gerufen und stürmisch gefeiert. Spontan vereinbarte Wagner mit dem Intendanten die Uraufführung von ›Tristan‹. Probenbeginn: Mitte August.

Am 15. Mai reiste er nach Zürich, wo er am 22. Mai 1861 seinen
Geburtstag im Hause Wesendonck feierte. Am 23. Mai ging's weiter
über Karlsruhe, Straßburg nach Paris, von dort nach Bad Soden, wo
Minna auf Kur weilte und tränenreich den Tod des Hündchens Fips
beklagte, und dann wieder zurück nach Paris. Auf Einladung des
preußischen Gesandten, Graf Pourtalès, bewohnte Wagner das Gästehaus der Gesandtschaft in einem englischen Park mit Teich samt
schwarzen Schwänen. Wagner fühlte sich zu einem ›Albumblatt As-
Dur, Ankunft bei den Schwarzen Schwänen‹ animiert, das er Gräfin
Pourtalès schenkte. Fürstin Metternich erwies sich wieder einmal als
gute Fee: Sie hatte einen Kreis anonymer Spender gegründet, der
Wagners Schulden in Paris übernahm und tilgte. Wagner revanchierte sich mit einem ›Albumblatt C-Dur‹.

Am 30. Juli reiste Wagner über Frankfurt, Dresden nach Weimar,
wo er Franz Liszt traf, der seine Stellung als Großherzoglicher Operndirektor gekündigt hatte und den Haushalt auflöste, um mit seiner
Lebensgefährtin Carolyne Sayn-Wittgenstein nach Rom zu übersie-
deln. Weiter ging's nach Nürnberg, München, Bad Reichenhall und
über Salzburg nach Wien. Am 14. August war Wagner da, pünktlich
zum Probenbeginn für ›Tristan‹. Durch Zufall lernte er den einflussreichen Dr. Joseph Standhartner kennen, der sich als enthusiastischer Bewunderer seiner Kunst zu erkennen gab. Standhartner, ein
barocker Typ mit Kaiser-Franz-Joseph-Bart, 43 Jahre alt, war Chefarzt am Allgemeinen Krankenhaus, Leibarzt der Kaiserin Elisabeth,
und – so Originalton Wagner – »dazu bestimmt, in aller Zukunft mir
als innig ergebener Freund zu dienen«. Der erste Freundschafts-
dienst Standhartners bestand darin, dass er Wagner während der
Sommerferien seine noble Innenstadtwohnung überließ und ihm als

Haushälterin seine Nichte Seraphine Mauro zuführte, eine eben erst erblühte Halbitalienerin mit einer »niedlichen Figur«, die ihr schwarzes lockiges Haar offen trug. Wagner nannte sie deshalb »die Puppe«. Er verliebte sich in sie und berichtete von »witzigem Umgang«.

Voller Elan begann Wagner an der Hofoper mit den Proben zu ›Tristan und Isolde‹. Dem Tristan-Darsteller Alois Ander, der ihn als Lohengrin so entzückt hatte, überreichte er mit theatralischem Kniefall einen Lorbeerkranz – Vorschusslorbeer, der schnell verwelkte. Denn Alois Ander, ein nervöser, sensibler Künstler von filigraner Gestalt, 43 Jahre alt, seit 16 Jahren Erster Tenor an der Hofoper, der so gut wie alle klassischen Rollen gesungen hatte und von den Wienern vergöttert wurde – dieser Alois Ander bekam Schwierigkeiten mit Tristan. Von Journalisten wurde er vielfach zitiert, etwa so: »Ich habe Lohengrin und Tannhäuser spielend erlernt – aber es bereitet mir eine wahre Qual, diesen unglücklichen Tristan mir zu merken.«

Unterdessen kam Dr. Standhartner mit Familie aus der Sommerfrische zurück, und Wagner übersiedelte ins Hotel »Kaiserin Elisabeth«. Standhartner brachte Wagner mit Größen der Wiener Gesellschaft zusammen, mit den Fürsten Liechtenstein und Schwarzenberg etwa oder Graf Nakos und Feldmarschall Graf Coronini. Zum Freundeskreis Wagners gehörte auch Landgerichtsdirektor Dr. Eduard Liszt, ein Cousin Franz Liszts. Zwei Künstler in Wagners engster Umgebung waren Liszt-Schüler: Karl Tausig, den wir schon aus Zürich kennen, und der – vom Journalisten Friedrich Uhl so geschilderte – »hagere, hohlwangige, augenleuchtende« Peter Cornelius, 37 Jahre alt, ein begabter Komponist. Weiter ist zu nennen Heinrich Porges, 24 Jahre alt, Komponist und Musikschriftsteller jüdischer Abstammung aus Prag. Zu diesem Trio kam kurzfristig der damals ziemlich unbekannte und später hochberühmte Komponist Johannes Brahms, 28 Jahre alt. Gelegentlich traf sich Wagner auch mit seinem Dichter-Freund Heinrich Laube, seit 1849 Direktor am Burgtheater.

An der Hofoper spitzte sich die Krise zu. Der Tenor Alois Ander zeigte zwar besten Willen, versuchte es immer wieder und manövrierte sich in eine Stimmkrise. Tagelang blieb er zu Hause in Mödling, um Kraft zu schöpfen für neue Proben. Wagner besuchte ihn, sang ihm die Passagen geduldig vor, so unermüdlich und so laut, dass sich Nachbarn beschwerten. Inzwischen scheiterte Luise Dustmann-Meyer an der Isolde – Nervenzusammenbruch! Alois Ander erschien wieder zu den Proben, versuchte es noch einmal – und resignierte. Einem Journalisten sagte er: »Das halte ich nicht aus, das hält kein anderer aus. Das kann ich nicht singen – das kann kein Mensch singen.« Hofopern-Intendant Karl Graf Lanckoronski-Brzezie blies die Uraufführung ab. Begründung: ›Tristan und Isolde‹ ist unaufführbar und unbesetzbar!

Wagner indes war der Meinung, die Hofoper sei unfähig, seinen ›Tristan‹ aufzuführen. Er hielt überhaupt jedes Theater für ungeeignet. In einem Brief an Hans von Bülow schrieb er: »Es ist nicht möglich, dass auf denselben Theatern in welchen unser Opernunsinn . . . gegeben wird, und wo Alles . . . schnurstracks dem zuwiderläuft, was ich für mich und meine Arbeiten fordere, diese zur gleicher Zeit einen wirklichen Boden finden könnten. Stell' mir das Wiener und Berliner Hoftheater zur Disposition, mach' mich zum Herren Alles dessen, was ich brauche: ich kann es mir gar nicht stellen und – glückte es rasenden Anstrengungen einmal etwas Rechtes zu Stande zu bringen, Alles bräche schnell wieder wie ein Kartenhaus zusammen, sobald morgen wieder der ›Prophet‹ oder selbst ›Zauberflöte‹ oder gar selbst ›Fidelio‹ gegeben würde. Ich kann die ›Oper‹ nicht in meiner Nähe dulden, wenn mein Musikdrama gepflanzt werden soll. Damit sehe ich jetzt mehr wie je wieder ein: Ich brauche ein Theater für mich!«

Dass er ein solches Theater nicht aus dem Boden stampfen konnte, begriff er wohl, und er begriff auch, dass seine Probleme jetzt gelöst werden mussten. »Jetzt aber, meine gute, liebe Frau! – Jetzt hilf mir das Elend tragen«, schrieb er an Minna, »eine gewöhnliche Kapellmeisterstelle wäre mein Tod. Meine älteren Opern sind überall herum: mit meinem neuen Werke stoße ich auf fast – unüberwindliche Schwierigkeiten. Ich bin mit meinen neuen Arbeiten meiner Zeit und demjenigen, was unsere Theater leisten können, weit – weit vorausgeeilt.« Wagner sah keinen Ausweg aus dem Teufelskreis seiner maßlosen Qualitätsansprüche.

Anfang November 1861 erreichte ihn eine Einladung Wesendoncks nach Venedig. Er fuhr hin – und war enttäuscht. Mathilde

kühler als sonst, Otto Wesendonck zurückhaltender. In ihrem
Verhalten glaubte Wagner »ein still resigniertes Aufgeben fernerer
Hoffnungen auf meine Erfolge« zu erkennen. Niedergeschlagen
bummelte er durch Venedig, durch Museen, Kirchen, den Dogen-
palast, bis ihn in der Accademia di Belle Arti das überdimensionale
Tizian-Gemälde ›Verherrlichung der Himmelfahrt Mariae‹ fesselte.
In diesem Augenblick spürte Richard Wagner, wie dieses Bild »eine
Wirkung von erhabener Art auf mich ausübte, so dass ich seit dieser
Empfängnis in mir meine alte Kraft fast wie ursprünglich wieder be-
lebt fühlte. Ich beschloss die Aufführung der ›Meistersinger‹!«

Die ›Meistersinger von Nürnberg‹! Erinnern wir uns: Damals in
Marienbad, vor 16 Jahren, gelegentlich einer Kur mit Minna, hatte
Wagner in Gervinus' ›Geschichte der poetischen National-Literatur
der Deutschen‹ über die Meistersinger von Nürnberg gelesen und
spontan die Prosaskizze für drei Akte einer ›Meistersinger‹-Oper geschrieben. Zwischendurch war ihm dieses Thema immer wieder in
den Sinn gekommen, er hatte über die Meistersinger von Nürnberg
gelesen, bei Jacob Grimm beispielsweise, bei E.T.A. Hoffmann oder
Goethe, er hatte 1851 schon einmal kurz darüber geschrieben, in
›Eine Mitteilung an meine Freunde‹, dann gab es 1861 einen halb-
jährigen unergiebigen Briefwechsel mit dem Verleger Schott – doch
das Thema blieb auf Eis gelegt. Und jetzt, in Venedig, angesichts
des Tizian-Gemäldes – so zumindest wollte Wagner es überliefert
wissen –, zündete die Idee. Die Meistersinger waren beschlossene
Sache.

Er reiste am 11. November 1861 ab. Im Eisenbahn-Coupé »gingen mir die Meistersinger, deren Dichtung ich nun nach meinem
frühesten Konzepte im Sinne trug, zuerst musikalisch auf. Ich konzipierte sofort mit größter Deutlichkeit den Hauptteil der Ouvertüre in
C-Dur. In einer wahrhaft behaglichen Stimmung kam ich ... in Wien
an.« Wagner hatte die Lösung seiner aktuellen Probleme gefunden.
Nach dem ›Tristan‹-Fiasko an der Hofoper wollte er eine gewissermaßen ganz normale Oper schaffen mit bürgerlichen Protagonisten
und einer unterhaltsamen Story: eine Oper, die an jedem Theater gespielt werden konnte, die schnelles Geld bringen sollte und die – wie
er in einem Brief an Mathilde Wesendonck schrieb – »mein vollende-
tes Meisterwerk wird«. Die ›Meistersinger‹ als Befreiungsschlag!

Die Meistersinger von Paris

In Wien besorgte ihm Peter Cornelius aus der Kaiserlichen Bibliothek einige Bücher zum Thema Meistersinger, darunter Johann Christoph Wagenseils ›Von der Meistersinger Holdseliger Kunst‹ aus dem Jahre 1697, Wagners wichtigste Quelle. Das Buch enthält Fachausdrücke und Zunftbräuche, die Namen von 12 alten Meistern, Vorschriften zur Tabulatur, das Verzeichnis der Fehler und Strafen. Zwischen dem 14. und 16. November 1861 verfasste Wagner einen neuen Prosaentwurf, den er an den Mainzer Musikverlag Schott mit einem Begleitbrief sandte, in dem er von »einem meiner originellsten, jedenfalls meinem populärsten Werk« schrieb. Schott genehmigte nach langem Hin und Her einen Vorschuss von 10.000 Francs, der in Raten gezahlt werden sollte.

Ende November kam seine gute Fee nach Wien: Fürstin Metternich. Sie entsetzte sich über die Trostlosigkeit von Wagners Hotelzimmer und bot ihm voll Überschwang in Paris eine Wohnung im Gästehaus der österreichischen Botschaft an. Als Wagner Anfang Dezember 1861 in Paris eintraf, stellte sich heraus, dass die Fürstin ihren geisteskranken Vater nach dem unerwarteten Tod seiner Gemahlin in ihre Obhut hatte nehmen müssen und ihn, von Pflegern bewacht, in der für Wagner vorgesehenen Wohnung unter Verschluss hielt.

Wagner bezog das »Hotel Voltaire« am Quai gleichen Namens mit Blick auf die Seine, die Brücken und Boulevards, die Tuilerien und den Louvre. Er verbrachte einen einsamen Heiligen Abend und sehnte sich nach Seraphine Mauro, der schwarzgelockten Halbitalienerin, in die er sich verliebt hatte damals in Wien. »Die Puppe hätte ich mir gerne zu Weihnachten beschert«, schrieb er ihrem Onkel Dr. Standhartner am 1. Januar 1862.

Wenige Tage später animierte er brieflich seinen Wiener Freund Peter Cornelius, mit ihm zusammenzuziehen und einen gemeinsamen Hausstand zu gründen – und zwar zu dritt: mit eben jener Seraphine Mauro. Sie sollte den Haushalt führen und seine, Wagners, Geliebte sein.

Doch Peter Cornelius erwies sich als denkbar ungeeignet für solch einseitige Ménage à trois: Er hatte nämlich in der Zwischenzeit

mit eben jener »Puppe« Seraphine Mauro ein Liebesverhältnis begonnen und teilte dem verdutzten Wagner mit, sie sei eine »grimmige Sphinx mit dem schönsten Busen von der Welt und unbeschreiblich liebenswerten Augen«.

Wagner gab sich der Arbeit hin und ließ sein »Gedicht der Meistersinger in massenhaften Reimen anschwellen«. »Manchmal konnte
ich vor Lachen, manchmal vor Weinen nicht mehr weiterarbeiten«,
schrieb er in einem Brief an Mathilde Wesendonck. In genau 30 Tagen, am 25. Januar 1862, hatte er seine Story fertig gedichtet: Eva,
die Tochter des reichen Nürnberger Goldschmieds Veit Pogner, soll
den Sieger des bevorstehenden Wettsingens der Meistersinger heiraten. Der fränkische Ritter Walther von Stolzing liebt Eva; er will
erst einmal das Singen lernen, sich in die Meisterzunft aufnehmen
lassen, das Wettsingen gewinnen und Eva als seine Frau heimfüh-
ren. Natürlich gelingt ihm das alles nach Überwindung vieler Widerstände und Intrigen. Als weitere wichtige Protagonisten bringt Wagner den Schuhmacher und Poeten Hans Sachs und einen Intriganten
ins Spiel: Sixtus Beckmesser, der als so genannter Merker alle Fehler
beim Singen anzukreiden hat. »Ich fasste Hans Sachs als die letzte
Erscheinung des künstlerisch produktiven Volksgeistes auf und
stellte ihn mit dieser Geltung der meistersingerlichen Spießbürger-
schaft entgegen, deren durchaus drolligem tabulatur-poetischen
Pedantismus ich in der Figur des Merkers einen ganz persönlichen
Ausdruck gab« (Wagner in ›Eine Mitteilung an meine Freunde‹). Diesen Merker namens Beckmesser trieb Wagner mit spürbarer Wonne
in eine blamable Situation: Beckmesser will als Mitbewerber um Eva
beim Wettsingen mitmachen und ihr vorher ein abendliches Ständchen darbieten. Eva erfährt davon und lässt sich am Fenster von
Magdalena vertreten, der Verlobten des Lehrbuben David. Als Beckmesser sein Ständchen misstönend singt, entdeckt David seine Verlobte am Fenster, er stürzt sich auf Beckmesser, und im Nu ist eine
Prügelei im Gange, für die es nichts Vergleichbares gibt in der Musikgeschichte.

An dieser Szene zeigt sich wieder deutlich, wie Wagner eigene Erlebnisse in seinen Werken verarbeitet hat: Vor 27 Jahren, Ende Juli
1835, gelegentlich eines Besuches bei seiner Schwester Klara in
Nürnberg, hatte Wagner, wie schon erwähnt, den misslungenen Auf-

tritt eines Wirtshaussängers mit anschließender Streiterei erlebt und zur späteren Verwendung gespeichert. Im kuriosen Sänger von damals erkennen wir ein Vorbild für Sixtus Beckmesser:»Ein Tischlermeister Lauermann«, so Wagner in seiner Autobiographie,»ein nicht mehr junger, kleiner und untersetzter Mann von drolligem Äußeren und nur mit dem niedersten Volksdialekt vertraut, . . . bildete sich ein, ein vortrefflicher Sänger zu sein.« Er war deshalb so oft verhöhnt worden, dass er inzwischen mit dem Singen aufgehört hatte. Wagner indes stachelte ihn dazu auf, und so »gelang es wirklich, den wunderlichen Menschen dazu zu bringen, dass er seine Muskeln in die eigentümlich gespenstische Bewegung setzte, die wir an einem musizierenden Automaten wahrzunehmen glauben, wenn das Räderwerk in ihm aufgezogen ist: die Lippen bebten, die Zähne knirschten, das Auge verdrehte sich konvulsivisch und endlich erscholl von heiserer Stimme ein ungemein trivialer Gassenhauer. Beim Vortragen desselben . . . brach leider alsbald ein unmäßiges Gelächter sämtlicher Zuhörer aus, was den unglücklichen Meister sofort in die höchste Wut brachte.« Wagner und mehrere Zecher schafften den Sänger in einem Schubkarren nach Hause und kehrten dann zum Wirtshaus zurück, das inzwischen verschlossen war. Einige von ihnen begehrten vergeblich Einlass, und »aus dieser Situation entstand nun eine Verwirrung, welche durch Schreie und Toben sowie durch unbegreifliches Anwachsen der Masse der Streitenden bald einen wahrhaft dämonischen Charakter annahm. Mir schien es, als ob im nächsten Augenblick die ganze Stadt in Aufruhr losbrechen würde, und ich glaubte wirklich abermals zum Zeugen einer Revolution werden zu müssen . . . Da plötzlich hörte ich einen Fall und wie durch Zauber stob die Masse nach allen Seiten auseinander. Einer der Stammgäste . . . hatte nämlich . . . einen der heftigsten Schreier durch einen gewissen Stoß mit der Faust zwischen die Augen besinnungslos . . . zu Boden gestreckt.«

Es wäre falsch, die ›Meistersinger‹ als vordergründige, derbfrohe, nur auf schnellen Erfolg getrimmte Festoper zu deuten. Mit seinem sprachlich und dramatisch vollendeten Werk über die Nürnberger Meistersinger des 16. Jahrhunderts wollte Wagner die Diskussion über das Kunstverständnis seiner Zeit anstacheln, die er als

Epoche des Verfalls einschätzte. Die ›Meistersinger‹ als Mahnung, als Denk-Anstoß. »Verachtet mir die Meister nicht und ehrt mir ihre Kunst«.

Unmittelbar nach Abschluss der Urschrift in Paris fielen Wagner einige Melodien ein, den ›Wach auf‹-Chor beispielsweise komponierte er auf dem Weg vom »Hotel Voltaire« zur »Taverne Anglaise«, wo er den ›Tannhäuser‹-Übersetzer Truinet traf und die Noten mit geliehenem Bleistift auf ein Blatt Papier schrieb.

Herz-Damen

Inzwischen wurden die Hotelkosten in Paris problematisch, die Abreise war unumgänglich. Wagner schrieb an Freunde mit der Bitte um längerfristige Gastfreundschaft und glaubte ihnen damit eine Ehre zu erweisen – doch sie waren eher erschreckt und sagten ab, so auch von Bülows und Wesendoncks. Er reiste am 1. Februar 1862 nach Karlsruhe und hoffte auf eine Art »Asyl« am Hof des Großherzogs Friedrich, doch auch der sagte nein. Weiter ging's nach Mainz, und von dort ans gegenüberliegende Ufer nach Biebrich, wo Wagner direkt am Rheinufer im Hause des Architekten Frickhöfer eine Wohnung nahm, ohne zu wissen, wie er die Miete bezahlen sollte.

»Die Zeit wird kommen, wo man ... mit später Scham einsehen wird, wie gedankenlos man mich fortgesetzt der Unruhe, der Unsicherheit preisgibt, und welch ein Wunder es ist, dass ich unter solchen Umständen solche Werke ... geschaffen habe«, schrieb er am 14. Februar 1862 an Minna, und wenige Tage später, am 21. Februar, stand Minna vor der Tür. Gleichzeitig trafen die in Paris gelagerten Möbel samt dem Erard'schen Flügel ein. Minna machte ihm eine Szene nach der anderen, immer noch wegen Mathilde Wesendonck, und reiste am 3. März unter Mitnahme des Tafelsilbers ab. »Es waren zehn Tage der Hölle«, schrieb Wagner an Peter Cornelius in Wien.

Ein paar Tage später verliebte sich Wagner nahezu zeitgleich in zwei attraktive Frauen. Seine Wohnung in Biebrich wurde der Brückenkopf amouröser Abstecher zu Friederike Meyer in Frankfurt und Mathilde Maier in Mainz. Friederike Meyer, Schwester der

Isolde-Sängerin Luise Dustmann-Meyer in Wien, war eine lebenslustige Schauspielerin und die Geliebte des Frankfurter Theaterdirektors von Guaita, was Wagners erotische Entfaltung eher anspornte als irritierte. Mathilde Maier, Notarstochter, gediegen, intelligent, mit hausfraulichen Tugenden, entfachte Wagners familiäre Sehnsüchte. Er wollte sie als Lebensgefährtin gewinnen, was sie mit großer Bestimmtheit ablehnte: erst Scheidung, dann Heirat!

Am 28. März erhielt Wagner den Bescheid des sächsischen Justizministeriums für die »straffreie Rückkehr nach Sachsen«: Das war die ersehnte Generalamnestie!

Er wollte sogleich nach Dresden reisen, verschob dann aber die Abreise immer wieder, da er hin- und hergerissen war von den erotischen Freuden in Frankfurt und der platonischen Liebe in Mainz. Zudem kamen immer wieder Freunde zu Besuch, so auch das Ehepaar Cosima und Hans von Bülow. Als er mit ihnen Anfang Juli 1862 im Speisesaal des »Europäischen Hof« dinierte, trat ein hoch aufgeschossener Mann durch die Tür, dem man ansah, dass er lange keine Sonne gesehen hatte. Er war leichenblass, sein Haar schlohweiß. Wagner stutzte, sprang auf und fiel ihm um den Hals: August Röckel! Sein bester Freund in Dresden, Kampfgefährte bei der Revolution, zum Tode verurteilt, begnadigt, nach 13 Jahren aus dem Zuchthaus Waldheim entlassen. In dem ihm eigentümlichen Flüsterton bat Röckel seinen Freund um Vermittlung einer Arbeitsstelle im Umkreis des Großherzogs Friedrich von Baden. Röckel dachte dabei an die Anstellung als Direktor einer Strafanstalt, naheliegenderweise, wie er meinte, hatte er doch lange in einer solchen gesessen und Erfahrungen gesammelt. Aus seiner Idee wurde nichts, und ein paar Tage später reiste Röckel zum Schützenfest nach Frankfurt. Wir werden ihn noch ein paar Mal erleben.

Beim Abschied vom Ehepaar Bülow empfand Wagner ein sonderbares Einverständnis mit Cosima: »Hier war alles Schweigen und Geheimnis, nur nahm mich der Glaube an ihre Zugehörigkeit zu mir mit solcher Sicherheit ein, dass ich bei exzentrischer Erregung es damit selbst bis zu ausgelassenem Übermut trieb ... leider durfte ich nicht annehmen, dass seine [Hans von Bülows] Laune auf der Höhe der unsrigen stände.«

Wagner kam mit der kaum begonnenen ›Meistersinger‹-Komposition dermaßen in Verzug, dass der Musikverleger Schott ihm alle Vorschussraten bis auf weiteres strich. Wagner fühlte sich nun in der »Lage eines Ertrinkenden«, wie er Schott schrieb. Er musste aus seiner schönen Wohnung am Rheinufer ausziehen und fuhr nach Dresden, wo er vom 3. bis 7. November bei Minna übernachtete und sich endgültig von ihr trennte. Zurückgekehrt nach Biebrich suchte er mit Hilfe der Notarstochter Mathilde Maier eine neue Wohnung, und als er keine fand, reiste er mit der Schauspielerin Friederike Meyer am 14. November nach Wien. Nun erst stellte sich heraus, dass Friederike mit ihrer Schwester Luise Dustmann-Meyer tödlich verfeindet war. Luise hintertrieb alle Versuche Friederikes, ein Engagement als Schauspielerin zu bekommen. Eines Nachts war Friederike verschwunden. Sie kehrte zurück zu ihrem verlassenen Geliebten, Herrn von Guaita, der sie mit offenen Armen aufnahm.

Am 23. November 1862 las Wagner vor mehreren Gästen in der Wohnung Dr. Standhartners aus seinen ›Meistersingern‹ vor. Dabei leistete er sich eine sonderbare Pointe: Den Merker, der nichts kann, aber andere kritisiert, nannte er an diesem Abend nicht Beckmesser, sondern Veit Hanslich. Das fand zumindest einer der Zuhörer nicht lustig: Dr. Eduard Hanslick.

Der Beginn einer interessanten Feindschaft

Dr. Eduard Hanslick, 37 Jahre alt, in Prag geboren, gelockte Mähne, schwarzer Bart, auffallend buschige Augenbrauen, war damals der populärste und am meisten gefürchtete Musikkritiker, zudem Professor für Musikästhetik an der Universität Wien.

Ursprünglich ein Wagner-Verehrer, hatte er als musikbegeisterter Jurastudent mit großem Interesse den ›Rienzi‹ und ›Fliegenden Holländer‹ auf dem Klavier durchgespielt und 1845 die Uraufführung von ›Tannhäuser‹ in der Wiener ›Neuen Freien Presse‹ wohlwollend besprochen. Hanslicks Rezensionen waren brillant geschrieben, voller Esprit, teils amüsant und immer leicht verständlich. Wer heute seine Autobiographie ›Aus meinem Leben‹ oder Kritiken und Reportagen in der ›Neuen Freien Presse‹ liest, ist schnell gefangen von seiner farbigen Darstellung der zeitgenössischen Musikszene – aber auch verblüfft über manche Verrisse, die sich unbestreitbar als Fehlurteile erwiesen haben: Die ›Fledermaus‹ von Johann Strauß zum Beispiel hatte Hanslick nach der Premiere am 5. April 1874 in der Luft zerrissen; lange Zeit war sie in Wien erledigt. Erst als die ›Fledermaus‹ in Berlin aufgeführt und von preußischen Rezensenten bejubelt wurde, stieg sie auf zum Wappenvogel der Operettenherrlichkeit. Und Anton Bruckner! Den brachte Hanslick schier zur Verzweiflung. Einer Anekdote nach soll Bruckner bei einer Audienz den österreichischen Kaiser Franz Joseph um Schutz vor Hanslick gebeten haben – vergeblich! Hanslick kritisierte Anton Bruckner in Grund und Boden, schrieb dann überhaupt nichts mehr über ihn, besuchte aber jedes Bruckner-Konzert, um nach den ersten Takten demonstrativ aufzustehen und aus dem Konzertsaal zu gehen, gefolgt von seinen Anhängern, die hinter ihm her scharwenzelten wie Schmarotzerfische hinter dem Hai.

Wagners Aversion gegen ihn begann 1854, als Hanslick mit 29 Jahren sein wegweisendes Buch ›Vom Musikalisch-Schönen‹ herausbrachte. Er vertrat die klassizistische Auffassung der »Musik als Form« und stellte sich damit in prinzipiellen Gegensatz zu Wagners »Musik als Ausdruck«. Der Konflikt war programmiert. Unabhängig davon war Wagner der Meinung, dass kein Rezensent über ihn und sein Werk zu richten habe, egal ob positiv oder negativ, und so fokussierte er seine grundsätzliche Ablehnung gegen alle Rezensenten auf den prominentesten unter ihnen, Dr. Eduard Hanslick. Wagner wollte Hanslick lächerlich machen, für alle Zeiten, auf offener Bühne – in der Gestalt des Sixtus Beckmesser. Denn Beckmesser ist als Merker der Meistersinger eine Art Musikkritiker. Beckmesser wurde nach zwei Vorbildern geschaffen: dem dümmlichen Wirtshaussänger Lauermann und dem angesehenen Kritiker Dr. Hanslick. Dementsprechend kam eine widersprüchliche Gestalt heraus: ein jämmerlicher Pedant und Nichtskönner, der das hochangesehene Amt des Merkers innehat. Das war exakt die Figur, mit der Wagner den Kritiker Hanslick karikieren wollte. Er nannte den Merker dann auch in der Erstschrift des Manuskripts manchmal Veit Hanslich. Und als er in Wien die Gelegenheit bekam, in Gegenwart Hanslicks aus den ›Meistersingern‹ vorzulesen – da ließ er Veit Hanslich aus dem Sack. Der Beginn einer interessanten Feindschaft.

Die erste Attacke Hanslicks kam bei nächster Gelegenheit: Wagner dirigierte am 26. Dezember 1862 sein erstes Wiener Konzert im Theater an der Wien mit Sätzen aus Beethoven-Symphonien und Teilen aus eigenen Werken. Nach den letzten Takten explodierten Beifall und Buhrufe, wie man es selten erlebt hatte in der Kaiserstadt. Wagners revolutionäre Dirigiertechnik gefiel nicht jedem, doch allmählich überwog der Applaus, Pfiffe und Buhrufe gingen unter, das Publikum verlangte eine Zugabe nach der anderen. Kaiserin Elisabeth beugte sich applaudierend aus der Loge. Eduard Hanslick verriss das Konzert und bezeichnete das ›Meistersinger‹-Vorspiel als »Instrumentallärm«.

Finanziell war das Konzert ein Flop. Wagner hatte sich wieder einmal als Geschäftsmann versucht. Für Miete und Musikerhonorare sollte er mehr zahlen, als er bei vollbesetztem Haus einnehmen konnte. Das Defizit des ersten Konzerts musste mit drei multipliziert werden, denn er hatte sich zu drei Konzerten verpflichtet. Damit nicht genug. Nach dem ersten Konzert gefiel ihm die Akustik nicht. Um sie zu verbessern, kam er auf die Idee, auf eigene Kosten eine Schallwand errichten zu lassen. Als Schlussbilanz dreier erfolgreicher und bejubelter Konzerte kam ein so katastrophales Defizit heraus, dass die Wiener Aristokratie eine Sammlung veranstaltete, um Wagner vor dem Schuldturm zu retten. Kaiserin Elisabeth spendete 1.000 Gulden.

»Wird dieser Fürst sich finden?«

Die Schallwand im Theater an der Wien: eine Erfindung Wagners, die Bühnengeschichte gemacht hat und in weiterentwickelter Form heute als Schalldeckel über einem Teil des Orchestergrabens im Bayreuther Festspielhaus zu sehen ist. Seine Idee von der Schallwand, von Orchestergraben und Festspielen ganz allgemein beschrieb Richard Wagner gegen Ende Dezember des Jahres 1862 in einem ›Vorwort zur Herausgabe des Bühnenfestspiels 'Der Ring des Nibelungen'‹. Damals veröffentlichte er die ›Ring‹-Dichtung zum zweiten Mal, nachdem er, wie schon erwähnt, vor zehn Jahren in Zürich einen Privatdruck von 50 Exemplaren veranstaltet hatte. Im Vorwort

schrieb Wagner, dass er den ›Ring des Nibelungen‹ einem Reper-
toire-Theater nicht anvertrauen möchte, da dort »bei der vollkom-
menen Stillosigkeit der deutschen Oper und der fast grotesken In-
korrektheit ihrer Leistungen« die erforderlichen Kunstmittel nicht
anzutreffen seien. Deshalb solle in »einer der minder großen Städte
Deutschlands« ein Festspielhaus errichtet werden, »ein provisori-
sches Theater, so einfach wie möglich, vielleicht bloß aus Holz, und
nur auf künstlerische Zweckmäßigkeit des Inneren berechnet«, wo
die einzelnen Künstler »für eine gewisse Zeit auf einen bestimmten
Punkt zusammengerufen würden. – Hier würde diesen Künstlern
zunächst von Nutzen sein, dass sie eine Zeitlang nur mit Einer Aufgabe sich zu befassen hätten ... Der Erfolg dieser Zusammenfassung
ihrer geistigen Kräfte auf Einen Styl und Eine Aufgabe ist allein nicht
hoch genug anzuschlagen, wenn man erwägt, wie wenig Erfolg von
solchem Studium unter den gewöhnlichen Verhältnissen zu erwarten wäre, wo z. B. der selbe Sänger, der Abends zuvor in einer
schlecht übersetzten, neueren italienischen Oper sang, tags darauf
den Wotan oder Siegfried sich einüben soll ... Zur Vollendung des
Eindrucks einer solchermaßen vorbereiteten Aufführung würde ich
dann noch besonders die Unsichtbarkeit des Orchesters, wie sie
durch eine, bei amphitheatralischer Anlage des Zuschauerraumes
mögliche, architektonische Täuschung zu bewerkstelligen wäre,
von großem Wert halten.« Wagner verweist darauf, »welchen ver-
klärten, reinen, von jeder Beimischung des zur Hervorbringung des
Tones den Instrumentalisten unerlässlichen, außermusikalischen
Geräusches befreiten Klang ein Orchester bietet, welches man durch
eine akustische Schallwand hindurch hört«. Und die Finanzierung?
Von der Hilfe des Bürgertums versprach sich Wagner wenig, wohl
aber von der Stiftung eines Fürsten, der »einen unberechenbaren Einfluss auf den deutschen Kunstgeschmack, auf die Entwicklung des
deutschen Kunstgenie's, auf die Bildung eines wahrhaften, nicht
dünkelhaften nationalen Geistes ... gewinnen müsste«. Zum
Schluss stellte Wagner die Frage: »Wird dieser Fürst sich finden?«

Der Verschwender von Wien

Unmittelbar nach Neujahr brach das Elend über Richard Wagner herein. »Mir fehlt eine Heimat – nicht die örtliche, sondern die persönliche«, schrieb er am 4. Januar an Mathilde Maier. »Ich kann nicht heiraten, so lange meine Frau lebt: von ihr mich jetzt noch zu scheiden, bei dem Zustand ihrer Gesundheit, einer Herzerweiterung im höchsten Stadium, wo ihr Leben mit einem leichten Stoß zu enden ist, kann ich diesen möglichen Todesstoß ihr nicht geben ... Sieh! An diesem Verhältnisse, dieser Lage der Dinge, gehe ich zu Grunde. Mir fehlt ein weibliches Wesen, das sich entschlösse, trotz allem und jedem mir das zu sein, was unter so jämmerlichen Umständen ein Weib mir sein kann – und muss, sage ich, wenn ich fernerhin gedeihen soll.« Mathilde Maier lehnte ab und forderte Wagners Scheidung.

Zu Jahresanfang begannen ihn auch die Gläubiger wieder energisch zu bedrängen. Um sich aus dem Würgegriff seiner Schulden zu befreien, plante Wagner eine Tournee als Gastdirigent. Seine neue Art zu dirigieren war inzwischen in ganz Europa bekannt, aber erlebt hatte man sie erst in ein paar Ländern. Das Interesse war grenzenlos. So bot beispielsweise die Russische Philharmonische Gesellschaft in Sankt Petersburg auf seine Anfrage postwendend 2.000 Rubel (58.000 Euro) für zwei Konzerte. Wagner startete seine Tournee am 8. Februar 1863, er dirigierte zunächst in Prag, Berlin und Königsberg und dann in Sankt Petersburg, wo er nach bejubelten Auftritten von Helena Pawlowna empfangen wurde, der Großfürstin von Russland, Schwägerin des Zaren Nikolaus I. Sogleich ging's weiter nach Moskau. Der zufällig anwesende Musikschriftsteller Günther Barthel berichtete: »Ich habe ... nie so etwas an Enthusiasmus erlebt ... das Publikum jubelte, tobte, raste ... Man muss dabei gewesen sein um zu verstehen, dass etwas Derartiges an Erfolg kaum zu beschreiben ist.« Von Moskau wurde Wagner nach Sankt Petersburg zurückgerufen, wo er noch einmal dirigieren musste. »Meine Überbeschäftigung ist grenzenlos, und zwei Mal war ich schon krank ... Ich kann derlei Unternehmungen nicht wiederholen, ohne dabei zu Grunde zu gehen«, schrieb er an Minna. Als er am 25. April heimkehrte nach Wien, hatte er 7.000 Taler eingenommen.

Wagner geriet in einen Goldrausch und mietete von Baron Racko-
witz im vornehmen Wien-Penzing eine Villa, die er mit monströsem
Kostenaufwand wie einen orientalischen Palast ausstatten ließ, mit
schweren Persertеppichen, Seidentapeten, Brokatvorhängen, teuren
Möbeln, dazu engagierte er ein livriertes Dienerehepaar – Franz und
Anna Mrazek – samt Kammerzofe und personellem Fußvolk. Im Nu
waren die 7.000 Taler zerronnen. Übrig blieben alte Schulden, neue
Schulden, Sorgen und Gehaltsverpflichtungen gegenüber dem Personal. Nur Wucherer liehen ihm noch Geld, für 200 Prozent Zinsen!
Wagner stellte Wechsel aus, die er nicht einlösen konnte. »Woher
nehmen und nicht stehlen?«, schrieb er seinem Freund Hans von
Bülow, »ich lebe miserabel, glaub mir's ... Jetzt eine lumpige Bitte:
Ich bin hier schrecklich mit dem Schnupftabak dran und habe mir
daher eine Ministerialerlaubnis zur Einführung einer Quantität für
meinen Gebrauch ausgewirkt. Sie lautet auf fünf Pfund. In Berlin traf
ich meinen gewohnten französischen sehr gut. Das Pfund etwa zu
eineinhalb Taler. Wärest Du so gütig, mir diesen Bedarf einzukaufen
und zuzuschicken! Ich schmachte bereits!«

Unterdessen ergab sich in Wien eine Chance, die Gläubiger mit
dem Hinweis auf einen großen Gewinn zu vertrösten: ›Tristan und
Isolde‹ wurde an der k.k. Hofoper wieder geprobt! Alois Ander und
Luise Dustmann-Meyer hatten die Proben wieder aufgenommen
und wollten die Uraufführung im zweiten Anlauf schaffen. Wagner
konnte weder selbst Regie führen noch dirigieren, denn er musste,
von Gläubigerforderungen gepeinigt, Ende Juli 1863 wieder auf
Tournee gehen. Er gab Gastspiele in Budapest und Prag. Dort lernte
er die 15-jährige Musikstudentin Lilli Lehmann kennen, später eine
hochberühmte Sängerin, die sich erinnern wird, dass Wagner ihr
einen »sehr merkwürdigen Eindruck« machte: »Golddamastener
Schlafrock, rote oder rosa Krawatte, ein großer, schwarzer Radmantel von Samt, mit rotem Atlas gefüttert – so ging man nicht in Prag
herum! Ich starrte und staunte.« Von Prag reiste Wagner zu Gastspie-
len nach Nürnberg, Stuttgart, Karlsruhe, Berlin, Baden-Baden und
Zürich, wo er bei Wesendoncks übernachtete, zum letzten Mal. Sie
waren einander fremd geworden. Er reiste weiter nach Mainz und
übernachtete im Elternhaus von Mathilde Maier, die seine Bitte um
Lebensgemeinschaft in Wien schicklich mit ihrer Forderung nach

seiner Scheidung quittierte. Weiter ging's über Frankfurt nach Berlin. Am Vormittag des 28. November 1863 traf Wagner bei seinem Freund Hans von Bülow ein. Hans und Cosima hatten inzwischen zwei Kinder, die dreijährige Daniela und die neun Monate alte Blandine. Als Hans von Bülow sich zu den Proben für ein abendliches Konzert verabschiedete, unternahmen Wagner und Cosima eine Promenadefahrt. In der Kutsche begab sich eine Szene, die dazu führte, dass Richard Wagner und Cosima künftig den 28. November als bedeutendsten Feiertag des Jahres ansahen: »Wir blickten uns stumm in die Augen, und ein heftiges Verlangen nach eingestandener Wahrheit übermannte uns zu dem keiner Worte bedürfenden Bekenntnis eines grenzenlosen Unglücks, das uns belastete. Unter Tränen und Schluchzen besiegelten wir das Bekenntnis, uns einzig gegenseitig anzugehören... Nach einer in der Bülow'schen Wohnung verbrachten Nacht trat ich meine Weiterreise an.« Wagner dirigierte in Löwenberg und Breslau und kehrte am 8. Oktober 1863 heim nach Wien. Ungeachtet des Wolfsgeheuls seiner Gläubiger verstand es Wagner, innerhalb kürzester Zeit seine beachtlichen Gastspielhonorare euphorisch zu verpulvern. Er lud beispielsweise am Heiligen Abend seine Freunde Peter Cornelius, Heinrich Porges und Karl Tausig in seine Villa und bescherte jedem »eine beziehungsvolle Kleinigkeit«. So erhielt Peter Cornelius einen schweren Paletot mit Samtkragen, einen eleganten grauen Schlafrock, einen roten Schal, ein blaues Zigarrenetui aus Leder, ein Feuerzeug, mehrere Seidentücher, Manschettenknöpfe aus purem Gold, mehrere feine Halsbinden, eine Meerschaumzigarrenspitze mit seinen Initialen und den ›Struwwelpeter‹.

Die Neujahrsnacht feierte Wagner bei Dr. Standhartner mit Peter Cornelius und mehreren Größen der Wiener Gesellschaft, unter ihnen Landgerichtsdirektor Dr. Eduard Liszt, ein ihm »warm ergebener und zu jeder Dienstleistung erbötiger Mann«.

»*Ein Wunder muss mir begegnen, sonst ist's aus*«

Im neuen Jahr trieb Wagner dem »unaufhaltsamen Ruin« entgegen. Seine Schulden hatten solche Ausmaße angenommen, dass selbst die gutwilligsten und vermögenden Freunde wie Dr. Standhartner nicht mehr helfen konnten. Nur die Aussicht auf einen erheblichen Gewinn durch die ›Tristan‹-Uraufführung und eine Serie weiterer Vorstellungen wirkte noch wie ein Damm gegen die anflutenden Forderungen der Gläubiger – bis zu jenem Tag im März 1864, als die k. k. Hofopernintendanz nach 77 Proben offiziell die ›Tristan‹-Uraufführung absagte. Begründung: ›Tristan‹ sei unspielbar und auch undirigierbar! Auch Hofkapellmeister Heinrich Esser, der Regie und Taktstock führte, hatte aufgegeben. Der Damm brach. Gläubiger rannten zu Gericht, Haftbefehl wurde erlassen, Wagner sollte in den Schuldturm – und Landgerichtsdirektor Dr. Eduard Liszt gab fachmännischen Rat: flüchten! Chefarzt Dr. Joseph Standhartner versteckte Wagner in seiner Wohnung, stattete ihn mit Frauenkleidern aus und brachte ihn am 23. März 1864 mit seiner Kutsche zum Bahnhof. Dort kam Peter Cornelius dazu, der beim Anblick des bis zur Unkenntlichkeit verkleideten und verschleierten Richard Wagner »in frivol aufgelegter Laune war«. Wagner reiste nach München. Reichlich mit Fluchtmitteln ausgestattet von Dr. Standhartner stieg er im noblen »Bayerischen Hof« ab, wo er die Kleidung wechselte.

Am 25. März, einem verregneten Karfreitag, sah Wagner in einem Schaufenster unweit des Hotels das Bildnis des jungen, eben erst inthronisierten Bayernkönigs Ludwig II. Er stand da, ahnungslos, dass Ludwig II. ihn bereits an den Königshof berufen wollte und des Königs Kabinettssekretär Franz Seraph von Pfistermeister schon hinter ihm her war, um die Berufung zu überbringen. Wagner war deprimiert und dachte ans Sterben. »Hier schrieb ich eine humoristische Grabinschrift für mich auf.« Sie lautet:

> *Hier liegt Wagner, der nichts geworden,*
> *nicht einmal Ritter vom lumpigsten Orden,*
> *nicht einen Hund hinterm Ofen entlockt' er,*
> *Universitäten nicht mal 'nen Dokter.*

Wagner reiste am 26. März über den Bodensee nach Zürich zum er-
hofften Asyl und nach der Abweisung durch Wesendoncks weiter
zum Gut Mariafeld der Familie Wille, die zum Freundeskreis seiner
Exilantenzeit gehörte. Eliza Wille war gerade Strohwitwe und bot
Wagner Zuflucht, allerdings nur vorübergehend, wie sie ausdrücklich sagte. Wagner logierte in einem Nebengebäude, schwer zu hei-
zen und ziemlich ungemütlich. Oft kam er in den Gutshof herüber.
»Ich sehe ihn noch auf der Terrasse unsers Gartens in seinem
braunen Sammet-Talar mit dem schwarzen Barett als Kopfbede-
ckung, als wäre er ein Patrizier aus den Bildern Albrecht Dürers, hin-
und herschreiten«, wird Eliza Wille später über ihren berühmten
Gast schreiben, und weiter: »Ich sehe ihn noch in dem Sessel sitzen,
der an meinem Fenster steht, wie damals, und ungeduldig zuhören,
als ich ihm eines Abends von der Herrlichkeit einer Zukunft sprach,
die doch ganz gewiss vor ihm liege. Die Sonne war eben in Glorie
untergegangen, Erde und Himmel leuchteten und strahlten. Wagner
sagte: ›Was reden Sie von der Zukunft, wenn meine Manuskripte im
Schrein verschlossen liegen! Wer soll das Kunstwerk aufführen, das
ich, nur ich unter Mitwirkung glücklicher Dämonen zur Erscheinung bringen kann, dass alle Welt wisse, so ist es, so hat der Meister
sein Werk geschaut und gewollt?‹ In Erregung ging er in der Stube
auf und ab. Plötzlich vor mir stillestehend, sagte er: ›Ich bin anders
organisiert, habe reizbare Nerven, Schönheit, Glanz und Licht muss
ich haben! Die Welt ist mir schuldig, was ich brauche! Ich kann nicht
leben auf einer elenden Organistenstelle, wie Ihr Meister Bach! – Ist
es denn eine unerhörte Forderung, wenn ich meine, das bisschen
Luxus, das ich leiden mag, komme mir zu? Ich, der ich der Welt und
Tausenden Genuss bereite!‹ So redend hob er wie im Trotz das
Haupt. Dann saß er wieder im Sessel am Fenster und sah vor sich
hin.«

Wagner las viel aus der Bibliothek des Hausherren, den ›Siebenkäs‹
von Jean Paul etwa, die Tagebücher Friedrichs des Großen, Romane
von George Sand, Walter Scott und den Roman ›Felicitas‹ von Eliza
Wille. Er spielte ihr eigene Werke auf dem Klavier vor. Die Gespräche
drehten sich oft um seine Zukunft, um seine Notlage und wie sie zu
beheben sei. »Wir verfielen«, so Wagner, »unter anderem auf die Not-

wendigkeit, eine Scheidung von meiner Frau herbeizuführen, um auf eine reiche Heirat ausgehen zu können. Da mir alles rätlich und nichts unrätlich erschien, schrieb ich wirklich an meine Schwester Luise Brockhaus, ob sie nicht in einer vernünftigen Unterredung Minna dazu bringen konnte, sich fortan nur an das ausgesetzte Jahrgeld, nicht aber an meine Person mehr zu halten, worauf mir mit großem Pathos der Rat gegeben ward, doch fürerst noch an die Feststellung meines Rufes zu denken und durch ein neues Werk mich in unangefochtenen Kredit zu setzen ... jedenfalls würde ich gut tun, mich um die frei gewordene Kapellmeisterstelle in Darmstadt zu bewerben.«

Am 5. April schrieb Wagner an Mathilde Maier: »Die Nacht träumte ich, Friedrich der Große hätte mich zu Voltaire an seinen Hof berufen.«

Am 8. April an Peter Cornelius: »Ein Licht muss sich zeigen, ein Mensch muss mir erstehen, der jetzt energisch hilft ... Ein gutes, wahrhaft hilfreiches Wunder muss mir jetzt begegnen, sonst ist's aus.«

Ende April kam François Wille zurück. Es gab Ärger. Wagner hatte ihm seine teuren Zigarren weggeraucht, auf seine Kosten einen rotseidenen Schlafrock bestellt und gebärdete sich so, als sei er der Hausherr. Am 28. April reiste er ab, über Basel nach Stuttgart zu dem ihm beiläufig bekannten Kapellmeister Karl Eckert. Auch Wendelin Weißheimer war da, ein bedeutungsloser Komponist, 26 Jahre alt, den Wagner flüchtig kannte. Wagner stieg im Hotel Marquardt ab. Später wird er Mathilde Maier von der »schwärzesten Todesnacht meines Daseins« schreiben.

Am 3. Mai wollte er auf die Rauhe Alb flüchten und sich in einer Jägerhütte verbergen. Zu Wendelin Weißheimer sagte er: »Ich bin am Ende.«

Da geschah das Wunder.

Wir kennen die Geschichte schon aus dem ersten Kapitel: Der Königlich-Bayerische Kabinettssekretär Franz Seraph von Pfistermeister meldete sich nach mehrwöchiger Verfolgungsjagd im Hotel Marquardt und überbrachte Wagner einen Diamantring, ein Medaillon mit dem Bildnis des jungen Königs und die Berufung an den Königshof zu München. Herr von Pfistermeister sah so gar nicht aus wie ein königlicher Glücksbote: Er war ein unscheinbarer Mann vom Typ des Kleinbürgers mit Drahtbrille und gestutztem Bart.

Die Abreise wurde für fünf Uhr nachmittags bestimmt. Wagner setzte sich hin und schrieb in Anwesenheit des Kabinettssekretärs einen Brief, der dem König per Boten voraus übermittelt wurde:

»Teurer huldvoller König! Diese Tränen himmlischester Rührung sende ich Ihnen, um Ihnen zu sagen, dass nun die Wunder der Poesie wie eine göttliche Wirklichkeit in mein armes, liebebedürftiges Leben getreten sind! – Und dieses Leben, sein letztes Dichten und Tönen gehört nun Ihnen, mein gnadenreicher junger König: verfügen Sie darüber als über Ihr Eigentum! Im höchsten Entzücken, treu und wahr Ihr Untertan Richard Wagner.«

Es wäre schön, ließe sich dieses Kapitel hier schließen. Doch Wagner hatte eine andere Schlusspointe vorgesehen: Nach dem Gespräch mit Seraph von Pfistermeister nahm er in Gesellschaft von Weißheimer und Eckert noch das Mittagessen ein. Da erschien ein Telegrammbote: »Über Tisch ward an Eckert telegraphisch der soeben in Paris erfolgte Tod Meyerbeers gemeldet: Weißheimer fuhr mit bäuerischem Lachen auf über diesen wunderbaren Zufall, dass der mir so schädlich gewordene Opernmeister gerade diesen Tag nicht mehr hatte erleben sollen.«

Königsfreundschaft

Der Kronprinz und seine Schwäne

König Ludwig II., schwärmerisch und schwermütig veranlagt, hatte seine Kindheit und Jugend als verhätschelter Kronprinz überwiegend auf Schloss Hohenschwangau verbracht, in einem Ambiente, das geprägt war vom Schwan als Wappenvogel und Sagengestalt. Überall Schwäne: aus Porzellan geformt, aus Gold geschmiedet, in Vorhänge gewebt. Dazu Gemälde von der Sage um den Schwanenritter Lohengrin.

Eine ›Lohengrin‹-Aufführung 1861 im Königlichen Hof- und Nationaltheater in München löste beim 15-jährigen Kronprinzen einen – wie der Ministerialbeamte von Böhm berichtete – »Tränenstrom des Entzückens« aus und schwärmerische Zuneigung zu Richard Wagner, den er noch nie gesehen hatte. Er erlebte weitere Aufführungen, ›Tannhäuser‹ und den ›Holländer‹, las Textbücher und beschäftigte sich mit Wagners theoretischen Schriften. In einem Brief an Wagner wird er später schreiben: »Unbewusst waren Sie der einzige Quell meiner Freuden von meinem zarten Jünglingsalter an.«

Anfang 1863 las Ludwig im »Vorwort zur Herausgabe des Bühnenfestspiels ›Der Ring des Nibelungen‹« von Wagners Festspielidee. Den Schluss des Vorwortes, die Frage nach dem Mäzen – »Wird dieser Fürst sich finden?« – bezog Ludwig auf sich. Seither war er von dem Wunsch besessen, dieser Fürst zu sein.

Die Chance kam schneller als erwartet: König Maximilian II. Joseph, sein Vater, starb am 10. März 1864 überraschend im 52. Lebensjahr – und am selben Tage noch folgte ihm Ludwig auf den Thron: 18-jährig, verträumt, unvorbereitet auf sein hohes Amt und begeistert von Richard Wagner. Seine erste Amtshandlung bestand darin, Richard Wagner an den Hof zu berufen. Und am 4. Mai 1864 standen sie sich in der Münchner Residenz erstmals gegenüber: der kleine, leicht ergraute Richard Wagner, das Barett in der Hand, gekleidet wie ein Patrizier der Dürer-Zeit – und Ludwig II. in der Galauniform eines Kavallerieoffiziers, ein »strahlender Jüngling«, wie er oft genannt wurde, 1,90 Meter groß, schlank, schwarzgelockt, mit großen, dunklen, tief liegenden Augen. Über diese erste Begegnung berichtete Wagner in einem Brief an Eliza Wille:

»Heute wurde ich zu ihm geführt. Er ist leider so schön und geistvoll, seelenvoll und herrlich, dass ich fürchte, sein Leben müsse wie ein flüchtiger Göttertraum in dieser gemeinen Welt zerrinnen. Er liebt mich mit der Innigkeit und Glut der ersten Liebe: er kennt und weiß alles von mir, und versteht mich wie meine Seele. Er will, ich soll immerdar bei ihm bleiben, arbeiten, ausruhen, meine Werke aufführen; er will mir alles geben, was ich dazu brauche; ich soll die Nibelungen fertig machen, und er will sie aufführen, wie ich will. Ich soll mein unumschränkter Herr sein, nicht Kapellmeister, nichts als ich und sein Freund ... Mein Glück ist so groß, dass ich ganz zerschmettert davon bin. Von dem Zauber seines Auges können Sie sich keinen Begriff machen: wenn er nur leben bleibt; es ist ein zu unerhörtes Wunder!«

Auch vom König gibt es eine Schilderung:

»Hättest Du Zeuge sein können, wie sein Dank mich beschämte, als ich ihm mit der Versicherung die Hand reichte: dass sein großes Nibelungenwerk nicht nur seine Vollendung, sondern auch eine Aufführung nach seinem Sinne finden werde, dass ich dafür treu Sorge tragen würde. Da beugte er sich tief auf meine Hand und schien gerührt von dem, was so natürlich war, denn er verblieb längere Zeit in der Stellung, ohne ein Wort zu sagen. Ich hatte die Empfindung, als hätten wir die Rollen getauscht. Ich bückte mich zu ihm nieder und zog ihn mit dem Gefühl ans Herz, als spräche ich für mich die Eidesformel: ihm in Treue allzeit verbunden zu bleiben.«

So berichtete er seiner Cousine und späteren Braut, Herzogin Sophie Charlotte in Bayern, die er nie heiraten wird – denn der König war homosexuell. Was damals Geheimnis war und seither gemunkelt wurde, ist seit einigen Jahren belegt: 1999 tauchten Briefe auf, die Ludwig II. seinem Marstallfourier (Futtermeister im königlichen Reitstall) Karl von Hesselschwerdt geschrieben hatte. Sie dokumen-

tieren seine Neigung zu jungen Burschen, so etwa zu einem Reit-
knecht Balduin.

Das Verhältnis des Königs zu Richard Wagner, darin sind sich
Biografen und Forscher einig, wurde vor allem bestimmt von der
ekstatischen Ergebenheit und Zuneigung eines jugendlichen
Schwärmers. So sind denn auch seine überschwänglichen Briefe an
Richard Wagner zu verstehen. Beispielsweise schrieb der König
dem Künstler: »Heiß Geliebter! Mein Einziger!« – »O Heiliger! Ich
bete Dich an!« – »Einziger! Geliebter!« – »Geliebter, Dich verlasse
ich nie!« – »Mein Geliebter kennt mich ja, weiß, wie innig ich Ihn
liebe, dass ich Nichts auf Erden so liebe wie Ihn und niemand außer
Ihn mit dieser Glut und Inbrunst lieben werde.« Und Wagner
schrieb Briefe, die so begannen: »Mein König, mein geliebter, holder Freund!« – »Geliebtester Mensch!« – »Mein Teurer, unermeßlich
Gütiger! Schöner!« – »Allgeliebtester holder Herr und Freund!« –
»Geliebter!«

Cosima hatte am 10. Juli 1878 einige Briefe in die Hände bekommen und Wagner darauf angesprochen. Seine Antwort: »Da
herrschte kein guter Ton. Ich habe ihn nicht angestimmt.« Gewiss:
Angestimmt hat Wagner den Ton nicht. Aber aufgegriffen hat er ihn
und erwidert und damit eine Ekstatik in der Zuneigung des Königs
angeheizt, die ihm manchmal so unheimlich wurde, dass er die
Notbremse zog und Briefe schrieb, in denen ein ganz anderer Ton
herrschte, etwa so: »Ich werde Ihnen nah und vertraut sein können,
ohne dass ein Wesen oder ein Verhältnis dadurch sich beschränkt
oder verletzt finden wird. Was Ihnen die Welt, die Familie, der hohe
Lebensberuf, irgendein Freund – dereinst das Weib Ihrer Wahl sein
kann, – das habe ich Ihnen nicht zu sein.«

Unter dem Füllhorn

Was der junge König wollte, hat er in einem Brief an Wagner formuliert, und zwar schon einen Tag nach dem ersten Zusammentreffen, am 5. Mai: »Seien Sie überzeugt, ich will Alles tun, was irgend in
meinen Kräften steht, um Sie für vergangene Leiden zu entschädi-
gen. – Die niedern Sorgen des Alltagslebens will ich von Ihrem

Haupte auf immer verscheuchen, die ersehnte Ruhe will ich Ihnen bereiten, damit Sie im reinen Aether Ihrer wonnevollen Kunst die mächtigen Schwingen Ihres Genius ungestört entfalten können!«

In der Praxis sah das so aus: Der König schenkte Wagner zunächst einmal 4.000 Gulden, damit er in Wien seine Schulden begleichen, seinen verpfändeten Hausrat auslösen und den Haftbefehl außer Vollzug setzen konnte. In Wien erwies sich: 4.000 Gulden (56.000 Euro) langten bei weitem nicht, ein Teil des Hausrates war schon verkauft, so zu Wagners Entsetzen sein geliebter Erard-Flügel. Immerhin konnte der Haftbefehl zurückgenommen werden. Mit dem Dienerehepaar Anna und Franz Mrazek und dem Hund Pohl, der ihm in Wien zugelaufen war, kehrte er nach München zurück.

Der König hatte inzwischen für ihn das zweistöckige Haus Pellet in Kempfenhausen am Ufer des Starnberger Sees gemietet, eine halbe Stunde Spaziergang von seinem Schloss Berg entfernt. Außerdem erhielt Wagner zunächst das Jahresgehalt eines Ministerialrates: 4.000 Gulden. Als der König erfuhr, dass Wagner seine Frau Minna in Dresden mit 1.000 Talern unterstützte (25.000 Euro), erhöhte er das Gehalt auf 5.000 Gulden. König und Künstler trafen einander täglich am Vormittag, entweder in Schloss Berg oder im Haus Pellet. Wagner las und spielte dem König vor.

Zu Wagners Geburtstag am 22. Mai brachte der König ein Geschenk: sein Porträt, das er für diesen Zweck in Öl hatte malen lassen.

Das Idyll wurde empfindlich gestört von Forderungen wütender Gläubiger in Wien, die bei Wagners letzter Geldverteilung leer ausgegangen waren. Ludwig II. wollte seine königlich-bayerische Ruh' und schenkte Wagner kurzerhand 16.000 Gulden zur Begleichung der lästigen Restschulden.

Am 18. Juni reiste der König nach Bad Kissingen, und Wagner fühlte sich vereinsamt. Er sehnte sich nach einer Frau – genau genommen nach zwei Frauen: nach Cosima, der Gemahlin seines Freundes Hans von Bülow. Und nach Mathilde Maier, reizvoll als Unverführbare, als ewig Spröde.

Zwei Eisen im Feuer! Wagner schmiedete sie gleichzeitig. Er lud Cosima samt Familie zu sich ins Haus Pellet ein und schrieb an Mat-

hilde Maier: »Willst Du zu mir kommen und mein Haus führen? ...
Muss ich immer noch fürchten, Dein Herz über den Haufen zu werfen, wenn ich Dich bitte zu mir zu kommen ... Gott! Gott! Immer
diese elenden kleinbürgerlichen Rücksichten; – und dies bei so viel
Liebe.« Den Brief sandte er am 22. Juni ab. Und am 29. Juni stand
Cosima vor der Tür. Richard Wagner, entzückt und zu Tode erschro-
cken, machte schleunigst die Einladung an Mathilde rückgängig
und widmete sich Cosima. Ihr Gatte Hans von Bülow kam acht Tage
später. Acht Tage zu spät. In dieser Zeit wurde Cosima die Geliebte
Wagners.

Das tödliche Duell des Ferdinand Lassalle

Hans von Bülow traf am 7. Juli im Hause Pellet ein. Hat er etwas geahnt? Wurde ihm etwas gesagt? – Oder was sonst war der Grund dafür, dass er innerhalb weniger Tage an einer rätselhaften Lähmung
erkrankte, die wechselweise Finger, Arme und Beine befiel? Kaum
bewegungsfähig lag Hans von Bülow im Hause Pellet, wo Cosima
und Richard sich im Nebenzimmer liebten – seine Frau und sein
Freund. Erst am 19. August ließ er sich ins Hotel »Bayerischer Hof«
nach München transportieren.

Zu dieser Zeit komponierte Wagner den ›Huldigungsmarsch‹ für
Ludwig II. Er schenkte ihm die Partitur. Die Uraufführung sollte später stattfinden.

Ende Juli machten die ersten Neider mobil. Wagner wurde als
»Barrikadenmann« bezeichnet, als »Revolutionär von Dresden«. Der
König sprach ihn auf das Thema an, wollte insbesondere wissen, ob
sich seine Ansichten über Staat und Religion geändert hätten. Und
so schrieb Wagner den Aufsatz ›Über Staat und Religion‹, in dem er
seine Ambitionen als Revolutionär wacker herunterspielte. Seine
Rolle sei damals nur »dem äußeren Scheine« nach politisch gewesen.

Just zu dieser Zeit erschien am 17. August im Hause Pellet ein
prominenter Politiker und Publizist, der sich wie Wagner an der
Revolution von 1848/49 beteiligt hatte: Ferdinand Lassalle, 39 Jahre
alt, Sohn eines jüdischen Seidenhändlers aus Breslau, dynamisch,
temperamentvoll, von den Jungdeutschen und Hegels Philosophie

beeinflusst, stilistisch von Heinrich Heine geprägt, mit dem er sich 1845 in Paris befreundet hatte, ein kompromissloser Demokrat, Mitbegründer und erster Präsident des »Allgemeinen Deutschen Arbeitervereins«. Er kam zu Wagner auf Empfehlung seines Freundes Hans von Bülow. In Lassalles Begleitung kam Helene von Dönniges, 18 Jahre alt, die Frau, die er liebte und heiraten wollte – aber nicht durfte. Die beiden stellten sich als Siegfried und Brünnhilde vor und baten Wagner um Hilfe bei ihrer außergewöhnlichen Liebesgeschichte: Helenes Vater Wilhelm von Dönniges, bayerischer Gesandter in der Schweiz, wollte von einer Verbindung seiner Tochter mit dem Arbeiterführer nichts wissen und hatte ihre Heirat mit dem von ihr ungeliebten Fürsten Joan Cehan Racovitza verfügt, einem rumänischen Bojaren, wie man die adligen Großgrundbesitzer nannte. Ferdinand Lassalle und Helene von Dönniges setzten alle Hoffnungen auf Wagner: Er möge doch seinen Einfluss geltend machen, damit König Ludwig bei Helenes Vater in der Schweiz ein gutes Wort für ihre Liebe einlege oder gar ein Machtwort spreche. Wagner zögerte keine Sekunde – er lehnte ab. Ferdinand Lassalle reagierte mit einer Verzweiflungstat, er reiste in die Schweiz und forderte erst den Vater und – als der kniff – den Fürsten Racovitza zum Duell auf Pistolen. So glaubte er Helene vor der Zwangsheirat retten zu können. Er hatte keine Chance. Der in Ehrenhändeln wohlerfahrene Bojar schoss ihn am 28. August nieder. Drei Tage später starb Ferdinand Lassalle. Und die trauernde Helene von Dönniges heiratete den ungeliebten Fürsten auf Geheiß ihres Vaters.

Am 30. August 1864 kam Franz Liszt ins Haus Pellet, wütend und entsetzt über das Verhältnis seiner Tochter mit Richard Wagner, besorgt über den Zustand seines Schwiegersohnes und ehemaligen Schülers Hans von Bülow, den er im »Bayerischen Hof« besucht hatte. Er wollte die Ehe unter allen Umständen retten. Seine Stimmung stieg erst, als Wagner ihm aus den ›Meistersingern‹ vorlas. Am 3. September reisten alle ab: Franz Liszt nach Weimar, die Familie Bülow nach Berlin; Cosima war im dritten Monat schwanger.

Königlicher Befehl zur Vollendung des ›Rings‹

Sogleich fühlte sich Wagner wieder einsam. Er traf zwar nahezu täglich den König zu erhabenem Gedankenaustausch, aber er vermisste die Familie, die seine nicht war: Cosima und die Kinder. Sechs Tage nach ihrer Abreise schrieb er Eliza Wille: »Seit einiger Zeit bin ich wieder ganz allein, wie in einem verwünschten Schloss. Ich leugne nicht, dass mir diese vollständige Einsamkeit jetzt verderblich wird.«

Seine Therapie gegen Einsamkeit war Arbeit. Er stürzte sich in die Komposition des ›Rings‹, und wie immer, wenn er intensiv komponierte, befiel ihn suchtartig sein Luxusbedürfnis. Das gemütliche Landhaus Pellet am Starnberger See war ihm zu bieder. Für seine Arbeit am ›Ring des Nibelungen‹ brauchte er das von Luxus überquellende Ambiente einer hochherrschaftlichen Villa mitten in München, in der vom Leben durchpulsten Großstadt mit 165.000 Einwohnern.

In einem Brief vom 26. September erbat Wagner vom König den – völlig überflüssigen – Auftrag zur Vollendung des ›Rings‹ und im selben Atemzug »eine geeignete Niederlassung« in München. Der König reagierte wunschgemäß. Er gab am 7. Oktober offiziell den »Befehl« zur ›Ring‹-Vollendung und mietete am 15. Oktober für Wagner eine palastartige Villa an der Briennerstraße 21, in einem von Linden und Fichten beschatteten Garten gelegen, wenige Minuten zu Fuß von der königlichen Residenz entfernt. Ein Heer von Handwerkern verwirklichte sogleich Wagners innenarchitektonische Vorstellungen: überall Samt und Seide, Teppiche aus Persien, Vorhänge aus Atlas mit gestickten Rosen, samtbezogene Fauteuils und Sofas, Tische mit Intarsien.

Am 18. Oktober rauschte über Richard Wagner ein neuerlicher Geldsegen hernieder: König Ludwig II. kaufte laut Vertrag mit der Königlich-Bayerischen Kabinettskasse für 30.000 Gulden den ›Ring des Nibelungen‹, den Wagner schon zweimal verkauft hatte: erst an Otto Wesendonck, dann an den Verleger Schott, der anstandslos die Rechte zurückgab.

»Wagner weiß es nicht, wie er anstrengt«

Wagner fühlte sich einsam in der Pracht seiner Villa, wo das livrierte Diener-Ehepaar Mrazek herumschlurfte und nur sein Hund Pohl ihm Gesellschaft leistete. Er brauchte wie immer eine Gefolgschaft treu ergebener und seiner Arbeit dienlicher Freunde. Da war in erster Linie einmal Hans von Bülow, der Wagners Art zu dirigieren perfekt übernommen hatte. Er wurde offiziell als Vorspieler des Königs mit einem Jahresgehalt von 2.000 Gulden engagiert und zog mit seiner Familie in eine Wohnung an der Luitpoldstraße, nur einen Katzensprung entfernt von Richard Wagners Villa. Cosima besuchte ihn täglich. Der betrogene Ehemann Hans von Bülow, bedingungslos ergebener Freund Wagners, der die Schwangerschaft seiner Frau offiziell als ehelich deklarierte, war noch immer von seiner Krankheit gezeichnet. »Er ist«, so schrieb Wagner an Mathilde Maier, »elend, fast verloren, wie eine Mücke, die sich im Licht verbrennen muss.«

Zu weiteren nach München gerufenen Gefolgsleuten gehörten sein Freund Heinrich Porges, der als Chordirigent engagiert wurde, und Friedrich Schmitt, Gesangslehrer aus Wagners Magdeburger Zeit, genannt »Grobschmitt« wegen seines unbarmherzigen Umgangs mit Sängern und Sängerinnen.

Besonders wichtig war es für Wagner, Peter Cornelius nach München zu lotsen, einen seiner besten Freunde, mit dem er zusammen wohnen wollte. Wagner hoffte, der Freund würde seine Verlobte mitbringen, die attraktive »Puppe«.

Nach einigem Zögern traf Peter Cornelius in München ein, solo allerdings, er hatte sich von der »Puppe« getrennt. Das brachte Wagner flugs auf die Idee, den für weibliche Rundungen aufgeschlossenen Peter Cornelius mit einer Frau zu beglücken, die er, Wagner, selbst gerne in seiner Umgebung haben wollte: Mathilde Maier, die ohne Heirat nicht zu haben war. Wagner sprach permanent von ihren Reizen und zündelte so lange, bis Peter Cornelius' Phantasie hoch aufzulodern begann – und nun berichtete er Mathilde Maier von Peter Cornelius: »Für Dich hat er bereits ein großes Faible gefasst ... Ich glaube, er könnte Dir, ohne Dich zu sehen, einen Heiratsantrag machen.«

Mathilde Maier sagte ab.

Peter Cornelius bezog eine Wohnung an der benachbarten Karlstraße 39. In Wagners Villa wohnen wollte er nicht. Er brauchte Distanz. Denn Wagner, wenn er nicht gerade arbeitete, beanspruchte die Menschen seiner engsten Umgebung bis zum Umfallen, den ganzen Tag über bis mitunter vier oder fünf Uhr früh. »Ich komme dabei um«, schrieb Peter Cornelius an Dr. Standhartner in Wien, und weiter: »Wagner weiß und glaubt es nicht, wie er anstrengt. Von sich sprechen, lesen, singen muss unser großer Freund, sonst ist ihm nicht wohl. Er ahnt nicht, wie mir solches Zusammensein das Mark aus der Seele saugt.«

Unmittelbar vor dem Jahreswechsel 1864/65 stieß noch ein weiteres Mitglied zu Wagners Gefolgschaft: Gottfried Semper, Professor für Baukunst am Polytechnikum Zürich und neben Karl Friedrich Schinkel der bedeutendste Baumeister des 19. Jahrhunderts. Er kam in besonderer Mission. Gottfried Semper sollte das gewaltigste Bauwerk seiner Architektenkarriere schaffen: das Richard-Wagner-Festtheater in München.

Zwei Festtheater für den ›Ring des Nibelungen‹

Wagner hatte dem König in vielen Gesprächen die Idee eines Festtheaters suggeriert und, ohne es zu ahnen, dessen Lust an architektonischer Gigantomanie geweckt, die später zum Bau wahrer Märchenschlösser führen sollte. »Ich habe den Entschluss gefasst«, schrieb der König am 26. November 1864, »ein großes steinernes Theater erbauen zu lassen, damit die Aufführung des ›Ring des Nibelungen‹ eine vollkommene werde.«

Am 29. Dezember 1864 erhielt Gottfried Semper von König Ludwig den Auftrag, das Festtheater in sechs Jahren zu bauen, für einen geschätzten Kostenaufwand von 5 Millionen Gulden (70 Millionen Euro). Ludwig II. schwebte ein monumentales Festspielhaus auf dem rechten Isar-Hochufer vor. »Im Geiste«, so schrieb er Wagner, »sehe ich unser ersehntes Gebäude vor mir stehen in all seiner erhabenen Pracht, die sich auftürmenden Bögen der Sitze, die Säulenreihen, sehe das Volk ahnungsvoll vor dem Allerheiligsten von Wonneschauern durchbebt.«

Damit nicht genug. Eine Prachtstraße von gewaltiger Dimension sollte von der Briennerstraße, wo Wagner residierte, zum Festspielhaus führen. Zu diesem Zweck hätte man auf einer Strecke von rund 2.000 Metern einige Häuser der Innenstadt und das halbe Annenviertel niederreißen müssen. Dass es Proteste der Bewohner, der Bürger und Politiker hageln würde, focht den König nicht an – wohl aber Wagner. Er sah Schwierigkeiten vielfältigster Art auf sich zukommen. An einem monumentalen Festtheater samt Prachtstraße war ihm »verflucht wenig gelegen«, sagte er Peter Cornelius. Ihm ging's um ein Theater, wie er es in seinem ›Vorwort zur Herausgabe des Bühnenfestspiels 'Der Ring des Nibelungen'‹ beschrieben hatte: »So einfach wie möglich, nur auf künstlerische Zweckmäßigkeit des Inneren berechnet.« Einen vom Schalldeckel zum Teil überwölbten Orchestergraben forderte er vom Architekten, eine erhöhte Bühne und eine amphitheatralische Anlage der Zuschauerreihen nach dem Vorbild des antiken Theaters. Ihm ging's auch darum, das Festtheater so schnell wie möglich für seine Musikdramen zu bekommen. Sechs Jahre warten wollte Wagner nicht. Deshalb redete er dem König ein Festtheater ein, das aus Holz oder Backstein neben dem (heute nicht mehr existierenden) Glaspalast im Alten Botanischen Garten schneller und billiger gebaut werden konnte: in zwei Jahren für 200.000 Gulden. Der König war entzückt und beauftragte Semper – beide Festspielhäuser zu bauen.

Zwei Festtheater für Richard Wagner! Das sprach sich schnell herum in der Residenzstadt und stachelte die Neider auf. »Der biedere Philister nicht allein, sondern auch die Hofkreise würden es ganz natürlich gefunden haben, wenn der König an eine hübsche Maitresse zehnmal so viel gewendet hätte, aber an einen großen Künstler – das war unerträglich!« So erinnerte sich der Maler Friedrich Pecht, ein Freund Wagners, den wir schon kennen. Er war immer da, wo Wagner hinkam, in Paris, in Dresden und seit 1855 in München.

Irgendwer erfand den Spitznamen »Lolus« für Wagner: eine Anspielung auf Lola Montez, Künstlerin und Mätresse, die König Ludwig I. um den Thron und fast um den Verstand gebracht hatte.

Sein Enkel Ludwig II. war anfangs taub für alle Vorwürfe. Er wollte seine Festspielhäuser und eine Prachtstraße haben und Wag-

ners Musik hören. Für den 1. Februar 1865 befahl er ein Privat-
konzert im Königlichen Residenztheater, dem wohl schönsten Ro-
koko-Theater Europas, einem Geniestreich des Hofzwerges François
Cuvilliés, der Karriere als Hofbaumeister gemacht hatte.

Bei den Proben stand Wagner etwas gewagt am Rande des Kon-
zertpodiums. Auf warnende Zurufe der Musiker antwortete er:
»Meine Herren, ich bin gewöhnt, am Abgrund zu stehen.« Vom Konzert war der König so berauscht, dass er unmittelbar danach, noch in
der Nacht, an Wagner schrieb: »Geliebter! Einziger! – O wie ich
glücklich bin! – Wo bin ich? . . . Ich sehe Walhalls Wonnen; o zu Siegfried, zu Brünnhilde! – Welcher Strahlenglanz über Tristans Leiche!
. . . himmlisches Leben – zu Ihnen zu schweben! . . . Dank, Geliebter,
Dank, Dank!«

Ränkespiel und Schmiergeld-Strategie

Als Wagner zur nächsten Audienz erschien, wurde er von Hofbeam-
ten abgewiesen! Begründung: Der König sei verstimmt. Warum
wusste Wagner nicht. Erst nach Tagen ergaben sich Hinweise auf ein
Ränkespiel: Wagner hatte sein Porträt von Friedrich Pecht malen lassen, um es dem König zu schenken, und das angemessene Honorar
von 400 Gulden aus eigener Tasche bezahlt. Gleichzeitig tauchte
aber in der Kabinettskasse eine Rechnung für dieses Porträt über
1.000 Gulden auf, angeblich eingereicht von Richard Wagner. Es
stellte sich heraus: Kabinettssekretär von Pfistermeister hatte die
Rechnung selbst geschrieben, um bei Ludwig II. den Eindruck zu er-
wecken, Wagner hätte das Honorar für sein Königs-Geschenk von
der Königlich-Bayerischen Kabinettskasse bezahlen lassen. Eine
Hinterfotzigkeit, wie man in Bayern sagt. Kleinkariert, aber mit großer Wirkung: Der König kam am 12. Februar nicht zur ›Tannhäuser‹-
Premiere, er rief Wagner wochenlang nicht zur Audienz. Wagner sei
in Ungnade gefallen, hieß es allenthalben. Der König widersprach
zwar in einem Brief an Wagner vom 14. Februar diesem Gerücht und
nannte alle, die es verbreiteten, »elende, kurzsichtige Menschen, die
von Ungnade sprechen können, die von Unserer Liebe keine Ahnung haben« – aber nach wie vor mied er Wagner.

Wagner war irritiert. Er hatte zum ersten Mal erleben müssen, dass kein Verlass war auf des Königs Freundschaft, dass er permanent mit Intrigen rechnen musste. Und eines Tages sollte Wagner für eine Intrige gewonnen werden – gegen den König. Und das kam so:

Mitte Februar 1865 ließen sich zwei elegante Herren bei Wagner in der Briennerstraße melden: Staatsrat Georg Heinrich Klindworth aus Brüssel und Baron von Gruben, Generalbevollmächtigter des Fürsten Maximilian von Thurn und Taxis. Staatsrat Klindworth war ein Galgenvogel mit dem Auftreten eines Grandseigneurs, geschätzt, gefürchtet und zu mancherlei Ränkespiel bereit. Offiziell nannte er sich Politiker und Diplomat.

Baron von Gruben erklärte Wagner, um was es ging: Fürst Maximilian von Thurn und Taxis wollte ein Königreich Rheinland-Westfalen unter Einschluss eines Teils von Belgien gründen. Ludwig II. sollte für diesen Plan gewonnen werden oder sich aus allen Bestrebungen des Hauses Thurn und Taxis heraushalten. Um König Ludwig in diesem Sinne beeinflussen zu können, wollte sich Klindworth an die Stelle des Königlich-Bayerischen Kabinettssekretärs manövrieren. In dieser Vertrauensposition konnte er nicht nur für den Fürsten Thurn und Taxis agieren, sondern auch die Interessen der Ultramontanisten fördern, deren Absicht es war, die Kirche dem Staat überzuordnen. Wagners Aufgabe sei es nun, unter Ausnutzung seiner Königsfreundschaft die Entlassung des Herrn von Pfistermeister zu betreiben und Klindworth für die freigewordene Stelle des Kabinettssekretärs zu empfehlen. Geld spiele keine Rolle, wurde Wagner belehrt. Klindworth verfügte offenbar über Schmiergelder von beträchtlichem Ausmaß. Wagner sollte, seinen eigenen Angaben nach, eine pompöse Leibrente bekommen, zwei Festtheater, mehrere Villen und die Beteiligung an einem ultramontanistischen Bankenkonsortium.

Wagner als Bankier? Nein – das nicht! Er lehnte ab. »Ich stellte mich dumm«, schrieb er an Mathilde Maier.

Damit war der Krimi noch nicht zu Ende: Paul von Thurn und Taxis, Sohn des Fürsten Maximilian, seit kurzem am bayerischen Königshof, war überraschend zum Flügeladjutanten von König Ludwig II. aufgestiegen – in eine Position, aus der er die dynastischen Pläne seines Vaters bestens hätte steuern können.

Doch es kam anders. Ludwig II. und Paul schlossen innige Freundschaft. Paul von Thurn und Taxis informierte heimlich Herrn von Pfistermeister, dass er aus seiner Position hinausintrigiert werden sollte, womöglich mit Hilfe eines bestochenen Richard Wagner. Herr von Pfistermeister, in seiner Untertanenseele verschreckt und verwirrt, wusste nicht, ob Wagner sich hatte bestechen lassen – und begann vorsichtshalber, Wagner mit Gunstbeweisen zu überschütten. Er, der eben erst Wagner mit dem Königsporträt hereingelegt hatte, sicherte ihm nun »unbegrenzte Kredite« aus der Kabinettskasse zu und veranlasste den Kauf der bisher nur gemieteten Villa auf Staatskosten.

Und Wagner? Er hatte sich zwar nicht bestechen lassen. Aber er war Mitwisser einer Intrige gegen seinen König. Schweigender Mitwisser, wie aus einem Brief an Eliza Wille zu ersehen ist: »Nun muss ich schaudern, wenn ich nur an meine Ruhe denkend, mich in die hierfür gedeihlichen Schranken zurückziehen will, um ihn – seiner Umgebung zu überlassen ... Ich frage meinen Dämon: Warum mir dieser Kelch?« Und an seinen Freund August Röckel schrieb er: »Mir geht es ungefähr wie Dir im Zuchthaus: Wie herauskommen?«

»Soll ich fortgehen? Soll ich bleiben?«

Inzwischen hatten sich einige Zeitungen auf Richard Wagner eingeschossen. Alte Vorwürfe wurden aufgekocht: Wagner missbrauche das Vertrauen des Königs, er beute die Staatskasse aus, er treibe einen Keil zwischen König und Volk. Neu war, dass er womöglich eine Revolution in Bayern plane.

Der König hatte ihn seit dem Konzert am 1. Februar 1865 nicht empfangen, auch bei einer ›Tannhäuser‹-Aufführung am 5. März mit dem grandiosen Gastsänger Ludwig Schnorr von Carolsfeld war die Königsloge leer geblieben. Wagner hielt die Ungewissheit nicht aus und schrieb am 9. März: »Mein König! – ich bringe Dir Unruhe: – lass mich ziehen, dahin, wo mich der Blick des Neides und des Unverstandes nicht verfolgt, in ein fernes Land ... Was soll ich tun? Was soll ich raten?« Der König antwortete am nächsten Tag: »Innig geliebter, über Alles teurer Freund! ... Ich muss meinem Einzigen die

Mitteilung machen, dass Umstände, die ich gegenwärtig nicht besiegen kann, dass die eisern fesselnde Notwendigkeit es mir zur heiligen Pflicht macht, Sie, wenigstens in gegenwärtiger Zeit, nicht zu sprechen.«

Der Brief machte deutlich: Ludwig II., ein Schwarmgeist, der von Politik wenig Ahnung hatte und nichts wissen wollte, musste sich der Staatsräson beugen und zu seinem Freund Wagner auf Distanz gehen. Dahinter steckte der im Dezember 1864 zum bayerischen Ministerpräsidenten ernannte Ludwig von der Pfordten, 54 Jahre alt, ein weitgereister Jurist und Politiker mit häufig wechselnden Positionen. So war er während der Revolutionszeit 1848/49 sächsischer Kultus- und Außenminister gewesen, einige Monate nur, aber lang genug, um seine Abneigung gegen den »Barrikadenmann« Wagner zu fixieren. Wagner witterte die Gefahr und stellte dem König am 11. März ein Ultimatum: »Soll ich fortgehen? Soll ich bleiben? Was Sie wollen, das will ich … Doch muss sich das entscheiden, heute noch!«

Am selben Tag kam die Antwort: »Teurer Freund! Bleiben Sie, bleiben Sie hier, Alles wird herrlich wie zuvor. – Ich bin beschäftigt. – Bis in den Tod. Ihr Ludwig.«

Wagner war von seiner Lethargie erlöst, er fühlte sich stark und nahm eine schier unlösbare Aufgabe in Angriff, die er immer vor sich hergeschoben hatte: die Uraufführung des – angeblich – unaufführbaren ›Tristan‹.

»Wie ein Zaubertraum«

Voll Schwung begann Wagner schon am nächsten Tag mit ersten Gesangsproben in seiner Villa. »Wenn eine Stelle besonders schön gesungen war«, berichtet die Frau des Schriftstellers Georg Herwegh, »so sprang Wagner auf, umarmte und küsste lebhaft den Sänger oder die Sängerin, stellte sich vor Freude auf den Kopf oder rannte in den Garten und kletterte jubelnd auf einen Baum.«

In den nächsten Tagen probten sie zunächst im Residenztheater, dann im Königlichen Hof- und Nationaltheater, wo die Uraufführung für den 15. Mai 1865 angesetzt war.

Wagners Bewunderung galt Ludwig Schnorr von Carolsfeld, 29 Jahre alt, Tenor an der Dresdner Oper. Er war auf den Sänger schon vor Jahren aufmerksam geworden und hatte ihn im März als Gast für die ›Tannhäuser‹-Aufführung nach München geholt. Seither gab es für ihn nur einen Tristan: Ludwig Schnorr von Carolsfeld. Der erwies sich schon bei den Proben als das »erfüllte Ideal«, wie Wagner später in ›Meine Erinnerungen an Ludwig Schnorr von Carolsfeld‹ schreiben wird. Er bot ihm das Du an und nannte ihn Tristan. Um die »unvergleichliche Größe der künstlerischen Leistung meines Freundes« verständlich zu machen, erinnerte Wagner an die »rastlos auftauchenden, sich entwickelnden, verbindenden, trennenden, dann neu sich verschmelzenden, wachsenden, abnehmenden, endlich sich bekämpfenden, sich umschlingenden, gegenseitig fast sich verschlingenden musikalischen Motive ... welche ... ein zwischen äußerstem Wonneverlangen und allerentschiedenster Todessehnsucht wechselndes Gefühlsleben ausdrücken«, um dann festzustellen, dass »das Orchester gegen den Sänger völlig verschwand, oder – richtiger gesagt – in seinem Vortrage selbst mit enthalten zu sein schien«.

Und noch ein Glücksfall: Schnorr von Carolsfelds Ehefrau Malwine, 40 Jahre alt, Sopranistin an der Dresdner Oper, erwies sich bei Proben als hinreißende Darstellerin der angeblich unsingbaren Isolde.

Isolde! – Sie wurde am 10. April 1865 geboren, Wagners erstes Kind aus seiner illegitimen Verbindung mit Cosima, offiziell die Tochter von Cosimas Ehemann Hans von Bülow, Wagners Freund, der just an diesem Tage mit den Orchesterproben zu ›Tristan und Isolde‹ begann. Er hatte Wagners Dirigiertechnik kongenial übernommen. Dynamik, Tempo, Ausdruck, Balance, Phrasierung – alles stimmte perfekt. Von seiner Lähmung eben erst genesen, bedrückt von seiner privaten Tragödie, körperlich am Rande der Erschöpfung, so stand er Tag für Tag stundenlang am Pult.

Wie wertvoll sein »lieber Freund Hans von Bülow« war, berichtete Wagner dem Wiener Journalisten Friedrich Uhl: »Dieses zweite Ich zur Seite, kann ich mit jeder Einzelheit der musikalischen wie szenischen Darstellung mich in der ruhig traulichen künstlerischen

Stimmung befassen, wie sie nur der liebevolle Verkehr mit innig
befreundeten Künstlern selbst ermöglicht ... Wie aus der Wüste unseres theatralischen Markttreibens in die erfrischende Oase eines
anmutigen Kunstateliers entrückt, bereiten wir das Werk einer dramatischen Aufführung vor, die ... Epoche machen muss.« Und in
einem Brief an Eliza Wille jubilierte Wagner:»Ich hatte eine kurze
Zeit, in welcher ich wirklich zu träumen glaubte, so wunderbar
schön war mir zu Mute. Es war die Zeit der Proben des ›Tristan‹ ...
Wie ein Zaubertraum wuchs das Werk zu ungeahnter Wirklichkeit.«
    Gegen Ende der Proben gab es dann doch Probleme. Sie began-
nen damit, dass Wagner wieder einmal einen Umbau im Theater
forderte, diesmal die Verbreiterung des Orchesterraumes. Der Bühnenarbeiter Penkmeyer gab in breitem Bayerisch zu bedenken, dass
dafür eine Sitzreihe geopfert werden müsse. Darauf Hans von Bülow:»Was macht's, ob ein paar Dutzend Schweinehunde mehr oder
weniger im Parkett sitzen.«
    Herrn von Bülows bildkräftige Aussage machte schnell die
Runde, ließ sich nicht mehr einfangen, wurde den Zeitungen mitgeteilt und veröffentlicht, und im Nu schwappte der Zorn des Volkes
über den Adelsmann hinweg. Ministerpräsident Ludwig von der
Pfordten forderte wenige Tage vor der Uraufführung vom König den
Rausschmiss des Dirigenten – vergeblich! Am König gingen die
Schweinehunde des Herrn von Bülow spurlos vorüber, er wollte
einen grandiosen ›Tristan‹ hören und sehen, alles andere war ihm
egal. Aber das Volk tobte nach wie vor. Hans von Bülow, von Wagner
gedrängt, griff zur Feder und quälte sich eine von den Zeitungen
veröffentlichte»Ehrenerklärung« ab, in der er den Ausdruck Schweinehunde als»einen höchst unparlamentarischen« bezeichnete und
versicherte, er habe damit nicht die»Gesamt-Verunglimpfung des
gebildeten Münchner Publikums« im Sinne gehabt, sondern nur
diejenigen Theaterbesucher gemeint,»welche verdächtig sind, an
den in Wort und Schrift gegen den hochverehrten Meister gespon-
nenen Verläumdungen und Intrigen Teil genommen zu haben ...«
    Die Ehrenerklärung brachte nichts, sie wurde eher als arrogant
eingeschätzt. Zwar hielt sich die Wagner-freundliche Presse nach
wie vor zurück, die Wagner-feindliche indes verstärkte das Störfeuer
just vor der ›Tristan‹-Uraufführung. Unter publizistischem Feuer-

schutz forderte Ministerpräsident von der Pfordten die unverzügl[]iche Entlassung der Herren von Bülow und Wagner, wenn nicht jetzt, so doch nach der Uraufführung. Der König reagierte nicht darauf. Er war im ›Tristan‹-Taumel. Seinen neuen Raddampfer auf dem Starnberger See ließ er ›Tristan‹ taufen. Das war ihm wichtiger.

Dann kam der 15. Mai 1865: der Tag der ›Tristan‹-Uraufführung. In der Frühe klingelte es an Wagners Tür. Pfändungsbeamte standen draußen und wedelten mit einer Rechnung über 2.400 Gulden. Wagner sollte zahlen, auf der Stelle, ansonsten drohte unverzügliche Pfändung oder Schuldhaft. Es ging um einen vor fünf Jahren von Wagner in Paris unterzeichneten, längst vergessenen Wechsel. Gegner Wagners hatten ihn gekauft und kamen nun gezielt am »Tristan-Tag« damit daher. Wagner rannte zum König, doch der schwelgte in ›Tristan‹-Träumen und ließ niemand in die Nähe. Nun gab es nur noch einen, der helfen konnte: Herr von Pfistermeister, Kabinettssekretär und damit Chef der Kabinettskasse. Und siehe: Der famose Herr von Pfistermeister war immer noch im Zweifel, ob Wagner gegen ihn intrigierte oder nicht, und rückte vorsichtshalber 2.400 Gulden heraus. Wagner kehrte zurück in seine Villa und fand einen mit ›Tristan‹-Tag datierten Brief vor, den der König eben erst geschrieben hatte: »Ein und All! Inbegriff meiner Seligkeit! Wonnevoller Tag! – Tristan. – Wie freue ich mich auf den Abend! – Käm' er doch bald!«

Der Abend kam – und die Uraufführung wurde abgesagt. In letzter Minute. Malwine Schnorr von Carolsfeld konnte die Isolde nicht singen. Der Grund: Heiserkeit!

Ein schlimmes Gerücht machte die Runde: ›Tristan und Isolde‹ sei eben doch unaufführbar. Das Münchner Volkstheater sah seine Chance und begann mit der Blitz-Einstudierung von ›Tristanderl und Süßholde ... Parodie von einer Zukunfts-Oper‹. Tristan zum Lachen.

›*Tristans*‹ *Triumph* – ›*Tristans*‹ *Tod*

Die Uraufführung stand auf der Kippe. Politische Persönlichkeiten mit Ministerpräsident von der Pfordten an der Spitze wollten ›Tristan‹ die zweite Chance versagen. Der König, wankelmütig, launisch, schmollend wegen der geplatzten Uraufführung, zögerte mit seinem Befehl für den neuen Termin. Wagner konnte nichts anderes tun, als den König mit sensibler List auf ›Tristan‹ einzuschwören und gegen die Einflüsterer aufzubringen. Ein elsässischer Student, Edouard Schuré, lernte damals den von ihm bewunderten Wagner kennen. Er berichtete von der kämpferischen Bereitschaft und dem unerschütterlichen Optimismus seines Idols. Schuré verdanken wir die eigenwillige Beschreibung, dass in Wagners Gesicht die Physiognomien von Dr. Faust und Mephistopheles sich wechselweise spiegelten.

Der König gab endlich den Befehl zur Uraufführung – 10. Juni 1865 – und stach ins Wespennest der Wagner-feindlichen Presse. »Nächsten Freitag soll der Ehebruch unter Pauken und Trompeten übers Hof- und Nationaltheater ziehen«, schrieb etwa der ›Volksbote‹, und er empfahl, »diesen Wahnsinn im Ramersdorfer Irrenhaus aufzuführen«.

Der 10. Juni war jämmerlich verregnet. Regen, Regen den ganzen Tag! Punkt sechs Uhr abends fuhr der König zehnspännig vor das Hof- und Nationaltheater. Der letzte Gast! Gardisten standen stramm, Billeteure rannten mit Schirmen herbei. Ludwig II. schritt die Treppen empor zur Königsloge und trat an die Brüstung. »Rauschende Fanfaren, wiederholte Hochrufe begrüßten ihn; aber die Augen in seinen Traum versenkt, schien er die ihm zujubelnde Menge gar nicht zu sehen«, schrieb Edouard Schuré, der einen Platz im Parkett ergattert hatte.

Hans von Bülow hob den Taktstock, und zum ersten Mal hörte das Publikum den geheimnisvollen Tristan-Akkord. Die Aufführung gelang perfekt – doch als sich um 11 Uhr der Vorhang senkte, gab es nur zurückhaltenden Applaus und zögerliche Buhrufe. Das Publikum war ratlos, konnte sich keine Meinung bilden. Es wäre auch zuviel verlangt gewesen, wenn man bedenkt, dass sich die Bedeutung dieser Oper für die Kulturgeschichte erst ganz allmählich erschloss. (Und 100 Jahre später noch, 1965, beim Jubiläum anlässlich der Uraufführung, als Wagner-Experten aus der ganzen Welt zu Vorträgen und Diskussionen zusammenkamen, stellte sich heraus: ›Tristan‹ ist längst nicht ausgedeutet, die Meinungen divergieren extrem!)

Der Erste, der seine Meinung kundtat, war König Ludwig. Unmittelbar nach der Uraufführung, vor Mitternacht noch, tauchte er die Feder ins Tintenfass. Am nächsten Morgen erhielt Wagner per Boten seinen Brief:»Einziger! – Heiliger! – Wie wonnevoll! – Vollkommen. So angegriffen von Entzücken! – ... Ertrinken ... versinken – unbewusst – höchste Lust. – Göttliches Werk! – Ewig treu – bis über den Tod hinaus!«

Dann trafen die Zeitungen mit Rezensionen in Wagners Villa ein: »Es war ein ununterbrochenes Geheul. Das Orchester überbot sich in Exzentrizitäten, Disharmonien, abgerissenen, wirren Sätzen, lärmendem Spektakel.« (Augsburger Postzeitung)

»Wagner hat der Welt das schönste und erhabenste Werk geschenkt, welches sie bis jetzt besitzt.« (Frankfurter Reform)

»Musik ein Tollsinn, Text ein Unsinn, das Ganze ein Irrsinn, nirgends ein Sinn, aber desto mehr Sinnlichkeit.« (Volksbote)

»Dichterisch und musikalisch, psychologisch und dramatisch für uns ein Wunderwerk.« (Wiener Botschafter)

»Wagner führt uns hier nicht ein Stück nordischen Heldenlebens vor Augen, an dem sich der deutsche Sinn erbauen und kräftigen könnte, er zeigt uns das Heldentum im Augenblick des Verkommens durch die Sinnlichkeit, er huldigt ... der französisch-schlüpfrigen Lebensanschauung Gottfried's von Straßburg.« (Allgemeine Musikalische Zeitung, Leipzig)

»Das Werk ist ein großartiges, merkwürdiges, originelles, es zeugt von wunderbarer Energie, von einer gewaltigen Gestaltungskraft; der Dichter-Musiker sucht die Wahrheit auf der falschen Spur ... So haben wir das Recht, hier mit Dante auszurufen: man muss verdammen, aber bewundern und bedauern.« (Münchner Neueste Nachrichten)

»In der Geschichte der Oper wird diese Aufführung ... immer eine bedeutende Wichtigkeit haben: sie zeigte, was Sänger und Orchester zu leisten vermögen und was das Publikum vertragen kann.« (Augsburger Abendzeitung)

Die Rezensionen bewegten etwas: Das bisher so ratlose Publikum zeigte Flagge bei den nächsten Aufführungen, Beifall und Buhrufe kamen mit Vehemenz, Wagner und Ludwig Schnorr von Carolsfeld wurden immer wieder auf die Bühne gerufen. Die zweite Aufführung fand am 13. Juni statt, die dritte – mit Anton Bruckner im Parkett – am 19. Juni und die letzte am 1. Juli. Nun war das Publikum gewonnen. Applaus ohne Ende für Wagner und den Tristan-Sänger. Tristans Triumph!

Wagner indes hatte eine dunkle Ahnung: »In der vierten Aufführung erfasste mich – im letzten Akte – das Gefühl des Frevels dieser ungeheuren Leistung. Ich rief: Dies ist die letzte Aufführung des Tristan; nie wieder darf er gegeben werden!« So schrieb er an Eliza Wille.

Ludwig Schnorr von Carolsfeld reiste zurück nach Dresden – und war am 21. Juli tot. Ursache ungeklärt, möglicherweise Typhus oder Meningitis.

Malwine Schnorr von Carolsfeld, die Witwe, Sängerin der Isolde, schickte das Todestelegramm. Wagner eilte mit Hans von Bülow zum Begräbnis nach Dresden. Die Stadt war im Freudentaumel. Karnevaleskes Treiben auf den Straßen, Musik und Tanz an allen Ecken. Die Dresdner feierten das Sängerfest. Der Weg vom Bahnhof zum Friedhof – ein Albtraum: »Wir gerieten ... in ein festliches Gewoge geputzter Sänger mit Kränzen und Bändern; unter Wimpeln und Flaggen erkannten wir den Weg kaum, den es uns drängte in furchtbarer Hast zu durcheilen, um noch einen Kuss auf Tristans bleiche Stirn drücken zu können. Es war zu spät!« (Brief an König Ludwig am 26. Juli 1865).

Der Marquis Posa von München

Auf Wunsch des Königs begann Wagner gleich nach den ›Tristan‹-Aufführungen an seiner Autobiographie ›Mein Leben‹ zu schreiben. Sie gedieh zu einem zeithistorischen Dokument von großer Kostbarkeit, mit anekdotisch aufgelockerten, flott erzählten, spannenden Passagen – aber auch mit endlosen, für den Leser ermüdenden Durststrecken. Verblüffend sind Wagners Selbstironie, sein Bekenntnis zur Schlitzohrigkeit, seine Koketterie mit den eigenen Schwächen; wohlvertraut und typisch die Selbststilisierung, die egozentrische, mitunter monomane Perspektive, aus der er Kunstbetrieb und Zeitgenossen kommentierte. Was er schrieb, bedarf genauer Überprüfung, um wahre Überlieferung zu trennen von Mythisierung,

Selbstüberhöhung und Opportunismus. So bagatellisierte Wagner seine Rolle als Revolutionär, um den König nicht zu verprellen, und seine erotischen Erlebnisse entpfefferte er selbstzensorisch – mit Rücksicht auf Cosima, der er ›Mein Leben‹ in die Feder diktierte. Wagner schilderte die Zeit von der Geburt bis zu seiner Berufung an den Königshof und arbeitete daran mit großen Pausen vom 17. Juli 1865 bis zum 23. April 1880.

Er hatte gerade erst ein paar Seiten diktiert, da kam der König am 29. Juli 1865 auf die Idee, Wagner müsse sich einmal gründlich erholen, und zwar am besten in der königlichen Jagdhütte auf dem Hochkopf über dem Walchensee. Wagner ließ sich mit seinem Diener Mrazek und dem Hund Pohl am 9. August zur Hütte hinaufkutschieren und blieb 20 Tage oben. Beim ewigen Plätschern des Brunnens begann er mit Eintragungen in ein ledergebundenes und deshalb so genanntes »Braunes Buch«: Zunächst waren es Gedanken über Cosima und den König, später werden Gedichte, Autobiographisches und Dramenentwürfe dazukommen.

Nach München zurückgekehrt, schrieb Wagner den Prosaentwurf des Bühnenweihfestspiels ›Parzival‹ (später ›Parsifal‹). Die Reinschrift schenkte er am 31. August König Ludwig, den er wiederholt »König Parzival« nannte und der sich in seiner mythischen Rolle wohl gefiel.

Vom 14. bis 27. September verfasste Wagner für Ludwig II. eine Aufsatzserie ›Was ist deutsch?‹. Nach einem schwärmerischen Präludium über deutsches Wesen und das Edle und Schöne im deutschen Geist wurde Wagner kritisch: Das, was uns in Festveranstaltungen und Theatern als deutsch entgegentrete, sei »eine beschämende Komödie«, und nur der bayerische König könne Rettung bringen – als Anführer einer deutschen Bewegung! Spätestens ab hier geht dem Leser ein Licht auf: Wagner wollte sich in die bayerische Politik einmischen. Als Ratgeber des Königs, als Chefideologe würde man heute sagen. Wagner forderte eine Volksmiliz nur mit bürgerlichen Kommandeuren und eine neue politische Zeitung, für die er gleich zwei Chefredakteure vorschlug: seine Freunde Heinrich Porges und Dr. Grandauer. Zudem hielt er personelle Veränderungen in den Spitzenpositionen der bayerischen Politik für unumgänglich. In seiner

Naivität ließ König Ludwig II. Wagners Artikel von Abschreibern kopieren und als Denk-Anstöße in den Ministerien verteilen. Dort klappten die Taschenmesser von selber auf.

Peter Cornelius ahnte Unheil. In einigen Briefen verglich er Wagner mit Marquis Posa (dem zu Unrecht hingerichteten Vorkämpfer weltbürgerlicher Freiheit in Schillers Tragödie ›Don Carlos‹ von 1787).

Die Bedrohung kam von allen Seiten, von Ministerialbeamten, von Politikern, von der Presse, neuerdings auch von adligen Offizieren, die Wagners Entlassung forderten und damit einen Präventivschlag führten gegen seine Idee, eine Volksmiliz mit bürgerlichen Kommandeuren zu gründen. Zu allem Überfluss flatterte auch das Gerücht durch die Stadt, Wagner hätte ein ehebrecherisches Verhältnis mit Cosima, der Ehefrau seines Freundes Hans von Bülow.

Wagner suchte Schutz beim König. Er beschenkte Ludwig II. mit der ›Rheingold‹-Partitur und forderte gleichzeitig mehr Geld, genaugenommen mehr Sicherheit: 200.000 Gulden wollte er auf ein Konto haben, davon 40.000 Gulden sofort ausbezahlt, den Rest verzinst. »Schenken Sie königlich und überlassen Sie es meinem Gewissen, wie ich dereinst dies königliche Vertrauen erwidere«, so schrieb er am 16. Oktober 1865 dem König. Und der König – er schenkte! Allerdings nicht das Kapital, das Wagner unabhängig gemacht hätte, sondern ein jederzeit kündbares Jahresgehalt von 8.000 Gulden und ein Handgeld von 40.000 Gulden, sofort auszuzahlen von der Kabinettskasse. Dort spielte man dem missliebigen Wagner einen Streich. Als Cosima in seinem Auftrag das Geld holen wollte, gab es keine Scheine, sondern Silbermünzen für 40.000 Gulden, verpackt in vielen Säcken. Cosima blieb kühl. Sie ließ zwei Fiaker kommen und die Geldsäcke in Wagners Villa transportieren, wo sie im pompösen Ambiente herumstanden und allmählich immer weniger wurden. Wagner verstand es nämlich, innerhalb der nächsten Wochen 16.000 Gulden durchzubringen.

Der König schlief schlecht zu dieser Zeit. Er träumte von Trennung, und so zog er sich in die Welt seiner Kindheitsphantasien zurück: ins Schloss Hohenschwangau, wo überall Wandgemälde von der Sage des Schwanenritters Lohengrin zu schauen waren. Dorthin ließ er

Wagner nachkommen, vom 11. bis 18. November. Wagner inszenierte Frühkonzerte, musizierte und politisierte und forderte beiläufig die Absetzung von Pfi und Pfo, wie er die Herren von Pfistermeister und von der Pfordten zu nennen beliebte, den Kabinettssekretär
und den Ministerpräsidenten.

Häufig fuhren sie vierspännig durchs Land, der König und der
Künstler, mit einem Vorreiter, der dem Volk das Nahen Ihrer Majestät
trompetenschmetternd signalisierte.

Als Wagner abreiste, suchte der König Trost bei Lohengrin. Am
selben Tage noch ließ er schnellstens die monströse Nachbildung
eines Schwans aus Holz zimmern, bemalen und auf einen Nachen
montieren. Sein Flügeladjutant Paul von Thurn und Taxis musste
sich abends als Lohengrin verkleidet in den Schwan stellen und,
bengalisch beleuchtet, an einem Drahtseil über den Alpsee ziehen
lassen. Derweil erklang ›Lohengrin‹-Musik am dunklen Ufer, gespielt
von einer im Gebüsch versteckten Regimentskapelle unter der Leitung von Militärmusikkapellmeister Siebenkäs.

Kontrastprogramm in München: Wagner kehrte zurück in einen He-
xenkessel voller Neid und Wut. Seine vierspännigen Ausfahrten mit
dem König hatten sich herumgesprochen, seine politischen Gespräche mit dem König waren belauscht und verraten worden. Zudem
wurde allgemein bekannt, dass Wagner dem König eine »in München
zu errichtende deutsche Musikschule« unter Leitung seines Freundes von Bülow empfohlen hatte und damit die Existenz des hochge-
achteten Münchner Königlichen Konservatoriums samt den Professoren in Frage stellte. Genug Munition für die Wagner-feindliche
Presse. Der ›Neue Bayerische Courier‹ schrieb zum Beispiel: »Das geringste Übel, das dieser Fremdling über unser Land bringt, lässt sich
in bezug auf seinen unersättlichen Appetit nur mit monatelang die
Sonne verfinsternden Heuschreckenschwärmen vergleichen. Dieses
schreckliche Bild einer Landplage ... ist aber gar nichts gegen das
Unheil, welches dieser sich maßlos überschätzende Mensch anstif-
ten muss, wenn er statt Zukunftsmusik auch noch Zukunftspolitik
treiben kann. – Der bezahlte Musikmacher, der Barrikadenmann
von Dresden, der einst an der Spitze einer Mordbrennerbande den
Königspalast in Dresden in die Luft sprengen wollte, beabsichtigt

nunmehr, den König allmählich von seinen Getreuen zu trennen, deren Plätze mit Gesinnungsgenossen zu besetzen ...« Und so weiter.

Andere Zeitungen zogen in ähnlichem Stil vom Leder. Umso erstaunlicher war es denn, dass am 29. November in den ›Münchner Neuesten Nachrichten‹ auf einmal ein freundlicher Artikel aus der Feder eines anonymen Autors erschien. Wagner wird darin als bescheidener Künstler ohne politische Ambitionen geschildert, der durch ungerechtfertigte Anschuldigungen sich »mit den Haaren auf das nackte Feld der politischen Tagesintrigen gezogen sieht«. Und dann schrieb der Unbekannte: »Ich wage ... zu versichern, dass mit der Entfernung zweier oder dreier Personen, welche nicht die mindeste Achtung im bayerischen Volke genießen, der König und das bayerische Volk mit einem Male von diesen lästigen Beunruhigungen befreit wären.«

Wenige Tage später wurde ruchbar: Wagner war der Autor des Artikels! Jetzt stand er im Regen. Nun forderten nahezu alle Zeitungen seine unverzügliche Verbannung aus Bayern. Nur der satirische ›Punsch‹ fand das spaßig und legte Wagner ein Schnaderhüpferl in den Mund, eines der lustig-derben Stegreifliedchen, die man in Süddeutschland gerne singt:

> »*Ich wünsch allen Leut'n,*
> *Dass g'sund bleiben solln,*
> *Nur zwoa, drei Persona*
> *Dürft' der Teufel wohl hol'n.*«

Ministerpräsident von der Pfordten ahnte, dass er eine der Personen sein sollte, und schrieb dem König am 1. Dezember in aller Deutlichkeit: »Euere Majestät ... haben zu wählen zwischen der Liebe und Verehrung Ihres treuen Volkes und der ›Freundschaft‹ Richard Wagners. Dieser Mann, der es wagt, zu behaupten, die in Treue erprobten Männer im königlichen Kabinette genössen nicht die mindeste Achtung im bayerischen Volke, ist vielmehr seinerseits verachtet von allen den Schichten des Volkes, in denen der Thron seine Stütze suchen muss und allein finden kann; verachtet ... wegen der Schamlosigkeit, mit der er die unverdiente Gnade Euerer Majestät ausbeutet.«

König Ludwig hatte sich damals in die Phantasiewelt von Schloss Hohenschwangau eingesponnen. Der Brief riss ihn wie ein Peitschenschnalzer aus seinen Träumen. Er eilte nach München, empfing seine Mutter, seinen Großonkel Karl, den Erzbischof Gregor von Scherr und den Ministerpräsidenten samt einigen Ministern. Einziges Thema: Richard Wagner. Einhellig lauteten die Ratschläge: Wagner muss weg!

6. Dezember: Nikolaustag – Schicksalstag! Das Kabinett beschloss in einer Sondersitzung den gemeinsamen Rücktritt, falls Wagner nicht des Landes verwiesen werde. Das Volk rottete sich auf den Straßen zusammen und protestierte gegen Wagner. Eine Revolution lag in der Luft!

Als der König die Nachricht in der Residenz erhielt, war zufällig sein Leibarzt Dr. Gietl da. Ludwig streifte den rechten Ärmel hoch und sprach:»Fühlen Sie meinen Puls. Ich bin erschüttert!« Dann handelte er entschlossen und verfügte die Ausweisung Wagners. Der stellvertretende Kabinettssekretär Johann von Lutz brachte Wagner die Nachricht. Wagner war außer sich. Er wollte den König sprechen, der verweigerte die Audienz und schrieb am nächsten Tag einen Brief:»Mein teurer Freund! So leid es mir ist, muss ich Sie doch ersuchen, meinem Wunsche Folge zu leisten, den ich Ihnen gestern durch meinen Sekretär aussprechen ließ. – Glauben Sie mir – ich musste so handeln. Meine Liebe zu Ihnen währt ewig . . . zweifeln Sie nie an der Treue Ihres besten Freundes.«

Am selben Tag erhielt Ministerpräsident von der Pfordten einen Brief des Königs:»Mein Entschluss steht fest. – R. Wagner muss Bayern verlassen. Ich will meinem teuren Volke zeigen, dass sein Vertrauen, seine Liebe mir über alles geht. Sie werden ermessen, dass es mir nicht ganz leicht wurde.«

Zwei Tage und zwei Nächte lang versuchte Wagner den König umzustimmen. Er schickte Boten mit schriftlichen Bitten hinüber in die Residenz – vergeblich. Inzwischen schrien Zeitungsverkäufer in ganz Bayern die Schlagzeilen von Wagners Verbannung.

Wagner hielt sich in seiner Villa verborgen. Im Morgengrauen des 10. Dezember 1865, um fünf Uhr früh, ließ er sich mit Cosima, seinem Diener Franz Mrazek und seinem Hund Pohl zum Bahnhof kutschieren. Dort erwarteten ihn Heinrich Porges und Peter Cornelius, der sich später erinnerte: »Wagner sah gespenstisch aus; bleiche, verworrene Züge und das lange schlaffe Haar ganz grau schimmernd. Wir gingen mit hinaus an den Waggon, Franz und Pohl reisten mit. Wagner sprach noch angelegentlich mit Cosima, woraus Heinrich besonders das Wort ›Schweigen‹ unterschied. Cosima war ganz gebrochen. – Als der Waggon hinter den Pfeilern verschwand, war es wie das Zerrinnen einer Vision.«

Die Vertreibung in das Paradies

Wagner reiste nach Genf und mietete für drei Monate das Landhaus »Les Artichauts« unweit des Sees mit Blick auf den Montblanc. Er konnte sich einigen Luxus leisten, denn das Jahresgehalt von 8.000 Gulden wurde ihm vom König weiterhin gewährt.

Die Suche nach einem endgültigen Domizil führte Wagner an die französische Südküste. In Marseille erreichte ihn am 25. Januar 1866 die telegrafische Nachricht vom Tod seiner Frau Minna in Dresden.

Zu Minnas Begräbnis reiste Wagner nicht. Als er zurückkehrte nach Genf, erschütterte ihn eine zweite Trauernachricht: Sein Hund Pohl war gestorben und vom Verwalter des Landhauses im Garten verscharrt worden. Wagner grub Pohl wieder aus, hüllte den geliebten Hund in einen kostbaren Teppich und bestattete ihn zeremoniös auf einem Hügel mit Blick über den See.

Nur zögerlich begann Wagner wieder zu arbeiten, etwas zerfahren noch, er brauchte mehrere Anläufe, um den ersten Akt der ›Meistersinger‹ konzentriert zu komponieren. »Noch so ein zersplitterndes Jahr und nie, nie werden meine Werke vollendet«, schrieb er Hans von Bülow. Und an Dr. Pusinelli: »Ruhe, Ruhe dem furchtbar gequälten Herzen des Bejammernswerten … All mein … Trachten hat nur noch den einen Sinn, mich gegen die unerhörten Störungen meiner Ruhe zu schützen.«

Seine Ruhe störte vor allem König Ludwig mit einem Trommelfeuer von Briefen und Telegrammen. So schrieb er etwa: »Mein einziger Freund, Wonne meines Lebens! Höchstes Gut! Alles! – Heiland, der mich beseligt … Bei allem was Ihnen heilig, beschwöre ich Sie kehren Sie hierher zurück. – Heiß Geliebter, Angebeteter … Ich vergieße Tränen, bittere Tränen, soll ich denken, dass Sie einst nicht mehr sein werden. Bei Gott, ich will an Ihrem Todestage auch hinüber, o dann trennen sich unsere Seelen nie.« Des Königs selbstmörderische Sehnsucht nach gemeinsamem Tod – ein mythisches Motiv! Eine Szene aus dem ›Ring des Nibelungen‹: Brünnhilde wirft sich in den brennenden Scheiterhaufen zu Siegfried, ihrem Geliebten, um im Tod mit ihm vereint zu sein.

Am 8. März kam Cosima mit ihrer ältesten Tochter nach Genf. Einige Tage später reisten sie zu dritt auf der Suche nach einem endgültigen Wohnsitz über Lausanne, Bern und Interlaken an den Vierwaldstätter See. Es war gerade Karfreitag, als sie bei einer Bootsfahrt ihr Traumhaus auf einer Landzunge erblickten: die weiße Villa Tribschen, in einem Park gelegen, umgeben von weidenden Kühen, mit einem Kahn am Strand, überragt vom sagenumnebelten, über 2.000 Meter hohen Pilatus.

Wagner mietete das Haus Tribschen am 4. April 1866 für 5.000 Franken, die der König bezahlte. Er leitete den Hausnamen irrtümlich von »angetriebener Sand« ab und schrieb fortan »Triebschen«. Cosima fuhr nach München und kehrte mit allen Töchtern zurück, Daniela, Blandine und Isolde, sechs, drei und ein Jahr alt. Nun hatte Wagner, was er wollte, ein Haus in romantischer Umgebung, eine Geliebte, die gleichzeitig Haushälterin und Sekretärin war, eine Familie, sechs Bedienstete, neuerdings auch wieder einen Hund, den Neufundländer »Russ« – und vor allem Ruhe. Mit voller Kraft begann er den zweiten Akt der ›Meistersinger‹ zu komponieren. Wagner war glücklich wie nie zuvor und wollte in Tribschen bis zum Lebensende bleiben. Seine Ausweisung aus München – sie war die Vertreibung in das Paradies.

Der Deutsche Krieg und mancherlei Scharmützel

Ein Krieg stand bevor: der Bruderkrieg zwischen den Staaten des Deutschen Bundes. Preußen und Österreich beanspruchten die Vorherrschaft in Deutschland. Preußen war verbündet mit norddeutschen Kleinstaaten und Italien; Österreich mit Hannover, Sachsen, Hessen, Nassau, süddeutschen Kleinstaaten und vor allem mit

Bayern, dem wichtigsten Partner. In Bayern wurden Feldzugspläne geschmiedet, das Volk sang Kriegslieder auf den Straßen – und der König wollte abdanken. Am 15. Mai 1866 sandte er ein Telegramm an Wagner: »Wenn es des Teuren Wunsch und Wille ist, so verzichte ich mit Freuden auf die Krone und den öden Glanz, komme zu ihm, um nimmer mich von ihm zu trennen.«

Wagner war wohl entsetzt bei der Vorstellung, dass er Tag und Nacht des Königs euphorische Sprüche ertragen müsse, und schrieb noch am selben Tage einen energischen Brief: »Bleiben Sie beim Volke, zeigen Sie sich ihm. Wenn Sie mich so lieben, wie ich es ersehne, so erhören Sie meine Bitte.«

Kurz darauf flehte der König in einem Brief, Wagner solle seinen Geburtstag mit ihm auf Schloss Berg verbringen. »Der Teure wird den Schmerzensschrei aus blutender Seele verstehen … O, Sie können die Flehensbitte nicht unerhört lassen, sonst wird die Kraft meiner entflammten Begeisterung … in ihren Grundvesten erschüttert und Wahnsinn bemächtigt sich meiner.«

Wagner sagte ab und feierte seinen Geburtstag am 22. Mai in Tribschen mit Familie. Gegen Abend klingelte es, das Hausmädchen meldete einen Besucher – Herrn Walther von Stolzing. Wagner schritt zur Tür, und draußen stand, als Meistersinger kostümiert, mit federgeschmücktem Hut – der König von Bayern!

Wir wissen nicht, wie die Begrüßung ausfiel, wir wissen aber, dass Wagner dem König ein Zimmer im Erdgeschoss zur Übernachtung gab, dass sie Ausflüge und Bootsfahrten machten, dass sie über Musik und Politik sprachen und dass Ludwig nach zwei Tagen wieder abreiste. In München empfing ihn Verachtung. Die Journalisten richteten Angriffe von bisher noch nie erlebter Schärfe gegen den König. Es wurde ihm vorgeworfen, er habe sich aus dem Staube gemacht und lasse das Volk im Stich zu Zeiten drohender Kriegsgefahr. Bei seiner Fahrt zur Landtagseröffnung am 27. Mai schimpften Passanten hinter dem König her, und im Parlament erhoben sich die Abgeordneten vor ihm nur gekrümmt, ohne sich ganz aufzurichten, ohne zu jubeln, ohne zu applaudieren.

Einige Zeitungen nützten die aufgeheizte Stimmung zu einem Seitenhieb gegen Wagner und berichteten erstmals über seine ehebrecherische Beziehung mit Cosima, wenn auch nur andeutungsweise. So schrieb der ›Volksbote‹ am 31. Mai, dass sich Frau von Bülow »bei ihrem Freund (oder was?) in Luzern« befinde.

Jähzornig wie er war, schickte Hans von Bülow dem Redakteur Zander eine Duellforderung – und wurde verlacht. Sodann bat er den König um seine Entlassung. Cosima indessen reagierte besonnen und entwickelte eine schlangenzüngige Idee: Der ahnungslose König soll für Hans von Bülow eine Ehrenerklärung abgeben und in den Zeitungen veröffentlichen lassen. Der Einfachheit halber schrieb Wagner diese Ehrenerklärung gleich selbst. Der König brauchte sie nur noch mit eigener Hand abzuschreiben und zu unterzeichnen. Cosima schickte Wagners Text in die Münchner Residenz und bat Ludwig II. in einem Begleitschreiben vom 7. Juni: »Mein königlicher Herr, ich habe drei Kinder, denen ich es schulde, ihnen den ehrenwerten Namen ihres Vaters fleckenlos zu übertragen. Für diese Kinder bitte ich Sie: Schreiben Sie diesen Brief.« Das dritte dieser Kinder war, wie wir wissen, von Wagner – und mit dem vierten ging Cosima schwanger: Wagners Kind.

Der König ließ sich nicht lumpen. Er unterzeichnete den eigenhändig abgeschriebenen Text Wagners und veranlasste den Versand von Kopien an die Zeitungen. Und so konnten die Münchner am 11. Juni 1866 lesen: »Mein lieber Herr von Bülow... da Ich... Kenntnis des edlen und hochherzigen Charakters Ihrer geehrten Gemahlin... Mir verschaffen konnte, bleibt Mir das Unerklärliche jener verbrecherischen öffentlichen Verunglimpfungen zu erforschen übrig, um, zur klaren Einsicht des schmachvollen Treibens gelangt, mit schonungsloser Strenge gegen die Übeltäter Gerechtigkeit üben zu lassen.« Redakteur Zander wurde zu einer Geldstrafe verurteilt. Ein Schandurteil! Jeder wusste es. Nur der König nicht.

Der betrogene Hans von Bülow, Mitwisser des Betrugs, der mit seinen Ehrbegriffen unvereinbar war, den er aber nicht aufklären konnte, bestand auf seiner Entlassung. Er reiste nach Tribschen. Gedemütigt und trotzdem Wagner bedingungslos ergeben, so quälte er sich und seine Umgebung monatelang. Die Tage zogen sich hin mit Streit, Vorwürfen, versöhnlichen Bootsfahrten und gemeinsamem Musizieren am Abend. Am Vormittag komponierte Wagner die ›Meistersinger‹.

Inzwischen spitzte sich die politische Lage zu. Der Krieg schien unvermeidlich. Bayern als Bündnispartner der Österreicher machte mobil, und Wagner fühlte sich zu einer politischen Empfehlung an Ludwig II. ermuntert. »In Bayerns Hand allein ist es gegeben, das Schicksal Deutschlands zu bestimmen und der europäischen Staatenpolitik eine neue Wendung zu geben.« König Ludwig, so Wagner, solle die Gunst der Stunde nützen, sich an die Spitze des Deutschen Bundes stellen, die deutschen Bundesfürsten mit Ausnahme der bündnisbrüchigen Souveräne Preußens und Österreichs zusammenrufen und einen neuen Bundesvertrag schließen. Den König jedoch interessierte das alles nicht, es wäre auch zu spät gewesen. Der Deutsche Krieg brach aus am 14. Juni 1866 und trieb schnell einer Entscheidung zu: Die Österreicher erlitten am 3. Juli eine entscheidende Niederlage in Königgrätz und die Bayern am 10. Juli in Kissingen. König Ludwig war wie zerschmettert und schrieb Cosima am 21. Juli: »Ich bitte Sie, bereiten Sie den Geliebten auf Meinen Entschluss vor, die Krone niederzulegen. Er möge barmherzig sein, nicht von Mir verlangen, diese Höllenqualen länger zu ertragen. Meine wahre göttliche Bestimmung ist, bei ihm zu bleiben, als treuer, liebender Freund, ihn nie zu verlassen.«

Wagner bot alle verbale Geschmeidigkeit auf, damit der König in Amt und Würden blieb, wo er ihm am meisten nützte und am wenigsten die Ruhe raubte. Er schrieb am 24. Juli einen Brief, der in dem Satz gipfelte: »Königtum – glauben Sie – ist eine Religion. Ein König glaubt an sich, oder Er ist es nicht.« Ludwig antwortete telegrafisch am 26. Juli: »Innig gerührten Dank. Wunderbar gestärkt, fühle Heldenmut in mir, will ertragen ... Treu bis in den Tod. Selig durch Liebe. Walther.« Er empfand sich als Walther von Stolzing, da Wagner gerade die ›Meistersinger‹ komponierte.

23. August 1866. Der Krieg war aus. Mit den Friedensverträgen von Prag, Berlin und Wien wurden die Machtverhältnisse in Mitteleuropa grundlegend verändert. Österreich gehörte nicht mehr zur deutschen Staatenwelt. Das österreichische Venetien fiel an Italien. Preußen einigte Deutschland nördlich des Mains im Norddeutschen Bund und zeigte sich offen für Gespräche mit den ehemaligen Gegnern.

Am 1. September verließ Hans von Bülow das Idyll in Tribschen und ging über München nach Basel in eine Art selbstgewählte Verbannung. Unmittelbar nach seinem Abgang beendete Wagner die Komposition der nächtlichen Prügelszene mit dem befreienden Fortissimo-Schlag des Orchesters.

Friede kehrte ein in der Welt und in Tribschen. In Tribschen allerdings nicht lange. Anfang November tauchte in der weißen Villa eine gespenstische Erscheinung auf: Malwine Schnorr von Carolsfeld, die schöne und grandiose Isolde der Uraufführung, Witwe des Tristan-Sängers, kaum zu erkennen, hexenhaft zusammengekrümmt, erschreckend gealtert, Irrlichter im Blick. Sie wurde begleitet von Isidore von Reutter, dünn, von krankhaftem Riesenwuchs, wortgewandt, eine Geisterbeschwörerin, wie sich herausstellte. Isidore hatte denn auch zwei Botschaften des verstorbenen Schnorr von Carolsfeld aus dem Jenseits herbeigezaubert, die da lauteten: Malwine sei Richard Wagner zum Weibe bestimmt und sie selbst zur Gemahlin des bayerischen Königs. Beide nahmen Quartier in Luzern und kamen täglich nach Tribschen, Malwine versuchte Wagner fortwährend zu umarmen. Entnervt wies er die beiden Frauen aus dem Haus.

Malwine schwor Rache, reiste nach München, bat um eine Audienz und erzählte Ludwig II., dass Wagner und die hochschwangere Cosima in einem ehebrecherischen Verhältnis lebten. Der König sprach seinen Hofsekretär Lorenz von Düfflipp darauf an. Der murmelte nach längerer Denkpause etwas von »einer nicht ganz kosheren Beziehung«. Darauf der König: »Sollte wirklich Ehebruch im Spiel sein – dann wehe.«

Gegen Ende des Kriegsjahres 1866 wollte Wagner seine Privat-Fehde gegen Pfi und Pfo siegreich durchfechten: gegen Kabinettssekretär von Pfistermeister und Ministerpräsident von der Pfordten, die er als die Hauptschuldigen seiner Vertreibung einschätzte. Dem König gegenüber bezeichnete er sie gelegentlich als Mime und Fafner, zwei Gestalten aus dem ›Ring des Nibelungen‹. Mime: ein intriganter Zwerg, Fafner: ein Riese und Brudermörder, der in verwandelter Gestalt als Drache den Nibelungenhort bewacht. Siegfried erschlägt sie beide. Ludwig erfreute Wagner mit der königlichen Verheißung, er werde »den dummen Mime schlachten« und »der Wurm [Fafner] wird ... winselnd zu Grunde gehen«. Unter Wagners ständigem Drängen schritt er dann zur Tat: Er entließ am 5. Oktober den Kabinettssekretär Franz Seraph von Pfistermeister und informierte Wagner: »Lachend streckte ich den Elenden zu Boden ... Ich bin heiter und werde nie und nimmer mehr daran denken, der Krone zu entsagen ... Mir ist, als hätte Ich diese vollkommene Macht ... nur einzig deshalb von Gott zum Lehen erhalten, damit ich in Allem Ihren heiligen Willen zu erfüllen imstande sei, damit ich mit mächtigem Schwert Ihre Feinde vernichte.«

Im Dezember war Ministerpräsident von der Pfordten an der Reihe, der »Kriegsverlierer«, wie er allgemein apostrophiert wurde. Er kam seiner Entlassung mit einem Entlassungsgesuch zuvor. Und so konnte Ludwig am 20. Dezember die Weihnachtsbotschaft an Wagner senden: »Der Elende, der sich in unseren Angelegenheiten so schlecht benahm, ist nun fort.«

Neuer Ministerpräsident wurde – auf Empfehlung Wagners – Chlodwig Fürst zu Hohenlohe-Schillingsfürst, 49 Jahre alt, seit 1859 verheiratet mit Marie Sayn-Wittgenstein, der Tochter von Franz Liszts Lebensgefährtin Carolyne Sayn-Wittgenstein.

Wagner hatte nunmehr einen Protektor an der Regierungsspitze. Er konnte wieder nach München zurückkehren, doch er wollte nicht. Er blieb in Tribschen. In seinem Paradies.

Die zerbrochene Braut

Am 21. Januar 1867 verlobte sich König Ludwig II. mit seiner Kusine Sophie Charlotte Herzogin in Bayern, der zwanzigjährigen Schwester von Kaiserin Elisabeth. Ihr Vater, Herzog Max in Bayern, hatte die Verbindung eingefädelt, getrieben von dynastischer Rekordsucht. Er war verheiratet mit Ludovika Wilhelmine, der Schwester des früheren Königs Ludwig I., er war Schwiegervater des Kaisers von Österreich und Königs von Ungarn und wollte nun auch noch Schwiegervater des Bayernkönigs Ludwig II. sein. Also musste geheiratet werden, ohne Rücksicht auf Gefühle. Die Braut liebte den Hoffotografen Edgar Hanfstaengl, der Bräutigam liebte Männer. Die Hochzeit sollte am 25. August stattfinden. Ludwig ließ seine Braut in

Marmor meißeln und stellte die Büste in den Repräsentationsräumen der Residenz auf. »Parzival Bräutigam«, schrieb Wagner in seine ›Annalen‹, eine erst vor kurzem begonnene Sammlung stichwortartiger Tagebuchaufzeichnungen.

Am 17. Februar kam Eva in Tribschen zur Welt, das zweite gemeinsame Kind von Wagner und Cosima.

Anfang März reiste Wagner nach München zu zwei Audienzen beim König und einem Besuch bei Ludwigs Braut Sophie Charlotte. Dabei beobachtete er beim König »physiognomische Veränderungen« (›Annalen‹). Vorboten des geistigen Verfalls? Oder Stresssymptom angesichts der Hochzeitsnacht, die für Ludwig II. ein Albtraum war? Mit einem königlichen Geschenk von 12.000 Gulden kehrte Wagner heim nach Tribschen.

Der König gab inzwischen bekannt: Die Hochzeit wird verschoben! Auf den 12. Oktober. Nach seiner Rückkehr intensivierte Wagner die Arbeit an den ›Meistersingern‹. Es wurde ihm immer mehr bewusst, dass er für die Uraufführung seinen Ideal-Dirigenten brauchte: Hans von Bülow. Wagner reiste deshalb nach München und setzte bei einer Audienz am 5. April beim König durch, dass Hans von Bülow wieder engagiert wurde, als Hofkapellmeister und als Leiter der zukünftigen – von Wagner vor zwei Jahren angeregten – Königlichen Musikschule. Wagner war so glücklich, dass er noch am selben Tage nach Basel abreiste, um dem Freund die frohe Botschaft zu überbringen.

Sogleich zeigte sich ein Problem. Da Hans von Bülow ab Mitte April wieder in München wohnte, musste der Schein einer intakten Ehe mit Cosima gewahrt bleiben, umso mehr, als der König eine dementsprechende Ehrenerklärung abgegeben hatte. So reiste denn Cosima mit Daniela, Blandine und Isolde – Wagners Kind – nach München zu einer geheuchelten Lebensgemeinschaft mit ihrem betrogenen Ehemann. »So traurig war ich doch wohl noch nie in meinem Leben«, schrieb Wagner in das »Braune Buch«. Dass die zwei Monate alte Eva beim Kindermädchen in Tribschen blieb, vermochte ihn nicht zu trösten. Es trieb ihn nach München, wo er Mitte Mai eintraf und zunächst bei Cosima und Hans von Bülow wohnte. Am 22. Mai, seinem Geburtstag, empfing ihn der König auf Schloss Berg am Starnberger See. Um den geliebten Freund ständig in der

Nähe zu haben, mietete der König für Wagner die Villa Prestele. Ludwig II. kam häufig zu Besuch und betrachtete Wagner, der an den ›Meistersingern‹ arbeitete, stundenlang schweigend mit verschränkten Armen.

Zu dieser Zeit, im Juni 1867, sollte eine neue ›Lohengrin‹-Inszenierung über die Bühne des Königlichen Hof- und Nationaltheaters gehen. Wagner hatte für die Hauptrolle seinen alten Freund Joseph Tichatschek engagiert, den Titelhelden der triumphalen ›Rienzi‹-Uraufführung in Dresden, 60 Jahre alt inzwischen, immer noch einer der glanzvollsten Heldentenöre weit und breit. Die Freude des Wiedersehens überwältigte Wagner dermaßen, dass er seinen Freund bei den Proben fortwährend umarmte. Dem König indes war Tichatschek zu alt. Er nannte ihn einen »Ritter von der traurigen Gestalt« und ließ den Vertrag vorzeitig kündigen.

Wagner empörte sich, sagte dem König seine Meinung in nahezu beleidigender Weise und reiste grußlos nach Tribschen, verfolgt von reuevollen Königsbriefen: »Ich küsse die Hand, die mich geschlagen.«

Unterdessen gab es in München nur noch ein Thema: die Hochzeit des »Märchenkönigs«, wie Ludwig II. gerne genannt wurde im Volk. Leitende Ministerialbeamte und Zeremonienmeister planten ein mehrtägiges Fest von pompöser Prachtentfaltung mit einer Serie streng geheim gehaltener Überraschungen. Teile der Münchner Residenz wurden nach Wünschen der Braut für private Zwecke des Königspaares umgebaut. Gedenkmünzen mit den Profilen des Königs und der zukünftigen Königin waren schon geprägt, die Einladungen an Europas Hocharistokratie versandt – und der König geriet immer mehr in Verzweiflung, je näher der Hochzeitstermin am 12. Oktober rückte. Am 7. Oktober wusste er sich in seiner Not nicht mehr zu helfen, er verlor die Contenance – packte die Marmorbüste seiner Braut und schleuderte sie hinunter in den Hof der Residenz. Einige Schranzen hörten den Knall und sahen die Scherben fliegen. Die Nachricht flitzte aus der Residenz hinaus in die Stadt, und der Hof konnte nur noch eine offizielle Mitteilung über die »Entlobung im gegenseitigen Einvernehmen« hinterherjagen. (Sophie Charlotte bekam ihren geliebten Hoffotografen Hanfstaengl nicht. Auf Geheiß ihres wütenden Vaters musste sie am 28. September 1868 den französischen Herzog Ferdinand von Alençon heiraten, einen Enkel des Bürgerkönigs Louis Philippe. Sie gebar dem ungeliebten Mann zwei Kinder, verliebte sich nach drei Jahren in einen Münchner Arzt, brach mit ihm aus der Ehe aus, beendete die Affäre auf Drängen ihrer Familie und zog ins Kloster des Dritten Ordens ein, wo sie sich um Waisen und verwahrloste Kinder kümmerte. Bei einem Wohltätigkeitsfest des Ordens im Mai 1891 brach ein Brand aus. Sophie Charlotte rettete die Kinder – und kam in den Flammen um.)

Die Beleidigung der Krokodile

24. Oktober 1867, Jubel in Tribschen: Die ›Meistersinger‹ waren vollendet!

Wagner nennt das Werk eine »Oper« – wieder einmal, erstaunlicherweise. Erinnern wir uns an den September 1850, als Wagner das Prinzip des Gesamtkunstwerks in ›Siegfrieds Tod‹ zu perfektionieren begann und fortan seine Werke abgehoben sah von den üblichen Opern. Er nannte danach ›Tristan und Isolde‹ eine »Handlung«, den ›Ring des Nibelungen‹ ein »Bühnenfestspiel«, und ›Parsifal‹ wird er ein »Bühnenweihfestspiel« nennen. Und nun, nach der Vollendung von ›Tristan‹, ›Rheingold‹ und ›Walküre‹ wieder eine Oper? Aus gutem Grund: Die ›Meistersinger‹, als komische Oper konzipiert, sollten leicht spielbar sein und schnelles Geld bringen. Daher übernahm Wagner die Erfolgsrezepte der konventionellen Oper und sogar die wirkungsvollen Massenszenen der Grand Opéra. – Aber: Die ›Meistersinger‹ sind auch nach den Prinzipien der Musikdramen gedichtet und komponiert, mit symphonischen Strukturen und einer Verflechtung leicht einprägsamer Leitmotive. Frische, farbige Melodien sind zu hören, lyrische und pathetische Töne, die sich selbst persiflieren, Marschrhythmen, Klänge aus der Bach-Zeit und Suitensätze in der früher von Stadtpfeifern gespielten Manier. Die berühmte Prügelszene ist als Doppelfuge gestaltet und wird deshalb Prügelfuge genannt. Am Tag, als Wagner die ›Meistersinger‹ vollendete, telegrafierte er Hans von Bülow nach München: »Heute abend Schlag 8 Uhr wird das letzte C niedergeschrieben. Bitte um stille Mitfeier. Sachs«

In München gab es unterdessen neuen Verdruss über Wagner. Die eben erst gegründete, halbamtliche ›Süddeutsche Presse‹ veröffentlichte eine auf 15 Folgen angelegte Artikelserie ›Deutsche Kunst und deutsche Politik‹, die Wagner noch während seiner Arbeit an den ›Meistersingern‹ geschrieben hatte. Wagner sprach darin von einem Verfall des Theaters, von einer Verlumpung des Kritikerwesens, von bürgerlicher Kunstfeindlichkeit, vom Epigonentum der so genannten schöngeistigen Literatur in München. Damit beleidigte er, wie man sich denken kann, die »Krokodile«. So nannten sich die von König Maximilian II. Joseph – dem Vater Ludwigs II. – geförderten Autoren des Münchner Dichterkreises wie Paul Heyse, Emanuel Geibel, Hermann Lingg oder Felix Dahn, die gerne Weinlaub-Kränze im Haar trugen. Als einige Politiker dann auch noch die Ideen der Achtundvierziger in Wagners Serie zu erkennen glaubten, verbot der König am 19. Dezember die »selbstmörderischen Artikel« ab Folge 13.

Wagner war verstimmt, der König auch. Die Freundschaft drohte zu verglühen. Als Wagner vom 23. Dezember 1867 bis 9. Februar 1868 in München weilte, sahen sie sich nur einmal flüchtig bei einer Audienz.

Anfang März 1868 traf dann ein Brief des Königs in Tribschen ein. »Ich halte es nicht mehr länger aus, ganz ohne Nachricht von Ihnen zu sein!« Wagner antwortete: »Wozu mir das? . . . Warum jetzt mir wieder diese alten Zauberklänge einer Liebe, die – ach! – nun wie berauschendes Gift in meine Lebensadern dringen muss? Ja, es war schön!«

Etwa zur gleichen Zeit wurde in München bekannt: Die Vorbereitungen zu Ludwigs gescheiterter Hochzeit hatten so viele Millionen gekostet, dass kein Geld mehr da war für das umstrittene Wagner-Festtheater auf dem Isar-Hochufer. Und auch nicht für das reine Zwecktheater aus Stein oder Holz neben dem Glaspalast. Um das Zwecktheater wollte Wagner kämpfen. Er reiste am 17. März nach München, forderte eine Audienz. Ludwig II. lehnte ab.

Nach München war auch der mit beiden Bauten beauftragte Gottfried Semper geeilt. Ihm ging's vor allem um das prachtvolle Festtheater. Er hatte es fertig durchkonstruiert, ein Modell gebaut und zudem für den Zweckbau die Pläne entworfen. Und nun musste er die Honorare einklagen. Es kam zum Zerwürfnis mit Wagner, dem

er vorhielt, sich nie richtig für das Festtheater begeistert und eingesetzt zu haben. In der Tat:»Wie hasse ich dieses projektierte Theater,
ja, wie kindisch kommt mir der König vor, dass er so leidenschaftlich
auf diesem Projekt besteht«, hatte Wagner schon vor einiger Zeit ins
»Braune Buch« geschrieben.

Ludwigs krankhafte Bausucht ließ sich nicht eindämmen. Kaum
hatte man ihm das schöne Wagner-Festtheater weggenommen, gab
er Auftrag, das Märchenschloss Neuschwanstein zu bauen: als Hul-
digung für Richard Wagner! Es solle »ein würdiger Tempel für den
göttlichen Freund« werden, so steht es geschrieben in einem Kö-
nigsbrief vom 13. Mai 1868. (Schloss Neuschwanstein, von zwei
Bühnenbildnern entworfen, Christian Jank und Angelo Quaglio, ist
eine architektonisch unerhört geschickte Kombination von Bühnenbildern der Wagner-Inszenierungen in München und Bayreuth.
Ludwig II. betrachtete das Schloss als einen sakralen Bau, als seine
persönliche Gralsburg. Richard Wagner hat die Fertigstellung 1886
nicht erlebt und seinen »würdigen Tempel« Neuschwanstein auch
während der Bauphase nie betreten.)

Der Verbannte in der Königsloge

Die Uraufführung der ›Meistersinger‹ war für den 21. Juni 1868 angesetzt. Höchste Zeit, dass Wagner zur Einstudierung nach München fuhr. Doch er blieb traurig gestimmt in Tribschen, las Goethe
und skizzierte – wohl aus Sehnsucht nach Cosima – zwei Entwürfe
einer ›Trauermusik Romeo und Julia as-Moll‹. Selbst als Cosima
Mitte Mai kam, machte ihn das nicht glücklich:»Große Wildnis der
Empfindungen ... Unsäglicher Liebeskummer. Bin zu Flucht und
Verschwinden geneigt: Harz, Eisleben!« (›Annalen‹)

Am 20. Mai reiste Cosima ab, Wagner anderntags hinterher, um
in München mit ihr und Hans von Bülow die unsägliche Wohnge-
meinschaft wieder aufzunehmen. Man muss sich gelegentlich ins
Bewusstsein rufen, was da geboten war: zwei Ehebrecher und der
betrogene Ehemann, eingepfercht in den vier Wänden verlogener
Wohlanständigkeit. Eine trostlose Ménage à trois, ergänzt von vier
Kindern, zwei vom Ehemann gezeugt, zwei vom Liebhaber.

Am 22. Mai 1868 feierte Wagner seinen Geburtstag als Gast des Königs auf dem Raddampfer »Tristan« und der Roseninsel im Starnberger See. Die Königsfreundschaft schien gefestigt, doch dafür wankte die Freundschaft zu Hans von Bülow. Während der ›Meistersinger‹-Proben glaubte Wagner bei dem sonst so ergebenen Freund erstmals Feindseligkeit und Entfremdung zu spüren. Dennoch war Hans von Bülow als Dirigent perfekt wie immer. Einen Tag vor der Uraufführung meldete sich ein Überraschungsgast bei Wagner, von ihm stürmisch umarmt: Jessie Laussot, seine Geliebte aus Bordeaux, inzwischen geschieden von ihrem pomadisierten Weinhändler.

Am Abend der Uraufführung, 21. Juni 1868, auf den Glockenschlag genau um 6 Uhr, betrat Ludwig II. die Königsloge, von Fanfarenstößen und Volkesjubel begrüßt. Während Hans von Bülow das Vorspiel dirigierte, wurde Wagner unauffällig von der Seite Cosimas weggeholt und in die Königsloge geleitet.

Schon nach dem ersten Akt erwies sich: Die ›Meistersinger‹ waren ein Publikumserfolg, vergleichbar dem ›Rienzi‹-Triumph damals in Dresden. Nach dem ersten Aufrauschen des Beifalls blickten die Besucher allerdings nicht mehr auf die Bühne, sondern auf die Königsloge, wo Wagner neben Ludwig stand, der Künstler neben dem König! Das hatte es noch nie gegeben.

Dann der zweite Akt. Danach noch mehr Jubel, noch mehr Applaus. Das Publikum schrie geradezu nach Richard Wagner. Der stand wieder neben Ludwig II. in der Königsloge. Und dann geschah es, dass Ludwig zurückwich – dass Wagner ganz allein in der Königsloge stand, seine Hände auf die Brüstung gestützt, den Kopf nach oben gereckt, bejubelt vom Publikum, als sei er der König von Bayern. »Man blickte empor zum glänzenden Plafond des Riesenhauses, ob er nicht Miene mache einzustürzen, ob solcher nie dagewesener Gunstbezeugungen. Wagner, der Verketzerte, der Verbannte ... ist rehabilitiert auf unsagbare Weise.« (›Kemptener Zeitung‹)

Noch einen gab es, der an diesem Abend die Blicke des Publikums auf sich zog: Dr. Eduard Hanslick, der bedeutendste, am meisten gefürchtete und von Wagner abgöttisch vermaledeite Musikkritiker. Wie schon erwähnt, wollte Wagner den berühmten Kritiker auf offener Bühne lächerlich machen – in der Gestalt des Merkers Beckmesser, der selbst nichts kann, aber sich anmaßt, andere zu kritisieren. Wagners Absicht war ruchbar geworden. Zeitungen heizten die Neugier an, und so konzentrierte sich bei der Uraufführung triviales Interesse auf den Sängerdarsteller des Beckmesser, Gustav Hölzel, der seine Basspartie possenreißerisch übertrieb und das Publikum zu Lachsalven hinriss mit seinem dissonanten Meckergesang, seinen Clownerien und seiner tölpelhaften Teilnahme an der Prügelszene. Hanslick wurde zur fatalen Attraktion an diesem Abend, war den spöttischen Blicken des Publikums ausgesetzt. Ab diesem Tag war Dr. Hanslick als Beckmesser stigmatisiert – sein Leben lang und bis in unsere Zeit hinein.

Nach der Uraufführung schrieb Hanslick in der ›Neuen Freien Presse‹: »Nicht die Schöpfung eines echten Musikgenies haben wir kennen gelernt, sondern die Arbeit eines geistreichen Grüblers, welcher – ein schillerndes Amalgam von Halbpoet und Halbmusiker – sich ... ein System geschaffen hat, ein System, das in seinen Grundsätzen irrig, in seiner konsequenten Durchführung unschön und unmusikalisch ist. Wir zählen die ›Meistersinger‹ mit einem Worte zu den interessanten musikalischen Ausnahme- oder Krankheitserscheinungen.«

Es gab noch einige Verrisse in anderen Zeitungen: »grauenvolle Katzenmusik«, »brutaler Terrorismus des Blechs«, »wüstes Getümmel«, »haarsträubende Dissonanzen«. Aber das Werk überzeugte nach und nach die meisten Kritiker und wird schließlich als »deutsche Nationaloper« gelten.

Ein Niemand namens Nietzsche

Wagner war so glücklich über seinen Auftritt in der Königsloge, dass ihm auf der Heimfahrt nach Tribschen das jubelnde Thema des ›Siegfried‹-Finales zuflog. Zu Hause indes forderten die Aufregungen ihren Tribut: zehn Fiebertage, lang anhaltende Schwäche.

Schlechte Nachricht aus München: Hans von Bülow verweigerte die erbetene Scheidung unter Hinweis auf Geheimhaltung und Konventionen. Wagner drängte sich sogleich die Idee zum Schauspiel ›Martin Luther‹ auf, das er kurz skizzierte: die glückliche Geschichte einer Ehe zwischen Mönch und Nonne; Beweis einer Liebe, die sich über alle Konventionen hinwegsetzt. Er wird dieses Thema immer wieder aufgreifen, das Drama nie vollenden.

Nochmals schlechte Nachricht aus München: August Röckel, sein alter Kampfgefährte, hatte offensichtlich in vertrautem Kreise einige Anzüglichkeiten über das Dreiecksverhältnis ausgeplaudert; der König erfuhr Ende Juli gerüchteweise davon. Cosima schien es ratsam, München zu verlassen, sie traf in Tribschen ein und unternahm mit Wagner vom 14. September bis 5. Oktober eine Italienreise.

Am 14. Oktober 1868 kehrte Cosima nach München zurück. Wagner schickte mit gleicher Post einen Brief an den König, bekannte darin sein ehebrecherisches Verhältnis zu ihr – und fuhr gleich hinterher, um Ludwig II., der sich betrogen und blamiert fühlen musste, zu sprechen. Der König wollte ihn nicht sehen.

Am 2. November begab sich Wagner nach Leipzig, wo er mit einem riesigen Schlapphut herumlief, der so dimensioniert war, dass ihn später Wotan, der gewaltige Göttervater, in der Gestalt des Wanderers auf der Bühne tragen wird. Er wohnte bei seiner Schwester Ottilie und ihrem Ehemann, dem Verleger Hermann Brockhaus. Dort lernte er am 8. November Friedrich Nietzsche kennen. Zwei Jahrhundertgenies standen einander gegenüber: Richard Wagner, 55 Jahre alt, wieder einmal emporgehoben auf einen Gipfelpunkt seiner biographischen Berg-und-Talfahrt, und Friedrich Nietzsche, 24 Jahre alt, Pfarrerssohn aus Röcken bei Lützen, Student der Philologie, Bewunderer Richard Wagners. Er stand am Beginn einer Karriere ohnegleichen. Der einflussreichste Philosoph seiner Zeit wird er werden, ein entlarvender Analytiker bürgerlicher Scheinmoral, ein Neudeuter antiker Kulturen, ein berauschend sprachgewaltiger Essayist, Aphoristiker und Lyriker. Nietzsche war »das Erdbeben seiner Epoche und seit Luther das größte deutsche Sprachgenie« (Gottfried Benn).

Als er am 8. November 1868 seinem Idol Wagner vorgestellt wurde, war Nietzsche noch ein Niemand, auffallend blass, mit schwarzgelocktem Riesenschnauzbart und einem Blick, den Zeitgenossen als »hypnotisch«, »bohrend« oder »dämonisch« beschrieben. Die beiden entdeckten sogleich ihre gemeinsame Begeisterung für

Schopenhauer. »Vor und nach Tisch spielte Wagner ... alle wichtigen
Stellen der Meistersinger, indem er alle Stimmen imitierte und dabei
sehr ausgelassen war. Er ist nämlich ein fabelhaft lebhafter und feu-
riger Mann« (Nietzsche an seinen Freund Erwin Rohde). Wagner lud
ihn nach Tribschen ein. Drei Monate später, am 13. Februar 1869, erhielt Nietzsche – noch vor seiner Promotion – eine Berufung als Professor für Philologie an die Universität Basel, und von dort besuchte
er Richard Wagner insgesamt 23 Mal. Er hielt Wagner »für den größten Genius und größten Menschen dieser Zeit«, er glaubte »vor
einem Auserwählten der Jahrhunderte zu stehen« und fühlte sich
»wie in der Nähe des Göttlichen« (in Briefen an Freunde). Später wird
er Wagners Todfeind werden. Vorerst jedoch war er Wagner verfallen – und in Cosima verliebt, die, inzwischen wieder hochschwan-
ger, mit ihren Töchtern endgültig nach Tribschen übersiedelt war.

Wagner schloss am 23. Februar 1869 die Partitur des zweiten
Aktes von ›Siegfried‹ ab und begann die Kompositionsskizze zum
dritten Akt.

Zwischendurch diktierte er Cosima seine Autobiographie ›Mein
Leben‹. Dann gab er, zum Entsetzen von Franz Liszt, Hans von
Bülow und anderen Freunden, Ende März sein Machwerk ›Das Ju-
dentum in der Musik‹ als Buch neu heraus. Die Reaktion kam spon-
tan. Wagner-Werke wurden auf den Bühnen in ganz Europa boykot-
tiert oder ausgepfiffen, die Zeitungen griffen ihn an, 170 aggressive
Artikel gingen über ihn hernieder. Es dauerte Monate, bis sich die
Empörung legte.

Am 6. Juni blieb Nietzsche zufälligerweise über Nacht in Tribschen, als Siegfried geboren wurde, das dritte gemeinsame Kind von
Wagner und Cosima. Wagner erlebte die schwierige Geburt durch
eine verschlossene Tür, er hielt sich die Ohren zu, rannte auf und ab,
und als ihm gegen 4 Uhr früh die Hebamme das Kind zeigte – da
schrie er durch das ganze Haus: »Ein Sohn ist da!«

Wenige Tage später, am 14. Juni, vollendete er die Komposition
des dritten Aktes von ›Siegfried‹.

Am 15. Juni bat Cosima per Brief ihren Mann Hans von Bülow
um die Scheidung. Er willigte postwendend ein, gebrochen und gedemütigt. Aber elegant und würdevoll verabschiedete er sich aus
München mit einer Wiederaufführung von ›Tristan und Isolde‹. Er

übersiedelte nach Florenz und unternahm von dort aus Konzertreisen.

Wagner war glücklich mit seiner Familie. Es kamen mehr Gäste als früher, aus Wien, Paris, Zürich, München und aus der Nachbarschaft am Vierwaldstätter See. Seine Besucher unterhielt Wagner auf gewohnte Weise: Er spielte und sang Rollen aus seinen Werken, sprach stundenlang über sich, machte Kopfstände und kletterte auf Bäume. Zu den Stammgästen zählten neben Nietzsche die walkürengleiche Marie Gräfin Kalergis, inzwischen verheiratet mit dem Russen von Muchanoff, und Hans Richter, 26 Jahre alt, Dirigent aus München, von Wagner hochgeschätzt und seit kurzem ins Herz geschlossen.

Am 16. Juli 1869 brach der »Orkan« über Tribschen herein. »Orkan« – so wurde Judith Mendès-Gautier genannt, Tochter des Dichters Théophile Gautier, eine gebürtige Pariserin. Mit ihr, in ihrem Windschatten gewissermaßen, kamen der Ehemann Catulle Mendès und Graf Villiers de l'Isle Adam. Das Trio stieg im »Hôtel du lac« von Luzern ab und besuchte Wagner täglich. Die 23-jährige Judith war für ihre Schönheit berühmt. Ihr kastanienbraunes, von kaum einem Coiffeur zu bändigendes Haar, der dunkle Teint, die etwas breite Nase und ihre üppige Figur boten einen aufregenden Kontrast zu den »Zügen einer gottgleichen Sphinx«, die ihr der Lyriker Théodore de Banville attestierte. Sie war auf Wagner versessen, seit sie ihn als Mädchen anläßlich des ›Tannhäuser‹-Skandals kennen gelernt hatte (und sie wird in ein paar Jahren, wie wir noch sehen werden, Wagners reiferes Gemütsleben beträchtlich durcheinanderwirbeln). Vorerst blieb es bei schwärmerischen Temperamentsausbrüchen und Szenen unverhohlenen Entzückens, und auch Wagner war von Judith so gefangen, dass er ihr sogar in Gegenwart Cosimas glühende Avancen machte.

Cosima atmete auf, als Judith Mendès-Gautier am 25. Juli Tribschen verließ und, gefolgt von ihrem Ehemann und dem Grafen, zur Internationalen Kunstausstellung nach München reiste. Dort braute sich ein Gewitter zusammen.

Des Königs »Rheingold-Sauereien« und ihre Folgen

Ludwig II. hatte die Uraufführung von ›Rheingold‹ für Ende August 1869 befohlen – gegen den Willen Wagners. Denn ›Rheingold‹ gehört zur Tetralogie ›Der Ring des Nibelungen – Ein Bühnenfestspiel in drei Tagen mit einem Vorabend‹. Der ›Ring‹ sollte nach Wagners Konzept als Ganzes aufgeführt werden: ›Rheingold‹, ›Walküre‹, ›Siegfried‹, ›Götterdämmerung‹ hintereinander an vier aufeinander folgenden Tagen. Wagner hatte aber erst, wie wir wissen, ›Rheingold‹ und ›Walküre‹ vollendet. Die vom König befohlene Einzelaufführung von ›Rheingold‹ würde – so sah es Wagner – den ›Ring‹ zerbrechen. Sie war eine Attacke gegen den Anspruch des Urhebers auf Unverletzlichkeit seines Werkes.

Zudem drohte die schnell, schnell und ohne Mitwirkung Wagners zusammengeschusterte Inszenierung eine Blamage zu werden. Hans Richter, Wagners ergebener Freund, vom König als Dirigent der Uraufführung bestimmt, schlug telegrafisch Alarm in Tribschen, und Franz Betz, Sänger des Wotan, berichtete von »einem wahnsinnigen Chaos«.

Auf telegrafische Bitte Wagners verweigerten Hans Richter und Franz Betz ihre weitere Mitarbeit. Der König hatte sich natürlich auf die Uraufführung gefreut und reagierte indigniert. Er schrieb einen Brief an seinen Hofsekretär Lorenz von Düfflipp, in dem er die Namen Wagner, Richter und Betz in Anführungszeichen setzte: »Wahrhaft verbrecherisch und schamlos ist das Gebaren von ›Wagner‹ und dem Theatergesindel; es ist dies eine offenbare Revolte gegen Meine Befehle, und dieses kann Ich nicht dulden... Die Theaterleute haben Meinen Befehlen zu gehorchen, und nicht den Launen ›Wagners‹... Wenn diese abscheulichen Intrigen ›Wagners‹ durchginge[n], so würde das ganze Pack immer dreister und unverschämter... Daher muss das Übel mit der Wurzel ausgerissen werden – ›Richter‹ muss springen, und ›Betz‹ und die Anderen zur Unterwerfung gebracht werden. Eine solche Frechheit ist Mir noch nie vorgekommen.«

Richter also wurde entlassen, und damit verzögerte sich die für Ende August angesetzte Uraufführung. Neuer Termin: 22. September. Wagner eilte nach München, um dem König eine Absage abzuringen. Doch Ludwig II. entwich eiligst in seine Jagdhütte auf dem Hochkopf und beauftragte Düfflipp schriftlich:»Bieten Sie Alles auf, um seine [Wagners] Hierherkunft zu hintertreiben ... Den nichtswürdigen und unverzeihlichen Intrigen ›Wagners‹ und Consorten muss schleunigst ein Ende gemacht werden ... Wagt ›Wagner‹ sich neuerdings zu widersetzen, so ist ihm das Gehalt sogleich zu entziehen und nie mehr ein Werk von ihm auf der Münchner Bühne aufzuführen.«

Und Wagner widersetzte sich. Nach Tribschen zurückgekehrt, schrieb er dem vom König mit der Uraufführung beauftragten Dirigenten Franz Wüllner einen Brief:»Hand weg von meiner Partitur! Das rat ich Ihnen, Herr; sonst soll Sie der Teufel holen!«

Doch nichts half. Gegen den Protest und in Abwesenheit Wagners ging am 22. September 1869 die Uraufführung von ›Rheingold‹ über die Bühne, schlecht dirigiert, schlecht inszeniert, vernichtend rezensiert. Vor allem ergoss sich der Spott vieler Kritiker über die kitschig inszenierte Rheintöchter-Szene auf dem Grunde des Rheins. Der Rezensent des ›Münchner Vaterlandes‹ schrieb von einem »Huren-Aquarium«.

Wagner stürzte sich in die Arbeit. Er komponierte die Nornen-Szene aus der ›Götterdämmerung‹ und den Männerchor ›Wahlspruch für die deutsche Feuerwehr‹, außerdem schrieb er seinen Aufsatz ›Über das Dirigieren‹.

Im November traf ein Entschuldigungsbrief des Königs ein:»Ach Gott, Ihr gottvolles Werk zu hören war so mächtig, so unbezwinglich! Und wenn ich fehlte, seien Sie nachsichtig; verzeihen Sie Ihrem seine Schuld eingestehenden Freund; nein, nein, Wir trennen uns nie; Mein Lebensnerv wäre abgeschnitten ... Selbstmordgedanken wären Mir nicht fern.« Wagner las und sagte zu Cosima: Der gemeinsame Sohn Siegfried, genannt Fidi, müsse zu Ungezogenheiten und Herumbalgereien angehalten werden, sonst werde er »vielleicht zum Crétin, wie wir so etwas an dem König von Bayern sehen«.

Weihnachten war Nietzsche zu Gast in Tribschen. Wagner las aus dem ›Parzival‹-Entwurf (später ›Parsifal‹) vor.»Schönste und erhebendste Erinnerungen«, schwärmte Nietzsche in einem Brief an Rohde.

Das neue Jahr begann mit intensiven Kompositionsarbeiten an der ›Götterdämmerung‹ und schlimmen Befürchtungen: »Sie werden's bald erfahren, dass die Sauereien des Rheingoldes sich nun auch an der Walküre wiederholen sollen«, schrieb Wagner am 4. Februar 1870 dem Mainzer Musikverleger Schott.

Tatsächlich hatte der König bereits die Uraufführung der ›Walküre‹ für den 26. Juni befohlen. Als Wagner davon erfuhr, bat er um eine Audienz. Abgelehnt. Er bat an den Proben teilnehmen zu dürfen. Abgelehnt.

Die Uraufführung der ›Walküre‹ fand, wie befohlen und geplant, am 26. Juni 1870 im Königlichen Hof- und Nationaltheater in München statt. Wagner blieb aus Protest in Tribschen und ließ den König später wissen: Er hätte »das schmerzliche Gefühl des Vaters, dem man sein Kind entrissen, um es der Prostitution preiszugeben«. ›Rheingold‹ und ›Walküre‹ könnten ihm jetzt nichts mehr anderes sein als »besudelte Fratzen«.

Des Königs »Sauereien« waren – kulturhistorisch gesehen – von großer Tragweite: Richard Wagner reißt die Geduld! Er will sich freimachen von Ludwigs unberechenbarer Willkür; er will raus aus dem Routinebetrieb des Königlichen Hof- und Nationaltheaters. Er will seine seit 20 Jahren geträumte Festspielvision verwirklichen – auf eigene Faust, auf eigenes Risiko, gegen eine Welt von Widerständen. Er will Richard-Wagner-Festspiele gründen, sein eigenes Festspielhaus bauen. In einer eigenen Festspielstadt! – Aber wo?

Wie die Stadt beschaffen sein sollte, wusste Wagner: keine Hauptstadt mit Repertoiretheater, kein Badeort mit versnobtem Publikum, sondern eine größere Kleinstadt, einigermaßen in der Mitte Deutschlands gelegen, aber noch in Bayern, wo ihm die vielfältigen Wohltaten Ludwigs II. – wie er hoffte – auch künftig erhalten blieben.

Die Erinnerung an das »vom Abendschein lieblich beleuchtete Bayreuth« flog ihm zu. Er hatte es am 26. Juli 1835 auf seiner Reise aus Böhmen zur Schwester Klara nach Nürnberg flüchtig gesehen. Wagner las im Konversationslexikon nach und besorgte sich beim Luzerner Buchhändler Prell einige Beschreibungen Bayreuths: in Oberfranken am Roten Main gelegen, damals 17.000 Einwohner,

1194 erstmals urkundlich erwähnt, 1231 als Stadt genannt. Dort gab es ein Markgräfliches Opernhaus, erbaut im Auftrag von Markgräfin Wilhelmine (1709–1758), der Lieblingsschwester Friedrichs des Großen.

Bayreuth! Opernhaus! Wagner wollte sich die Stadt demnächst ansehen.

Vabanque-Spiel um ›*Siegfrieds*‹ *dritten Akt*

Sechs Tage nach der ›Walküre‹-Uraufführung vollendete Wagner die Orchesterskizze zum ersten Akt der ›Götterdämmerung‹.

Vom 10. bis 15. Juli 1870 unternahmen Wagner, Cosima, Hans Richter, Daniela und Blandine eine Besteigung des sagenumwobenen Pilatus mit Maultieren und Trägern. Auf dem Gipfel hisste Wagner sein rotes Schnupftuch.

18. Juli: Scheidung von Cosima und Hans von Bülow.

19. Juli: Kriegserklärung Frankreichs an Preußen. Ursache: Frankreichs Argwohn gegen Bismarcks Politik der Reichsgründung. Anlass: Die von Frankreich nicht erwünschte Kandidatur des Prinzen Leopold von Hohenzollern-Sigmaringen für den spanischen Thron. Der Prinz verzichtete, das Thema war erledigt, doch Frankreich und Preußen lieferten sich danach in Bad Ems ein Prestigegerangel auf höchster Ebene. Die Emser Depesche über diesen Streit wurde von Bismarck arglistig zusammengestrichen und in einer Form veröffentlicht, die für Frankreich beleidigend war und Napoleon III. zur Kriegserklärung veranlasste. Sogleich stellten sich die süddeutschen Staaten an die Seite Preußens. (Die Empfindlichkeiten der Politiker werden 180.000 Soldaten das Leben kosten, 41.000 Deutschen, 139.000 Franzosen.)

Am Tag der Kriegserklärung trafen, aus München durchreisend, mehrere französische Freunde bei Wagner in Tribschen ein: Judith Mendès-Gautier mit ihrem Mann und ihrem Grafen, der Komponist Camille Saint-Saëns und Edouard Schuré. Franzosen und Deutsche musizierten, sprachen über Wagners Werke und waren nur mäßig beeinflusst vom Deutsch-Französischen Krieg.

Ab 20. Juli arbeitete Wagner an seiner musikästhetischen Festschrift ›Beethoven‹ zu dessen 100. Geburtstag (am 17. Dezember 1870).

25. August 1870: Trauung von Wagner und Cosima in der protestantischen Kirche von Luzern. Trauzeugen: Malwida von Meysenbug und Hans Richter.

2. September: Kapitulation der Franzosen bei Sedan, Gefangennahme Napoleons III., Ende seines Kaisertums. Die neue republikanische Regierung führte den Krieg mit Volksheeren weiter.

Wagner schrieb sogleich den Entwurf zu einem später ausgeführten Lustspiel ›Die Kapitulation‹, eine alberne Verhöhnung der Franzosen wegen ihrer Niederlage und der Deutschen wegen ihrer Verehrung des französischen Geschmacks. »Eine niederträchtige und blödsinnige Hanswurstiade« (Catulle Mendès).

Ende September 1870 begannen deutsche Truppen mit der Belagerung von Paris.

25. Dezember: Cosimas Geburtstag. Am Morgen Aufführung des ›Siegfried-Idylls‹, einer symphonischen Liebeserklärung Wagners von verspielter Zartheit, dargeboten in kleiner Bläserbesetzung auf den Treppen der weißen Villa.

Im Januar 1871 dichtete Wagner einen poetischen Gruß ›An das deutsche Heer in Paris‹, ein Agitationsgedicht, aggressiv und pathetisch in peinlicher Weise. Er schenkte es Bismarck.

18. Januar: Verkündung des Deutschen Kaiserreiches im Spiegelsaal von Versailles. Wilhelm I. wird zum Deutschen Kaiser gekrönt.

Wagner komponiert den ›Kaisermarsch‹ zu Ehren von Wilhelm I., den er früher einmal als »schwachsinnigen Monarchen« bezeichnet hatte (in einem Brief an Ludwig II.).

28. Januar 1871: Kapitulation von Paris. Sofortiger Waffenstillstand: Voraussetzung für den Frieden von Frankfurt am 10. Mai (bei dem Frankreich das Elsass und Teile Lothringens an Deutschland abtreten und eine Kriegsentschädigung zahlen musste).

5. Februar: Vollendung der Partitur des dritten ›Siegfried‹-Aktes und damit des gesamten Werkes. Um eine ›Siegfried‹-Uraufführung gegen seinen Willen zu verhindern, verweigerte Wagner dem König die Partitur. Der schmollte und ließ Wagner über Düfflipp ausrichten: Dann werde er die Uraufführung von ›Siegfried‹ ohne den dritten Akt befehlen. Für diesen Fall, so Wagner, werde er die Partitur des

dritten Aktes verbrennen. Ein Vabanque-Spiel! – Wagner gewann und verhinderte, um bei seiner treffsicheren Terminologie zu bleiben, eine neuerliche »Sauerei« des Königs.

17. Februar: Eintägige Reise mit Cosima und Hans Richter nach Zürich zu Wesendoncks und Willes.

Am 1. März berichtete Wagner dem König von seiner Festspielidee. Er nannte sie »ein deutsches National-Unternehmen . . ., dessen Leitung natürlich mir gänzlich allein nur in die Hände gelegt werden darf«. Dazu Ludwig II. brieflich an Wagner: »Gottvoll ist Ihr Plan.« Und an Düfflipp: »Der Wagner'sche Plan missfällt mir gänzlich.«

Vom 16. bis 20. April: Reise mit Cosima nach Bayreuth. Logis im Hotel »Zur Sonne«. Wagners Anwesenheit sprach sich herum. »Die Bayreuther Bevölkerung ist in vollem Aufruhr«, notierte Cosima ins Tagebuch. Wagner fühlte sich wohl. Und er beschloss: Bayreuth wird die Stadt meiner Festspiele!

Die Bayreuther Festspiele

Der Wink des guten Dämons

Die Bayreuther Stadtväter wussten nichts von Wagners Plan. Er kam auch gar nicht auf die Idee, sie um ihre Meinung zu fragen. Ein »Wink meines guten Dämons« hatte Wagner nach Bayreuth geführt, so wird er später einmal schreiben. Damit war für ihn alles klar.

Von Bayreuth reiste er über Leipzig und Dresden nach Berlin, wo er am 25. April 1871 im Hotel »Tiergarten« abstieg und sogleich einen Patronatsverein zur Finanzierung der Bayreuther Festspiele gründete. Er schätzte über den Daumen, dass er für den Bau des Festspielhauses, die technischen Einrichtungen und Personalkosten rund 300.000 Taler (7.500.000 Euro) brauchen werde. Zum Geschäftsführer des Patronatsvereins bestimmte er seinen jüdischen Freund Karl Tausig, 30 Jahre alt, einen begnadeten Pianisten, der dafür sorgen sollte, dass die 300.000 Taler durch den Verkauf von 1.000 Patronatsscheinen zu je 300 Talern zusammenkamen. Für jeden Patronatsschein garantierte Wagner einen Sitzplatz im Bayreuther Festspielhaus. Ansonsten wollte er eine Art Volksfestspiele geben, »gratis natürlich«, wie er vor 21 Jahren programmatisch an Ernst Benedikt Kietz geschrieben hatte, im ersten Brief zum Thema Festspielhaus.

Durch Vermittlung eines Freundes wurde Wagner privat bei Reichskanzler von Bismarck eingeladen. Wagner versuchte den »eisernen Kanzler« für seine Festspielidee zu erwärmen, vergeblich. Hinterher rühmte er Bismarcks herzliches Wesen. Und Bismarck sagte später über ihn: »Ich bin doch nicht ohne Selbstbewusstsein, aber ein so hohes Maß dieser Eigenschaft, wie ich es bei Wagner angetroffen habe, ist mir bei einem Deutschen weder vor- oder nachher vorgekommen.«

Am 5. Mai dirigierte Wagner im Königlichen Opernhaus vor Kai-

ser Wilhelm und Kaiserin Augusta ein vielbejubeltes Konzert mit seinem ›Kaisermarsch‹, einigen Teilen aus seinen Werken und Beethovens 5. Symphonie. Drei Tage später brach Wagner auf zur Heimreise. In Leipzig verkündete er am 12. Mai 1871 bei einem großen
Auftritt vor der Presse: Die ersten Bayreuther Festspiele finden im
Jahre 1873 statt! Was niemanden mehr verwunderte als die ahnungslosen Bayreuther Stadtväter. Der Rückweg führte ihn über
Darmstadt, wo er am 13. Mai den hochgerühmten Bühnenmeister
Carl Brandt als technischen Leiter der Bayreuther Festspiele engagierte, und Heidelberg. Dort erlebte er auf offener Straße die Aufführung eines Puppenspielers. Durch ihn, der »mich atemlos fesselte ... ging mir seit undenklichen Zeiten der Geist des Theaters
zuerst lebendig wieder auf« (›Über Schauspieler und Sänger‹ 1872).

Nach Tribschen zurückgekehrt, erfuhr Wagner am 17. Juli, dass
Karl Tausig gestorben war, den er wie einen Sohn geliebt hatte. Kurz
darauf entwarf er Siegfrieds Trauermusik für den dritten Akt der
›Götterdämmerung‹. Marie Gräfin Schleinitz, die schöne 29-jährige
Gemahlin des »preußischen Ministers des königlichen Hauses« Alexander von Schleinitz, übernahm nach Tausig die Geschäftsführung
des Patronatsvereins.

Inzwischen war allgemein bekannt geworden, dass Wagner in
Bayreuth Festspiele gründen würde, und flugs versuchten einige
Städte, ihn abzuwerben: Baden-Baden, Darmstadt und Bad Reichenhall, wo man den Meister mit einem 25-köpfigen Kurorchester locken wollte. Doch Wagner hatte sich für Bayreuth entschieden, und
das ließ er am 1. November endlich auch die Stadtväter von Bayreuth
wissen. Wichtigster Gesprächspartner war Friedrich Feustel, Bankier
und Vorsitzender des Stadtgemeinderates, 47 Jahre alt, vollbärtig
und bodenständig, ein Mann mit Kunstverstand und Riecher fürs
Geld. Wagner forderte ein Grundstück fürs Festspielhaus. Feustel
witterte die Chance und versprach schnelle Entscheidung.

›*Lohengrins*‹ *Landung in Italien*

Am selben Tag, 1. November 1871, war ›Lohengrin‹-Premiere in Bologna, die erste Aufführung eines Wagner-Werkes in Italien. Erstaunlich, dass es so lange gedauert hat, denn Wagner wurde seit Jahren weltweit gespielt.

Der Grund für die Zurückhaltung der italienischen Intendanten war, dass sie die sicheren Erfolge der von Szenenapplaus und Dacapo-Rufen durchrauschten Opern Verdis und Rossinis schätzten und das Risiko eines symphonisch durchkomponierten und zur »ekstatischen Stille« zwingenden Musikdramas nicht eingehen wollten. Ins Gewicht fiel auch, dass der allgewaltige Giuseppe Verdi keine Wagner-Aufführung in Italien wünschte. Giuseppe Verdi war zwar ein Verehrer Wagners, er nannte den zweiten Akt des ›Tristan‹ die »sublimste Schöpfung des menschlichen Geistes, wunderbar, wunderbar, wunderbar!« Andererseits sah er aber in Wagner eine Gefährdung der italienischen Musik. »Wenn wir, die wir von Palestrina kommen, Wagner imitieren, begehen wir ein musikalisches Verbrechen«, schrieb er dem Dirigenten Franco Faccio. Und noch etwas kam dazu: Einer der besten Dirigenten Italiens, Angelo Mariani vom Teatro Communale Bologna, hatte Wagners Dirigiertechnik übernommen und wäre der geeignete Interpret eines Wagner-Werkes gewesen – aber er galt als ergebener Freund Verdis und erklärte kategorisch: Nie werde er Wagner in Italien dirigieren!

Und siehe: Angelo Mariani war es, der überraschend die Pforte des Teatro Communale Bologna für Wagner öffnete und ›Lohengrin‹ dirigierte. Was steckte dahinter? Ein subtiler Racheakt an Verdi, sagten Insider. Denn: Giuseppe Verdi, seit 1858 mit Giuseppina Strepponi verheiratet, die er über alles liebte, hatte immer wieder einmal Affären mit Sängerinnen, und eines Tages fiel sein Blick auf Teresa Stolz – die Geliebte eben jenes Dirigenten Angelo Mariani. Teresa lief zu Verdi über, und kaum hatte sie das Lager gewechselt, begünstigte der betrogene Mariani schnelle Verhandlungen über eine Wagner-Aufführung im Teatro Communale Bologna, und so kam es, dass ›Lohengrin‹ vielbejubelt in Italien an Land ging an jenem 1. November 1871.

Bürgerreuth und Miedelspeunt

Am 7. November 1871 meldete Friedrich Feustel nach Tribschen: Das Grundstück fürs Bayreuther Festspielhaus kann besichtigt werden! Wagner reiste über München nach Bayreuth und stand am 15. Dezember vor dem Grundstück am Stuckberg in St. Georgen. Er war einverstanden – und die Stadt beschloss am selben Tag, das Grundstück für den Bau »eines Nationaltheaters« zu erwerben.

Auf der Heimreise gab er in Mannheim ein Festkonzert anlässlich der Gründung des ersten Wagner-Vereins. Großherzog Friedrich und Großherzogin Luise von Baden saßen im Publikum. Cosima war aus Tribschen gekommen, Nietzsche aus Basel. Der vom Musikalienhändler Emil Heckel gegründete Wagner-Verein hatte sich zur Aufgabe gemacht, die Bayreuther Festspiele finanziell und ideell zu unterstützen. In wenigen Wochen schon wurde nach dem Mannheimer Vorbild eine ganze Reihe von Richard-Wagner-Vereinen gegründet: in Berlin, Dresden, Frankfurt, Köln, Leipzig, Mainz, München, Nürnberg, Wien, Graz, London, Prag, Sankt Petersburg, New York.

Am 25. Dezember 1871, dem Geburtstag Cosimas, kam es zu Missklängen in Tribschen. Dazu muss man wissen, was Wagner und Cosima bis zu jenem 25. Dezember nicht wussten: dass Friedrich Nietzsche ganz im Geheimen komponierte – hoch ambitioniert, aber drittklassig und von keinem Funken Selbstkritik gedämpft. Er verfiel nun auf die verwegene Idee, Cosima und Richard Wagner mit einer Klavierkomposition zu imponieren: ›Nachklänge einer Sylvesternacht mit Prozessionslied, Bauerntanz und Glockengeläute‹. Just am 25. Dezember schickte er Cosima dieses Werk, exakt ein Jahr, nachdem Wagner für sie das ›Siegfried-Idyll‹ hatte aufführen lassen. Nietzsche war nicht gekommen – zu seinem Glück: Cosima spielte die Komposition 20 Minuten auf dem Klavier und konnte sich das Lachen nicht verkneifen, Wagner verließ das Musikzimmer und sagte draußen zu seinem Freund, dem Dirigenten Hans Richter: »Da verkehrt man nun schon seit anderthalb Jahren mit dem Menschen, ohne dergleichen zu ahnen. Und nun kommt er so meuchlings, die Partitur im Gewande.«

Eine Woche nach diesem musikalischen Anschlag, am 2. Januar

1872, sandte Nietzsche das in Leder gebundene Vorausexemplar seines Buches ›Die Geburt der Tragödie aus dem Geist der Musik‹ als Geschenk nach Tribschen. Cosima und Wagner empfanden es sprachlich und inhaltlich als Meisterwerk, sie waren dankbar und versöhnt – und geschmeichelt. Denn in seinem Werk stellte Nietzsche eine Verbindung her zwischen der antiken Tragödie und den Musikdramen Wagners. »Schöneres als Ihr Buch habe ich noch nie gelesen«, schrieb Wagner an Nietzsche.

Mit Jahresbeginn startete Wagner seine Kompositionsskizze für den dritten Akt der ›Götterdämmerung‹. Am 8. Januar 1872 rissen ihn unvermutet zwei Bayreuther Besucher aus der Arbeit: Feustel und Bürgermeister Theodor Muncker. Kleinlaut berichteten sie: Das versprochene Grundstück auf dem Stuckberg stehe nun doch nicht zur Verfügung, die Stadt habe aber schon ein Grundstück fürs Festspielhaus auf dem so genannten »Hügel« unterhalb der Bürgerreuth gekauft. Wagner fühlte sich ausgetrickst und übergangen, wollte in mehreren zornigen Aufwallungen alles hinschmeißen, die Bayreuther Festspiele abblasen, ließ sich dann aber doch von Cosima überreden, das Grundstück wenigstens anzuschauen – und als er es am 31. Januar in Bayreuth sah, war er außer sich vor Freude. Besonders gefiel ihm der Panoramablick von der Bürgerreuth auf die Stadt. Sogleich bestimmte er den Termin für die Grundsteinlegung am 22. August diesen Jahres.

Alles musste nun schnell gehen. Feustel, Muncker und der Advokat Dr. Käfferlein gründeten den Verwaltungsrat der Bayreuther Festspiele und begannen für den Verkauf der Patronatsscheine zu werben.

Seine eigene Villa wollte Wagner neben dem Hofgarten bauen, auf dem so genannten Miedelspeunt. Am 1. Februar 1872 unterzeichnete er den Kaufvertrag über 12.000 Gulden, ohne zu wissen, wie er Grundstück und Hausbau finanzieren sollte.

Grundsteinlegung: »*Hier schließ ich ein Geheimnis ein*«

Als Wagner am 3. Februar 1872 in Tribschen eintraf, war Cosima gerade dabei, den Haushalt aufzulösen und für die Übersiedlung nach Bayreuth zu packen. Wagner forcierte seine Kompositionsarbeit am dritten Akt der ›Götterdämmerung‹ und feilte an seiner Rede zur Grundsteinlegung.

Einen Tag vor seiner endgültigen Abreise aus Tribschen, am 21. April, stand Josef Rubinstein vor der Tür, ein russischer Pianist, 25 Jahre alt, der sich vor einigen Wochen mit einem Brief angekündigt hatte: »Ich bin Jude. Hiermit ist für Sie alles gesagt.« Wagner nahm ihn herzlich auf – und gleich mit nach Bayreuth, wo Rubinstein erster Mitarbeiter der so genannten »Nibelungen-Kanzlei« wurde, von der wir noch hören werden.

Erstes Quartier Wagners war das kleine, aber feine »Hotel Fantaisie« in Donndorf etwas außerhalb Bayreuths. Cosima und die Kinder kamen am 30. April nach, begleitet vom schwanzwedelnden Neufundländerhund Russ.

In Bayreuth bahnten sich Geldprobleme an. Feustel, Muncker und Käfferlein teilten mit, dass sich die Patronatsscheine zäh verkauften. Die Erdarbeiten fürs Festspielhaus hatten schon begonnen, und die Gäste der Grundsteinlegung trafen nach und nach ein, viele Freunde waren darunter, Malwida von Meysenbug etwa, Marie von Schleinitz, Friedrich Nietzsche, Hans Richter, Heinrich Porges, die Sänger Franz Betz und Albert Niemann, dazu viele Musiker, Honoratioren aus Politik und Wirtschaft, 1000 Gäste insgesamt, die am Bahnhof aus den Waggons quollen. Mitglieder des Turnvereins und der Feuerwehr versuchten den Ansturm logistisch zu bewältigen – ohne Chance. Die wenigsten Gäste wussten, wo sie wohnen sollten. Alle Hotels, Gaststätten und Privatquartiere in Bayreuth und Umgebung waren überfüllt, manche Gäste schätzten sich glücklich, wenn sie im Stroh einer Scheune schlafen durften und am Morgen eine Bürste zur Reinigung der Festtagskleidung bekamen. Franz Liszt war nicht unter den Besuchern, sehr zum Kummer Wagners, der ihn herzlich eingeladen hatte.

Bei der Grundsteinlegung am 22. Mai 1872 um 11 Uhr peitschte Regen auf das von den Bauarbeiten aufgewühlte Gelände hernieder, die meisten Gäste blieben in ihren Kutschen sitzen. Nur wenige stapften durch nassen Lehm und Pfützen unter wogenden Schirmen zu Wagner, der triefend im Regen stand. Er steckte eine Grußbotschaft des Königs in den Grundstein, einige beziehungsvolle Dokumente und einen selbst gedichteten Vierzeiler:

> *Hier schließ ich ein Geheimnis ein.*
> *Da ruh es viele hundert Jahr,*
> *So lange es verwahrt der Stein,*
> *Macht es der Welt sich offenbar.*

Er versenkte den Stein, tat die drei symbolischen Hammerschläge und sprach: »Sei gesegnet mein Stein, steh lang und halte fest.« Hochrufe, Regenrauschen, Donnergrollen am finsteren Firmament. An eine Rede war nicht zu denken. Leichenblass, mit versteinertem Gesicht reichte Wagner den Hammer weiter. Einige Gäste, vor allem Frauen, taten ebenfalls die drei Schläge. »Bei strömendem Regen und verfinstertem Himmel fuhr Wagner mit einigen von uns in die Stadt zurück. Er schwieg und sah dabei ... lange in sich hinein ... Alles Bisherige war die Vorbereitung zu diesem Moment«, schrieb Nietzsche später in ›Richard Wagner und Bayreuth‹.

Am Nachmittag um fünf fand im Markgräflichen Opernhaus ein Weihe-Akt statt. Wagner dirigierte die 9. Symphonie Beethovens und hielt eine Rede, die in dem Satz gipfelte: »Soweit das künstlerische Vermögen der Gegenwart reicht, soll Ihnen im szenischen wie im mimischen Spiele das Vollendetste geboten werden.« Und dann sagte er, von seinem Redemanuskript abweichend, mit erhobener Stimme, offenbar erbittert über den zögerlichen Verkauf der Patronatsscheine: Man pflege sein Festspielhaus immer »Nationaltheater« zu nennen. Er sei nicht bereit, diese Bezeichnung zu akzeptieren. Denn: »Wo wäre die Nation, welche dieses Theater sich errichtet?«

Der »mystische Abgrund« im Bayreuther Festspielhaus

Vorbild für das Bayreuther Festspielhaus war das Stadttheater von Riga, die so genannte »Theaterscheune« mit drei damals einzigarti-

gen Besonderheiten: verdunkelter Zuschauerraum, amphitheatralisch ansteigende Sitzreihen, Orchestergraben vor der Bühne. Wie
Wagner »in diesem Stall, dieser Scheune« dirigieren könne, hatte ihn
der Cellist Arved Poorten damals gefragt. Darauf Wagner: Wenn er
ein eigenes Theater bauen werde, würde er diese drei Besonderheiten übernehmen. Wir erinnern uns an diese Geschichte, die sich ein
Vierteljahrhundert zuvor in Riga ereignet hatte. Wir erinnern uns
auch an einige Briefe zum Thema Festspielhaus und vor allem an
Wagners ›Vorwort zur Herausgabe des Bühnenfestspiels 'Der Ring
des Nibelungen'‹, in dem er Anfang Dezember 1862 seine Ideen für
ein Festspielhaus visionär beschrieben hatte. Nun war es so weit!

Wagner wusste, was er wollte, und danach ließ er die Pläne zeich-
nen. Die Architekten Otto Brückwald und Wilhelm Neumann, Bühnenmeister Carl Brandt und Bauleiter Carl Wölfel hatten seine Ideen
technisch umzusetzen – und seine Launen zu ertragen, wenn er wie
Napoleon über den Bauplatz schritt. Während der Bauarbeiten kamen noch einige Gedanken dazu, und schließlich fasste Wagner
alles in einem endgültigen Bericht über »das Bühnenfestspielhaus
zu Bayreuth« zusammen, aus dem die folgenden Zitate stammen.

Wagner ging es vor allem darum, »für unseren Bau nur das rein
Zweckmäßige und für die Erreichung der Absicht Nötige zur Ausführung zu bringen: Zweck und Absicht lagen hier aber einzig in
dem Verhältnis des inneren Zuschauerraumes zu einer Bühne, welche in den größten Dimensionen zur Herrichtung einer vollendeten
Szenerie bestimmt war.«

Das Orchester des von Wagner so genannten »neu-europäischen
Theaters« wurde so tief in den Orchestergraben versenkt, dass der Zuschauer, ohne einen Musiker zu sehen, auf die Bühne blicken konnte.
»Hiermit war sofort entschieden, dass die Plätze der Zuschauer nur in
einer gleichmäßig aufsteigenden Reihe von Sitzen bestehen konnten,
deren schließliche Höhe einzig durch die Möglichkeit, von hier aus
das szenische Bild noch deutlich wahrnehmen zu können, seine Bestimmung erhalten musste ... Somit gewann die Aufstellung unserer
Sitzreihen den Charakter der Anordnung des antiken Amphitheaters.« Hinter der letzten Zuschauerreihe befinden sich die Mittelloge
und zwei Seitenlogen; Logenränge gibt es nicht, denn aus ihnen hätten die Zuschauer in einen Teil des Orchestergrabens blicken kön-

nen. Und das wäre unvereinbar gewesen mit Wagners architektonischer Prämisse, dass jeder Besucher einen »unmittelbaren« Blick auf Proszenium und zum szenischen Bild haben muss.

Für dieses Proszenium hatte sich Bühnenmeister Carl Brandt einen perspektivischen Trick ausgedacht. Er stellte hinter dem üblichen Bühnenrahmen einen etwas kleineren auf, und dieses »doppelte Proszenium« bewirkte »die wundervolle Täuschung eines scheinbaren Fernrückens der eigentlichen Szene, welche darin bestand, dass der Zuschauer den szenischen Vorgang sich weit entrückt wähnt, ihn nun aber doch mit der Deutlichkeit der wirklichen Nähe wahrnimmt; woraus dann die fernere Täuschung erfolgt, dass ihm die auf der Szene auftretenden Personen in vergrößerter, übermenschlicher Gestalt erscheinen.« So gesehen gewann der zwischen Zuschauerraum und Szene liegende Orchestergraben eine symbolische Bedeutung. Er hat »die Realität von der Idealität zu trennen« und wurde deshalb der »mystische Abgrund« genannt.

Über den größten Teil des »mystischen Abgrundes« und mithin über dem Orchester wölbt sich ein Schalldeckel. Der Orchesterklang wird unter diesem Schalldeckel gemischt und wie eine Welle auf die Bühne getragen, wo er sich den Stimmen der Sänger und Sängerinnen unterlegt und mit ihnen verschmolzen in den Zuschauerraum flutet. Diese akustische Rückkoppelung ist der Grund für den einzigartigen Zusammenklang von Stimmen und Orchester im Bayreuther Festspielhaus.

Als Wagner am Schluss seiner Schrift das Resümee zog, kamen ihm zwei Frauen des griechischen Mythos in den Sinn: Pythia, Priesterin des Orakels in Delphi; und Gaia, die Göttin der Erde. »Zwischen ihm [dem Zuschauer] und dem zu erschauenden Bilde befindet sich nichts deutlich Wahrnehmbares, sondern nur eine, zwischen den beiden Proszenien durch architektonische Vermittelung gleichsam im Schweben erhaltene Entfernung, welche das durch sie ihm entrückte Bild in der Unnahbarkeit einer Traumerscheinung zeigt, während die aus dem ›mystischen Abgrunde‹ geisterhaft erklingende Musik, gleich den, unter dem Sitze der Pythia dem heiligen Urschoße Gaia's entsteigenden Dämpfen, ihn in jenen begeisterten Zustand des Hellsehens versetzt, in welchem das erschaute szenische Bild ihm jetzt zum wahrhaftigsten Abbilde des Lebens selbst wird.«

Wer es ganz genau wissen will: Der Orchestergraben liegt 10,40 Meter unter Bühnenniveau, der Dachfirst 36,40 Meter über der Bühne. Das Bühnenportal vorne ist 11,80 Meter hoch, 13 Meter breit. Breite des Bühnenraumes: 27 Meter. Bühnentiefe: 22 Meter plus 13 Meter Hinterbühne. Höhe des Schnürbodens: 26 Meter. Länge des Hauses vom Portal bis zum Ende der Hinterbühne: 100 Meter. Zahl der Sitzplätze: 1.925.

Versöhnung mit dem galanten Abbé

Während Wagner die Arbeiten am Festspielhaus vorantrieb und Mitte des Jahres 1872 seine Orchesterskizze zum dritten Akt der ›Götterdämmerung‹ vollendete, verdüsterte sich sein Gemüt von Tag zu Tag. Die ungeklärte Situation mit Franz Liszt setzte ihm zu, seinem Freund und Schwiegervater, der den Ehebruch an Hans von Bülow nicht verzeihen konnte. Dass Franz Liszt demonstrativ nicht zur Grundsteinlegung gekommen war und nur einen Brief geschickt hatte, schien Wagner das Ende ihrer Freundschaft zu bedeuten, einer herzlichen und für Wagner zu Dank verpflichtenden Freundschaft: Franz Liszt hatte früh Wagners Genie erkannt und gefördert, hatte ihm Geld geliehen und geschenkt, hatte ihm einen falschen Pass besorgt und seine Flucht begünstigt, hatte die Uraufführung von ›Lohengrin‹ durchgesetzt und mit einer Serie von Wagner-Aufführungen dafür gesorgt, dass Wagner unvergessen blieb in Ländern, wo er sich als steckbrieflich gesuchter Revolutionär nicht blicken lassen durfte.

Zur Zeit ihrer intensivsten Freundschaft lebte Franz Liszt als Operndirektor in Weimar. Er hatte sein Wanderleben als Wunderpianist ausklingen lassen und konzentrierte sich unter dem Einfluss seiner fürstlichen Freundin Carolyne Sayn-Wittgenstein aufs Komponieren. Inzwischen war er berühmt als Schöpfer von Sonaten, Rhapsodien, Fantasien, Klavierkonzerten, Symphonien und symphonischen Dichtungen. 1861 ging er mit seiner immer mehr von pseudoreligiösen Wahnvorstellungen gepeinigten Fürstin nach Rom. Er komponierte überwiegend geistliche Musik, spielte Klavier für den Papst, empfing 1865 die niederen Weihen, nannte sich Abbé und trug die schwarze Soutane. Gelegentlich reiste er nach Budapest, wo er als großer Sohn des Landes geehrt wurde, und immer häufiger weilte er wieder in Weimar, wo ihm Großherzog Carl Alexander in der Hofgärtnerei eine kleine Wohnung eingerichtet hatte, die zum Wallfahrtsort von Liszt-Verehrern wurde. Täglich kamen ausgewählte Schüler und Schülerinnen zum kostenlosen Unterricht. Und eines Tages, am 2. September 1872, standen Richard Wagner und Cosima vor der Tür. Cosima weinte, als sie den 61-jährigen Vater sah: gebückt, das weiße Haar verfilzt, die Soutane von Speiseresten bekleckert. Nur wenig war noch zu spüren vom Charisma des großen Pianisten, von der Eleganz des Salonlöwen, vom Reiz des Frauenhelden – obwohl Franz Liszt, wie allgemein bekannt, auch als Abbé noch eine Serie galanter Abenteuer hatte. Eben erst war die Affäre mit seiner Schülerin Olga Janina zu Ende gegangen, einer blutjungen Gräfin italienischer und russischer Abstammung, die mit gezückter Pistole und zwei Selbstmordversuchen die drohende Trennung hatte verhindern wollen.

Cosima und Wagner gegenüber klagte Franz Liszt über die Eifersucht der Fürstin, über ihr ewiges Genörgel, über ihre pseudoreligiösen Sinnkrisen, es kam auch heraus, dass sie es war, die gegen Wagner und Cosima hetzte und den Ehebruch einen moralischen Mord an Hans von Bülow nannte. Die ersehnte Versöhnung kam nicht zustande. Wagner und Cosima reisten ab, traurig und verstört. Ebenso traurig war Franz Liszt, und so entschloss er sich, die beiden in Bayreuth zu besuchen, trotz permanenter Wutausbrüche der bibelfesten Carolyne Sayn-Wittgenstein, die ihm aus Rom schrieb: »Das wäre, als wenn Sankt Peter sich zu Judas Ischariot begäbe.« Franz Liszt traf am 15. Oktober 1872 in Bayreuth ein, wo die Familie Wagner inzwischen eine Stadtwohnung an der Dammallee 7 bezogen hatte. Im Kreise der Enkel endlich bahnte sich die Versöhnung an. Nach glücklichen Tagen reiste Liszt am 21. Oktober zurück zum Papst nach Rom und zur nörgelnden Fürstin mit ihren Ekstasen.

Zehn Tage später trat Cosima in der Bayreuther Stadtkirche zum Protestantismus über.

Fahndung nach Brünnhilde

Hiobsbotschaften vom Verwaltungsrat der Festspiele: kein Durchbruch beim Verkauf der Patronatsscheine! Und selbst wenn sie alle verkauft worden wären, hätte es nicht gereicht. Die ersten Berechnungen waren viel zu optimistisch gewesen. Zusätzliche Gelder mussten her. Doch Fürstenhäuser und Aristokratie hielten sich mit Spenden und Zuschüssen zurück. Gerade von ihnen hatte sich Wagner so viel erwartet. Wütend schrieb er an Nietzsche, er werde kein »Blatt vors Maul . . . nehmen, und käme mir die Kaiserin Augusta in den Weg, so sollte sie bedient werden«. Selbst König Ludwig spendete nichts fürs Bayreuther Festspielhaus, wohl aber schenkte er Wagner 25.000 Taler für seine Villa am Miedelspeunt.

Die Bauarbeiten also konnten beginnen – und mit ihnen kam es zu einer Serie von Ärgernissen. Wagner bestimmte wieder die Architektur. Ihm schwebte, seinem Naturell entsprechend, ein hochherrschaftliches Haus vor, nur waren seine Vorstellungen recht verschwommen, nicht so auf den Punkt gebracht wie beim Bayreuther Festspielhaus. Nahezu täglich flogen ihm neue Ideen zu. Der Berliner Architekt Wilhelm Neumann, der am Festspielhaus mitarbeitete, zeichnete einen Plan nach dem anderen und zerriss jeden wieder, bis er enerviert das Handtuch warf. Daraufhin wurde der ebenfalls am Festspielhaus beteiligte Baumeister Carl Wölfel engagiert, ein gestandener Bayreuther, an dem jede Hektik abperlte und der das Wunder vollbrachte, Wagners wetterwendische Visionen in realisierbare Pläne umzusetzen. Über die Handwerker ärgerte sich Wagner ohne Ende. Sie arbeiteten ihm zu langsam. Seine sächselnden Anfeuerungen scheiterten an ihrer bayerischen Bierruhe. »Ärgersheim« werde er seine Villa nennen, schwor er mehrmals und wohl nie ganz ernsthaft. Und Carl Wölfel drohte er in einem Brief, »dass ich mir nie, selbst auch in Bayreuth nicht, wieder ein Haus bauen lassen werde«. Wölfel mochte dies als glückliche Verheißung empfunden haben.

Alle atmeten auf, als Wagner mit Cosima am 10. November 1872 eine Reise unternahm zur Anwerbung von Solisten für die ›Ring‹-Aufführung anlässlich der ersten Bayreuther Festspiele. Wagner hatte zwar schon einige Rollen fest besetzt: Wotan mit Franz Betz, Siegmund mit Albert Niemann, Woglinde, Helmwige und Waldvogel mit der 24-jährigen Lilli Lehmann – aber für die anderen Rollen suchte er noch die Besten. Dazu reiste er nach Würzburg, Darmstadt, Mannheim, Stuttgart, Straßburg, Karlsruhe, Wiesbaden, Mainz, Köln, Düsseldorf, Hannover, Bremen, Magdeburg, Dessau und Leipzig. Wagner erlebte einige seiner Meinung nach miserabel inszenierte Opern von Mozart und Meyerbeer, Beethovens ›Fidelio‹, den ›Fliegenden Holländer‹, ›Tannhäuser‹ und die ›Meistersinger‹. Es zeigte sich, dass für alle Rollen im ›Ring‹ geeignete Solisten gefunden werden konnten, auch wenn Wagner noch keine endgültige Auswahl getroffen hatte und weitersuchen wollte. Nur für Brünnhilde war keine Interpretin in Sicht. Alle Sängerinnen scheiterten an der schwierigen Rolle. Brünnhilde unsingbar? Wie das von Tristan behauptet worden war. Wagner war beunruhigt. Er bat Dirigenten und Intendanten an großen und kleinen Theatern um Mithilfe bei der Suche.

»Ring«-Fahndung nach Brünnhilde.

Schlechte Karten – ohne König

Wagner kehrte am 15. Dezember 1872 von seiner Reise heim und brach zusammen: das Herz! Der Arzt Dr. Landgraf empfahl Ruhe. Doch Wagner konnte es sich nicht versagen, seinen Frust über den eben erst erlebten Routinebetrieb an deutschen Repertoiretheatern schriftlich auszutoben. In seinem Artikel ›Ein Einblick in das heutige Opernwesen‹ geißelte er die miserable Regie, die mangelnde Ausbildung der Solisten und vor allem »dieses ganz nichtswürdige, außerdem durch lebenslängliche Anstellung ... unantastbar gehegte, oft halbe Jahrhunderte lang an unfähige Personen sich heftende Kapellmeisterwesen«. Die Folge davon sei eine »dumpfe Bewusstlosigkeit des Publikums«. Nur in Dessau hatte Wagner »nie eine edlere und vollkommenere Gesamtleistung auf dem Theater erlebt«. Er meinte Glucks ›Orpheus und Eurydike‹, einstudiert von dem Ballettmeister Richard Fricke, 54 Jahre alt, einem Tausendsassa des Theaters, den er sogleich für die Bayreuther Festspiele verpflichtete – ohne allerdings auf Frickes Fragen sagen zu können, wann sie genau stattfinden würden.

Denn: Der am 12. Mai 1871 von ihm überzeugend verkündete Eröffnungstermin im Jahre 1873 war nicht mehr aktuell. Wagner hatte ihn auf 1875 verschoben. Doch auch dieser Termin, so ahnte Wagner, würde nicht zu halten sein. Die Geldprobleme wuchsen schneller als die Mauern des Festspielhauses.

Und so entschloss sich Wagner im Januar 1873 trotz seiner Herzprobleme zu einer Konzerttournee. Seine Dirigentenhonorare sollten in den Bayreuther Fonds fließen. Außerdem wollte er weiterhin an den Bühnen nach einer Brünnhilde Ausschau halten.

Stationen seiner Reise waren Dresden, Hamburg, Schwerin, Köln, Kassel, Leipzig und Berlin, wo er am 9. Februar 1873 in Anwesenheit des Kaiserpaares dirigierte und ein Honorar von 5.400 Talern bekam. Die Gesamtsumme seiner Reisehonorare ist nicht bekannt, jedenfalls war es viel zu wenig, und Brünnhilde fand er auch nicht.

Zurückgekehrt nach Bayreuth, begann Wagner am 3. Mai 1873 mit der Partitur der ›Götterdämmerung‹: Endspurt für die Festspiele!

Zwischendurch versuchte Wagner immer wieder neue Geldquellen zu erschließen. So schickte er am 24. Juni Bismarck seinen Artikel ›Das Bühnenfestspielhaus zu Bayreuth‹ mit einer dezenten Bitte um staatlichen Zuschuss, doch der Eiserne Kanzler gab nicht einmal eine Antwort. Oder er initiierte eine vom Verwaltungsrat mit großem Fleiß durchgeführte Briefaktion an 4.000 Adressen ausgewählter Persönlichkeiten – ohne dass auch nur eine reagiert hätte. Gelegentlich tröpfelten unerwartete Gelder: Einige Göttinger Studenten sandten sechs Taler, die sie gesammelt hatten, und Hans von Bülow, der noble Freund, überwies Honorare seiner Konzertreisen an den Bayreuther Fonds.

Ende Juli kam Franz Liszt nach Bayreuth. Er wollte beim Richtfest des Festspielhauses am 2. August 1873 dabei sein. Eine fröhliche Feier sollte es werden fürs Volk. Doch das Richtfest auf dem Hügel von Bayreuth wurde ein Tanz auf dem Vulkan: flatternde Fahnen mit den bayerischen und deutschen Farben, Hochrufe, Handwerkersprüche, Fanfarenstöße, Blasmusik, Schunkelei, Feuerwerk – und dann der Finanzkrach! Am 30. August musste Wagner offiziell bekanntgeben, was er schon lange wusste und die Bayreuther ahnten: dass die Eröffnung der Bayreuther Festspiele nicht im Jahre 1875 stattfinden konnte, dass der Bau des Festspielhauses gefährdet war und demnächst eingestellt werden müsste, sollte nicht schleunigst Geld kommen.

Wagner hoffte auf Ludwigs sonst so bewährte Großzügigkeit. Doch der König spielte nicht mit, er verweigerte jede Zahlung und verwies auf sein Geldgeschenk für Wagners Villa.

Tatsächlich wuchs Wagners Herrenhaus in die Höhe, während das Festspielhaus als Ruine zu verkommen drohte und Bretter vor die Fensterhöhlen genagelt wurden, damit sich keine Vögel einnisteten.

Am 13. und 14. September 1873 kam Anton Bruckner zu Besuch, der Wagner bewunderte, ihn als »Euer Hochwohlgeboren« ansprach und fragte, ob er ihm seine 3. Symphonie widmen dürfe. Wagner las in der Partitur, war entzückt, umarmte und küsste Bruckner. Schließlich lud er ihn zu einigen Glas Bier ein, die Bruckner nicht zu verweigern wagte, was er anderntags bitter bereute.

Die Situation wurde immer trostloser. Am 20. November reiste Wagner nach München, um Ludwig II. im persönlichen Gespräch einen rettenden Geldbetrag abzuringen. Doch er wurde nicht vorgelassen. Hofsekretär Lorenz von Düfflipp machte wenig Hoffnung: Der König werde immer eigenartiger, schlafe tagsüber, wache nachts und spreche nur noch mit seinem Marstallfourier oder mit sich selbst.

Die Bayreuther Festspiele waren so gut wie erledigt. Trotzdem empfing Richard Wagner am 28. November den Bühnenmeister Carl Brandt und den Wiener Akademie-Professor Joseph Hoffmann, einen Landschaftsmaler, zu intensiven Gesprächen über das Bühnenbild.

Am Heiligen Abend 1873 vollendete Wagner die Partitur für den ersten Akt der ›Götterdämmerung‹. Am anderen Tag sangen seine vier Töchter und der kleine Siegfried den ›Kinderkatechismus‹: ein Geburtstagsgeschenk für Cosima, von Wagner in den letzten Tagen so ganz nebenbei komponiert.

Das Jahr 1874 begann mit einem neuen Vorstoß Wagners beim König mit Bitte um Unterstützung. Ludwig reagierte nicht. Das Hofsekretariat lehnte ab, endgültig.

Wenn nicht der König – dann der Kaiser! Wagners Idee: Der Kaiser solle ihm 100.000 Taler geben, dafür werde er, Wagner, im Jahre 1876 zur Feier des vor fünf Jahren mit Frankreich geschlossenen

Friedens den ›Ring des Nibelungen‹ drei Mal im Bayreuther Festspielhaus aufführen. Diesen Vorschlag sollte Großherzog Friedrich
von Baden dem Kaiser unterbreiten. Doch Friedrich sah keine
Chance, er lehnte die Vermittlerrolle ab. Die Festspiele waren nicht
kreditwürdig. Nichts ging mehr.

Festspiele gerettet – Festspielidee ruiniert

Die wunderbare Wende kam, wie gewohnt, im letzten Augenblick.
König Ludwig schrieb am 25. Januar 1874:»Nein! Nein und wieder
nein! So soll es nicht enden; es muss da geholfen werden.« Ludwig
gewährte einen Vorschuss von 100.000 Taler (2.500.000 Euro) auf
königliche Bürgschaften – aber nicht als Geschenk, nicht als Spende
zusätzlich zu den Erlösen der Patronatsscheine, sondern als Kredit,
der ab sofort aus den Verkaufserlösen der Patronatsscheine zurückgezahlt werden musste. Die Festspiele waren gerettet – aber Wagners
Idee von Volksfestspielen bei freiem Eintritt war dahin. Denn: Nun
mussten die Eintrittskarten verkauft werden.

Immerhin: Geld war da! Wagner verkündete sogleich den Beginn
der Festspiele für das Jahr 1876 und setzte alle unter Termindruck.
Nun hieß es: schnellstens Sänger und Sängerinnen engagieren, Proben beginnen, Brünnhilde finden, ›Götterdämmerung‹ vollenden,
Festspielhaus fertig bauen. Dort kletterten wieder Arbeiter auf den
Gerüsten herum. Die Bretter vor den Fensterhöhlen wurden entfernt, und von der Bürgerreuth pochten Hammerschläge vielver-
sprechend hinunter in die Stadt.

Auf dem Miedelspeunt konnte Wagner am 28. April 1874 sein
Wohnhaus beziehen, eine typische Künstlervilla des 19. Jahrhunderts im Stil der Neo-Renaissance, repräsentativ gebaut und luxuriös
möbliert. Architektonischer Kern waren zwei große Räume im Par-
terre: die »Halle« für Konzerte, Proben und Empfänge und der »Saal«
zum Wohnen, mit einer Rotunde zur Gartenseite. Um diese beiden
Räume gruppierten sich Cosimas »lila Salon«, ein Speiseraum und
zwei Gästezimmer. Im Zwischengeschoss lagen Bad und Ankleide-
zimmer, im Obergeschoss mehrere Kinderzimmer und Schlafräume.
Die Küchengerüche kamen aus dem Souterrain.

An den rot getönten Wänden der »Halle« war auf goldfarbenem Untergrund der »Nibelungenfries« zu sehen: eine Reihe von Kopien aus dem berühmten Nibelungenzyklus in der Münchner Residenz, verbunden durch ein von Cosima entworfenes Flechtornament. Vor den Wänden standen in Reih und Glied einige Marmorstatuetten, die Gestalten aus Wagners Werken darstellten. Nibelungenfries und Statuetten waren ein Geschenk König Ludwigs.

Der »Saal« entsprach Wagners extremem Luxusbedürfnis: Fauteuils, Sofas, zweisitzige Causeusen für vertrauliche Gespräche und gepolsterte Hocker, mit Samt, Atlas und Damast in Pastellfarben bezogen, Tischchen mit Intarsien aus Goldblättchen und Elfenbein, ein Schreibtisch mit Marmorplatte, Vorhänge aus Samt und Damast, schwere Portieren an den Türen, kreuz und quer liegende Orientteppiche, Tapeten aus Seide, dazu gerahmte Gemälde an den Wänden, kostbar gebundene Bücher, und über allem schwebte mit gleichsam segnenden Armen ein Kronleuchter von gewaltiger Dimension.

An der Hausfront dominierte ein nach Wagners und Cosimas Ideen vom Dresdner Maler Robert Krausse gestaltetes Sgraffito. Es zeigt einen Mann mit Wotanshut, zwei Frauen in griechischen Gewändern und einen Knaben mit Helm und Schwert. In einem Brief an Ludwig erklärt Wagner das Sgraffito so: »Dieses stellt ... das Kunstwerk der Zukunft dar. Die Mitte nimmt der germanische Mythos ein: da wir charakteristische Physiognomien haben wollten, bestimmten wir hierzu den Kopf des verstorbenen [Tristan-Sängers] Ludwig Schnorr; ihm fliegen von beiden Seiten die Raben Wotans zu, und er kündet nun die empfangene Märe zwei Frauengestalten, von denen die eine die antike Tragödie mit der Portraitähnlichkeit der Schröder-Devrient, die andere aber die Musik mit dem Kopfe und der Gestalt Cosimas darstellt; ein kleiner Knabe, als Siegfried gewappnet, mit dem Kopfe meines Sohnes, blickt an ihrer Hand mit mutiger Lust zur Mutter Musik auf.«

Unter dem Sgraffito ist eine gemeißelte Inschrift zu lesen: »Hier wo mein Wähnen Frieden fand – Wahnfried sei dieses Haus von mir benannt«.

Die Villa Wahnfried war Hauptquartier der Bayreuther Festspiele, Schauplatz intensiver Proben mit Sängern und Sängerinnen, gesellschaftlicher Verkehrsknotenpunkt für Künstler, Aristokraten, Politiker und Kaufleute. (Heute ist Wahnfried für jedermann zugänglich. Die Villa gehört inzwischen der Stadt Bayreuth und beherbergt das Richard-Wagner-Museum.)

»Ich habe meine Brünnhilde gefunden«

Mitte Juni 1874 begannen in Wahnfried erste Proben mit einigen Solisten – und der ›Ring‹ war noch nicht vollendet!

Im Wettlauf mit der Zeit erzielte Wagner am 26. Juni einen Etappensieg: Die Partitur des zweiten Aktes der ›Götterdämmerung‹ wurde fertig. Am 10. Juli begann er mit der Partitur des dritten Aktes.

Am 30. Juli machte Amalie Materna in Wahnfried ihre Aufwartung, früher eine populäre Operettendiva, 30 Jahre alt, die sich seit einiger Zeit dem hochdramatischen Fach zugewandt hatte und an der Wiener Hofoper sang. Wohl wegen ihrer Herkunft von der Operettenbühne war sie Wagner noch nicht ins Visier geraten. Wagner begrüßte sie überschwänglich, entzückt von ihrer Schönheit, und lud sie für den Abend zu einem Künstlerfest ein.

Als sich Amalie Materna ins Gedränge illustrer Gäste mischte, eilte Wagner auf sie zu. Er überreichte ihr einige Blätter und sagte: »Liebe Frau Materna, nicht wahr, Sie erfreuen uns damit.« Sie blickte auf die Blätter: die Eintrittsarie der Elisabeth aus ›Tannhäuser‹! »Mir wurde bang und bänger«, wird sie später in der ›Neuen Freien Presse‹ schreiben. Wagner führte sie zum Klavier, wo Josef Rubinstein saß und sogleich zu spielen begann. Und Amalie Materna sang »Dich, teure Halle, grüß ich wieder«, zunächst aufgeregt, irritiert von Wagners überfallartiger Bitte, doch dann entfaltete sich ihre Stimme wunderbar in der Halle von Wahnfried. Wagner stutzte, warf die Arme empor, und als sie zum Schluss das hohe H schmetterte – da sprang er auf. Er umarmte und küsste sie und rief: »Ich habe meine Brünnhilde gefunden! Ja, ich habe sie endlich gefunden. Ach, wie bin ich glücklich.« Und sogleich engagierte er Amalie Materna vor der jubelnden Gesellschaft offiziell als »seine Brünnhilde« – ohne dass sie einen Ton dieser extrem schwierigen Rolle hätte singen müssen. Er hatte sie in der vergleichsweise einfachen Rolle Elisabeths gehört, das genügte ihm, und unversehens fand sich die ehemalige Operettendiva auf dem Walkürenfelsen wieder.

Wagner wollte die Materna gleich für Proben dabehalten. Doch sie musste am nächsten Tag zurück nach Wien. Wenige Tage später erhielt sie per Post die Abschriften von Texten und Klavierauszügen für das Studium der Brünnhilde.

Dass die Post so schnell abgehen konnte, verdankte Amalie Materna der Nibelungen-Kanzlei. So wurde die von Wagner handverlesene Truppe hochbegabter junger Musiker genannt, die im ersten Stock des Gasthauses »Weißes Lamm« arbeiteten und hausten. Sie machten schnell und präzise die verschiedensten Abschriften, Reinschriften von Partituren, Klavierauszüge und übernahmen nach und nach auch Probenarbeiten, Regieassistenzen und Korrepetitionen (Einstudieren von Sängern und Sängerinnen nur mit Klavierbegleitung).

Zu den so genannten Nibelungen-Kanzlisten gehörten: der Russe Josef Rubinstein, 27 Jahre alt damals, den wir schon in Tribschen kennen gelernt haben, der mazedonische Musikwissenschaftler Demetrius Lalas, 26, der ungarische Dirigent Anton Seidl, 24 (später an der Metropolitan Opera New York) und der Dirigent Hermann Zumpe, 24 (später Generalmusikdirektor in München). Zu dieser Gründergruppe kamen ziemlich schnell dazu: der Österreicher Felix Mottl, 18 Jahre, ein hochbegabter Dirigent (später Nachfolger Zumpes als Generalmusikdirektor in München), der Liszt-Schüler Berthold Kellermann, 19, der Tenor Ferdinand Jäger, 38, der Dirigent Franz Fischer, 21, der Chordirigent Heinrich Porges, 37, und der Musikpädagoge Engelbert Humperdinck, 20, der später mehrere Opern komponieren wird, unter anderem ›Hänsel und Gretel‹. Die Mitglieder der Nibelungen-Kanzlei wurden »Wagnerianer« genannt. Später wird dieser Ausdruck für Wagner-Bewunderer generell gelten.

Wagner lud seine Assistenten mindestens einmal wöchentlich zu gemeinsamem Musizieren nach Wahnfried. »Sie behaupten, hierbei einzig etwas zu lernen, jedenfalls mehr als in den teuer ausgehaltenen Konservatorien« (Wagner in einem Brief an König Ludwig).

Täglich besuchte Wagner die Nibelungen-Kanzlisten im »Weißen Lamm«, er kontrollierte die Arbeiten und lud sie anschließend zu einem Umtrunk in der Gaststube ein. Dabei trug er bei ihm auffällige, weil völlig normale Kleidung: braune Jacke, graukarierte Hose, Leinenhemd und Strohhut. Kaum war er zu Hause in Wahnfried, warf er sich in Samt und Seide: samtenes Jackett, Samthose, Samtbarett, Samtstiefeletten, Seidenhemd, Seidenwäsche, Seidenstrümpfe, alles in wohl aufeinander abgestimmten Farben. Stiefeletten beispielsweise hatte er in Weiß, Rosé, Blau, Gelb, Karmesin, Grau. Seine Stoffe pflegte er in Wien zu bestellen, seine Parfums in Paris, seinen Schnupftabak in Berlin.

Brustschmerz, Herzattacke – ›Ring‹ vollendet!

Eines Tages kam Wagner auf die Idee, Marmorbüsten von sich und Cosima modellieren zu lassen. Er beauftragte den befreundeten Dresdner Bildhauer Gustav Adolph Kietz. Während Cosima bewegungslos Modell saß, brachte Wagner den Bildhauer zur Verzweiflung. Er schnitt Grimassen, zog mit den Fingern die Mundwinkel auseinander, sprang mitunter auf und davon, um einen Einfall zu notieren oder mit den Kindern zu spielen. Gerne kroch er auf allen vieren durch die Halle, damit sein Sohn Siegfried auf ihm reiten konnte. Er verwöhnte die Kinder – ganz im Gegensatz zu Cosima, die, selbst von Gouvernanten erzogen, ein strenges Regime führte. Die Kinder mussten ihr beim Betreten des Raumes die Hand küssen, und wenn sie nicht parierten, gab es Schläge oder nichts zu essen. Auch in Wahnfried war eine Gouvernante für die Kinder engagiert, dazu ein Kindermädchen, außerdem ein ganzer Hofstaat von Hausangestellten: Köchin, Kammerjungfer, Stubenmädchen, Hausmeister und Gärtner.

Wagners Sekretärin war Cosima. Er diktierte ihr Briefe und Artikel in unübersehbarer Zahl und seine Autobiographie ›Mein Leben‹. Sie verwaltete seine Termine und schirmte ihn bei der Arbeit ab. Wie eine Krankenschwester sorgte sie für seine Gesundheit.

Am 20. November 1874 klagte Wagner über Brustschmerzen, die eine Herzattacke ankündigten. Hausarzt Dr. Landgraf verordnete Tropfen, Spaziergänge und Ruhe. Vor allem Ruhe! Doch Wagner machte weiter, getrieben von einer Art Runner's High, von der überschießenden Energie eines zu Tode erschöpften Marathonläufers knapp vor dem Ziel. Am nächsten Tag vollendete er trotz Schmerzen, unter äußerster Anspannung seiner Kräfte die Partitur zum dritten Akt der ›Götterdämmerung‹ – und damit den gesamten ›Ring des Nibelungen‹.

Über ein Vierteljahrhundert lang hat Wagner mit Unterbrechungen daran gearbeitet und seine Leitmotivtechnik über den ›Ring‹ hinweg, über ›Rheingold‹, ›Walküre‹ und ›Siegfried‹ bis zur ›Götterdämmerung‹ beständig weiter ausgearbeitet und intensiviert. So ergab sich ein hochkompliziertes Geflecht vorausdeutender und zurückdeutender Motive, ein kompositorisches Gewebe von Sphären, Stimmungen, Ahnungen und Erinnerungen. Wer diese Zauberklänge zu analysieren versucht, steht fassungslos vor einer intellektuellen und traumwandlerischen Rekordleistung, die Wagner im ›Ring‹ und besonders in der Zielgeraden, wo alles zusammenfloss, geboten hat.

Und nun war's vollbracht – am 21. November 1874. Auf die letzte Partiturseite schrieb Wagner: »Vollendet in Wahnfried; ich sage nichts weiter!! R.W.«

Kurz darauf kam Cosima ins Zimmer. Sie sah, dass er nicht arbeitete, blickte nicht auf die Partitur und fragte ihn, was sie wohl auf einen vor kurzem erhaltenen Brief ihres Vaters Franz Liszt antworten solle. Wagner wies auf die letzte Partiturseite und sagte bitter: wenn ein Brief von Franz Liszt käme, sei alle Teilnahme für ihn weggewischt. Cosima las das Wort »Vollendet ...«. Sie begann zu weinen und notierte später in ihrem Tagebuch: »So feiere ich sie [die Vollendung] im Schmerze, segne das hehre, wundervolle Werk mit meinen Tränen.«

Rollentausch mit dem Herrn des Feuers

Und immer wieder diese Brustschmerzen, diese Herzattacken, die ewig gleichen Empfehlungen des Hausarztes: Tropfen schlucken, spazieren gehen, Ruhe geben!

Doch Wagner trieb es um. Die Festspiele 1876 vor Augen, kümmerte er sich um Bühnenbilder, Requisiten, Kostüme. Er fuhr nach

Coburg und Leipzig und kontrollierte die Arbeiten in den Werkstät-
ten. Beruhigend war, dass er nahezu alle Sänger und Sängerinnen
unter Vertrag hatte – ohne Gagen zahlen zu müssen, nur gegen Ent-
schädigung der Kosten. Sogar der für seine Geschäftstüchtigkeit bekannte Tenor Albert Niemann wollte den Siegmund ohne Gage singen. Er hatte, wie erinnerlich, beim ›Tannhäuser‹-Skandal in Paris
nach drei ausgepfiffenen Vorstellungen 60.000 Francs Garantiehonorar kassiert.

Anfang des Jahres 1875 schlugen Bankier Feustel und Bürgermeister Muncker wieder einmal Alarm: Es war kaum noch Geld in
der Kasse und die Festspiele waren in Gefahr! Wagner ging auf Konzerttournee. Als Dirigent konnte er Spitzengagen verlangen und
dem Festspielfonds zukommen lassen.

In Wien ergab sich am 1. März ein neues Problem: Bei einem
Konzert mit Ausschnitten aus der ›Götterdämmerung‹ erwies sich
Amalie Materna als Brünnhilde dermaßen brillant, dass der für Bayreuth ausersehene Siegfried-Sänger Franz Glatz neben ihr nicht bestehen konnte und durchfiel. Nun stand Wagner ohne Siegfried da!

Zwei Tage später waren er und Cosima die Ehrengäste bei einem
der legendären Atelierfeste des Wiener Malerfürsten Hans Makart. In
seiner »sublimen Rumpelkammer« – so bezeichnete Cosima das Atelier – bot Makart eine gesellschaftliche Melange, die es so schnell
kein zweites Mal gab. Honoratioren samt ihren Gemahlinnen drängten sich hautnah mit Frauen jedweder Provenienz, Hauptsache, sie
waren hübsch: bekannte und unbekannte Schauspielerinnen, Sängerinnen, Tänzerinnen, höhere Töchter, Dienstmädchen, Wäscher-
mädel, Malermodelle und die Virtuosinnen des horizontalen Gewer-
bes. Zwischen wogenden Busen stieß Wagner auf seinen Dresdner
Revolutionsgefährten Gottfried Semper, den genialen Baumeister,
mit dem er sich wegen des geplatzten Festspielprojekts in München
verkracht hatte. Und nun feierten sie Versöhnung bis zum Morgengrauen.

Von Wien führte Wagners Konzertreise weiter über Budapest,
Leipzig, Hannover, Braunschweig, Berlin und am 26. April zurück
nach Bayreuth. Am 1. Mai starb abends Russ, Wagners geliebter Neufundländerhund. Die Familie begrub ihn mit vielen Tränen im Garten von Wahnfried und ließ eine Grabplatte meißeln: »Hier ruht und

wacht Wagners Russ«. Am 4. Mai reiste Wagner mit Cosima nach Wien. Beim Konzert am 6. Mai gab es wieder Ausschnitte aus der ›Götterdämmerung‹, doch diesmal ohne Siegfried. Noch war kein Sänger gefunden, sehr zum Kummer Wagners, der allmählich in Panik geriet.

Amalie Materna war wieder perfekt als Brünnhilde, und neben ihr brillierte Georg Unger als Loge, als listiger Halbgott und Herr des Feuers. Er sang um eine Idee fröhlicher, gleichsam sonniger, als dem mephistophelischen Wesen des Loge angemessen war – und Wagner hatte einen Gedankenblitz: Dieser Loge war sein Siegfried! Georg Unger wurde auf der Stelle als Siegfried engagiert und die Rolle des Loge dem Münchner Tenor Heinrich Vogl übertragen.

»*Woher soll ich die Lebenskraft nehmen?*«

Am 17. Juli 1875 traf Hans Richter in Bayreuth ein, von Wagner als Dirigent für die Festspiele 1876 auserwählt. Hans Richter war, wie erinnerlich, wegen seines Protests gegen die von König Ludwig befohlene ›Rheingold‹-Uraufführung in München entlassen worden; inzwischen hatte er sich als Erster Kapellmeister an der Wiener Hofoper glänzend bewährt. Die Vorproben begannen mit Schwung, vorerst nur mit Klavierbegleitung in der Halle von Wahnfried, ab 1. August dann mit Orchester auf der Bühne des Festspielhauses, wo noch das Gerüst stand und Balken herumlagen.

Als Wagner nach den Proben am 13. August für 150 Mitwirkende im Garten von Wahnfried ein Abschiedsfest gab, stand, für viele unerwartet, die Bronzebüste König Ludwigs vor dem Portal, ein Werk des Bildhauers Caspar Zumbusch, seit kurzem erst aufgestellt (und heute noch dort zu sehen). Die Gäste waren guter Dinge – ohne zu ahnen, dass der Festspieltermin wieder einmal zu platzen drohte. Der Kredit des Königs war aufgebraucht und musste mit den Erlösen der Patronatsscheine abgezahlt werden.

Wagner hatte Brustschmerzen, Herzattacken, versuchte Gelder zu beschaffen und sah sich unerwarteten Geldforderungen von Theaterdirektoren ausgesetzt, die ihre Sänger und Sängerinnen nur gegen Honorar für die Festspiele ausleihen wollten. Er fühlte sich ge-

radezu erpresst. Am meisten vom Wiener Hofoperndirektor Franz
Jauner. Der forderte kein Geld – dafür aber von Wagner eine ›Walküre‹-Inszenierung an der Hofoper, und zwar noch vor den Festspielen. »Ohne ›Walküre‹ in Wien keine Walküre Materna in Bayreuth«,
kalauerte Jauner drohend. Wagner wollte die ›Walküre‹ unter keinen
Umständen noch einmal aus dem ›Ring‹-Zyklus herausbrechen lassen und offerierte eine andere Inszenierung nach Jauners Wunsch.
Jauner witterte Wagners Erpressbarkeit und wünschte sich gleich
zwei Inszenierungen: ›Tannhäuser‹ mit dem Bacchanal der Pariser
Aufführung und dazu ›Lohengrin‹, beide noch in diesem Jahr.

Und so inszenierte Wagner ab 1. November den ›Tannhäuser‹ in
Wien. Der Zeitdruck war enorm: Premiere schon am 22. November!
Nach der viel bejubelten Aufführung ging er sofort die ›Lohengrin‹-
Inszenierung an. Nochmals Termindruck: Premiere am 15. Dezember, wieder ein Riesenerfolg!

Am 17. Dezember 1875 reiste Wagner zu einer weihnachtlichen
Verschnaufpause heim nach Bayreuth. Im neuen Jahr begann er die
Komposition des ›Großen Festmarsches zur Eröffnung der hundertjährigen Gedenkfeier der Unabhängigkeitserklärung der Vereinigten
Staaten von Nordamerika‹, eine Auftragsproduktion für den »Festfeier-Frauenverein von Philadelphia«, die ihm 5.000 Dollar (115.000
Euro) Honorar und 9.000 Mark (72.000 Euro) von Schott für die Verlagsrechte einbrachte. Dann ging's gleich weiter zu Gastkonzerten
und zu einer ›Tristan‹-Inszenierung nach Berlin. Bei der Premiere
wurde er in der Pause von Kaiser Wilhelm I. empfangen.

Schließlich hatte er so viel Honorare beisammen, dass am 3. Juni
1876 die Proben in Bayreuth beginnen konnten – diesmal unter
doppeltem Termindruck. Denn erstens begannen die Festspiele am
13. August und zweitens reichte das Geld nur bis zum 30. Juni. Bankier Feustel hatte den Termin akkurat berechnet und erklärt: Sollte
bis dahin kein Geld in die Kasse kommen, müssten die Künstler
heimgeschickt und die Festspiele abgeblasen werden – und zwar
endgültig.

So versuchte denn Wagner neben den anstrengenden Probenarbeiten auch weitere Geldquellen zu erschließen. Ohne Erfolg. In
höchster Not wandte er sich an König Ludwig mit der Bitte um Stundung der Kredit-Rückzahlungen. Ludwig ließ Wagner warten. Erst

am 29. Juni, am letzten Gnadentag, bevor das Fallbeil auf die Festspiele niedersausen sollte, kam die erlösende Nachricht: Rückzahlung gestundet – bis zum Verkauf des 800. Patronatsscheines. Nun flossen endlich wieder die Erlöse der Patronatsscheine in den Festspielfonds. »Es ist ein Wahnsinn, woher soll ich die Lebenskraft nehmen?«, sagte Wagner damals zu Freunden. Wagner brauchte Hilfe.

Richard Fricke: der Tausendsassa von Bayreuth

»Sie müssen mir alles sein, Sie müssen mir helfen, und Sie sind der Tausendsappermenter, der das auch alles kann«, schrieb Wagner an Richard Fricke aus Dessau, den er, wie erinnerlich, im Winter 1872 nach einer glanzvollen Aufführung von Glucks ›Orpheus und Eurydike‹ engagiert hatte. Fricke, 54 Jahre alt, drahtig, klein, grauhaarig, war Ballettmeister, aber weit mehr als das, ein Allroundtalent des Theaters: Dramaturg, Regisseur, Korrepetitor und Choreograph, der es glänzend verstand, musikbegleitende Gesten im Sinne Wagners einzustudieren.

So ein »Tausendsappermenter« war auch nötig, denn aus vielen Aufzeichnungen über die Proben geht hervor, dass Wagner, von Geldsorgen, Überarbeitung und Brustschmerzen offensichtlich zermürbt, seine suggestive Wirkung als Regisseur nur bedingt geltend machen konnte. Mehr noch: Er brachte häufig alles durcheinander, verlangte heute eine Szene anders gespielt und gesungen als gestern und geriet immer wieder in Wut: »Wagner schrie, lief mit geballten Fäusten herum, stampfte mit den Füßen«, berichtete zum Beispiel Dr. Ludwig Strecker, Verlagsleiter bei Schott, der nur kurz eine Probe erlebt hatte. Von einer Sekunde zur anderen konnte Wagners Stimmung wieder umschlagen, er entschuldigte sich dann mit Umarmungen und überschwänglichem Charme bei den Künstlern, die er soeben harsch kritisiert oder auch nur irritiert hatte. Doch eine verfahrene Situation war dann kaum noch zu retten: »Heute . . . hatte er es mit der Materna zu tun, einer Sängerin von Gottes Gnaden. In dem Moment, als die Materna in das vollste Feuer geraten singt . . . springt Wagner ein, zieht sie nach einer anderen Stelle, nicht etwa sanft, unterbricht den Gesang. Es wird wiederholt. Materna kann nicht noch einmal in die tief empfundene Stimmung hineinkommen, sie ist wie mit kaltem Wasser überschüttet, sie macht Fehler . . .« So schrieb Richard Fricke in seinen Erinnerungen.

Richard Frickes Einfluss aufs Gelingen der Festspiele ist nicht zu unterschätzen. Er war ein guter Menschenführer, der Wagners Temperament zu zügeln wusste und mit den irritierten Künstlern in aller Ruhe probte. Manchmal versuchte er, »der Sache noch Herr zu werden, ohne dass Wagner es merkt«. Manchmal gab ihm Wagner auch Anweisungen, die Fricke kaum verstand: »Er spricht ungefähr wie einer, der für sich und mit sich spricht, dann braust er wieder derartig heraus, dass man sich den Zusammenhang nur annähernd zusammenreimen kann . . . Man muss höllisch aufpassen.« Zu allem Überfluss bekam Wagner auch noch einen eitrigen Zahn, und mit geschwollener Backe war er noch wütender und schwieriger zu verstehen. Vor sich hinsächselnd schimpfte er, dass der österreichische Dialekt seines hoch geschätzten und schnell zum Freund avancierten Assistenten Felix Mottl nicht zu verstehen sei.

Auch ärgerte er sich über die Kostüme des Berliner Professors Carl Emil Doepler, den Cosima als »Stümper« bezeichnete. Sie notierte ins Tagebuch: »Die Kostüme erinnern durchwegs an Indianerhäuptlinge und haben neben dem ethnographischen Unsinn noch den Stempel der Kleine-Theater-Geschmacklosigkeit.« Wie Indianerhäuptlinge sahen die Gestalten zwar nicht aus, aber Doeplers »Kleine-Theater-Geschmacklosigkeiten« prägten über Jahrzehnte hinweg ein spießbürgerlich verkitschtes Germanenbild: Männer mit Rauschebärten und bandagierten Waden, gewandet in Bärenfelle, historisierende Waffenhemden und Rüstungen, die es nie gab; Frauen mit quellendem Blondhaar, wuchtigem Schmuck, wallenden Gewändern und geharnischten Busen. Männer wie Frauen waren mit phantasievollen Schilden, Speeren und Schwertern bewaffnet, auf ihren Helmen sprossen Adlerschwingen aus versilbertem Blech. Wagner verkleidete sich gerne mit Doeplers verhassten Klamotten. Als die Proben einmal bis Mitternacht dauerten, tauchte er mit Bärenfell, Helm und Spieß auf, um das Nachtwächterlied zu singen: »Hört ihr Leute, lasst euch sagen, unsre Uhr hat zwölf geschlagen.«

Während der Proben konnte es Wagner – so Fricke – »nicht unterlassen, schlechte und gute Witze zu reißen«. Er kletterte gerne auf

den von Professor Josef Hoffmann entworfenen und von den Gebrü-
dern Brückner gefertigten Bühnenbildern herum. Beim Kampf Hun-
dings gegen Siegmund führte er – wunderlich anzusehen mit seiner
verbundenen Backe – so halsbrecherisch Regie, dass Albert Niemann, Darsteller des Siegmund, einen Absturz des Meisters befürchtete und schrie: »Gerechter Himmel, wenn er fällt, ist alles aus.«

Rheintöchter: Ach und Weh statt Wagalaweia

Eine besondere Rolle beim ›Ring des Nibelungen‹ spielte Bühnenmeister Carl Brandt aus Darmstadt, gelegentlich assistiert von seinem Sohn Fritz, der mit ausgefallenem Erfindungsreichtum die so
genannten Wundermaschinen konstruierte, so zum Beispiel drei
Schwimmmaschinen für die Rheintöchter Woglinde, Wellgunde und
Floßhilde. Es waren vierrädrige Karren, auf denen sechs Meter lange
Eisenstangen emporragten. Die Sängerinnen wurden oben in horizontalen Korsetts auf dem Bauch liegend festgeschnallt und schienen auf der Bühne zu schwimmen.

Zunächst sah es so aus, als würde Brandt mit seinen Schwimmmaschinen baden gehen. Denn als die drei Rheintöchter Lilli Lehmann, Marie Lehmann und Minna Lammert zum ersten Mal davor
standen, erklärten sie: Nein! Niemals! Doch Marie Lehmann erlag
bald Wagners Charme und Frickes ruhigen Überredungskünsten.
Sie stieg über eine Leiter hinauf und ließ sich im Korsett fest-
schnallen. Und nun folgten Lilli Lehmann und Minna Lammert. Das
erste, was die Rheintöchter hören ließen, war nicht Wagners Text
»Weia! Waga! Woge du Welle, walle zur Wiege! Wagalaweia«, sondern
ein »Ach und Weh, Schreien und Quieken«, so erinnert sich Fricke.
Jeder Schwimmwagen wurde von einem Assistenten aus der Nibelungen-Kanzlei und zwei Arbeitern auf genau vorgeschriebenen, mit
Kreide eingezeichneten Kurven hin- und hergeschoben. Die drei
Assistenten – Mottl, Seidl, Fischer – mussten die Hebevorrichtungen
so betätigen, dass die Rheintöchter entsprechend der Musik auf und
ab wogten. Ihre Schwimmbewegungen hatten die Sängerinnen nach
einer genau ausgearbeiteten Choreographie Frickes auszuführen.
Während der Proben kam der einfallsreiche Bühnenmeister Brandt

noch auf die Idee, große, stählerne Schweife an die Schwimmwagen zu montieren, die von den drei Nibelungen-Assistenten in Schwingungen versetzt wurden und solcherart die quer liegenden Sängerinnen wie in zarten Wellenbewegungen schaukeln ließen. Die Rheintöchter wurden fast seekrank davon!»Mottl, ich spuck Ihnen auf den Kopf, wenn Sie mich nicht ruhig halten«, drohte Floßhilde von oben. Bei dieser Tortur mussten die Sängerinnen, es sei nicht vergessen, auch noch singen, und zwar so, dass sie Wagners hohen Ansprüchen genügten. Sie schafften es, wunderbarerweise, auch wenn sie nach den Proben von Kreuzschmerzen gepeinigt stundenlang kaum gehen konnten.»Wagner knutschte uns dann unter Freudentränen gehörig ab«, schrieb Lilli Lehmann in ihren Memoiren.

Eine spektakuläre Spielerei des Bühnenmeisters Brandt war der Drache, den Siegfried töten sollte, ein Monstrum furchterregender Art, Feuer und Rauch speiend, die Augen verdrehend, mit beweglichen Beinen und einem gleichsam Takt schlagenden Wackelschwanz. Der Drachenkopf wurde von einem Bildhauer in London gestaltet, der sich ein hohes Maß an schöpferischen Pausen gönnte. Trotz telegrafischer Ermahnung kam und kam der Drachenkopf nicht nach Bayreuth. Also musste mit einem kopflosen Drachen geprobt werden.

Brandts Wundermaschinen wurden später viel kritisiert. Sie brachten den Hautgout von Jahrmarkt und Tingeltangel in die Festspiele. Wagner ahnte es beizeiten, doch die Entwicklung war nicht mehr aufzuhalten. Unabhängig davon empfand Wagner wegen der vielen misslungenen Proben »immer tiefere Einsicht in die Unvollkommenheit der Darstellung«, schrieb Cosima ins Tagebuch. Zu Fricke sagte er:»Nächstes Jahr machen wir alles anders.« Der 13. August, Eröffnungstermin der ersten Bayreuther Festspiele, rückte immer näher – und wurde für Wagner offensichtlich zum Albtraum. Am 22. Juli trat er nachts mit Cosima in Wahnfried ans Fenster. Er blickte zu seinem Lieblings-Sternbild empor, zum Großen Wagen, und sprach:»Beschütze mein Weib und meine Kinder, guter Stern, mit mir mache, was du willst.« – Todessehnsucht?

»Nie wieder! Nie wieder!«

Die Feierlichkeiten der ersten Bayreuther Festspiele begannen mit einem Präludium der seltsamen Art. König Ludwig wollte zur Eröffnung nicht erscheinen, kam aber zu den Generalproben vom 6. bis 9. August, ganz im Geheimen und nachts, nur Wagner und einige wenige waren eingeweiht. Kurz nach Mitternacht hielt der königliche Sonderzug mit fünf Waggons auf offener Strecke nahe dem Gasthaus Rollwenzelei. Beim Licht des fast vollen Mondes stieg Ludwig aus dem ersten Waggon. Er reichte Wagner schweigend die Hand. Beide fuhren in der Königs-Equipage zum Schloss Eremitage, wo sie sich bis drei Uhr unterhielten. Nachts noch hatte sich die Ankunft Ludwigs herumgesprochen. Am Morgen war die Stadt beflaggt, jubelnde Menschen standen Spalier, aber keiner sah den König, der in seiner Equipage hinter zugezogenen Vorhängen zum Festspielhaus fuhr. Am 9. August, nach der ›Götterdämmerung‹, reiste König Ludwig ab, so gespenstisch wie er gekommen war: zur Mitternacht auf offener Strecke nahe der Rollwenzelei.

Warum er nicht zu den Festspielen kam, teilte er Wagner in einem Brief mit: »Die mehr oder weniger verhassten Fürstlichkeiten in Bayreuth ... persönlich zu empfangen und ihr Geschwätz anzuhören ... statt mich in Ihr hehres Götterwerk zu vertiefen, dazu konnte ich mich nie und nimmer entschließen.«

Am 13. August 1876 ertönten erstmals die Fanfaren vom Balkon des Festspielhauses. Eröffnung der ersten Bayreuther Festspiele mit der Premiere von ›Rheingold‹! »Es schien sehr wahrhaftig, dass so noch nie ein Künstler geehrt worden sei; denn hatte man erlebt, dass ein solcher zu Kaiser und Fürsten gerufen worden war, so konnte doch niemand sich erinnern, dass je Kaiser und Fürsten zu ihm gekommen seien«, schrieb Wagner in seinem ›Rückblick auf die Festspiele des Jahres 1876‹.

Tatsächlich kamen Kaiser Wilhelm I. und Kaiser Dom Pedro II. aus Brasilien, der König von Württemberg, preußische Prinzessinnen, Großherzog Carl Alexander von Sachsen-Weimar-Eisenach, Fürst Liechtenstein und Graf Andrássy aus Wien, Graf und Gräfin Schleinitz und zahlreiche Zelebritäten der deutschen und interna-

tionalen Aristokratie, aber auch die Elite der Künstler. Franz von Lenbach, Adolph von Menzel, Hans Makart zum Beispiel; die Komponisten Anton Bruckner, Edvard Grieg, Pjotr Iljitsch Tschaikowskij, um
nur einige zu nennen, die meisten Theaterdirektoren und Intendanten, viele berühmte Schauspielerinnen und Schauspieler, Sängerinnen und Sänger. So gut wie alle Rezensenten von Rang waren in Bay-
reuth, Eduard Hanslick natürlich von der Wiener ›Neuen Freien
Presse‹, Gustav Engel von der ›Vossischen Zeitung‹ in Berlin, Albert
Wolf vom Pariser ›Figaro‹ und so weiter. Dazu Industrielle, Kaufleute,
Bankiers, Wissenschaftler, Universitätsprofessoren. Von Wagners
Freunden waren da: Franz Liszt, Nietzsche, Gottfried Semper, Joseph
Tichatschek, Edouard Schuré, Dr. Pusinelli, Dr. Standhartner, das
Ehepaar Wesendonck, Malwida von Meysenbug, Mathilde Maier,
Jessie Laussot und Judith Gautier, der »Orkan«, seit zwei Jahren von
Catulle Mendès geschieden und offen für eine Affäre mit Richard
Wagner. Hans von Bülow, der Getreue, der Betrogene, obwohl einge-
laden, kam nicht zu den Festspielen.

Unmittelbar vor Beginn der Vorstellung verfasste Wagner für
die Künstler eine »Letzte Bitte an meine lieben Genossen. !Deutlich-
keit! – Die großen Noten kommen von selbst; die kleinen Noten und
ihr Text sind die Hauptsache. – Nie dem Publikum etwas sagen, sondern immer den Anderen; in Selbstgesprächen nach unten oder
nach oben blickend, nie gerad'aus. – Letzter Wunsch: Bleibt mir gut,
Ihr Lieben! Bayreuth, 13. August 1876. Richard Wagner.«

Gegen 7 Uhr abends betrat der ansonsten stets glanzvoll unifor-
mierte Kaiser Wilhelm I. in bürgerlicher Kleidung die Mittelloge.
Aufbrausender Jubel, majestätische Verbeugungen – plötzliche Dunkelheit. Das Licht war zu früh abgedreht worden. Sogleich begannen
115 Musiker mit Konzertmeister Wilhelmj unter der Leitung von
Hans Richter zu spielen, aus dem mystischen Abgrund ertönte der
langsam sich aufbauende Es-Dur-Akkord des ›Rheingold‹-Vorspie-
les.

Dann hob sich der nach oben und seitwärts geraffte Vorhang, die
so genannte »Bayreuther Blende« – und danach ging fast alles daneben. Göttervater Wotan, vulgo Franz Betz, ließ den fluchbeladenen
Ring fallen und rannte zwei Mal gegen die Kulissen. Eine Zwischen-
wand wurde zu früh zur Seite gezogen – und statt der Nibelungen-

Zwerge erblickte das Publikum hemdsärmelige Bühnenarbeiter, die nach einer Schrecksekunde davonflitzten. Vom Luftzug einer unbeabsichtigt geöffneten Tür wurden die blau und rot illuminierten Dämpfe, eine Spezialität von Bühnenmeister Brandt, ins Publikum und in den mystischen Abgrund des Orchestergrabens geweht. »Zum Schluss wurde Wagner eine halbe Stunde lang gerufen – kam aber nicht«, schrieb Fricke ins Tagebuch. Und weiter: »Er saß außer sich in seinem Zimmer, schimpfte auf alle Darsteller außer auf Hill [Alberich] und mich, welche bei ihm waren, er war nicht zu beruhigen.«

Dazu kamen profane Ärgernisse. Nach der Vorstellung »beginnt der grimmige Überlebenskampf um ein Abendessen, um einen Platz im Restaurant, man dankt dem Herrgott, wenn man ein Stück Fleisch und eine Flasche Bier bekommt«, schreibt Tschaikowskij in seinen Erinnerungen. Auf den Speisekarten standen Spezialitäten wie: »Wotanschinken«, »Nibelungenkäse«, »Floßhilden-Suppe«, »Rheingold-Bier«. Viele Besucher irrten nachts durch Bayreuth auf der Suche nach einem Bett oder zumindest einer biwakähnlichen Schlafstelle.

Wagner-Bewunderer, die gekommen waren, den Meister zu schauen und seine Musik zu hören, entsetzten sich über Wagner-Kitsch, der in Läden und auf der Straße angeboten wurde, so etwa eine »Richard-Wagner-Krawatte«. Sie sah auf den ersten Blick wie eine ganz normale Krawatte aus, zog man jedoch an einer Schnur, die unten hervorlugte, dann öffnete sie sich wie ein Flügelaltar und gab den Blick frei auf ein medaillonartiges Wagner-Porträt.

Am nächsten Tag: ›Walküre‹-Premiere. Für Verblüffung sorgten die scheinbar durch Wolken reitenden Walküren zu Beginn des dritten Aktes. Der Trick: Bemalte Glasplatten wurden durch eine Laterna magica auf den Bühnenhintergrund projiziert und zu den Rhythmen des Walkürenritts bewegt. Farbig bestrahlte Dämpfe sorgten für dramatisches Gewölk. Ansonsten aber war das,»was ... wir an ungewöhnlichen Theaterwirkungen gesehen haben ... kaum mittelmäßig zu nennen, es ist geradezu misslungen«, wird der Journalist Paul Lindau in der ›Schlesischen Presse‹ schreiben.

Während der Pause wurde Wagner zum Kaiser gerufen, der zu scherzen geruhte: Wenn er Musiker wäre, so Wilhelm I., würde Wag-

ner ihn nicht in den mystischen Abgrund hineinbekommen. Er
bedauerte, nicht länger bleiben zu können, trat einen Schritt zurück,
stolperte rücklings über eine Schwelle und wäre wohl schwer gestürzt, hätte ihn Wagner nicht am Ärmel noch erwischt und gehalten.

Tags darauf, am 15. August, sollte ›Siegfried‹ über die Bühne gehen,
ein Ereignis von besonderer Bedeutung. Denn ›Rheingold‹ und ›Walküre‹ hatte König Ludwig schon uraufführen lassen damals in München, gegen Wagners wütenden Protest. ›Siegfried‹ war also die erste
Uraufführung der Bayreuther Festspiele. Und justament dieser historische Termin platzte, weil Franz Betz, Darsteller des Göttervaters
Wotan, menschlich reagierte und nach seinen Fehlleistungen einen
Zusammenbruch erlitt. ›Siegfried‹ musste um einen Tag verschoben
werden, und damit konnte sich Wagners Wunsch nicht erfüllen, den
›Ring‹ an vier aufeinander folgenden Tagen aufzuführen.

Immerhin kam der schmerzlich vermisste Drachenkopf gerade
noch rechtzeitig aus London, doch unter Zeitdruck wurde er verkehrt herum auf den Drachen montiert. Schon wieder eine Panne,
die aber offenbar kaum auffiel. Denn der tonnenschwere Drache
tapste so furchterregend auf die Bühne, so monströs, so unheimlich
in seinen scheinbar echten Bewegungen, dass es egal war, ob er
Rauch und Feuer aus seinem Rachen nach vorne oder nach hinten
spie.

Wagner, von den Bühneneffekten immer mehr genervt, »fühlte
von Tag zu Tag, wie anders sein Werk noch in Szene gesetzt werden
kann, er fühlt heraus, was alles zu verbannen und zu verwerfen ist«,
so Fricke in seinem Tagebuch. Zu Malwida von Meysenbug sagte
Wagner: »Sehen Sie nicht zu viel hin. Hören Sie zu!« Und zu Cosima:
»Es war alles falsch.«

Bei der ›Götterdämmerung‹ am nächsten Tag waren die Künstler von
den Anstrengungen des ›Ring‹-Zyklus spürbar mitgenommen. Niemand, außer der grandiosen Amalie Materna, erreichte die Höchst-
form. Und zum Schluss gab es noch einen bühnentechnischen Rein-
fall: Während am Horizont ein roter Feuerschein den Brand Walhalls
und den Untergang der Götter verkündete, sollte die Gibichun-

genhalle zusammenstürzen. Es klappte nicht. »Schluss-Szene unter
jeder Kritik«, schrieb Fricke ins Tagebuch. Doch die Musik der
Schlussszene – die Musik, sie riss alles wieder heraus: Walküren-Motiv, Feuerzauber-Motiv, Rheingold-Motiv, Fluch-Motiv, Rheintöchter-
Motiv, Walhall-Motiv, Erlösungs-Motiv, Siegfried-Motiv, Götterdäm-
merung-Motiv! Nach dem letzten Ton explodierte die Begeisterung.
Jubel und Beifall wollten gar nicht mehr aufhören, schließlich kam
Wagner auf die Bühne, das Publikum tobte weiter, und als der
Applaus verrauscht war, sprach er: »Sie haben jetzt gesehen, was wir
können. Nun ist es an Ihnen zu wollen. Und wenn Sie wollen, so haben wir eine Kunst.«

Und schon wieder gab es Ärger. Haben wir vor den Bayreuther
Festspielen keine Kunst gehabt, fragten viele empört. Nachts und
den ganzen Tag lang gab es Diskussionen über diese Frage, Prüge-
leien gelegentlich auch, bis dann Wagner am Abend beim Bankett
für die Künstler im Festspielhaus-Restaurant eine Erklärung gab. Er
zitierte seine Sätze von gestern und sagte: »Das ist dahin missver-
standen worden, als ob ich meinte, vor unserer Leistung habe es gar
keine Kunst gegeben. Ich hätte vielleicht deutlicher sagen können:
So haben wir eine neue Kunst! Eine nationale Kunst fehlte uns bisher. Die Franzosen haben eine nationale Kunst ... Ebenso die Italie-
ner ... In Deutschland aber haben wir keine nationale Kunst ...
Seien Sie mir gut. Ich meine es ehrlich, ehrlich, ehrlich!« Er setzte
sich, trank einen Schluck Bier – und erhob sich dann wieder. »Hier
ist derjenige«, rief er, »ohne den Sie vielleicht keine Note von mir gehört haben würden.« Er zeigte auf Franz Liszt, rannte auf ihn zu und
umarmte ihn.

In den nächsten Tagen gab es einen Presserummel ohnegleichen. Alle Zeitungen waren dominiert von den Bayreuther Festspielen. Die meisten Rezensionen hatten gemeinsam: Bewunderung für
Wagners Musik, aber strikte Ablehnung der Inszenierung und der
bühnentechnischen Effekte. So schrieb etwa Paul Lindau in der
›Schlesischen Presse‹: »Was Wagner ... mit dem Orchester anfängt
und erreicht, ist unbeschreiblich ... großartig ... wunderschön ...
Das stürmt und tobt mit elementarer Gewalt ... Durch den Akt geht
ein Raunen, ein unbestimmtes Summen und Wehen, das ganz seltsam ergreift. Ein Eichendorff'sches Lied im größten Maßstabe.« Paul

Lindau schreibt aber auch: »Man sollte es nicht glauben, dass ein großer Künstler wie er sich hergibt, zu einer Sehenswürdigkeit, die auf dem Jahrmarkt taugt, Musik zu machen.«

Hanslick äußerte sich sehr kritisch über den ›Ring‹, bejubelte jedoch die »Häufung szenischer Wunder«, ironisch natürlich, als sei dies die Hauptsache gewesen, um dann zu fragen: »Sollte es aber wirklich der höchste Ehrgeiz des dramatischen Komponisten sein, zu einer Reihe von Zaubermaschinen Musik zu machen?«

Und dann gab es noch mehrere so genannte »Schmähkritiken« wie etwa im ›Wiener Fremdenblatt‹, verfasst von Ludwig Speidel: »Das deutsche Volk hat mit dieser Affenschande nichts gemein, und sollte es an dem falschen Golde des Nibelungen-Ringes Wohlgefallen finden, so wäre es ... ausgestrichen aus der Reihe der Kulturvölker.«

Die Rezensionen zeigten schnell Wirkung, vor allem wegen der geschmähten Inszenierung. Zum zweiten Zyklus vom 20. bis 23. August gab es eine Reihe von Abbestellungen, und auch beim dritten Zyklus vom 27. bis 30. August war das Festspielhaus nicht voll besetzt. Zu diesem Zyklus kam König Ludwig. Wagner saß neben ihm. »Seine Hauptempfindung während der Aufführung sei ›nie wieder! nie wieder!‹ gewesen«, zitierte ihn Cosima im Tagebuch. Und am 9. September notierte sie: »Richard ist sehr traurig, sagt, er möchte sterben.«

Die letzte große Liebesaffäre

Wir müssen kurz zurückblenden: Während der strapaziösen Festspieltage, ganz im Stillen, unbemerkt von Cosima und den meisten Künstlern, erlebte Wagner seine letzte große Liebesaffäre: mit Judith Gautier, der viel besungenen Schönheit aus Paris, inzwischen 31 Jahre alt.

Judith Gautier, genannt der »Orkan«, Lyrikerin und Schriftstellerin, hatte, wie wir schon wissen, als 15-Jährige anlässlich des ›Tannhäuser‹-Skandals in Paris schwärmerische Zuneigung zu Wagner gefasst und als 23-Jährige gelegentlich eines Besuches in Tribschen flüchtig mit ihm geflirtet. Darüber wird sie später in ihren Erinnerungen schreiben: »Ich schaute in die Augen des Meisters, in denen sich die wunderbarsten Farben des Saphirs spiegelten, und zu Madame Cosima sagte ich: ›Jetzt erst verstehe ich die so oft gepriesene Glückseligkeit des Paradieses: Gott von Angesicht zu Angesicht zu schauen‹!«

Das war vor sieben Jahren in Tribschen, und nun, seit zwei Jahren von ihrem Mann Catulle Mendès getrennt, kam sie nach Bayreuth, offenbar in der Absicht, den vergötterten Richard Wagner zu verführen. Schon beizeiten hatte sie ein Haus in der Nähe von Wahnfried gemietet, so dass Wagner zu Fuß und unauffällig zu ihr kommen konnte. Und dort hat sich wohl ganz nach Plan der schönen Judith eine Liebesromanze entwickelt. Eine Affäre auf Zeit! Denn sie lebte in Paris mit einem Musiker namens Benedictus zusammen und wollte ihn nicht verlassen. Gelegentlich spazierten Judith und Wagner durchs Festspielhaus oder den Hofgarten, sie hielten sich in der Öffentlichkeit mit Zärtlichkeiten zurück, und was sich hinter vier Wänden abspielte, wissen wir nicht.

Fakt ist: Wagner schrieb ihr viele Briefe, meist per Sie, manchmal per Du, aus denen auf eine intime Beziehung geschlossen werden kann, den ersten am 4. September 1876, einen Tag vor ihrer Abreise: »Sollte ich Sie heute morgen zum letzten Mal umarmt haben? Nein, ich werde Sie wiedersehen. Ich will es, weil ich Sie ja liebe.« Wenige Tage später erhielt Judith in Paris einen Brief: »Teure Seele! Süße Freundin! Immer noch liebe ich Sie! Immer bleiben Sie mir das, was Sie sind, der einzige Liebesstrahl in jenen Tagen, die für manche so erfreulich und für mich so unbefriedigend waren. Aber Sie waren für mich voll seines süßen, einlullenden und berauschenden Feuers! O wie gern wollte ich Sie nochmals küssen. Teure, Süße ... Alles muss einem leid tun. Vor allem ich mir selber, wenn ich Ihren Rat befolgen und Sie vergessen wollte!«

Was war die Triebfeder dieser Liebe? Die Schwärmerei einer schönen Frau, die ihr Idol verführte? Oder die Leidenschaft eines 63-Jährigen für eine 31-jährige Schönheit? Oder steckte ›Parsifal‹ als Liebesstifter dahinter? »Den Kopf voll von Gedanken an ›Parsifal‹ suchte der alte Lüstling seine erotischen Sinne anzustacheln, die ihm in früheren Jahren immer die Inspiration gelockert und befreit haben.« Das schrieb Robert Gutmann in seiner Wagner-Bio-

graphie. Diese gelegentlich gern zitierte Behauptung ist wohl
falsch. Denn Wagner arbeitete während seiner Affäre mit Judith
keine Sekunde an ›Parsifal‹ – aber als er später daran zu arbeiten
begann, wird die Affäre mit Judith Gautier wieder aktuell. Genauer
gesagt: die Erinnerung an diese Affäre. Das Thema wird uns noch
beschäftigen.

Finale auf den Klippen von Sorrent

Vorerst gab es neue Sorgen um die Festspiele. In Venedig, wohin
Wagner mit Cosima und den Kindern gefahren war, erreichte ihn am
19. September 1876 die Abrechnung der Festspiele: 148.000 Mark
Defizit (1.184.000 Euro)! Und Richard Wagner war Alleinschuldner.
Nächstes Jahr gab's keine Festspiele – und wahrscheinlich über-
haupt nie wieder.

Bedrückt von Geldsorgen, gepeinigt von Schmerzen in der Brust,
die allmählich chronisch wurden, reiste Wagner mit Familie über Bologna und Neapel weiter nach Sorrent, wo er am 5. Oktober hoch auf
den Felsen über dem Meer im Hotel Viktoria abstieg.

In Sorrent traf Wagner mit seinem Freund Friedrich Nietzsche zusammen, der im Haus Rubinecci abgestiegen war, um Kopfschmerzen und Sehstörungen zu kurieren. Zu Allerseelen, am 2. November
1876, unternahmen Wagner und Nietzsche einen Spaziergang auf
dem Klippenweg – und danach waren sie keine Freunde mehr!
Was sie damals sprachen, wird Geheimnis bleiben. Die hartnäckig
kolportierte Legende vom Streitgespräch über ›Parsifal‹ hat sich als
falsch erwiesen. Nietzsche muss es wohl auf einen Bruch der
Freundschaft abgesehen haben, denn 12 Jahre später wird er in seinem Werk ›Nietzsche contra Wagner‹ schreiben: »Schon im Sommer
1876, mitten in der Zeit der ersten Festspiele, nahm ich bei mir von
Wagner Abschied ... Es war damals in der Tat die höchste Zeit, Abschied zu nehmen.«

Aber warum? Verletzte Eitelkeit? Gründe gab es wohl: Nietzsche
hatte versucht, Wagner mit seinen drittklassigen Kompositionen zu
imponieren – und Spott geerntet. Er war in Cosima verliebt – und
kam nicht zum Zuge. Er wollte in Bayreuth als Freund Wagners ge-

ehrt und beachtet werden – aber kaum einer kümmerte sich um ihn. Später wurde eine Indiskretion ruchbar: Wagner hatte Nietzsches Arzt Dr. Eiser geschrieben, dass die Kopfschmerzen und Sehstörungen des Freundes wohl auf häufiges Onanieren zurückzuführen seien. Dr. Eiser hat seinem Patienten davon berichtet.

Der Hauptgrund für die Trennung dürfte freilich auf einer anderen Ebene liegen: Friedrich Nietzsche hatte, wie wir wissen, den rund 30 Jahre älteren Wagner als den »größten Genius und Menschen dieser Zeit« verehrt, als einen »Auserwählten des Jahrhunderts«, er fühlte sich »wie in der Nähe des Göttlichen«, er bezeichnete Wagner als »meinen Jupiter« (in einem Brief an Rohde). Das schwärmerische Meister-Jüngling-Verhältnis wurde verhängnisvoll, als Nietzsche sich daraus nicht zu lösen vermochte. Die Abhängigkeit war offensichtlich: Nietzsche blieb Schüler neben dem Lehrer, Kind neben dem Übervater. Seine menschliche und philosophische Individualität konnte sich nicht entfalten unter Wagners egozentrischer Dominanz. Da allmählich Hassgefühle in ihm aufkeimten, wurde es für ihn »die höchste Zeit, Abschied zu nehmen« – und die Abhängigkeit, die sich nicht lösen ließ, zu zerbrechen. Damit zerbrach die Freundschaft auf den Klippen von Sorrent.

Für Friedrich Nietzsche war es ein Befreiungsschlag. Nach dem Bruch mit Wagner entfesselten sich Sprachartistik und philosophische Singularität. Er entwarf das Bild des Übermenschen als Inbegriff neuer Werte. Er kritisierte die bürgerliche Scheinmoral, traditionelle Werte wie Glaube, Nächstenliebe, Christentum. Er stellte Herrenmoral über Sklavenmoral und Lebensbejahung über Jenseitsglauben, schuf das Leitbild des »freien Geistes«. Nach der Trennung von Wagner schrieb er seine bekanntesten und bedeutendsten Werke wie etwa: ›Menschliches, Allzumenschliches‹, ›Die fröhliche Wissenschaft‹, ›Also sprach Zarathustra‹, ›Jenseits von Gut und Böse‹, ›Zur Genealogie der Moral‹, ›Götzendämmerung‹ oder ›Der Antichrist‹. Fünf Jahre nach Wagners Tod zog er mit enthemmter Rhetorik gegen Wagner vom Leder. In ›Ecce homo‹ schrieb Nietzsche über die Bayreuther Festspiele und das Publikum etwa: »Der arme Wagner! Wohin war er geraten? Wäre er doch unter die Säue gefahren!« In ›Nietzsche contra Wagner‹ versuchte er zu beweisen, dass er nie für Wagner eingenommen gewesen sei. In ›Der Fall Wagner‹ bezeichnete er Wagner als Gaukler, betörend und gefährlich, der mit allen Gefühlen lebensfeindlicher Sentimentalität der Jugend die Kraft aus den Seelen wegzauberte. In diese Beschimpfungen mischte er jedoch enthusiastische Würdigungen von Wagners Werken. Er kam noch immer nicht los von »Cagliostro«, vom »Erzzauberer«, wie er Wagner nannte.

Im Januar 1889 brach Nietzsche zusammen: progressive Paralyse, Einlieferung ins Nervenkrankenhaus Jena. Dort sagte er zu den Ärzten: »Meine Frau Cosima Wagner hat mich hierhergebracht.« Nach zehn Jahren in geistiger Umnachtung starb Friedrich Nietzsche am 25. August 1900.

Kundry – eine gebürtige Pariserin?

Drei Tage nach dem Gespräch auf den Klippen von Sorrent reiste Wagner mit Familie weiter über Neapel nach Rom, Florenz und Bologna. Überall gab es Empfänge für ihn, in Rom sogar eine Soiree des deutschen Botschafters. Er wurde gefeiert und verehrt wie ein regierender Fürst. Seine Berühmtheit hatte ihren Höhepunkt erreicht. Kurioserweise glaubten die meisten, Bayreuths Festspielhaus sei das Nationaltheater des Deutschen Reiches und Wagner werde als Leiter der National-Festspiele vom Deutschen Reich entlohnt. Einen »neudeutsch-preußischen Reichsmusikanten« nannte ihn denn auch Karl Marx mit mokantem Unterton in einem Brief an seine Tochter Jenny.

Nur wenige wussten, dass Wagner wieder einmal Schulden am Hals hatte, dass er um Festspielhaus und Festspiele kämpfen musste, dass er in seiner Verzweiflung sogar die Idee vom Nationaltheater aufgriff. Noch während der Italienreise schrieb er König Ludwig, das Deutsche Reich oder besser noch das Königreich Bayern solle das Festspielhaus als Eigentum der Nation übernehmen, jährlich 100.000 Mark (800.000 Euro) Zuschuss zahlen und 500 bis 600 Plätze gratis an Unbemittelte vergeben. Der König gab nicht einmal eine Antwort. Er hatte anderes im Sinn – und kein Geld. Denn Ludwig II. war inzwischen der Bausucht verfallen, einer »nicht substanzgebundenen Sucht«, wie die Psychiater sagen, vergleichbar etwa der Glücksspielsucht. Seine Prunkschlösser Neuschwanstein und Linderhof waren schon im Bau und die Pläne für Herrenchiemsee entworfen. Der König musste aus eigener Tasche zahlen. Für die Bauarbeiten ging nahezu seine gesamte Zivilliste drauf, das war der für ihn bestimmte Betrag des Staatshaushaltes: 4,2 Millionen Mark pro Jahr (33,6 Millionen Euro). Um an Geld zu kommen, kannte er keine Hemmungen. Er sandte Bittsteller an europäische Fürstenhöfe; er versuchte sogar – wie bezeugt ist –, Vertrauenspersonen für Bankeinbrüche zu gewinnen, vergeblich allerdings.

Wagner und die Bayreuther Aufsichtsräte wussten natürlich nichts davon und waren hoffnungsfroh gestimmt, als Kabinettssekretär Düfflipp nach Bayreuth kam. Er aber teilte mit, dass der König nichts für die Festspiele zu tun beabsichtige. Das war am 21. Januar 1877. Wagner resignierte. Er überlegte schon, die Festspiele für bankrott erklären und Wahnfried versteigern zu lassen, um seine Schulden zu tilgen. Doch dann packte ihn die Energie. Er wollte wieder Festspiele aufführen, nicht mit dem misslungenen ›Ring des Nibelungen‹, sondern mit ›Parsifal‹. Am 25. Januar rief er Cosima zu: »Ich beginne mit Parzival und lasse nicht eher von ihm, bis er fertig ist.«

Parzival! Blättern wir 32 Jahre zurück. Sommer in Marienbad 1845: Wagner las erstmals Wolfram von Eschenbachs Epos ›Parzival‹, gedichtet zwischen 1200 und 1210.

12 Jahre später, April 1857: Auf den Zinnen seines »Asyls« in Zürich fühlte sich Wagner durch eine Karfreitagsempfindung angeregt, das Drama flüchtig zu skizzieren.

Acht Jahre später in München: Wagner schrieb vom 27. bis 30. August 1865 den ersten ausführlichen Prosaentwurf und schenkte ihn König Ludwig, den er gelegentlich als »König Parzival« titulierte und der sich in dieser Rolle recht geschmeichelt fühlte.

Und jetzt in Wahnfried, zwölf Jahre danach, begann Wagner mit ›Parzival‹ – genau genommen mit dem zweiten Prosaentwurf.

13. Februar 1877: Wagner änderte – allerdings auf Grund einer falschen Überlegung – den Namen Parzival in Parsifal: »Dieser Name ist arabisch«, schrieb er Judith Gautier, »parsi bedeutet rein, fal be-

deutet töricht. In einem hohen Sinne ist dies ein Mann ohne Gelehr-
samkeit, aber genial ... Lebe wohl meine Teuerste, meine dolcissima
amica.«

›Parsifal‹ ist Wagners letztes Werk, ein Bühnenweihfestspiel, wie er es
nannte. Laut seiner (später nicht eingehaltenen) Verfügung darf ›Parsifal‹ nur im Bayreuther Festspielhaus aufgeführt werden. Denn:
Eine Handlung, in der die erhabensten Mysterien des christlichen
Glaubens in Szene gesetzt seien, dürfe man nicht neben einem Opern-
repertoire einem frivolen Publikum vorführen, so schrieb Wagner an
Ludwig II.

In ›Parsifal‹ geht es Wagner um die Erlösung aus irdischer Sinneslust und menschlicher Unzulänglichkeit durch Glauben, Selbstüber-
windung und die Ethik des Mitleidens, im übertragenen Sinn um die
Erlösung der leidenden, vom Verfall bedrohten Menschheit. – Und
das ist die Story: In der Gralsburg auf Montsalvat werden der heilige
Speer und der heilige Gral von Gralsrittern bewacht, die zur Keusch-
heit verpflichtet sind. Mit dem heiligen Speer wurde Christus am
Kreuz verletzt, in dem heiligen Gral, einer Schale, das Blut aufgefan-
gen. Der Zauberer Klingsor erstrebt Gralswürden, wird abgewiesen
und lässt aus Rache die Gralsritter von den Blumenmädchen in seinem Zauberschloss und Zaubergarten verführen. Gralskönig Amfortas will ihn entmachten – doch Kundry verführt ihn. Kundry ist eine
fatale Doppelexistenz, eine der schillerndsten und faszinierendsten
Schöpfungen Wagners. Sie hat Christus am Kreuz verhöhnt und
muss Buße tun als Gralsbotin – ist aber auch Klingsor zugetan, der
sie »Urteufel«, »Namenlose« und »Höllenrose« nennt und als unwi-
derstehlichste aller Verführerinnen einsetzt. Klingsor erbeutet den
heiligen Speer des verführten Amfortas und schlägt ihm damit eine
Wunde. Nur einer kann die Wunde heilen, Amfortas von seiner
Schuld erlösen und Klingsors Macht brechen: »Durch Mitleid wissend, der reine Tor«. Da kommt Parsifal zur Gralsburg. Er wird von
Gurnemanz, einem alten Gralsritter, als »reiner Tor« erkannt – aber
auch von Klingsor, der Kundry beschwört, ihn zu verführen und zu
verderben. Sie spielt alle Verführungskünste aus, und in seiner auf-
flammenden Leidenschaft wird Parsifal, der reine Tor, »welthellsich-
tig« und »durch Mitleid wissend«: Er begreift den Grund für Amfor-

tas' Sünde und Leid, er wird sich seiner Erlösermission bewusst! Parsifal reißt sich aus der Umarmung Kundrys, sie verflucht ihn, ruft Klingsor um Hilfe. Der schleudert auf ihn den heiligen Speer – doch die Waffe bleibt über Parsifal in der Luft stehen. Parsifal ergreift den heiligen Speer, schlägt das Kreuzzeichen, und Klingsors Macht ist gebrochen, sein Schloss versinkt, sein Blumengarten verdorrt. Parsifal will seine Erlösermission erfüllen, will den heiligen Speer zur Gralsburg bringen, wird aber durch Kundrys Fluch jahrelang in die Irre geführt, bis er an einem Karfreitag wunderbarerweise ans Ziel kommt. Er wird von Gurnemanz als Erlöser erkannt, getauft und zum Gralskönig gesalbt. Kundry sinkt vor ihm nieder, wäscht ihm die Füße, will in Demut dienen und wird von ihm getauft. Parsifal eilt zu Amfortas, berührt die Wunde mit dem Speer – »Die Wunde schließt der Speer nur, der sie schlug« –, und Amfortas ist »heil, entsündigt und entsühnt«. Parsifal nimmt als neuer Gralskönig die heilige Schale aus dem Schrein und sinkt mit den Rittern betend vor ihr nieder. Kundry stirbt – erlöst. Und alle singen zum Schluss, laut Regieanweisung »kaum hörbar leise«: »Höchsten Heiles Wunder, Erlösung dem Erlöser«.

Ist Judith Gautier das Vorbild für Wagners Kundry? Die Frage wird teils bejaht, teils entrüstet verneint, teils relativiert. Wahrscheinlich ist, dass Judith Gautier die Gestaltung Kundrys beeinflusst hat. Und Tatsache ist, dass mit der Arbeit an ›Parsifal‹ die Erinnerung an Judith Gautier wieder aufflammte, eine berauschende Erinnerung offenbar, die Wagner als Stimulanz für ›Parsifal‹ brauchte. In mehreren Briefen an Judith putschte er sich geradezu auf für seine Arbeit. Da Cosima nichts davon erfahren durfte, wurde der Briefverkehr über den Laden des Barbiers und Baders Bernhard Schnappauf in der Ochsengasse abgewickelt. Judiths Briefe sind verschwunden, Wagners teils in Französisch abgefasste Briefe erhalten. So schrieb er beispielsweise am 14. März 1877, als er mit der Urschrift begann: »Das ganz Unerhörte ist, dass Sie den Überfluss meines armen Lebens bedeuten, das nun so gut befriedet und behütet ist, seitdem ich Cosima habe. Sie sind mein Reichtum, mein berauschender Überfluss.« Und in einem anderen Brief: »An das Erlebnis Ihrer Umarmung denke ich als an den berückendsten Rausch, an den höchsten Stolz meines Da-

seins ... Es ist ein letztes Geschenk der Götter, die mich nicht unter
dem Gram des falschen Ruhms der Nibelungen-Aufführungen wollten erliegen lassen ... Sie sind mein, nicht wahr?«

Wagner vollendete die ›Parsifal‹-Dichtung am 19. April, musste aber
die Kompositionsarbeit verschieben, da ihn Bürgermeister Muncker
und Bankier Feustel unablässig zur Schuldentilgung drängten. Er
fühlte sich in seiner Arbeit irritiert und geriet oft in Wut. Einmal
wünschte er laut und vernehmlich, »dass das Theater abbrennen
möchte«. So berichtete Cosima in ihrem Tagebuch.

Zwischenzeitlich ließ er sich für eine von der Agentur Hodges &
Essex organisierte Konzertreise nach London engagieren. Vereinbart
waren 20 Aufführungen in der neu erbauten Royal Albert Hall mit
10.000 Sitzen. Avisierter Reingewinn: 12.000 Pfund (1.416.000
Euro) – um einiges mehr als das Festspieldefizit von 148.000 Mark
(1.184.000 Euro). Am 30. April reiste Wagner mit Cosima und dem
für so viele Konzerte als Unterstützung engagierten Hans Richter
nach London, wo sie am 17. Mai frohgemut ankamen. Am nächsten
Tag stellte sich heraus: Statt der 20 Konzerte konnten nur acht gegeben werden, und die 2.000 teuersten Plätze in der Royal Albert Hall
gehörten Aktionären. Dafür gab's kein Geld. Der Reingewinn betrug
nur 700 Pfund. Ein glanzvoller Empfang bei der seit 1861 verwitwe-
ten Königin Victoria auf Schloss Windsor vermochte Wagners Laune
nicht zu bessern, er bezeichnete die Königin später in einem Gespräch mit Cosima als »die dumme Büchse«. Und gänzlich verstimmt war er, dass Judith trotz seiner Einladung nicht nach London
kam: »Geliebte Seele«, schrieb er ihr aus London, »süße Freundin. Du
bist nicht gekommen mich zu sehen. Du hättest allerdings wenig
Freude gehabt, mich wiederzusehen, verzehrt von fortwährenden
Mühen und Bitternissen.«

Am 4. Juni reiste er über Bad Ems nach Mannheim, Heidelberg,
Luzern, Tribschen, Zürich und München, wo es nach erfolglosem
Gespräch mit Düfflipp weiterging nach Nürnberg, Weimar, Eisenach
und Bayreuth. Sie trafen am 28. Juli dort ein, und Wagner, völlig ver-
bittert, teilte mehreren Freunden brieflich mit, er werde Wahnfried
samt Grundstück verkaufen, nach Amerika auswandern und nie
mehr wiederkommen. Doch gleich darauf schlug seine Stimmung

um. »Ja, es geht an die Musik von ›Parsifal‹. Ich konnte nicht mehr leben, ohne mich in ein solches Unternehmen zu stürzen«, schrieb Wagner an Judith Gautier. Und Cosima hörte am 1. August schon »einige erste Töne«.

»Zum Parsifal liegen die Tonfarben für den eingeweihten Freund im Lohengrin und Tristan vorgebildet«, schrieb Wagner an König Ludwig II. Er verwendet weniger Leitmotive, steigert aber die motivische Vernetzung und die »Kunst der feinen, allmählichen Übergänge« zur höchsten Perfektion. Seine Musik ist von erhabener Ruhe, Feierlichkeit und weiter Linienführung bestimmt. In feiner Abtönung sind die Gegensätze präzisiert: zwischen der würdevollen Gralswelt und der schwülen, girrenden Atmosphäre von Klingsors Zauberreich, zwischen der Lebensfrische des jungen Parsifal und Kundrys abgründiger Erotik. ›Parsifal‹ wird gerne als abgeklärtes, altersreifes Werk Wagners bezeichnet.

Kaum hatte er mit der Kompositionsarbeit begonnen, verlangte es ihn nach erotischem Briefverkehr mit Judith Gautier – und wie immer, wenn er komponierte, eskalierte sein Luxusbedürfnis. In seinen teils datierten, teils undatierten Briefen an Judith mischte er seine Liebesbeteuerungen mit der Bitte um Besorgungen von feinen Stoffen und Parfums. Das liest sich etwa so: »Wählen Sie einen Duft Ihres Geschmacks, und vielleicht legen Sie ein halbes Dutzend kleiner Riechkissen bei, damit ich sie zwischen meine Leibwäsche stecken kann. So verschaffe ich mir eine innige Beziehung zu Ihnen, sobald ich mich ans Klavier setze und ›Parsifal‹ komponiere.«

»Für meine Chaiselongue möchte ich eine wunderschöne, einzigartige Decke, die ich ›Judith‹ nennen werde. Versuchen Sie mir dafür einen Seidenstoff zu finden ... Sechs Meter brauche ich davon ... All dies für die guten Vormittage mit ›Parsifal‹!«

»Ich bin vernarrt in eine Farbe für den Stoff, die ich nicht finde, was man mir anbietet ist Chamois oder Fleischfarben. Ach, wäre es die Farbe Ihres Fleisches, dann hätte ich gleich das Rosa, das ich will ... Was meine Bitte um Parfümerien betrifft, bitte ich Sie, greifen Sie ins Volle, besorgen Sie mir Badeessenzen im reichen Schwalle, gleich dutzendweise. Denn wir leben in einer Wüstenei ... Ach, süße

Freundin, schöne, geniale Frau, ich träume davon, dass ich als Flüchtling durch die schmutzigen Straßen von Paris gehe ... plötzlich treffe ich Sie, Judith. Sie nehmen mich zu sich nach Hause, bedecken mich mit Ihren Küssen.«

»Ach, ich mache Musik, ich pfeife aufs Leben, ich pfeife auf die ganze Welt. Ich fühle mich geliebt und ich liebe! Ich mache die Musik zu Parsifal.« – »Lieben Sie mich ... Liebe! Liebe! Lieben Sie mich für immer.« – »Ich umarme Sie, Schöne, die ich liebe, teure, angebetete Seele.«

Zwischendurch sandte Wagner ihr immer wieder Notenblätter mit den neuesten Kompositionen, dem Kundry-Motiv etwa oder der Abendmahlmusik »Nehmet hin meinen Leib ...«

Am 6. Februar 1878 schrieb er: »Teure, die ich liebe, ich habe den ersten Akt beendet. Warum um Himmelswillen habe ich Sie nicht in meinen Pariser Tagen nach dem Fiasko des Tannhäuser gefunden? Schweigen wir, schweigen wir! Aber lieben wir, lieben wir!«

Und vier Tage später dann, am 10. Februar, dieser Brief: »Ich habe Cosima gebeten, sich mit den Bestellungen bei Ihnen zu befassen. Ich bin durch geschäftliche Angelegenheiten so gestört, dass ich keine Muße finde, die Komposition des Parsifal fortzusetzen. Was mich bedrückt, wird bald überstanden sein ... Seien Sie lieb zu Cosima ... Eines Tages werden wir uns wiedersehen.«

Was war geschehen? Es ist falsch, dass Wagner die ›Parsifal‹-Komposition nicht fortgesetzt hatte. Gleich nach diesem Brief komponierte er wieder weiter. Offenbar hatte Cosima einige Briefe entdeckt und damit von Wagners Liebesaffäre erfahren. Ihre Tagebucheintragung vom 12. Februar lässt darauf schließen: »Das Leid, vor welchem mir bangte, blieb nicht aus; von Außen brach es herein! Gott helfe mir!« Ihre Liebe zu Wagner und die Hingabe zu seinem Werk wurden jedoch nicht erschüttert.

›Parsifals‹ Errettung

Ab dieser Zeit, Februar 1878, erschienen Monat für Monat die von Wagner gegründeten ›Bayreuther Blätter‹. Sie sollten als ›Deutsche Zeitschrift im Geiste Richard Wagners‹ – so der spätere Untertitel –

dem Publikum seine Werke und Kunsttendenzen nahe bringen. Alle Artikel stammten von Wagner oder Wagner-getreuen Autoren, die, von wenigen Ausnahmen abgesehen, mit missionarischem Übereifer und sprachlicher Aufplusterung das Blatt nahezu unlesbar machten.

Als Herausgeber zeichnete Hans von Wolzogen, 30 Jahre alt, ein von Wagner mäßig geschätzter, aber wegen seiner Fügsamkeit wohlgelittener Schriftsteller aus Potsdam, der im Laufe seiner eigenen Euphorisierung immer mehr dazu neigte, in Wagners Werk eine religionsstiftende Wirkung zu vermuten. Gelegentlicher Mitarbeiter war Carl Friedrich Glasenapp, 31 Jahre alt, der »Hofbiograph«, so genannt wegen seiner unter Wagners Aufsicht verfassten zweibändigen Biographie, die 1876 und 1877 erschien und nach Wagners Tod unter Cosimas Aufsicht auf sechs Bände ausgewalzt wurde. Glasenapp war der erste Wagner-Schmeichler unter den Biographen und Vordenker einer Herde liebedienerischer Autoren, die in Artikeln und Biografien bis in unsere Tage hinein unkritisch aus seinem Werk zitieren und damit das Bild Wagners mit Weihrauch vernebeln. Sein Werk bietet eine Fülle interessant zu lesender Details, von denen allerdings nur ein Teil wahr und der andere Teil halbwahr oder vollends aus den Fingern gesogen ist. Zum Ausgleich hat Glasenapp wichtige Fakten und Zusammenhänge unterschlagen.

Um das Dreigestirn Wolzogen, Glasenapp, Cosima sowie einige Trabanten gedieh ein so genannter Wahnfried-Kreis, der immer sektenähnlichere Züge annahm und einen ins Mythische gesteigerten Wagner-Kult förderte. »Gralshüter« nannten sich die Mitglieder gerne im Hinblick auf die bevorstehende Uraufführung des Bühnenweihfestspiels ›Parsifal‹ – doch diese Uraufführung stand auf der Kippe.

Das Defizit der ersten Festspiele war von 148.000 Mark um ein Drittel gesunken, vor allem dank vieler Spenden, aber immer noch blieben 98.028 Mark offen. Bankier Feustel teilte Cosima mit, dass er gerichtliche Schritte gegen Wagner – den Alleinschuldner – nur mit Mühe und nur kurze Zeit noch verhindern könne. In höchster Not schrieb Cosima einen Bittbrief an Ludwig II. Und erstaunlich: Der König, beschäftigt mit seinen heranwachsenden Schlössern, im Rausch seiner Bausucht kaum noch ansprechbar, reagierte sofort auf

Cosimas Hilferuf und stellte einen Vertrag in Aussicht, der am
31. März 1878 geschlossen wurde. Demnach gewährte Ludwig zur
Deckung des Defizits ein mit fünf Prozent zu verzinsendes Darlehen, das aus Tantiemen aller Münchner Aufführungen von Wagners
Werken zurückgezahlt werden sollte. Auch die Rechte für ›Parsifal‹
musste Wagner an die königliche Hoftheater-Intendanz abtreten
und damit seinen Anspruch auf alleinige Aufführung in Bayreuth
aufgeben. Zudem stellte Ludwig das Hoforchester samt Dirigent und
das Hoftheater-Personal für die ›Parsifal‹-Uraufführung in Bayreuth
zur Verfügung.

Ludwig als Retter in höchster Not! Wieder einmal und zum letzten
Mal. Zeit für eine profane Frage: Wieviel Geld hat Wagner von Ludwig bekommen? Insgesamt?

Alle vom König in verschiedenen Währungen gezahlten Zuwen-
dungen – Mieten, Geldgeschenke, Schuldenübernahmen und das
noch immer überwiesene Jahresgehalt – ergaben 562.914 Mark
(4.503.312 Euro). Das ist etwa der siebte Teil eines einzigen Jahres-
etats seiner privaten Zivilliste: 4,2 Millionen Mark. Und das Drei-
fache dessen, was Ludwig für die nie benützte Hochzeitskutsche bezahlt hatte: 170.000 Mark.

Wagner war hemmungslos in seinen Forderungen, schmeichle-
risch und selbstbewusst – aber er revanchierte sich königlich: So
schenkte er Ludwig die Partituren von ›Feen‹, ›Liebesverbot‹, ›Rienzi‹,
›Rheingold‹, ›Walküre‹, ›Meistersinger‹ und ›Huldigungsmarsch‹, die
Orchesterskizzen des ›Fliegenden Holländers‹ und des dritten ›Siegfried‹-Aktes, die Text-Handschrift des ›Jungen Siegfried‹, den Dramenentwurf von ›Parsifal‹ und andere handschriftliche Dokumente.

Die Frage wird gelegentlich gestellt: Wer hat mehr gegeben, wer
hat mehr genommen? Sei's drum. Entscheidend ist: Ludwig half, als
keiner mehr half. Ohne Ludwig II. gäb's wohl keine ›Meistersinger‹,
keine Aufführung des als unaufführbar eingeschätzten ›Tristan‹, keinen vollendeten ›Ring des Nibelungen‹, keine ersten Bayreuther
Festspiele, keine zweiten Bayreuther Festspiele, keine Uraufführung
von ›Parsifal‹. Es gäbe wohl überhaupt keine Richard-Wagner-Festspiele in Bayreuth ohne den König von Bayern.

»*Klingsors Zaubergarten ist gefunden!*«

Als Termin für die ›Parsifal‹-Uraufführung wurde der Sommer 1880 festgelegt. Wagner komponierte zügig darauf zu. Doch es gab immer wieder Unterbrechungen und Reisen, so etwa zur Erstaufführung von ›Rheingold‹ und ›Walküre‹ am 28. und 29. April 1878 in Leipzig unter der Regie von Theaterdirektor Angelo Neumann, einem Wiener jüdischer Abstammung, 40 Jahre alt, schwarzgelockt, mit Schnurrbart à la Johann Strauß. Dann zu den ›Ring‹-Aufführungen Mitte November 1878 in München und Ende Mai 1879 in Wien.

Außerdem fühlte sich Wagner unwiderstehlich gedrängt, immer wieder Artikel für die ›Bayreuther Blätter‹ zu schreiben, so etwa ›Wollen wir hoffen?‹, ›Publicum und Popularität‹, ›Über das Dichten und Komponieren‹, ›Über das Operndichten und Komponieren im Besonderen‹.

Zwangsläufig kam er mit dem Komponieren in Verzug, Herzattacken und Brustschmerzen zwangen ihn zu Pausen, und so musste er am 15. Juli 1879 die Mitglieder des Patronatsvereins informieren: Die Uraufführung von ›Parsifal‹ wird verschoben. Er arbeitete aber zügig weiter und konnte am 23. August mit der ›Parsifal‹-Partitur beginnen.

Am 30. Oktober kam der 22-jährige Heinrich von Stein als Hauslehrer und Erzieher des jungen Siegfried Wagner nach Bayreuth. Er war Gelegenheitsschriftsteller, Philosoph und Theologe, strebsam, rhetorisch brillant und entwickelte sich neben Cosima zur unabhängigsten Galionsfigur des »Wahnfried-Kreises«. Die anderen Mitglieder duckmäuserten vor Wagner. »Kriechschauplatz« nannte man denn auch Wagners engere Umgebung, in sächselnder Verballhornung von »Kriegsschauplatz«.

Zur Silvesterfeier im Kreise von Honoratioren fuhr Wagner mit der Familie nach München ins Hotel »Marienbad«. Er unterhielt sich zunächst mit dem Malerfürsten Franz von Lenbach und dann den ganzen Abend lang mit Hermann Levi, den er schon früher flüchtig kennen gelernt hatte. Levi, 40 Jahre alt, ein kleiner, in sich gekehrter Mann mit gepflegtem Bart und braunen Augen, Sohn eines Rabbiners, war seit 1872 Münchner Hofkapellmeister (und ab 1894 Generalmusikdirektor). Da Ludwig II. das Hoforchester samt Kapellmeister für die Uraufführung des ›Parsifal‹ ausgeliehen hatte, stand fest: Hermann Levi wird die Uraufführung von ›Parsifal‹ dirigieren – ob Wagner wollte oder nicht. Eine spannungsgeladene Situation – und der Beginn einer großen Freundschaft.

Am Neujahrstag reiste Wagner mit den Seinen weiter zu einem mehrmonatigen Aufenthalt nach Italien, wo er sich Linderung seiner gesundheitlichen Beschwerden in südlicher Sonne erhoffte. Die Partitur von ›Parsifal‹ legte er auf Eis.

Die Familie fuhr im Salonwagen. In Neapel wurde Wagner wie ein Diplomat empfangen und von Kavalleristen mit Trommeln und Trompeten zur Villa d'Angri eskortiert, die er angemietet hatte.

Wagner konnte sich neuerdings größere Sprünge leisten, ohne danach von Gläubigern verfolgt zu werden. Denn er bekam immer mehr Tantiemen seiner weltweit aufgeführten Werke, die von Musikagenten ausgehandelt und nach Abzug einer Vermittlungsgebühr von bis zu 25 Prozent an ihn weitergeleitet wurden. Sie arbeiteten teils in seinem Auftrag, teils ohne – und lieferten sich gelegentlich Konkurrenzkämpfe nach den Gesetzen des Dschungels. Es ergab sich ein Wirrwarr ohnegleichen. Wagner blickte nicht mehr durch und fühlte sich latent betrogen. Eine von ihm beauftragte Agentur aus Mainz verlangte sogar Geld von ihm, was zu langwierigen Auseinandersetzungen führte – doch unterm Strich erhielt er immer wieder größere Beträge, die zwar seine privaten Finanzprobleme auf Dauer nicht lösten, aber luxuriöse Exzesse erlaubten wie etwa die Fahrt im Salonwagen.

Als berühmter Mann war er in Neapel ein umschmeichelter Gast. Der Bürgermeister und honorige Wichtigtuer machten ihre Aufwartung und gingen ihm auf die Nerven.

Am 18. Januar endlich stand ein interessanter Gast vor der Tür: der russische Maler Paul von Joukowsky, 35 Jahre alt, ein Boheme-Typ mit Haarkranz und einem Rauschebart, der so gestylt war, dass er stets windzerzaust wirkte. Joukowsky lebte in seinem benachbarten Atelier mit dem amerikanischen Schriftsteller Henry James zusammen, einem Bahnbrecher des modernen psychologischen Romans.

Als Wagner sein Atelier besuchte, packte Henry James gerade die Koffer. Die beiden hatten sich soeben getrennt.

Die Gemälde entzückten Wagner derart, dass er Joukowsky spontan als Gestalter der Bühnenbilder und Kostüme für ›Parsifal‹ engagierte und ihn zu täglichen Unterredungen in die Villa d'Angri bat. Joukowsky sprach fast fehlerfrei Deutsch.

Ansonsten gab sich Wagner der Ruhe hin. »Faul bin ich über alle Maßen«, schrieb er an Hans von Wolzogen. Das tat ihm offenbar nicht gut, denn er geriet in eine resignative Phase und wollte wieder einmal nach Amerika auswandern, bis ihn am 26. Mai ein Erlebnis aufmunterte: Bei einem Ausflug ritten Wagner und Joukowsky von Amalfi auf Eseln einen steilen Weg hinauf nach Ravello zum Palazzo Rufolo aus dem 12. Jahrhundert. Eine ausgetretene Marmortreppe führte sie in einen kleinen, wie verzaubert wirkenden Rosengarten mit Zypressen, Hecken, Steinbänken und einem Pavillon. Wagner stand starr: »Klingsors Zaubergarten ist gefunden«, schrieb er ins Gästebuch. Joukowsky, stets mit Skizzenblock und Farbstiften ausgerüstet, skizzierte das Bühnenbild und entwarf auch gleich die Kostüme der Blumenmädchen.

Am 24. August dann ein ähnliches Erlebnis: Wagner reiste mit Familie und Joukowsky von Neapel über Rom, San Marcello, Pistoia und Florenz nach Siena, wo sie Quartier in der Villa Torre Fiorentina bezogen. Beim Betreten des berühmten Doms von Siena war Wagner – wie Cosima in ihre Tagebücher notierte – »zu Tränen gerührt«: Er hatte den Gralstempel aus ›Parsifal‹ gefunden! Joukowsky griff zu den Stiften, und auf seinem Block entstand die Skizze zum Bühnenbild des Gralstempels mit den wuchtigen Marmorsäulen, den perspektivisch interessanten Säulengalerien, den Bögen und riesigen Kuppeln.

Inzwischen hatte Wagner den Artikel ›Religion und Kunst‹ für die ›Bayreuther Blätter‹ geschrieben und abgesandt. Am 4. Oktober ging es weiter nach Venedig und von dort am 31. Oktober nach München. Wagner war mit Cosima und Joukowsky zu mehreren Festen geladen, wo er Hermann Levi und Franz von Lenbach wieder sah und Wilhelm Busch kennen lernte, den Kritiker spießbürgerlicher Scheinmoral, der berühmt war als Autor und Zeichner lustiger Bildgeschichten wie etwa ›Max und Moritz‹.

Während eines Atelierfestes bei Lenbach am 6. November bekam Wagner von einer Sekunde zur anderen einen unbegreiflichen Wutanfall, er verfluchte laut und sächselnd den deutschen Kaiser mitsamt seinen Fürsten und den Reichskanzler Otto von Bismarck dazu – und ebenso plötzlich wandelte er sich wieder zum Charmeur, der es glänzend verstand, die Honoratioren aus ihrer untertänigsten Schreckensstarre zu lösen.

Am 10. und 12. November 1880 dirigierte Wagner im Hoftheater zwei Sonderkonzerte für den bayerischen König. Beide vereinbarten ein Wiedersehen spätestens bei der Uraufführung von ›Parsifal‹. Am 17. November ging es heim nach Bayreuth, und gleich darauf nahm Wagner die ›Parsifal‹-Partitur erneut in Angriff.

Am 1. Dezember avisierte Wagner den Patronen der Bayreuther Festspiele: Uraufführung von ›Parsifal‹ im Sommer 1882. Unwiderruflich!

Der Affront gegen den deutschen Kaiser

Zu der Zeit, als Wagner nach Deutschland zurückkehrte, flackerte gerade eine antisemitische Agitation auf, ein Strohfeuer zwar nur, doch recht beunruhigend: Dr. Bernhard Förster, Oberlehrer aus Charlottenburg (und später Ehemann von Nietzsches Schwester Elisabeth), hatte eine selbst verfasste ›Massenpetition gegen das Überhandnehmen des Judentums‹ in Umlauf gebracht und bereits 250.000 Unterschriften gesammelt. Nun wollte er auch die Unterschrift Wagners ergattern, den er als prominenten Antisemiten einschätzte – doch der ließ ihn abblitzen.

Die so genannte »Förster-Petition« beunruhigte Angelo Neumann, der mit seinem Leipziger Ensemble nun die Berliner Erstaufführung des ›Rings‹ plante. Da er Jude war, schrieb er Wagner am 23. Februar 1881 einen besorgten Brief. Wagner antwortete postwendend: »Der gegenwärtigen antisemitischen Bewegung stehe ich vollständig fern. Ein nächstens in den ›Bayreuther Blättern‹ erscheinender Aufsatz von mir wird dies in einer Weise bekunden, dass Geistvollen es sogar unmöglich werden dürfte, mich mit jener Bewegung in Beziehung zu bringen.« Wagner meinte wohl seinen im September erschienenen Beitrag ›Heldentum und Christentum‹. Darin schrieb er, Christus sei »nicht für das Interesse einer noch so bevorzugten Rasse« gestorben, sondern für das »ganze menschliche Geschlecht«.

Am 14. April kam Hermann Levi zu einer Besprechung über die ›Parsifal‹-Proben des nächsten Jahres nach Bayreuth. Er wohnte in der Villa Wahnfried. Levi hatte Wagners Dirigiertechnik schon vor Jahren übernommen, viele Wagner-Inszenierungen analysiert und war – wie Wagner erkannte – der ideale Dirigent für ›Parsifal‹. »Ich habe hier drei herrliche Tage verbracht«, schrieb Levi seinem Vater, dem Rabbiner von Gießen. »Der Meister war sehr guter Laune, wir haben vielerlei besprochen für das nächste Jahr. Alles geht zum Besten … Dass ich das Werk leite, ist nun kein Geheimnis mehr.«

Kaum war Hermann Levi heimgefahren, gab's Kontrastprogramm in Wahnfried. Es erschien Arthur Graf von Gobineau, 65 Jahre alt, grau, spitzbärtig, unmusisch und starrsinnig, gepeinigt von Arteriosklerose und Leberschrumpfung, ein radikaler Rassentheoretiker, der die Arier als Elite bezeichnete und ihren Untergang durch Rassenmischung prophezeite. Da er in Wagner einen Gesinnungsgenossen vermutete, kam er für vier Wochen nach Bayreuth, »und was wie die abenteuerliche Verschwörung zweier Rassen-Fanatiker aussehen konnte, muss in Wahrheit ein krauses Missverständnis und ein Aneinandervorbeireden gewesen sein«, schreibt der Wagner-Biograph Gregor-Dellin. Es gab wiederholt laute Meinungsverschiedenheiten zwischen beiden.

Zudem hatte Wagner wenig Zeit für Gobineau. Er arbeitete seit Dezember mit solchem Tempo an der ›Parsifal‹-Partitur, dass Engelbert Humperdinck aus der Nibelungen-Kanzlei kaum mit dem Kopieren nachkam. Eine Verschnaufpause war Humperdinck vergönnt, als Wagner und Cosima vom 5. bis 6. Mai nach Berlin zur viel bejubelten Erstaufführung des ›Rings‹ durch Angelo Neumann fuhren. Dirigent war Anton Seidl, Mitglied der Nibelungen-Kanzlei während der ersten Bayreuther Festspiele. Wagner zeigte sich begeistert: »In solcher Vollendung wird das Werk kaum wieder zur Aufführung gelangen.«

Kaiser Wilhelm I. war damals krank und konnte erst den vierten ›Ring‹-Zyklus vom 25. bis 29. Mai mit seiner Anwesenheit beehren. Deshalb reisten Wagner und Cosima nochmals nach Berlin, diesmal mit den Kindern, Joukowsky und Gobineau. Nach der ›Götterdäm-

merung‹ standen Wagner und Angelo Neumann von Beifall umbrandet auf der Bühne, Kaiser Wilhelm, seine Familie und die Angehörigen des Hofstaates hatten sich in ihren Logen erhoben und klatschten. Der Beifall verrauschte, und dann geschah es: Angelo Neumann
sprach »Dank zunächst den erhabenen Mitgliedern des Kaiserhauses und . . .« – Wagner drehte sich um, stapfte durch die Kulissen hinaus – ». . . Dank dem Komponisten«. Den zweiten Teil des Satzes
hörte Wagner nicht mehr, er war schon verschwunden. Dass der Kaiser des Deutschen Reiches vor ihm, Richard Wagner, genannt
wurde, das konnte er nicht verkraften. Der Meister, er hatte offenbar
den Zenit ungetrübter Selbsteinschätzung erreicht. Sein Abgang war
ein Affront ohnegleichen! Die Zeitungen fielen über Wagner her, Angelo Neumann fühlte seine ›Ring‹-Inszenierung desavouiert und
schrieb ihm, er wünsche alle persönlichen Beziehungen abzubrechen.

Wagner redete sich hinterher auf einen Herzkrampf hinaus, der
ihn just in dieser Sekunde befallen habe, was ihm keiner glaubte,
aber von den meisten, sogar von Kaiser Wilhelm I., gönnerhaft als
Entschuldigung akzeptiert wurde. Das Verhältnis zu Neumann,
dank Wagners Charme schnell repariert, gedieh danach zu einer
herzlichen, künstlerisch produktiven Freundschaft.

Das reinigende Gewitter der Schmähbrief-Affäre

Am 31. Mai 1881 war Wagner wieder zurück in Bayreuth. Er begann
mit der Partitur des zweiten ›Parsifal‹-Aktes, Engelbert Humperdinck
kopierte auf Teufel komm raus. Graf Gobineau reiste Anfang Juni ab,
und am 26. Juni kam Hermann Levi zu weiteren Besprechungen
über die ›Parsifal‹-Uraufführung und bezog ein Zimmer in Wahnfried. Zwei Tage später erhielt Wagner einen anonymen Brief mit der
Aufforderung, er solle sein Werk »rein erhalten und nicht von einem
Juden dirigieren lassen«. Außerdem wurde Levi bezichtigt, ein Verhältnis mit Cosima zu haben. Wagner zeigte Levi diesen Brief, wohl
in der Absicht, die beginnende Freundschaft nicht mit einem Geheimnis zu belasten. Doch Levi war verletzt, er reiste heimlich ab.
Wagner wusste, dass Levi nach Bamberg gefahren war, und sandte

ein Telegramm hinter ihm her: »Freund, Sie sind auf das Ernstlichste ersucht, schnell zu uns zurückzukehren.« Levis Reaktion: die Bitte um seine Entlassung. Darauf Wagner in einem Brief vom 1. Juli 1881: »Lieber, bester Freund! ... Um Gottes willen, kehren Sie sogleich um und lernen Sie uns endlich ordentlich kennen! Verlieren Sie nichts von Ihrem Glauben, aber gewinnen Sie auch einen starken Mut dazu! Vielleicht gibt's eine große Wendung für Ihr Leben – für alle Fälle aber – sind Sie mein ›Parsifal‹-Dirigent!«

Levi ließ sich beruhigen und kehrte am 2. Juli zurück.

Der Satz »Verlieren Sie nichts von Ihrem Glauben« im Brief ist so zu verstehen: Wagner hatte seinen ›Parsifal‹-Dirigenten immer wieder zu überreden versucht, sich christlich taufen zu lassen. Doch Levi, Sohn eines Rabbiners, war dafür natürlich nicht zu haben. Es gab Spannungen. Und nun, nach dem reinigenden Gewitter der Schmähbrief-Affäre, berührte Wagner das Thema nie wieder. Er war selig, dass er Levi hatte. Levi war ein souveräner Dirigent – und darüber hinaus auch ein einfallsreicher Organisator von flexibler Intelligenz, der in die Rolle des musikalischen Gesamtleiters der Festspiele hineinwuchs. Das war auch dringend nötig, denn Wagner wurde von Brustschmerzen und Herzanfällen immer häufiger aufs Krankenlager geworfen.

Über das von Missionierungsversuchen befreite Verhältnis zu Wagner wird Levi seinem Vater berichten: »Du schreibst: ›Könnte ich Wagner nur auch recht gut sein!‹ – Das kannst Du gewiss und sollst es! Er ist der beste und edelste Mensch. Dass ihn die Mitwelt missversteht und verleumdet, ist natürlich. Es pflegt die Welt das Strahlende zu schwärzen. Goethe ist es auch nicht besser ergangen. Aber die Nachwelt wird erst erkennen, dass Wagner ein ebenso großer Mensch als Künstler war, wie dies jetzt schon die Nahestehenden wissen. Auch sein Kampf gegen das, was er ›Judentum‹ in der Musik und in der modernen Literatur nennt, entspringt den edelsten Motiven, und dass er kein kleinliches Risches [Judenhass] hegt, ... beweist sein Verhalten zu mir, zu Josef Rubinstein und ... zu Tausig, den er zärtlich geliebt hat. Das Schönste, was ich in meinem Leben erfahren habe, ist, dass es mir vergönnt war, solchem Manne nahezutreten, und ich danke Gott täglich dafür.«

Am 5. August stellte sich bei Wagner in Wahnfried eine junge

Sängerin von außergewöhnlicher Schönheit vor: Carrie Pringle aus London. Sie sang eine Probe-Arie »recht erträglich«, wie Wagner befand – und wurde von ihm spontan als eine Soloblume im Reigen von Klingsors verführerischen Blumenmädchen engagiert. Wagner nannte die Blumenmädchen auch »Zaubermädchen« oder »Blumen-Zaubermädchen«. Für die Festspielzeit nahm Carrie Pringle gleich eine Wohnung, ganz in der Nähe von Wahnfried.

Noch eine weitere Schönheit kam: Judith Gautier, der »Orkan« aus Paris, verführerisch wie eh und je. Sie traf am 29. September 1881 in Begleitung ihres Lebenspartners Benedictus ein und blieb einige Tage. Eine peinliche Begegnung, vor allem für die betrogene Cosima.

Die Verweigerung der Blumenmädchen

Im Herbst verstärkten sich Brustschmerzen und Herzanfälle, und als die Nebel über Bayreuth zogen, reiste Wagner am 1. November 1881 mit Familie, Joukowsky und Josef Rubinstein im Salonwagen nach Neapel und von dort per Schiff nach Palermo, wo sie eine Suite im »Hotel des Palmes« bezogen. Tag für Tag arbeitete Wagner bis an die Grenze der Erschöpfung an der Partitur des dritten ›Parsifal‹-Aktes, und als das Werk am 13. Januar 1882 vollbracht war, sagte er zu seiner Familie, er habe befürchtet, vom Tod bei seiner Arbeit unterbrochen zu werden. Eine Aussage, die nicht übertrieben scheint, wenn man die später als farbiges Porträt ausgeführte Bleistiftzeichnung betrachtet, die Auguste Renoir, der große französische Impressionist, zwei Tage nach der ›Parsifal‹-Vollendung von Wagner gemalt hat: verquollene Augen, blass, aufgedunsen, keine Spur von den sonst so prägnanten Gesichtszügen.

Am 10. April wurde Wagner von einer Serie schmerzhafter Herzkrämpfe und Hustenanfälle geschüttelt. Als es vorbei war, reiste er mit Anhang zu einem zweiwöchigen Aufenthalt nach Venedig und dann über München und Nürnberg zurück nach Bayreuth, wo er am 1. Mai eintraf.

Wagner besichtigte sogleich die Erweiterung des Vorbaus, den so genannten Königsbau, speziell für den Besuch König Ludwigs zur

›Parsifal‹-Uraufführung errichtet. Der König hatte inzwischen das Protektorat für Bayreuth übernommen und auf das 1878 ausgehandelte Recht verzichtet, ›Parsifal‹ in München aufzuführen. Mithin galt wieder Wagners Anspruch auf Exklusiv-Aufführung nur im Bayreuther Festspielhaus.

5. Mai 1882: erste Aufführung des ›Rings‹ in London! Inszeniert von Angelo Neumann, dirigiert von Anton Seidl, gesungen und gespielt von dem bewährten Leipziger Ensemble, mit Beifall und Jubel bedacht vom Publikum.

Seinen Geburtstag feierte Wagner diesmal mit einem neuen Familienmitglied: Seine Stieftochter Blandine hatte sich während der Italienreise mit dem Grafen Biagio Gravina aus Palermo verlobt, der am Geburtstag überraschend in Wahnfried auftauchte. Das Musikprogramm bestritten tagsüber ein Knabenchor mit Passagen aus dem ersten »Parsifal«-Akt und abends eine Gruppe fränkischer Musikanten, die zur Gitarre lustige Schnaderhüpferl sangen.

Am 28. Mai gründete Wagner die (heute noch bestehende) Stipendienstiftung für Unbemittelte. Als Leiter hatte er den Wormser Fabrikanten Friedrich Schön auserkoren, einen Wagnerianer der ersten Stunde. In einem offenen Brief an Schön erinnerte Wagner daran, dass er die Idee der Volksfestspiele mit freiem Eintritt hatte aufgeben müssen, und so »werden demnach, wenn auch kein Kamel durch ein Nadelöhr und kein Reicher durch das Himmelstor geht, doch vorzüglich nur Reiche in unser Theater eingelassen werden müssen«. Wichtigste Aufgabe der Stipendienstiftung sei es, »die Mittel zu beschaffen, um gänzlich freien Zutritt, ja nötigenfalls die Kosten der Reise und des fremden Aufenthaltes, solchen zu gewähren, denen mit der Dürftigkeit das Los der meisten und oft tüchtigsten unter Germaniens Söhnen zugefallen ist«. (Heute sind es jährlich 200 bis 250 Stipendiaten.)

Am 12. Juni traf Hermann Levi für Vorbereitungen zu den Proben ein und beriet sich täglich mit Wagner. Am 2. Juli dann: offizieller Beginn der ›Parsifal‹-Proben! Musikalische Gesamtleitung: Hermann Levi. Musikalische Assistenz: der Dirigent Franz Fischer, der Nachwuchsdirigent Julius Kniese und Wagners langjähriger jüdischer Freund Heinrich Porges, Musikschriftsteller und Chordirigent. Ballettmeister Richard Fricke, unentbehrlicher Tausendsassa der ersten

Bayreuther Festspiele, wurde diesmal nur für die Choreographie der Blumenmädchen engagiert.

Wagner war bei den meisten Proben zugegen, doch seine angeschlagene Gesundheit zwang ihn zur Zurückhaltung. Selten spielte und sang er den Solisten ihre Rollen vor, er konzentrierte sich meist auf die sensible Akzentuierung des gesanglichen Vortrags. Aus der ›Ring‹-Aufführung von 1876 waren nur Brünnhilde und Alberich mit von der Partie: Amalie Materna als Kundry, Karl Hill als Klingsor.

Ursprünglich sollte auch Lilli Lehmann dabei sein, eine der Rheintöchter des ›Rings‹, von Wagner sehr geschätzt, doch sie sagte ab – und brachte damit die Vorbereitungen beträchtlich durcheinander. Eine traurige Geschichte steckte dahinter: Lilli Lehmann hatte bei den Proben zum ›Ring‹, damals 28 Jahre alt, den 22-jährigen Fritz Brandt kennen gelernt, der gelegentlich seinem Vater assistierte, dem berühmten Bühnenmeister Carl Brandt. Beim ersten Blick empfanden beide »einen elektrischen Schlag«, so Lilli Lehmann in ihren Erinnerungen ›Mein Weg‹. Und weiter: »War Wagner vielleicht die Kraft, die in uns ausströmte... Wie konnten wir uns gegenseitig – so plötzlich... lieben?« Lilli und Fritz waren das Liebespaar der ersten Bayreuther Festspiele, zunächst heimlich, dann gegen Ende offiziell mit Verlobung. Doch zu diesem Zeitpunkt schon litt Lilli unter der offensichtlich pathologisch übersteigerten Eifersucht ihres Fritz: »Eifersüchtig auf wen? Auf was? Auf alles! Auf das unmöglichste.« Nach den Festspielen forderte Fritz ultimativ die Heirat und ihren Rückzug von der Bühne an den heimischen Herd in Darmstadt. Das war zuviel. Lilli Lehmann, für das Theater geboren, wollte internationale Karriere machen (1896 singt sie in Bayreuth die Brünnhilde) – und löste die Verbindung. »Mein Leben schien für lange Zeit vernichtet.«

Wagner schrieb ihr viele tröstende Briefe und berichtete am 21. Mai 1879 etwas sibyllinisch über seinen ›Parsifal‹: »Teufelszeug, was mir nur einfallen konnte... Ohne Lilli ist Klingsors Zauberwerk nicht zu verrichten.« Im übernächsten Jahr, am 22. Juli 1881, sandte er dann einen Klavierauszug, die Szene der Blumenmädchen aus dem zweiten Akt. Im Begleitbrief heißt es: »Sehen Sie sich diese Geschichte genau an, sie ist kein Spaß... Ich verlange nicht weniger als sechs Sängerinnen ersten Ranges... Dann aber noch mindestens 12 bis 16 junge, hübsche Chorsängerinnen von erster Qualität ... Wollen Sie mir diese Bande rekrutieren?«

Lilli Lehmann fragte Wagner, ob Fritz Brandt, den sie nicht wiedersehen wollte, nach Bayreuth kommen werde. Seine Antwort: Nein. Er hatte Carl Brandt als Bühnenmeister engagiert, allerdings unter der Auflage, dass er jahrmarktmäßigen Klamauk zu unterlassen habe. Nun sagte Lilli Lehmann zu, voller Begeisterung. In Berlin, wo sie gerade engagiert war, studierte sie mit Solistinnen und Chorsängerinnen nach der Choreographie Richard Frickes die Szene der Soloblumen und Blumenmädchen ein. Sie konnte fast die ganze »Bande rekrutieren« und sang selbst eine Soloblume.

Da starb im Dezember 1881 Carl Brandt – und nun musste sein Sohn Fritz ran, der Einzige, der Vaters Tricks und Techniken kannte.

Fritz Brandt also doch in Bayreuth! Lilli Lehmann erhielt die Nachricht mit einiger Verzögerung und: »Ich fühlte die Wunden, die ich geheilt glaubte, aufs Neue schmerzen und bluten ... Das kaum vergessene Martyrium begann mich aufs Neue zu quälen.« Und so kam es, »dass ich, die Wagner verehrte ... ihn 1882 dennoch im Stich lassen musste. Musste! ... Denn der Grund dazu hieß: Selbsterhaltung! ... Die schlimmen Folgen konnte ich nicht voraussehen, aber sie waren beschämend.« Denn keine der von Lilli Lehmann einstudierten Soloblumen und Blumenmädchen wollte ohne sie weiterspielen. Sie verweigerten sich alle. Es gab nur noch eine Soloblume, die von Wagner in Bayreuth engagierte wunderschöne Carrie Pringle. Um sie herum mussten die Mädchen aus Klingsors Zaubergarten neu rekrutiert werden, in höchster Eile, und was sich da schnell-schnell zusammentrommeln ließ, waren – wie Wagner schimpfte – »abgelebte Frauen«. Gleichwohl widmete er sein Engagement als Regisseur uneingeschränkt eben jenen Blumenmädchen, und zwar eindeutig wegen Carrie Pringle. Seine Hinwendung zu ihr war auffallend, und auch nach den Proben sah man die beiden in der Nähe von Wahnfried spazieren gehen. Wagner wirkte heiter und gelöst.

Ansonsten war Wagner sehr zum Kummer der Künstler überwiegend schlecht gelaunt. Geschwächt von immer wiederkehrenden Herzattacken und oft mit schmerzverzerrtem Gesicht mäkelte er viel herum, dies und das passte ihm nicht, die Kostüme gefielen ihm auf einmal nicht mehr, sie seien zu komisch, vor allem die Panzer der Gralsritter. Die Proben zogen sich in die Länge, da wegen der geplanten 16 Vorstellungen besonders schwierige Rollen mehrfach besetzt werden mussten. Als Kundry alternierte beispielsweise die grandiose Amalie Materna nach der Uraufführung mit Therese Malten und Marianne Brandt.

Und dann gab's auch noch Ärger mit der Bühnentechnik. Carl Brandt hatte im Vorjahr für die Verwandlung vom Wald in den Gralstempel eine abrollbare Wanddekoration konstruiert. Nun stellte sich heraus: Sie lief zu langsam – die Verwandlungsmusik war schneller zu Ende. Fritz Brandt, der Sohn, sah da kein Problem: Die Verwandlungsmusik müsse eben länger gemacht werden, sagte er zu Wagner. Der ging in die Luft: »Soll ich meterweise komponieren?« Wütend verließ er die Probe. Engelbert Humperdinck war es dann, der mit Überleitungstakten die Verwandlungsmusik metergenau streckte und damit den Meister beruhigte.

»Von mir ist nun nichts mehr zu erwarten«

Zu dieser Zeit erhielt der gesundheitlich ohnehin schon schwer angeschlagene Richard Wagner eine niederschmetternde Nachricht: König Ludwig ließ mitteilen, er werde nicht zur Uraufführung von ›Parsifal‹ kommen und auch keine spätere Aufführung besuchen. Wagner schrieb am 8. Juli 1882: »Ein härterer Schlag konnte mich nicht treffen, als die Benachrichtigung davon, dass mein erhabener Wohltäter keiner der Aufführungen des Bühnenweihfestspiels beizuwohnen sich entschlossen hat. Wer begeisterte mich zu diesem höchsten und letzten Aufschwung meiner seelischen Kräfte? Im steten Hinblick auf Wen führte ich Alles aus und durfte mich auf ein Gelingen freuen? Das jetzt zugesicherte beste Gelingen wird mir nun zum größten Misslingen meines Lebens. Was ist mir alles, wenn ich Ihn damit nicht erfreuen kann? ... Und – es ist das Letzte, was ich schaffe. Die ungeheure Übermüdung, die heute auch mir eben nur zu diesen wenigen Zeilen Kraft lässt, sagt mir, woran ich mit meinen Kräften bin. Von mir ist nun nichts mehr zu erwarten.«

Die »ungeheure Übermüdung«! Und dann die Herzattacken, Brustschmerzen, Hustenanfälle! Richard Wagner stand knapp vor einem
Zusammenbruch. Nun erwies sich Hermann Levi, längst ein Freund,
als Retter in der Not. Levi hatte alles im Griff, trieb die letzte Phase
der Proben voran, war Garant dafür, dass die Uraufführung des
»Weltabschiedswerkes« – wie Wagner es nannte – am 26. Juli über
die Bühne gehen konnte. Auch in den nächsten Jahren wird Hermann Levi den ›Parsifal‹ in Bayreuth dirigieren und die Festspiele
musikalisch leiten. Das hat Wagner mit ihm noch während der Proben vereinbart, vorsorglich.

Am 14. Juli starb die Neufundländerhündin Molly, die nach dem
Tod des geliebten Russ ins Haus gekommen war. An diesem Tag ging
es Wagner so schlecht, dass Cosima und die Kinder ihm die traurige
Nachricht verschwiegen und Molly heimlich im Garten begruben.
Am nächsten Morgen rief Wagner nach Molly – und alle brachen in
Tränen aus. Wagner starrte sie ein paar Sekunden an, ahnte, was ge-
schehen war, eilte in den Garten, sah den frischen Erdhaufen und
verkroch sich weinend in der Laube.

Dann endlich, kurz vor der Generalprobe am 24. Juli, erlebte
Wagner eine Überraschung, die ihn wieder aufmunterte. Angelo
Neumann, ein Vollblut-Theatermann, Regisseur und Organisator
der bravourösen ›Ring‹-Inszenierungen in Leipzig, Berlin und London, hatte schon vor einiger Zeit eine zukunftsträchtige Idee geäu-
ßert: Er wollte mit seinem bewährten ›Ring‹-Ensemble ein reisendes
Wagner-Theater gründen, eine Wanderbühne großen Stils, die in
den führenden Theatern des In- und Auslandes gastieren sollte.
Wagner war zunächst irritiert. Er glaubte nicht so recht an einen
Erfolg, war resignativ gestimmt und zögerte sein Einverständnis hinaus. Angelo Neumann indes, mit wenig Geduld ausgestattet, aber
kreativ und voller Tatkraft, bot auf eigene Faust das reisende Wagner-Theater großen Bühnen an – und löste eine Lawine der Zustimmung aus. Nahezu alle Theater sicherten sofortige Vertragsabschlüsse
zu, rissen sich um die Termine, so etwa Breslau, Königsberg, Danzig,
Bremen, Hannover, Aachen, Düsseldorf, Mainz, Darmstadt, Karlsruhe, Stuttgart, Straßburg, Basel, Amsterdam, Brüssel, Venedig,
Bologna, Turin, Triest, Graz und Budapest.

Mit dieser frohen Botschaft also tauchte Angelo Neumann kurz vor der Generalprobe bei Wagner auf, und der reagierte wie in seinen besten Tagen: Er machte einen Kopfstand, umarmte Neumann, küsste ihn und versprach die Vertragsunterzeichnung in den nächsten Tagen.

Erstaunlich und faszinierend: Richard Wagner, der 1850 sein unsägliches Machwerk ›Das Judentum in der Musik‹ veröffentlicht hatte, überantwortete im Jahr 1882 die Inszenierung und Betreuung seines ›Ring des Nibelungen‹ dem jüdischen Freund Angelo Neumann. Und seinem jüdischen Freund Hermann Levi überantwortete er die musikalische Gesamtleitung der Bayreuther Festspiele samt ›Parsifal‹!

Und dann das: Nach der Generalprobe sagte er zu Cosima, er »möchte nicht als Orchestermitglied von einem Juden dirigiert werden«.

Wer will diesen Richard Wagner verstehen?

Triumph und Tod

Am Tag nach der gelungenen Generalprobe, einen Tag vor der Uraufführung, waren alle Mitarbeiter zum Bankett im Restaurant des Festspielhauses geladen. Wagner, bestens gestimmt, befeuerte die Künstler in seiner Rede:»Kinderchen, morgen ist der Teufel los. Seht zu, dass er ordentlich in Euch hineinfährt!«

Dann brachte er einen Toast auf Franz Liszt aus:»Als ich, um deutsch zu reden, ein ganz aufgegebener Musjöh war, da ist Liszt gekommen und hat von innen heraus ein tiefes Verständnis für mich und mein Schaffen gezeigt. Er hat dieses Schaffen gefördert, er hat mich gestützt, er hat mich erhoben wie kein anderer. Er ist das Band gewesen zwischen der Welt, die in mir lebte, und jener Welt da draußen.«

26. Juli 1882: Regen, Sturmböen, Fanfarenklänge. Eröffnung der zweiten Bayreuther Festspiele mit dem Bühnenweihfestspiel ›Parsifal‹. Fahnen klatschten regentriefend an die Masten.

Große Auffahrt vor dem Festspielhaus durch ein Spalier höflich applaudierender Bayreuther Bürger. Kein König diesmal, auch der

Kaiser kam nicht, aber mäßige Prominenz aus Adel, Politik und Wirtschaft. Vor allem Patrone waren geladen, dazu einige Künstler wie Franz Liszt, Anton Bruckner, Léo Delibes, Arthur Nikisch, Camille Saint-Saëns und ein paar Stipendiaten, junge, begabte Musiker, deren Namen noch keiner gehört hatte: Richard Strauss etwa oder Gustav Mahler. Unbekannt war auch eine hoch gewachsene Frau mit auffallend hellblauen Augen und silberblondem Haar, die allein aus einer Kutsche stieg: Lou von Salomé, 21 Jahre alt, Theologiestudentin aus Sankt Petersburg, mit Friedrich Nietzsche befreundet, ständig Ausschau haltend nach interessanten Persönlichkeiten. In Bayreuth hielt sie intensiven Kontakt zu Richard Wagner, Franz Liszt und Paul von Joukowsky. (Sie wird später unter dem angeheirateten Namen Lou Andreas-Salomé bekannt werden als Vertraute von Rainer Maria Rilke und Sigmund Freud, als Schriftstellerin und Psychotherapeutin.)

Die Uraufführung von ›Parsifal‹ übertraf künstlerisch die ›Ring‹-Uraufführung bei weitem. Hermann Levi hatte Solisten und Orchester bestens aufeinander eingestimmt. Alle Bühnentechniken funktionierten, die Verwandlung vom Wald in den Gralstempel gelang vollkommen. Die einzige Panne des Abends lieferte Richard Wagner selbst: Er hatte vorher gebeten, nach den einzelnen Akten nicht zu applaudieren, um die Weihestimmung durchgehend zu erhalten. Nun aber war er vom Auftritt der Blumenmädchen so entzückt, dass er spontan »Bravo! Bravo!« schrie. Das Publikum vermutete die Taktlosigkeit irgendeines Banausen und zischte ihn nieder. Nach der Vorstellung waren die Zuschauer verunsichert: Galt das Applausverbot nur für die Akte oder auch für den Schluss? Vorsichtshalber rührten sie sich nicht, minutenlang. Erst als Wagner auf die Bühne kam, entzündete sich ein nicht enden wollender Beifall. Nun aber stand Wagner allein da! Sänger und Sängerinnen waren inzwischen beim Umziehen und Abschminken.

Nach der Vorstellung gab Wagner einen Empfang im »Hotel Fantaisie« etwas außerhalb Bayreuths. Angelo Neumann saß zufällig neben Eduard Hanslick. »Der gefürchtete Kritiker war unter dem unmittelbar mächtigen Eindruck des Parsifal auffallend schweigsam geworden«, wird Neumann später in seinen Erinnerungen schreiben. Ähnlich erging es offenbar auch den anderen Gästen. Es wurde nicht viel und nicht laut geredet. Umso deutlicher war in ziemlich großem Umkreis zu hören, was der Leipziger Theaterdirektor August Förster sagte:»Sie werden sehen, Richard Wagner stirbt.« Stille ringsum. Nach ein paar Schrecksekunden schob Förster die rätselhafte Erklärung nach, dass ein Mensch, der so etwas wie ›Parsifal‹ geschaffen habe, nicht länger leben könne und bald sterben müsse. Es dauerte eine Weile, bis die Gespräche rundum wieder zu summen begannen.

Insgesamt waren 16 Vorstellungen geplant. Bei den nächsten Aufführungen saß Wagner meist nur während der Blumenmädchen-Szene in seiner Loge. Es war kein Geheimnis, dass er wegen der Soloblume Carrie Pringle kam, die besser aussah, als sie sang, und zu der er immer mehr eine nicht näher definierbare Zuneigung entwickelte. Nach dem Auftritt der Blumenmädchen begab er sich oft hinter die Bühne, um mit Carrie kurz zu plaudern. Auch streifte er gern allein durch die Kulissen des Bühnenhauses. Gegen Schluss der fünften Aufführung vernahm Emil Scaria, Sängerdarsteller des Gurnemanz, merkwürdige Geräusche, und er sah nach: Wagner lag hinter einer Kulisse auf dem Boden, nach Luft schnappend, mit zuckenden Armen und Beinen, fast bewusstlos. Herzanfall! Erste Hilfe wurde geleistet, der Arzt alarmiert. »Dieses Mal bin ich wohl noch davon gekommen«, sagte Wagner. Das Publikum hatte nichts gemerkt. Wagner bat, darüber nicht zu reden. Am nächsten Tag wusste es jeder.

Am 25. August 1882 fand am Vormittag die Hochzeit von Blandine und dem Grafen Biagio Gravina statt. Abends, während einer ›Parsifal‹-Pause, krachte und blitzte auf dem Festspielhügel das Hochzeits-Feuerwerk. Am nächsten Tag beim Empfang in Wahnfried befiel Wagner so schlechte Laune, dass er sich zurückzog und zu Cosima sagte, er wünsche sich den Tod.

29. August 1882. Die 16. und letzte Aufführung von ›Parsifal‹. Wagner verließ im dritten Akt seine Loge, ging in den »mystischen Abgrund«, und was dann geschah, berichtete der Dirigent Hermann Levi seinem Vater in einem Brief: »Der Meister ... krabbelte bis zu meinem Pult hinauf, nahm mir den Stab aus der Hand und dirigierte die Vorstellung zu Ende. Ich blieb neben ihm stehen, weil ich in

Sorge war, er könnte sich einmal versehen, aber diese Sorge war ganz unnütz ... Am Schluss des Werkes brach ... ein Jubel los, der jeder Beschreibung spottete. Aber der Meister zeigte sich nicht, blieb immer unter uns Musikanten sitzen, machte schlechte Witze, und als nach 10 Minuten der Lärm noch immer nicht aufhören wollte, schrie ich aus Leibeskräften: Ruhe! Ruhe! ... Man beruhigte sich wirklich, und nun fing der Meister immer noch vom Pult aus an zu reden, erst zu mir und dem Orchester, dann wurde der Vorhang aufgezogen, das ganze Sänger- und technische Personal war oben versammelt, der Meister sprach mit einer Herzlichkeit, dass alles zu weinen anfing!«

›Parsifal‹ war ein Triumph auf ganzer Linie. Ein künstlerischer Erfolg vor allem. Selbst bisher geradezu feindselig gesinnte Rezensenten wie Eduard Hanslick zollten Wagner, wenn auch verhalten, Achtung und Bewunderung. So attestierte Hanslick »blendende musikalisch-szenische Leistungen, in welchen Wagner keinen Nebenbuhler hat ... Sehen wir ›Parsifal‹ als eine Fest- und Zauberoper an, ignorieren ... wir ... ihre logischen und psychologischen Unmöglichkeiten und falschen religiös-philosophischen Prätentionen, so werden wir Momente bedeutender künstlerischer Anregung und blendendster Wirkung darin erleben.«

›Parsifal‹ war auch ein finanzieller Erfolg. Bankier Feustel gab bekannt: 143.000 Mark Überschuss (1.144.000 Euro)! Die nächsten Festspiele waren gesichert! Der Schott-Verlag zahlte für ›Parsifal‹ 100.000 Mark (800.000 Euro) an Wagner, das höchste bisher von einem deutschen Musikverleger gewährte Honorar. Auch das Wandertheater mit dem ›Ring des Nibelungen‹ wurde zur Geldquelle für viele Jahre. Angelo Neumann zeigte Wagner ein Telegramm aus Breslau, wo er den ersten von zig Verträgen abgeschlossen hatte: Innerhalb von drei Stunden waren alle Karten verkauft. Erlös: 41.000 Mark (328.000 Euro). Wagner verdiente laut seinem Vertrag mit Neumann an jeder Karte. Er war – wer hätte das je gedacht? – alle finanziellen Probleme los.

Und dann, gleich nach den Festspielen, eine Serie schwerer Herzattacken, schmerzhafter als je zuvor. Dr. Landgraf und andere Ärzte
untersuchten ihn. Als Ursache der Herzschmerzen diagnostizierten
sie hochgradigen Meteorismus, der das Zwerchfell hochdrückte und
den Brustkorb einengte. Das war wohl richtig – aber nur zum Teil. Sie
übersahen, dass eine extreme Erweiterung und Durchblutungsstö-
rung des Herzens, speziell der rechten Herzkammer, vorlag und dass
Wagner bei Aufregung von Herzinfarkt und Ruptur bedroht war.
Daran wird er sterben.

Richard Wagner sehnte sich nach Sonne und Süden. Am 14. Septem-
ber reiste er mit Cosima, den Kindern, Joukowsky, mit Diener Georg,
Kammerjungfer Betty und einer Köchin nach Venedig.
    Wolkenbrüche, Stürme! Regensträhnen peitschten die Lagune.
Sie bezogen die zweite Etage des Palazzo Vendramin am Canal
Grande. In Venedig engagierte Wagner einen unerhört würdigen
Portier mit Livree, dazu zwei Gondolieri, einen deutschen Hauslehrer für Siegfried und eine italienische Sprachlehrerin namens Cor-
sani für Isolde, Eva und Daniela. Joukowsky wohnte im Atelier eines
benachbarten Palazzo.
    Wagner schimpfte auf das venezianische Winterwetter und,
kaum war der Himmel blau, auf das Bayreuther »Scheißklima«.
    Er liebte den Markusplatz und die Piazzetta. Bei schönem Wetter
zelebrierte er dort gelegentlich seine glanzvollen Auftritte: Er ließ
sich von den Gondolieri mit Familie und Freunden zur Anlegestelle
rudern, stieg aus der Gondel zur Piazzetta empor, und dann flanierte
er gemessenen Schrittes, Barett auf dem Kopf, Cosima am Arm, Siegfried an der Hand, Töchter und Freunde im Gefolge, an Dogenpalast
und Campanile vorbei über den Markusplatz zu seinem Lieblingscafé Lavena. Es gibt mehrere Beschreibungen darüber, wie die Menschen vor ihm ehrerbietig zurückwichen, wie sie tief in Verbeugung
verharrten vor dem weltberühmten Meister und seinem Gefolge.
Ansonsten kam Wagner lieber inkognito, einen Allerweltshut ins Gesicht gezogen, er eilte zum Lieblingscafé und setzte sich in den ersten Stock, wo er die seiner Meinung nach miserable Militärmusik auf
dem Platz nicht hören konnte. Zu seinem Schmerz spielten die Musiker, sobald sie ihn erkannten, freudig erregt aus seinen Werken.

Einmal ließ Wagner den Militärkapellmeister Tessarini antanzen, um ihn über richtige Tempi beim ›Lohengrin‹-Vorspiel zu belehren. Im Oktober begann er seinen Aufsatz ›Das Bühnenweihfestspiel in Bayreuth‹. Sinn sei es, heißt es darin unter anderem, das Publikum der gewohnten Welt zu entrücken und durch die Kunst zu adeln.

Das Bayreuther Festspielpublikum: Gegenstand wissenschaftlicher Untersuchungen bis heute. Ein unerschöpfliches Thema. Ursprünglich hatte Wagner, wie wir wissen, Volksfestspiele für ein kunstbegeistertes Publikum zum Nulltarif geplant. Das war nicht zu machen. Von dieser Idee blieb nur die Stipendien-Stiftung für wenige übrig. Sein Publikum bei den ersten Bayreuther Festspielen bezeichnete Wagner, enttäuscht und überreizt wie er damals war, ungeachtet einer Reihe kunstbeflissener Besucher pauschal als »badereisende Faulenzer«. Er meinte Angeber und Parvenüs, die aus lauter Langeweile in Kurbädern mit Geld um sich warfen und zum Amüsement oder zur Selbstdarstellung mal eben auf einen Sprung nach Bayreuth reisten. Bei den zweiten Festspielen indes dominierten Besucher, die aus Neigung zur Kunst, zum Werk und zum Meister kamen, die teils alle 16 ›Parsifal‹-Aufführungen hintereinander erlebten und die nun das andere Extrem des Bayreuther Publikums verkörperten. Auch das ein Triumph Wagners! Denn es war das Idealpublikum in seinem Sinne, fähig zur Hingabe und zur Verzauberung, ein Publikum, das nach Bayreuth wie zu einer Wallfahrtsstätte pilgerte. ›Pilgerfahrt ins Ich‹ heißt denn auch eine kultursoziologische Studie zu diesem Thema. Sie beginnt mit dem Satz: »Das Publikum der Bayreuther Richard-Wagner-Festspiele ist noch umstrittener als das Ereignis, zu dem es pilgert.« In der Tat hat sich eine szintillierende Population entwickelt im Spannungsfeld zwischen »badereisenden Faulenzern« und jenem Publikum, das entrückt und geadelt werden will, wie Wagner es damals in Venedig forderte. Er beendete diesen Aufsatz am 1. November 1882.

Im Palazzo Vendramin kamen und gingen unterdessen die Gäste. Viele von ihnen waren Aristokraten und Künstler aus Venedig. Überraschend traf Blandine mit ihrem Ehemann Graf Biagio Gravina aus Palermo ein. Aus Berlin kamen Gräfin Schleinitz und Gräfin Dön-

hoff, aus Bayreuth jeweils nur auf wenige Tage Josef Rubinstein, Engelbert Humperdinck, Heinrich von Stein, »Hofbiograph« Glasenapp
und – mit Abstand der wichtigste: Hermann Levi. Sie wohnten im
Nachbar-Palazzo bei Joukowsky.

Mit Levi besprach Wagner die weiteren Festspiele. Er plante eine
Reihe von ›Parsifal‹-Aufführungen unter Levis musikalischer Gesamtleitung; zudem wollte er alle Werke ab dem ›Fliegenden Holländer‹ in Bayreuth inszenieren, so dass »diese Aufführungen als
Muster der Korrektheit meiner nächsten Nachwelt wenigstens überliefert werden können: – hiermit bedinge ich mir noch etwa zehn
rüstige Lebensjahre«. Das schrieb Wagner am 18. November 1882 an
den bayerischen König – elf Wochen vor seinem Tod.

Vor allem war ihm wichtig, dass Amalie Materna bei der nächsten
›Parsifal‹-Inszenierung wieder die Kundry sang. Er schrieb ihr: »Aller-
bestes Kind und liebste Freundin! Also! Es wird wieder Ernst! Ich bin
ganz Einladung und bitte Sie, mich . . . wieder zu bekundryen . . . Haben Sie Dank für Ihre so generöse und grandiose Natur . . . Adieu!
Liebe, Gute, Beste!«

Hermann Levi reiste ab, und am 19. November traf Franz Liszt im
Palazzo Vendramin ein, gehüllt in die Kutte des Abbés, das weiße
Haar zerzaust. Es begann wieder zu regnen. Wagner und Liszt mussten zu Hause herumsitzen, beide redeten viel, sie redeten aneinan-
der vorbei, zerredeten ihre wunderbare Freundschaft. Wagner war
launisch und gereizt, machte sich über Franz Liszt lustig, kam immer wieder auf das platonische Verhältnis mit seiner weltabgehobe-
nen Lebensgefährtin Carolyne Sayn-Wittgenstein zu sprechen. Liszt
lebe im »Wittgenstand«, kalauerte Wagner. Am 30. November riss
Cosima die Geduld. Sie verteidigte ihren Vater und nahm ihn vor
Wagners ständigen Sticheleien in Schutz. Es kam zu einer in dieser
Heftigkeit bisher nie erlebten Auseinandersetzung zwischen den
Ehepartnern.

Wagners Umgebung litt immer mehr unter dem unberechenbaren Wechsel von Jähzorn-Anfällen und überschäumender Herzlichkeit. Wann immer Wagner jemanden attackierte, bereute er es
sogleich. Er jagte einmal nach einem nichtigen Streit seinen hoch
geschätzten Freund Joukowsky aus dem Haus, rannte hinterher,
holte ihn zurück und bat vor aller Augen – auf den Knien – um Ver-

zeihung. Während dieser trüben Regentage spielte Wagner oft Volkslieder auf dem Klavier, ›O du lieber Augustin‹ etwa oder ›Stiefel muss
sterben, ist noch so jung, jung, jung‹. Franz Liszt schlurfte in seiner
Kutte gespenstergleich durch den Palazzo, und eines Tages im Dezember komponierte er das Klavierstück ›La Lugubre Gondola‹ (Die
Trauergondel) – als hätte er vorausgesehen, dass bald schon Trauer-
gondeln die schwarz verhangene Barke mit Richard Wagners Sarko-
phag eskortieren würden. In Zukunft, so sagte Wagner einmal zu
Liszt, werde er nur noch Symphonien komponieren, keine Musikdramen mehr, einsätzige Symphonien, »keine Gegenüberstellung
von Themen, das hat Beethoven erschöpft, sondern einen melodi-
schen Faden spinnen, bis er ausgesponnen ist«.

Am Heiligen Abend bot Wagner seiner Familie und Freunden
eine besondere Überraschung: Er dirigierte in dem eigens dafür gemieteten Teatro La Fenice seine Symphonie C-Dur in vier Sätzen, die
er vor 50 Jahren komponiert hatte und die im November 1832 unter
der Ägide des als Tyrann verschrienen Dionys Weber von einem Prager Studentenorchester uraufgeführt worden war. Nun dirigierte
Wagner das Schülerorchester des Liceo Benedetto Marcello. Als sie
spät am Abend in Gondeln zurückschaukelten zum Palazzo Vendramin, sagte Cosima über die Symphonie C-Dur: »Das hat einer gemacht, der das Fürchten nicht kennt.«

Am 13. Januar 1883 reiste Franz Liszt ab, und am 4. Februar kam
Hermann Levi wieder zu Besprechungen über die Festspiele und
›Parsifal‹-Aufführungen nach Venedig. Er wohnte, wie auch bei sei-
nem ersten Besuch, im Nachbar-Palazzo bei Joukowsky.

Am 6. Februar, Faschingsdienstag, ließ sich Wagner mit den
Töchtern, Hermann Levi und Joukowsky spät am Abend von seinem
Gondoliere zum Karneval-Finale rudern. Auf Piazzetta und Markus-
platz, beleuchtet von Laternen und Gaskandelabern, tanzten und
tobten Tausende zu den Klängen vieler Kapellen. Einige waren klas-
sisch kostümiert mit Dreispitz, schwarzem Kapuzenumhang, weißer
langnasiger Gesichtslarve, die meisten hatten sich phantasievoll als
Figuren der Commedia dell'Arte verkleidet, als Harlekin, als kokette
Columbina, als geiziger Schürzenjäger Pantalone, als prahlerischer
Capitano. Vereinzelt geisterten Tänzer in den Masken von Tod und
Teufel herum.

Wagner stand mit seinem Gefolge in einer nur für Zuschauer reservierten Zone, er wurde erkannt, einige Masken winkten ihn herbei, und Wagner war nicht mehr zu halten. Er warf sich ins Gewühl, glücklich ließ er sich treiben, der einzige Unmaskierte unter Maskierten – und dann schlug's auf einmal Mitternacht vom Campanile. Laternen und Gaskandelaber erloschen, die Musik verstummte, die Menschen erstarrten. Aschermittwoch! Nur Fackeln brannten noch.

Wagner gondelte mit Hermann Levi, Paul von Joukowsky und den Töchtern heimwärts. Der livrierte Portier hatte ihn erwartet. »Amico mio«, sagte Wagner, »il carnevale è andato.« (Mein Freund, der Karneval ist vorbei.)

Am nächsten Tag: Herzanfall! Wagner überwand ihn schnell, doch Hermann Levi hatte sich eine Erkältung zugezogen, die schlimmer wurde, und so ließ ihn Wagner am 9. Februar zu sich in den Palazzo Vendramin bringen und pflegen.

Hermann Levi erholte sich so gut, dass er drei Tage später abreisen konnte. Die Gondel, die ihn wegbringen sollte, schaukelte schon vor dem Palazzo. »Der Meister begleitete mich bis zur Treppe, küsste mich wiederholt – ich war sehr bewegt«, wird Levi seinem Vater berichten. Sie weinten und umarmten sich länger als sonst beim Abschied. Das war am 12. Februar.

Der 13. Februar 1883. Zum Frühstück »eine entsetzliche Szene« zwischen Wagner und Cosima, wie die gemeinsame Tochter Isolde, damals 17 Jahre alt, später schreiben wird. Eine Eifersuchtsszene offenbar. Wagner hatte irgendwann einmal Carrie Pringle, die von ihm so verehrte Soloblume, in den Palazzo Vendramin eingeladen. Nun stand ihre Ankunft bevor, möglicherweise noch an diesem Tag – doch Carrie Pringle betrat den Palazzo Vendramin nie. Eine seltsame Geschichte, bis heute nicht geklärt.

Nach der »entsetzlichen Szene« zog sich Wagner wütend in sein Arbeitszimmer zurück. Mittags um halb zwei ließ er vom Diener Georg ausrichten, man solle mit dem Essen beginnen und nicht auf ihn warten. Joukowsky kam als Mittagsgast um dreiviertel zwei. »Ich ... fand ... Frau Wagner am Klavier. Sie spielte Schuberts ›Lob der Tränen‹, und ihre eigenen Tränen flossen dabei«, so wird er in seinen Erinnerungen schreiben. Cosima ging kurz ins Arbeitszimmer und kehrte zurück:»Mein Mann hat einen Krampf und zwar ein wenig stark; aber es war besser, dass ich ihn allein ließ.«

Wagner arbeitet an seinem Aufsatz ›Über das Weibliche im Menschlichen‹. Er schreibt gerade den Satz nieder:»Gleichwohl geht der Prozess der Emanzipation des Weibes nur unter ekstatischen Zuckungen vor sich. Liebe – Tragik . . .« – da rutscht die Feder übers Papier. Sie entgleitet seiner Hand. Wagner kann gerade noch die Klingel ziehen, sinkt vornüber auf die Tischplatte, seine Mütze fällt ihm vom Kopf. So findet ihn das Kammermädchen Betty. Sie hört ihn sagen:»Meine Frau – den Doktor.« Bleich und aufgeregt, so Joukowsky, stürzt Betty herein: ›Die gnädige Frau möchte gleich zum Herrn kommen!‹« Cosima rennt ins Arbeitszimmer, rammt dabei noch eine halb geöffnete Flügeltür.

Georg, der Diener, legt Wagner gerade auf sein Ruhebett, versucht vergeblich, ihm Tropfen einzuflößen. Cosima sinkt nieder, umarmt ihren Mann. Betty schickt einen Gondoliere zum Arzt. Dr. Keppler kommt nach drei Uhr. Cosima hält einen Toten in ihren Armen.

Richard Wagner wurde am 18. Februar 1883 im Garten der Villa Wahnfried beigesetzt. Die Grabplatte trägt keinen Namen.

Kaufkraft der Währungen

Die Deutsche Bundesbank hat für mein Buch die heutige Kaufkraft der Währungen zur Zeit Richard Wagners ermittelt. Dafür danke ich sehr.

Solche Analysen sind hoch kompliziert und stützen sich auf mehrere Preisindizes für die Lebenshaltungskosten. Dabei ist zu beachten, dass ein Teil der heute marktüblichen Waren und Dienstleistungen damals nicht oder nicht in vergleichbarer Form verfügbar war. Krisenzeiten, Kriege oder Revolutionen sorgten für Schwankungen von Kaufkraft und Umrechnungskursen.

Gleichwohl vermittelt das von der Deutschen Bundesbank perfektionierte, für den Laien kaum verständliche Berechnungssystem des so genannten Kaufkraftäquivalents eine gute Vorstellung vom Wert der Währungen:

1 Taler	25 Euro
1 Mark	8 Euro
1 Süddeutscher Gulden	14 Euro
1 Österreichischer Gulden	16 Euro
1 Golddukat	55 Euro
1 Louisdor	138 Euro
1 Franc bis 1866	6 Euro
1 Franc ab 1866	6,50 Euro
1 Franken bis 1866	6 Euro
1 Franken ab 1866	6,50 Euro
1 Rubel	29 Euro
1 Pfund Sterling	118 Euro
1 Dollar	23 Euro

Anhang

Dank

Ich danke Dr. Sven Friedrich, Direktor des Richard-Wagner-Museums mit Nationalarchiv der Richard-Wagner-Stiftung Bayreuth, des Jean-Paul-Museums und des Franz-Liszt-Museums, der mir Bilder und Dokumente schon für meine Richard-Wagner-Ausstellung zur Verfügung stellte und damit den Grundstein für dieses Buch legte.

Für die Durchsicht des Manuskripts und wertvolle Hinweise danke ich Dr. Ulrike Wepner und Prof. Dr. Siegfried Augustin, der mir auch uneingeschränkte Benützung seines Richard-Wagner-Archivs bot.

Mein Dank gilt den vielen Persönlichkeiten, die mir mit Anregungen, Ratschlägen oder Detailinformationen geholfen haben: Dr. Stephanus Arz, Dr. Klaus Beyrer, Dr. Manfred Eger, Christian Erb, Prof. Dr. Heinz Häfner, Christiane Horz, Dr. Jörg Lewanski, Intendant Andreas Mölich-Zebhauser, Graf Hermann und Gräfin Elke Pückler, Generalmusikdirektor Dr. Johannes Wildner u.v.a.m.

Auswahlbibliographie

Adorno, Theodor W.: *Versuch über Wagner*, Berlin und Frankfurt a. M. 1952

Altmann, Wilhelm: *Richard Wagners Briefe nach Zeitfolge und Inhalt. Ein Beitrag zur Lebensgeschichte des Meisters.* Leipzig 1905

Bachrich, Siegmund: *Aus verklungenen Zeiten.* Wien 1914

Barth, Herbert: *Bayreuther Dramaturgie. Der Ring des Nibelungen.* Stuttgart und Zürich 1980

Barth, Herbert/Mack, Dietrich/Voss, Egon: *Richard Wagner. Leben und Werk in zeitgenössischen Bildern und Dokumenten.* Wien 1975

Barthou, Louis: *Richard Wagner et Judith Gautier.* Paris 1932

Baudelaire, Charles: *Ausgewählte Werke.* München 1925

Baudelaire, Charles: *Richard Wagner et Tannhäuser à Paris.* Paris 1861

Bauer, Hans-Joachim: *Richard Wagner Lexikon.* Bergisch Gladbach 1988

Bauer, Hans-Joachim: *Richard Wagner. Sein Leben und Wirken oder Die Gefühlwerdung der Vernunft.* Berlin 1995

Bauer, Oswald Georg: *Richard Wagner. Die Bühnenwerke von der Uraufführung bis heute.* Frankfurt a. M., Berlin, Wien 1982

Bauer, Oswald Georg: *Richard Wagner in Würzburg.* Petersberg 2004

Bayreuther Blätter. Hrsg. von Hans von Wolzogen. Chemnitz und Bayreuth 1878–1938

Bekker, Paul: *Wagner. Das Leben im Werke.* Stuttgart, Berlin, Leipzig 1924

Bélart, Hans: *Richard Wagner in Zürich.* Leipzig 1900

Berlioz, Hector: *Memoiren. Hrsg. von Wolf Rosenberg.* München 1979

Böhm, Gottfried von: *Ludwig II. König von Bayern. Sein Leben und seine Zeit.* Berlin 1922

Borchmeyer, Dieter: *Das Theater Richard Wagners. Idee, Dichtung, Wirkung.* Stuttgart 1982

Borchmeyer, Dieter: *Richard Wagner. Ahasvers Wandlungen.* Frankfurt a. M. und Leipzig 2002

Borchmeyer, Dieter (Hg.): *Wege des Mythos in der Moderne. Richard Wagner: ›Der Ring des Nibelungen‹,* München 1987

Born, Stephan: *Erinnerungen eines Achtundvierzigers.* Leipzig 1898

Bory, Robert: *Richard Wagner. Sein Leben und sein Werk in Bildern.* Frauenfeld und Leipzig 1938

Breig, Werner: *Studien zur Entstehungsgeschichte von Wagners ›Ring des Nibelungen‹.* Freiburg 1973

Bülow, Hans von: *Briefe und Schriften. Hrsg. von Marie von Bülow*, Leipzig 1895–1908

Bülow, Hans von: *Neue Briefe. Hrsg. und eingeleitet von Richard Graf Du Moulin Eckart.* München 1927

Chamberlain, Houston Stewart: *Richard Wagner.* München 1901
Cornelius, Peter: *Ausgewählte Briefe nebst Tagebuchblättern und Gelegenheitsge-dichte.* Hrsg. von Carl Maria Cornelius. Leipzig 1904 und 1905
Curtius, F.: *Denkwürdigkeiten des Fürsten Chlodwig zu Hohenlohe-Schillings-fürst.* Stuttgart und Leipzig 1906
Dahlhaus, Carl (Hg.): *Das Drama Richard Wagners als musikalisches Kunstwerk.* Regensburg 1970
Dahlhaus, Carl: *Richard Wagners Musikdramen.* Velber 1971
Dahlhaus, Carl (Hg.): *Richard Wagner. Werk und Wirkung.* Regensburg 1971
Doepler, Carl Emil: *75 Jahre Leben, Schaffen, Streben.* Leipzig 1900
Dorn, Heinrich: *Aus meinem Leben,* Berlin 1870–1872
Eger, Manfred: *»Wenn ich Wagner den Krieg mache ...«. Der Fall Nietzsche und das Menschliche, Allzumenschliche.* Wien 1988
Eger, Manfred: *Der Briefwechsel Richard und Cosima Wagner. Geschichte und Relikte einer vernichteten Korrespondenz.* In: *Bayreuther Festspiele, Programm-heft IV Das Rheingold, V Walküre.* Bayreuth 1979
Eger, Manfred: *Königsfreundschaft – Legende und Wirklichkeit.* Bayreuth o. J.
Eger, Manfred: *Nietzsches Bayreuther Passion.* Freiburg 2001
Eger, Manfred: *Richard Wagner über seine Wiener Schulden.* In: *Bayreuther Fest-spiele, Programmheft Die Meistersinger von Nürnberg,* Bayreuth 1975
Engel, Erich W. und Röckl, Sebastian (Hg.): *Richard Wagners Leben und Werke im Bilde. 2 Bde.,* Wien und Leipzig 1913
Fehr, Max: *Richard Wagners Schweizer Zeit.* Frankfurt a. M. 1934
Feuerbach, Ludwig: *Sämtliche Werke.* Leipzig 1846–1866
Fleury-Husson, Jules, genannt Champfleury: *Richard Wagner in Paris.* Leipzig 1861
Förster-Nietzsche, Elisabeth: *Wagner und Nietzsche zur Zeit ihrer Freundschaft.* München 1915
Fricke, Richard: *Bayreuth vor dreissig Jahren. Erinnerungen an Wahnfried und aus dem Festspielhause von Richard Fricke, nach dessen Tagebuch herausge-geben.* Dresden 1906
Friedrich, Sven: *Das auratische Kunstwerk. Zur Ästhetik von Richard Wagners Musiktheater-Utopie.* Tübingen 1996
Friedrich, Sven: *Richard Wagner. Deutung und Wirkung.* Würzburg 2004
Gautier, Judith: *Richard Wagner et son œuvre poétique.* Paris 1882
Geck, Martin: *Die Bildnisse Richard Wagners.* München 1970
Geck, Martin: *Richard Wagner.* Hamburg 2004
Gerstner, Hermann: *Brüder Grimm mit Selbstzeugnissen und Bilddokumenten.* Reinbek bei Hamburg 1973
Giroud, Françoise: *Cosima Wagner – mit Macht und mit Liebe.* München 2001
Glasenapp, Carl Friedrich: *Das Leben Richard Wagners in sechs Büchern.* Leipzig 1905–1911
Golther, Wolfgang (Hg.): *Richard Wagner.* Ebenhausen 1936
Gregor-Dellin, Martin und von Soden, Michael: *Richard Wagner. Leben. Werk. Wirkung. Hermes Handlexikon.* Düsseldorf 1983
Gregor-Dellin, Martin: *Das kleine Wagnerbuch.* Salzburg 1969
Gregor-Dellin, Martin: *Richard Wagner – sein Leben, sein Werk, sein Jahrhun-dert.* München 1991

Gregor-Dellin, Martin: *Richard Wagner. Eine Biographie in Bildern.* München und Zürich 1982
Gregor-Dellin, Martin: *Wagner-Chronik. Daten zu Leben und Werk.* München 1972
Grimm, Jacob: *Deutsche Mythologie.* Göttingen 1835
Gutman, Robert W.: *Richard Wagner.* München 1970
Gutzkow, Karl: *Rückblicke auf mein Leben.* Berlin 1875
Hanslick, Eduard: *Aus dem Opernleben der Gegenwart.* Berlin 1889
Hanslick, Eduard: *Aus meinem Leben.* Berlin 1911
Hanslick, Eduard: *Musikalische Stationen.* Berlin 1880
Heine, Heinrich: *Sämtliche Schriften.* Hrsg. von Klaus Briegleb, München 1968–1976
Helm, Everett: *Franz Liszt mit Selbstzeugnissen und Bilddokumenten.* Reinbek bei Hamburg 1972
Hohenlohe, Marie Fürstin zu: *Erinnerungen an Richard Wagner.* Weimar o.J.
Hornstein, Robert von: *Memoiren. Hrsg. von Ferdinand von Hornstein.* München 1908
Humperdinck, Engelbert: *Parsifal-Skizzen. Persönliche Erinnerungen an Richard Wagner.* In: »Zeit« Nr. 1738. Wien 1907
Hürlimann, Martin (Hg.): *Richard Wagner in Selbstzeugnissen und im Urteil der Zeitgenossen.* Zürich 1972
Joukowsky, Paul von: *Richard Wagner.* Stuttgart 1933
Kaiser, Joachim: *Leben mit Wagner.* München 1990
Kalbeck, Max: *Das Bühnenfestspiel zu Bayreuth.* Breslau 1877
Kapp, Julius: *Richard Wagner und die Frauen.* Berlin, Wunsiedel 1951
Kietz, Gustav Adolph: *Richard Wagner in den Jahren 1842–1849 und 1873–1875. Erinnerungen von Gustav Adolph Kietz. Aufgezeichnet von Marie Kietz.* Dresden 1905
Kirchmeyer, Helmut: *Das zeitgenössische Wagner-Bild.* Regensburg 1968–1985
Kobell, Luise von: *König Ludwig II. und die Kunst.* München 1898
Köhler, Joachim: *Der Letzte der Titanen: Richard Wagners Leben und Werke.* München 2001
König Ludwig II. und Richard Wagner: *Briefwechsel. Hrsg. vom Wittelsbacher Ausgleichs-Fonds und von Winifred Wagner.* Karlsruhe 1936–1939
Kretschmar, Eberhard: *Richard Wagner – sein Leben in Selbstzeugnissen, Briefen und Berichten.* Berlin 1939
Krohn, Rüdiger: *Wagner und die Revolution von 1848/49. In: Müller/Wapnewski (Hg.): Richard Wagner-Handbuch.* Stuttgart 1986
Kuby, Erich: *Richard Wagner & Co. – zum 150. Geburtstag des Meisters.* Hamburg 1963
La Mara (Marie Lipsius): *Liszt und die Frauen.* Leipzig 1919
Lassalle, Ferdinand: *Briefe an Hans von Bülow.* Dresden und Leipzig 1885
Laube, Heinrich: *Das junge Europa.* Leipzig und Mannheim 1833–1837
Laube, Heinrich: *Erinnerungen 1810–1840.* Wien 1875
Lehmann, Lilli: *Mein Weg.* Leipzig 1913
Lenbach, Franz: *Gespräche und Erinnerungen.* Stuttgart und Leipzig 1904
Levi, Hermann: *An seinen Vater. Unveröffentlichte Briefe aus Bayreuth von 1875–1889. In: Bayreuther Festspiele, Programmheft Parsifal.* Bayreuth 1959
Liedtke, Christian: *Heinrich Heine.* Hamburg 1997

Lindau, Paul: *Nüchterne Briefe aus Bayreuth. Separatdruck aus der ›Schlesischen Presse‹*. Breslau 1876

Lippert, Waldemar: *Richard Wagners Verbannung und Rückkehr 1849–1862*. Dresden 1927

Liszt, Franz: *Briefe*. Leipzig 1909

Mann, Thomas: *Wagner und unsere Zeit*. Frankfurt a. M. 1963

Marcuse, Ludwig: *Das denkwürdige Leben des Richard Wagner*. München 1963

Mayer, Hans: *Richard Wagner mit Selbstzeugnissen und Bilddokumenten*. Reinbek bei Hamburg 1959

Mayer, Hans: *Richard Wagners geistige Entwicklung*. Düsseldorf 1954

Mendès, Catulle: *Richard Wagner*. Paris 1886

Metternich-Sándor, Pauline: *Geschehenes, Gesehenes, Erlebtes*. Wien und Berlin 1920

Meysenbug, Malwida von: *Memoiren einer Idealistin*. Berlin 1919

Mouchanoff-Kalergis, Marie von: *In Briefen an ihre Tochter*. Leipzig 1907

Muncker, Franz: Richard Wagner. *Eine Skizze seines Lebens und Wirkens*. Bamberg 1891

Neumann, Angelo: *Erinnerungen an Richard Wagner*. Leipzig 1907

Newman, Ernest: *The Life of Richard Wagner*. New York 1933–1946

Nietzsche, Friedrich: *Der Fall Wagner. Schriften, Aufzeichnungen, Briefe. Hrsg. und mit einer Chronik sowie einem Kommentar versehen von Dieter Borchmeyer*. Frankfurt a. M. 1983

Otto, Werner: *Richard Wagner. Ein Lebens- und Charakterbild. In Dokumenten und zeitgenössischen Darstellungen*. Berlin 1990

Panofsky, Walter: *Wagner. Eine Bildbiographie*. München 1963

Pecht, Friedrich: *Aus meiner Zeit. Lebenserinnerungen*. München 1894

Perfall, Karl von: *Ein Beitrag zur Geschichte der königlichen Theater in München*. München 1894

Perl, Henriette: *Richard Wagner in Venedig*. Augsburg 1883

Petzoldt, Richard und Crass, Eduard: *Richard Wagner. Sein Leben in Bildern*. Leipzig 1963

Pilgerfahrt ins Ich. Die Bayreuther Richard-Wagner-Festspiele und ihr Publikum. Hrsg. von Winfried Gebhardt und Arnold Zingerle. Konstanz 1998

Porges, Heinrich: *Das Bühnenfestspiel zu Bayreuth*. München 1876

Porges, Heinrich: *Die Bühnenproben zu den Bayreuther Festspielen des Jahres 1876*. Leipzig 1896

Prawy, Marcel: *»Nun sei bedankt . . .«*. München 1982

Raabe, Peter: *Liszts Leben*. Stuttgart 1931

Rattner, Josef: *Richard Wagner im Lichte der Tiefenpsychologie*. In: *Müller/Wapnewski (Hg.): Richard Wagner-Handbuch*. Stuttgart 1986.

Richard Wagner-Handbuch. Unter Mitarbeit zahlreicher Fachwissenschaftler hrsg. von Ulrich Müller und Peter Wapnewski. Stuttgart 1986

Röckel, August: *Sachsens Erhebung und das Zuchthaus zu Waldheim*. Frankfurt a. M. 1865

Röckl, Sebastian: *Ludwig II. und Richard Wagner*. München 1913 und 1920

Röckl, Sebastian: *Richard Wagner in München. Ein Bericht in Briefen*. Regensburg 1938

Röckl, Sebastian und Engel, Erich: *Richard Wagners Leben und Werk im Bilde*. Wien o. J.

Sabor, Rudolph (Hg.): *Der wahre Wagner.* Wien 1987
Schad, Martha: *Mathilde Wesendonck, »Meine wahre und einzige Liebe«.* München 2002
Schad, Martha: *Cosima und König Ludwig II. von Bayern. Briefe.* Bergisch-Gladbach 1996
Schad, Martha: *Ludwig II.* München 2000
Schemann, Ludwig: *Meine Erinnerungen an Richard Wagner.* Stuttgart 1902
Schilling, A.: *Aus Richard Wagners Jugendzeit, nach Erinnerungen von [seiner Schwester] Cäcilie.* Berlin 1898
Schmitz, Eugen: *Richard Wagner.* Leipzig 1918
Schopenhauer, Arthur: *Die Welt als Wille und Vorstellung.* Berlin und Wien 1824
Schopenhauer, Arthur: *Sämtliche Werke.* München 1913
Schumann, Clara: *Ein Künstlerleben. Nach Tagebüchern und Briefen.* Leipzig 1905
Schumann, Robert: *Briefe.* Leipzig 1904
Schuré, Edouard: *Erinnerungen an Richard Wagner.* Leipzig 1900
Seymour, Bruce: *Lola Montez.* München 2000
Shaw, Bernard: *Ein Wagner-Brevier. Kommentar zum Ring des Nibelungen. Mit einem Vorwort von Joachim Kaiser.* Frankfurt a. M. 1973
Skelton, Geoffrey: *Richard und Cosima Wagner.* München 1995
Strecker, Ludwig: *Richard Wagner als Verlagsgefährte.* Mainz 1951
Tappert, Wilhelm: *Richard Wagner im Spiegel der Kritik.* Leipzig 1903
Tschaikowski, Peter I.: *Erinnerungen und Musikkritiken.* Leipzig 1961
Wagner, Cosima: *Die Tagebücher. Vollständiger Text der in der Richard-Wagner-Gedenkstätte aufbewahrten Niederschrift. Hrsg. von der Stadt Bayreuth, ediert und kommentiert von Martin Gregor-Dellin und Dietrich Mack.* München 1976/1977
Wagner, Nike (Hg.): *Über Wagner.* Stuttgart 1995
Wagner, Nike: *Wagner Theater.* Frankfurt a. M. und Leipzig 1999
Wagner, Richard: *An Mathilde und Otto Wesendonck. Tagebuchblätter und Briefe.* Berlin 1908
Wagner, Richard: *An Mathilde Wesendonck. Tagebuchblätter und Briefe 1853–1871.* Leipzig o. J.
Wagner, Richard: *Briefe in Originalausgaben.* Leipzig 1912
Wagner, Richard: *Briefe. Die Sammlung Burrell. Hrsg. und kommentiert von John N. Burk.* Frankfurt a. M. 1953
Wagner, Richard: *Briefe an eine Putzmacherin. Hrsg. von Daniel Spitzer,* Wien 1877
Wagner, Richard: *Briefe an Hans von Bülow.* Jena 1916
Wagner, Richard: *Das braune Buch, vorgelegt und kommentiert von Joachim Bergfeld.* Zürich und Freiburg i. Br. 1975
Wagner, Richard: *Dichtungen und Schriften. Jubiläumsausgabe in 10 Bänden. Hrsg. von D. Borchmeyer.* Frankfurt a. M. 1983
Wagner, Richard: *Die Briefe an Judith Gautier. Hrsg. von Willi Schuh.* Zürich und Leipzig 1936
Wagner, Richard: *Gesammelte Schriften und Dichtungen.* Leipzig 1871–1911
Wagner, Richard: *Gesammelte Schriften und Dichtungen.* Leipzig 1907
Wagner, Richard: *Mein Denken. Hrsg. und eingeleitet von Martin Gregor-Dellin.* München 1982

Wagner, Richard: *Mein Leben. Hrsg. von Martin Gregor-Dellin.* München 1963/1976

Wagner, Richard: *Mein Leben.* München 1911

Wagner, Richard: *Sämtliche Briefe. Gesamtausgabe in voraussichtlich 30 Bänden. Herausgegeben im Auftrag der Richard-Wagner-Stiftung Bayreuth von Gertrud Strobel und Werner Wolf, ab Band 6 von Hans Joachim Bauer und Johannes Forner, Band 9 von Johannes Forner und Klaus Burmeister, ab Band 10 wissenschaftliche Neukonzeption von Werner Breig.* Wiesbaden, Leipzig, Paris 1967ff.

Wagner, Richard: *Sämtliche Schriften und Dichtungen.* Leipzig o. J.

Wagner, Siegfried: *Erinnerungen.* Stuttgart 1923

Wapnewski, Peter: *Der traurige Gott. Richard Wagner in seinen Helden.* München 1978

Wapnewski, Peter: *Liebestod und Götternot: zum ›Tristan‹ und zum ›Ring des Nibelungen‹,* Berlin 1988

Wapnewski, Peter: *Richard Wagner – Die Szene und ihr Meister.* München 1978

Wapnewski, Peter: *Weißt du wie das wird...? Richard Wagner. Der Ring des Nibelungen. Erzählt, erläutert und kommentiert.* München und Zürich 1995

Weber, Max Maria von: *Carl Maria von Weber. Ein Lebensbild,* Leipzig 1864–1866

Weber, Solveig: *Das Bild Richard Wagners.* Mainz 1990

Weissheimer, Wendelin: *Erlebnisse mit Richard Wagner, Franz Liszt und vielen anderen Zeitgenossen nebst deren Briefen.* Stuttgart und Leipzig 1898

Wellek, Albert: *Synästhesie und Synthese bei Richard Wagner.* Bayreuther Blätter, Band 52. 1929

Westernhagen, Curt von: *Die Entstehung des ›Ring‹,* Zürich und Freiburg i. Br. 1973

Westernhagen, Curt von: *Richard Wagner. Sein Werk. Sein Wesen. Seine Welt.* Zürich 1956

Westernhagen, Curt von: *Wagner.* Zürich 1968

Wille, Eliza: *Erinnerungen an Richard Wagner.* München, Berlin und Zürich 1935

Wille, Eliza: *Fünfzehn Briefe von Richard Wagner nebst Erinnerungen und Erläuterungen von Eliza Wille.* Berlin 1894

Wolzogen, Hans von: *Erinnerungen an Richard Wagner.* Leipzig 1892

Zumpe, Hermann: *Persönliche Erinnerungen.* München 1905

Bildquellen

Die Angaben beziehen sich auf den Bildteil.

Seite 3 unten, 12, 13 unten: © Bildarchiv des Richard-Wagner-Museums Bayreuth, S. 13 oben und 16: © Walter Hansen
Alle anderen Bilder stammen aus privaten Archiven.

Register

Musikbücher im <u>dtv</u>

Olaf Benzinger
Bob Dylan
Die Geschichte seiner Musik
ISBN 978-3-423-34673-3

Der Autor befasst sich ausführlich mit den Songs und Alben Dylans und beleuchtet die wesentlichen biografischen Stationen dieses Ausnahmemusikers.

»Höchst sachkundig, aber nie unangenehm detailversessen werden in dem Buch überraschen leichtfüßig die Geschichten, Daten und Hintergründe sämtlicher Alben, Songs, Studio-Sessions, Bootlegs und Auftritte des Meisters erzählt. Ja, erzählt, nicht einfach nur vermerkt. Wer heute noch Dylan deuten will, muss auf jeden Fall erstmal dieses Buch lesen.« (Jens-Christian Rabe in der ›Süddeutschen Zeitung‹)

»Ein wirklich empfehlenswertes Kompendium für Einsteiger und Fortgeschrittene gleichermaßen. Muss man haben!« (Stefan Maelck, MDR-Figaro)

Walter Hansen
Richard Wagner
ISBN 978-3-423-34457-9

Aus mehr als 180 Bildern, viele davon in Farbe, entsteht ein ganzer Kosmos: von szenischen Bühnenbildern, Theaterzetteln, Handschriften und Partituren, Porträts der Freunde und Feinde Wagners, seiner Gefährtinnen und Geliebten.

»Ein konturiertes und detailreiches Lebensbild … Endlich einmal eine Wagner-Biographie, die weder blind-devot noch aufgeregt politisch korrekt ist.« (FAZ)

Bitte besuchen Sie uns im Internet: www.dtv.de

Musikbücher im dtv

Harald Martin
Paul McCartney
Mit zahlreichen Abbildungen
ISBN 978-3-423-34317-6

Jeder der vier Beatles hatte ein bestimmtes Image: John, der intellektuelle Rabauke, George der Stille, Ringo der Clown und Paul der Sonnyboy. Harald Martin, mehrfach ausgezeichneter Rundfunkjournalist und Beatles-Kenner, begnügt sich in dieser Biografie von Paul McCartney nicht mit dem weitverbreiteten Bild von Everbody's Darling Paul. Nicht als Hofberichterstatter, sondern mit kritischem Blick zeichnet Harald Martin das differenzierte, aber auch humorvolle Porträt eines begnadeten Musikers und einer widersprüchlichen Persönlichkeit.

»Die erste intelligente Biographie über den Bassisten.« (Die Zeit)

Érik Orsenna
Eine Geschichte der Welt in 9 Gitarren
Begleitet von Thierry Arnoult
Übersetzt von H. Fock u. S. Müller
ISBN 978-3-423-34557-6

Poetisch, geistreich und unterhaltsam erzählt Orsenna die Geschichte der Gitarre von den Pharaonen bis zu Jimi Hendrix und Eric Clapton.

Bitte besuchen Sie uns im Internet: www.dtv.de

»Wer mehr liest, hört mehr.«

Bücher über Musik von dtv und Bärenreiter

dtv-Atlas Musik
Von Ulrich Michels
Band 1: Systematischer Teil
Musikgeschichte von den
Anfängen bis zur Renaissance
ISBN 978-3-423-03022-9

Band 2: Musikgeschichte vom
Barock bis zur Gegenwart
ISBN 978-3-423-03023-6

Franz Binder
Georg Friedrich Händel
Sein Leben und seine Zeit
ISBN 978-3-423-24710-8
»Eine spannend erzählte und
übersichtlich strukturierte
Biografie, fern jeder Sensa-
tionshascherei, gewürzt mit
Humor.« (NDR 1)

Handbuch der Oper
Von Rudolf Kloiber, Wulf
Konold, Robert Maschka
10., durchgesehene Auflage
ISBN 978-3-423-34132-5/BVK 1764

Walter Hansen
Richard Wagner
Sein Leben in Bildern
ISBN 978-3-423-34457-9

Richard Wagner
Biografie
ISBN 978-3-423-34751-8

**Haydns Londoner
Symphonien**
Entstehung – Deutung –
Wirkung
ISBN 978-3-423-34396-1/BVK 1823

Dieter Hildebrandt
Die Neunte
Schiller, Beethoven und die
Geschichte eines musikalischen
Welterfolgs
ISBN 978-3-423-34560-6

Clemens Kühn
**Gehörbildung im
Selbststudium**
ISBN 978-3-423-30047-6/BVK 760

Stefan Schaub
Erlebnis Musik
Eine kleine Musikgeschichte
ISBN 978-3-423-30384-2/BVK 1168

**Mozart
Briefe und Aufzeichnungen**
Gesamtausgabe
Mit s/w-Tafeln und Notenbei-
spielen – 8 Bände im Schuber
ISBN 978-3-423-59076-1/BVK 1749

Jens Malte Fischer
Gustav Mahler
Der fremde Vertraute
ISBN 978-3-423-34742-6/BVK 2284

Bitte besuchen Sie uns im Internet: www.dtv.de

Wie sie lebten, wo sie komponierten

Peter Braun
Komponisten und ihre Häuser
Mit 60 Schwarzweißabbildungen

ISBN 978-3-423-24613-2

Richard Wagner lebte in seiner Bayreuther Villa Wahnfried umgeben von schwelgendem Prunk. Doch warum baute er Handgranaten? Franz Liszt hielt in Weimar verschwenderisch Hof. Warum aber ging er ins Kloster? Und warum versuchte Robert Schumann, sich im Rhein zu ertränken?
Kurz, anschaulich und unterhaltsam spürt Peter Braun den Lebensgeschichten großer Komponisten nach und führt in die Städte und Häuser, die sie prägten. Eine Reise zu Händel, Mozart, Beethoven, Haydn, Liszt, Wagner, Clara und Robert Schumann, Brahms und Johann Strauß.

Mit ausführlichem Serviceteil: Adressen, Öffnungszeiten und Wegbeschreibungen.

»9 einfühlsame und kenntnisreiche Reisen auf den Spuren großer Musiker, geschrieben in einer klaren, zupackenden Prosa. Eine lehrreiche und unterhaltsame Lektüre!«
Dirk Kruse, Bayern 4 Klassik

»Eine niveauvolle und spannende Lektüre, die sich auch als Reiseführer eignet.«
Single City News

Bitte besuchen Sie uns im Internet: www.dtv.de

Unentbehrlich für alle Opernfreunde

Handbuch der Oper

Von Rudolf Kloiber, Wulf Konold, Robert Maschka
13., durchgesehene Auflage

ISBN 978-3-423-34132-5
Bärenreiter 978-3-7618-1605-7

Der Klassiker unter den Opernführern liegt nun in einer grundlegend überarbeiteten Neuausgabe vor, die an das heute gängige Repertoire angepasst ist: Barock-Opern wurden stärker berücksichtigt, wiederentdeckte Opern, etwa von Schubert, Rossini, Catalani oder Berlioz sowie Hauptwerke aus dem 20. Jahrhundert wurden neu aufgenommen.
Insgesamt werden rund 325 Opern vom Barock bis zur Moderne ausführlich besprochen. Die Werkbeschreibungen sind nach Komponisten geordnet und informieren über Handlung, Musik, Text, Entstehung und Rezeptionsgeschichte ebenso wie über Spieldauer, Solisten und Orchesterbesetzung.

Im Anhang befinden sich eine Aufstellung der Rollen nach Fachpartien, Literaturhinweise und je ein Register für Titel, Komponisten und Librettisten.

Bitte besuchen Sie uns im Internet: www.dtv.de

Coco Schumann

Der Ghetto-Swinger

Eine Jazzlegende erzählt

Aufgezeichnet von
Max Christian Graeff und Michaela Haas
ISBN 978-3-423-24107-6

»Ich bin Musiker. Ein Musiker, der im KZ gesessen hat, kein
KZler, der Musik macht. Ich habe viel zu sagen. Die Richtung
ist klar: Back to the roots, in jene Welt, in der meine Seele zu
Hause ist, in den Swing. Wer den Swing in sich hat kann nicht
mehr im Gleichschritt marschieren.«

Coco Schumann, 1924 in Berlin geboren, entdeckt mit dreizehn
Swing und Jazz für sich. Bis 1943 gelingt es ihm, dem »Halbjuden«,
dank einer gehörigen Portion Chuzpe und seiner zahlreichen
öffentlichen Auftritte der Deportation durch die National-
sozialisten zu entgehen. Bis auch für ihn der Vorhang fällt. Seine
Reise durch die Lager beginnt. Aber auch dort ist und bleibt er
Musiker. In der Scheinwelt Theresienstadt wird er Mitglied einer
der hochkarätigsten Jazz-Combos des Dritten Reichs, der
»Ghetto-Swingers«. In Auschwitz spielt er zur Unterhaltung der
Lagerältesten und der SS um sein Leben, in Dachau begleitet er mit
letzter Kraft den Abgesang auf das Regime. Danach treibt es den
Entwurzelten durch die Welt, die ihm einzig verbliebene Heimat ist
der Jazz und der Swing. Heute lebt Coco Schumann wieder in
Berlin.

**»Er hat sein Leben auf Kassetten gesprochen und dieses
liebenswerte, sehr dichte Buch verlegen lassen. Über sich,
die Stadt, ihren Rhythmus und ihre Musik.«**
Der Tagesspiegel

9/11 Jahre

Mause   Weimar - Sachsen - Coburg
Onkel Adolf
Schwester Klara
Böhmen war für ihn eine Welt des
        poet. Zaubers